Evolaris
Volume 2

Editors:
Univ.-Prof. Dr. Otto Petrovic
Univ.-Prof. Dr. Reinhard Posch
Univ.-Prof. Dr. Franz Marhold

Otto Petrovic, Michael Ksela,
Markus Fallenböck,
Christian Kittl (eds.)

Trust in the
Network Economy

**With a Foreword by
Glen L. Urban
and Rosalie Zobel**

SpringerWienNewYork

Univ.-Prof. Dr. Otto Petrovic
Dipl.-Ing. Michael Ksela
Dr. Markus Fallenböck, LL.M.
Dipl.-Ing. Mag. Christian Kittl
evolaris Privatstiftung
Graz, Austria

evolaris is part-funded by contributions from the Federal Ministry of Economic Affairs and Labour,
the Styrian Business Support Association,
the Styrian Provincial Government's Departments of Commerce,
Finance and Telecommunications and of Innovation,
Infrastructure and Energy,
and the City of Graz.

© 2003 Springer-Verlag/Wien
Printed in Austria

Typesetting: Composition & Design Services, Minsk
Printing and binding: Druckerei Theiss GmbH, A-9431 St. Stefan im Lavanttal

Printed on acid-free and chlorine-free bleached paper
SPIN: 10927946

With 41 Figures

CIP data applied for

ISSN 1617-1934
ISBN 3-211-06853-8 Springer-Verlag Wien New York

VORWORT DER REIHENHERAUSGEBER

Bereits Band 1 der evolaris Schriftenreihe beschäftigte sich mit einem Teilbereich des Vertrauens im Internet, den rechtlichen Fragestellungen im internationalen Privatrecht. Der nun vorliegende zweite Band untersucht dieses immer stärker an Bedeutung gewinnende Phänomen aus einer multidisziplinären Sicht. Neben einer detaillierten Betrachtung des Zusammenhangs von erwartetem Nutzen, Unsicherheit und Vertrauen werden insbesondere innovative Maßnahmen zum Aufbau von Vertrauen in der vernetzten Wirtschaft besprochen. Diese werden ergänzt durch aktuelle Entwicklung aus rechtlicher Sicht und aus dem Bereich der technischen Sicherheit. Den Abschluss bilden Untersuchungen, inwieweit Vertrauen und Sicherheit zur Verbesserung der Wettbewerbssituation von Unternehmen beitragen können.

Dass insgesamt 38 international führende Autoren Arbeiten zu dem vorliegenden Buch beisteuern, zeigt den mittlerweile bereits sehr hohen internationalen Vernetzungsgrad der evolaris Privatstiftung. Die Vorworte von Rosalie Zobel, Direktorin der Europäischen Kommission und Glen L. Urban, langjähriger Dekan der Sloan School of Management am Massachusetts Institute of Technology stellen eine besondere Auszeichnung für evolaris dar.

Der zweite Band der evolaris Schriftenreihe ist auch mit einem Wechsel in der Herausgeberschaft verbunden. o.Univ.-Prof. Dr. Bernd Schilcher emeritierte mit Ende des Jahres 2002. Die beiden anderen Herausgeber möchten ihm herzlich für das große Engagement beim Aufbau der evolaris Privatstiftung und der evolaris Schriftenreihe danken und o.Univ.-Prof. Dr. Franz Marhold, Ordinarius für Arbeits- und Sozialrecht an der Universität Graz als seinen Nachfolger als Mitherausgeber der evolaris Schriftenreihe begrüßen.

Otto Petrovic
Reinhard Posch
Franz Marhold

Graz, im August 2003

FOREWORD BY THE EDITORS OF THE EVOLARIS SERIES

Volume 1 of the evolaris series already dealt with a section of the field of trust in the Internet: the legal questions in private international law. The present, second volume now examines this more and more important phenomenon from a multidisciplinary perspective. Beside a detailed consideration of the context of expected benefit, insecurity and trust, and in particular, the innovative measures for building up trust in the network economy, are discussed. These are complemented by current developments from a legal point of view and from the field of technical security. The conclusion is made up of examinations on how much trust and security can contribute to the improvement of the competitive situations of businesses.

The fact that in total 38 international leading authors contribute articles to the present book, reveals the already very high degree of international networking of the evolaris foundation. The forewords by Rosalie Zobel, Director of the European Commission and Glen L. Urban, long time Dean of the Sloan School of Management at the Massachusetts Institute of Technology, represent a special honor for evolaris.

The second volume of the evolaris series also is connected with a change in the editorship. Prof. Dr. Bernd Schilcher took emeritus status at the end of 2002. Both of the other two editors would like to warmly thank him for his large involvement in the building up of the evolaris foundation and the evolaris series and would like to welcome his successor as co-editor of the evolaris series, Prof. Dr. Franz Marhold, Chair of Labor and Social Law at the University of Graz.

Otto Petrovic
Reinhard Posch
Franz Marhold

Graz, August 2003

VORWORT DER HERAUSGEBER

In der vernetzten Wirtschaft sind Menschen miteinander, Menschen mit Dingen und Dinge mit Dingen vernetzt. Sie tauschen Informationen aus, kommunizieren miteinander und ihre Handlungen beeinflussen sich gegenseitig. Man ist, ob man will oder nicht, ob es einem bewusst ist oder nicht, ob man es schätzt oder ablehnt, ein Teil von ihr. Ein kleiner Knoten im weltweiten Netz. Das Nervensystem der vernetzten Wirtschaft ist das Internet. Wir vernetzen uns mit anderen, wenn es für uns von Vorteil ist. Je größer der Vorteil durch Vernetzung ist, umso mehr vernetzt man sich und umso mehr geht es einem ab – der Mensch oder das Ding am anderen Ende der Lieferkette oder des Computernetzwerks – wenn man es nicht mehr hat. Oder anders: Je größer die Vernetzung, umso größer die Abhängigkeit. Die vernetzte Wirtschaft ist auch eine Wirtschaft der Abhängigkeiten – denn man wird verwundbar.

Durch den Interneteinsatz kommen zu den Unsicherheiten der traditionellen Wirtschaft neue hinzu. Man kennt sein Gegenüber nicht, weiß nicht einmal, ob es tatsächlich existiert, kommuniziert über offene und somit unsichere Netzwerke mit ihm und kann die gewünschten Waren nicht einfach inspizieren. Gründe genug, dass mangelndes Vertrauen zum größten Hindernis in der vernetzten Wirtschaft wurde – und das nicht nur im elektronischen Handel, dem eCommerce, sondern auch genauso in der elektronischen Beschaffung oder etwa im Automatisieren innerbetrieblicher Prozesse.

Lange Zeit konzentrierte man sich auf technische und rechtliche Maßnahmen, um bestimmte Unsicherheitsfaktoren zu reduzieren. Daten- und Netzwerksicherheit sowie Rechtsfragen des Internet genießen in den meisten Unternehmen oberste Priorität. In beiden Bereichen wurden in den letzten Jahren riesige Fortschritte gemacht und sie sind unentbehrlich für die Bereitschaft der Anwender, die neuen Möglichkeiten der vernetzten Wirtschaft tatsächlich zu nutzen. Doch nun erkennt man immer stärker, dass Maßnahmen zur Erhöhung der technischen und rechtlichen Sicherheit alleine auf verlorenem Posten stehen. Trotz riesiger Investitionen in technische Sicherheit und einer wahren Flut von gesetzlichen Bestimmungen stieg das Vertrauen der Anwender in das Netz innerhalb der letzten Jahren kaum merklich an. Denn Sicherheit und Vertrauen sind zwar miteinander eng verwoben, aber schließlich doch zwei Paar Schuhe.

Vor diesem Hintergrund stellen die Herausgeber den international ersten Sammelband vor, der Vertrauen als zentrale Herausforderung und Chance der vernetzten Wirtschaft aus unterschiedlichen Perspektiven – Ökonomie, Technik,

Recht, Soziologie und Marketing – beleuchtet. Für jede dieser Perspektiven konnte ein international führender Autor gewonnen werden. Dass Rosalie Zobel als Direktorin der Europäischen Kommission und Glen L. Urban als langjähriger Dekan der Sloan School of Management des Massachusetts Institute of Technology (MIT) das Vorwort verfassen, zeichnet das vorliegende Werk besonders aus. Da die Beiträge sowohl in Englisch als auch in Deutsch – und Schlüsselbeiträge zweisprachig – erscheinen, soll es auch für deutschsprachige Leser möglich werden, sich in ihrer Muttersprache mit diesem so spannenden, aber auch komplexen Phänomen zu beschäftigen.

Um die Chancen der vernetzten Wirtschaft erfolgreich zu nutzen, benötigt man zunächst Verständnis für das komplexe Zusammenspiel des erwarteten Nutzens eines Leistungsaustausches, der damit verbundenen Unsicherheitsfaktoren und des notwendigen Vertrauens. Otto Petrovic, Christian Kittl und Markus Fallenböck von der Universität Graz/Österreich und der evolaris Privatstiftung, ebenfalls in Graz, entwickeln in ihrem Einleitungsbeitrag eine Systematisierung dieses Zusammenhangs und zeigen bereits vorhandene Lösungsansätze. Vor allem weisen sie auch darauf hin, dass sich zu den umfassenden Bemühungen zur Erhöhung der Sicherheit nun auch Maßnahmen zur Gewinnung des Anwendervertrauens gesellen müssen. Sonja Grabner-Kräuter und Ewald A. Kaluscha, beide von der Universität Klagenfurt/Österreich, vergleichen anschließend führende empirische Studien zum Anwendervertrauen im Internet und ziehen Schlussfolgerungen für konkrete Maßnahmen, um das Vertrauen im Onlinebereich zu erhöhen.

In der traditionellen Wirtschaft wird Vertrauen sehr oft durch den persönlichen Kontakt zum Geschäftspartner, durch ein vertrauenserweckendes Geschäftslokal oder einfach durch das Besichtigen der Produkte erzeugt. Viele dieser vertrauensbildenden Signale sind in der vernetzten Wirtschaft nicht möglich. Zu Beginn von Teil I des Buches zeigen Mary Anne Patton von der Universität Queensland/Australien und Audun Jøsang vom Distributed Technology Centre (DSTC) in Brisbane/Australien alternative Methoden zur Bewertung, Kommunikation und Etablierung von Vertrauen in elektronischen Netzwerken. Anschließend beschreiben Sandeep Dayal, Helene Landesberg und Michael Zeisser, alle tätig bei McKinsey & Company in New York, wie mit Kunden die notwendige Vertrauensbasis aufgebaut werden kann, damit sie bereit sind, auch online dem Verkäufer persönliche und finanzielle Daten anzuvertrauen. Ein wesentlicher Ansatzpunkt zur Gewinnung des Anwendervertrauens ist die Gestaltung der Benutzeroberfläche einer Anwendung. Jens Riegelsberger und M. Angela Sasse, beide vom University College London/Großbritannien, zeigen, wie Benutzeroberflächen gestaltet sein müssen, um das Vertrauen der Anwender zu gewinnen. Auch besprechen sie, welche Verbindungen zu anderen Möglichkeiten zum Vertrauensaufbau, etwa Einsatz von Reputation, bestehen. Genau mit dieser Rolle von Reputation und Marke als Vertrauenssignal beschäftigen sich anschließend Sabine Einwiller von der Universität St. Gallen/Schweiz und Margit Osterloh von der Universität Zürich/Schweiz. Im darauffolgenden Beitrag untersucht Margit Osterloh gemeinsam mit Sandra Rota und Bernhard Kuster, beide Universität Zürich, den Stellenwert von Vertrauen für Open-Source-Software und schließen, dass dieses erfolgreiche Innovationsmodell durch den Einzug kommerzieller Unternehmen in Gefahr sein könnte. Einen sehr verbreiteten Versuch zum Vertrauensaufbau untersuchen Xiaorui Hu von der Saint Louis Universität/ USA, Zhangxi Lin von der Texas Tech University/USA und Han Zhang vom Georgia Institute of Technology/USA: vertrauensfördernde Gütesiegel. Sie zeigen, unter welchen Bedingungen diese die Kaufentscheidung positiv beeinflussen.

Vertrauen ist notwendig, um die eigene Verwundbarkeit in Kauf zu nehmen, in der Hoffnung, dass der Geschäftspartner diese Verwundbarkeit nicht zu seinem Vorteil ausnutzt bzw. sich Systeme als funktionsfähig erweisen. Neben den in Teil I des Buches besprochenen Maßnahmen zur Erhöhung des Vertrauens der Anwender treten nun in Teil II rechtliche Maßnahmen zur Reduzierung der Verwundbarkeit. Markus Fallenböck zeigt, welchen Stellenwert Recht in der vernetzten Wirtschaft überhaupt noch besitzt. Reinhard Posch von der Technischen Universität Graz/Österreich und Chief Information Officer der Österreichischen Bundesregierung zeigt gemeinsam mit Thomas Menzel von der IKT-Stabstelle der Österreichischen Bundesregierung die besonderen Sicherheits- und Rechtsaspekte des e-Government und die Maßnahmen, die derzeit getroffen werden. Besondere Anforderungen an rechtliche Sicherheit stellt das Application Service Providing. Torsten Bettinger und Michael Scheffelt, beide Rechtsanwälte in München/Deutschland, untersuchen in ihrem Beitrag die Vertragsgestaltung und das Konfliktmanagement im ASP-Modell. Die vernetzte Wirtschaft ist immer auch eine internationale Wirtschaft. Für die daraus resultierenden grenzüberschreitenden Transaktionen spielt aus rechtlicher Sicht das Herkunftslandprinzip eine besondere Rolle. Dieses besprechen zum Abschluss von Teil II des Buches Gerald Spindler, Universität Göttingen/Deutschland und Markus Fallenböck.

Während rechtliche Maßnahmen im Zusammenhang mit Verwundbarkeiten in der vernetzten Wirtschaft ein ‚Nicht-Dürfen‘ bewirken, sollen Maßnahmen der IT-Sicherheit ein ‚Nicht-Können‘ zur Folge haben. Und das ist Gegenstand von Teil III. Peter Lipp von der Technischen Universität Graz/Österreich eröffnet diesen Abschnitt mit seiner Untersuchung zum Zusammenhang von Technik und Vertrauen, wobei er zwischen Vertrauen in Technik und Vertrauen durch Technik unterscheidet. Gerald Quirchmayr von der Universität Wien/Österreich untersucht spezifische Sicherheitsfragen des e-Government und betrachtet die drei hierfür maßgeblichen Faktoren – Recht, Technik und Organisation. Im Anschluss stellen Edward Ball, David W. Chadwick und Andrew Basden von der Universität Salford/Großbritannien ein System zur Evaluierung von Vertrauen in einer PKI-Umgebung vor. Eine besondere Rolle im Online-Einkauf spielt die mögliche Verletzung der Privatsphäre durch unerwünschte Speicherung von Kundendaten. Matthias Enzmann, Thomas Kunz und Markus Schneider, alle sind am Fraunhofer Institut für Sichere Telekooperation in Darmstadt/Deutschland tätig, zeigen in ihrem Beitrag, wie Agentensysteme Händler daran hindern können, die während der Suchphase gesammelten Kundeninformationen mit den in einer Bestellung enthaltenen Daten zu verknüpfen.

Lange Zeit wurden Vertrauen und Sicherheit als etwas verstanden, das in der vernetzten Wirtschaft nur auffällt, wenn es fehlt. Es wurde als lästiges Übel angesehen, das es im ausreichenden Ausmaß herzustellen gilt. Immer stärker erkennt man jedoch, dass Vertrauen und Sicherheit eine zentrale Quelle für nachhaltige Wettbewerbsvorteile darstellen und sogar Gegenstand völlig neuartiger Geschäftsmodelle sein können. Genau diese Situation untersucht Christian Kittl in seiner Arbeit am Beginn von Teil IV des vorliegenden Buches. Im Anschluss daran analysieren L. Jean Camp von der Harvard University/USA und Carlos A. Osorio vom Massachusetts Institute of Technology/USA die Geschäftsmodelle verschiedener Anbieter und deren Maßnahmen zur Verbesserung des Datenschutzes. Ein Beispiel, wie neue Geschäftsmodelle durch die geänderten Anforderungen an Vertrauen und Sicherheit entstehen können, sind Gütezeichen und Versicherungslösungen. Diese analysiert Claudia Loebbecke, von der Universität Köln/Deutschland, in ihrem Beitrag. Sabine Schaffer, derzeit tätig an der Harvard University, spezifiziert die Rolle von Gütezeichen anhand von Reiseveranstaltern. Kapitel IV schließt mit dem Beitrag von Karianne Vermaas, tätig bei Dialogic in Utrecht/Niederlande und Lidwien van de Wijngaert von der Universität Utrecht. Sie gehen davon aus, dass die Sammlung von Kundendaten oftmals von hoher Bedeutung für Geschäftsmodelle ist und untersuchen, unter welchen Bedingungen Anwender zur Weitergabe dieser Informationen bereit sind.

Das Buch schließt mit einer Zusammenfassung aller Beiträge und den Biographien der Autoren.

Graz, im August 2003   Die Herausgeber

PREFACE BY THE EDITORS

In the network economy, people are networked with people, people with things and things with things. They exchange information, communicate with one another and their actions mutually influence one another. One is a part of it, whether one wants to or not, whether one is aware of it or not, whether one values it or rejects it. A small knot in the worldwide Net. The nervous system of the network economy is the Internet. We network ourselves with others, when it is to our advantage. The greater the advantage by networking, all the more one networks oneself and all the more one feels its lack – the person or the thing on the other end of the supply chain or the computer network – when one no longer has it. Another way to put it: the greater the networking, the greater the dependency. The network economy is also an economy of dependencies – because one becomes vulnerable.

New insecurities are added to those of the traditional economy by the use of the Internet. One does not know one's opposite, doesn't even know if he/she exists, communicates with him/her over open and thus insecure networks and cannot simply inspect the desired goods. Reasons enough for why the lack of trust has become the greatest obstacle to the network economy – and not only in electronic trade, eCommerce, but also in electronic procurement or even in automated internal processes.

For a long time one concentrated on the technical and legal measures in order to reduce certain factors of insecurity. Data and network security as well as legal questions of the Internet enjoyed top priority in most businesses. In recent years tremendous progress has been made in these two fields and they are indispensable for the willingness of the user to actually use the new possibilities of the network economy. However, one now recognizes more and more that, on their own, measures to increase technical and legal security are fighting a losing battle. Despite enormous investments in technical security and a true flood of legal requirements, the trust of the user in the network has hardly increased at all within recent years. While security and trust are closely interwoven, in the end, they are still two different things.

Before this background, the editors present the first international anthology which examines trust as the central challenge and chance of the network economy from the different perspectives of economics, technology, law, sociology and marketing. A leading international author could be found for each of these perspectives. That Rosalie Zobel as Director of the European Commission and Glen L. Urban as long time Dean of the Sloan School of Management at the

Massachusetts Institute of Technology (MIT) wrote the foreword, adds special distinction to the present work. That the contributions appear in English as well as German – and key contributions in both languages – should make it possible for the German-speaking reader to engage in this very exciting, but also complex phenomenon in their mother tongue.

In order to successfully use the chances of the network economy, one first needs an understanding of the complex interplay of the expected benefit of an exchange of services, of the related factors of insecurity and of the necessary trust. Otto Petrovic, Christian Kittl and Markus Fallenböck, from the University of Graz/Austria and from the evolaris foundation, likewise in Graz, develop in their introductory contribution a systematization of this connection and present the already existing solution approaches. They point out above all that measures to win over the user's trust also must now be joined to the comprehensive efforts to increase security. In the next article Sonja Grabner-Kräuter and Ewald A. Kaluscha, both from the University of Klagenfurt/Austria, compare leading empirical studies on users' trust in the Internet and draw conclusions for concrete measures in order to increase trust in the online area.

In the traditional economy, trust is very often created by personal contact to the business partner, by a trust awakening place of business or simply by the inspection of the products. Many of these trust building signals are not possible in the network economy. At the beginning of Part I of the book, Mary Anne Patton, from the University of Queensland/Australia, and Audun Jøsang, from the Distributed Technology Centre (DSTC) in Brisbane/Australia, present alternative methods for the assessment, communication, and establishment of trust in electronic networks. In the following article Sandeep Dayal, Helene Landesberg and Michael Zeisser, all working for McKinsey & Company in New York, describe how the necessary basis of trust can be established with the customers, so that they are ready to entrust their personal and financial data to the vendor. An essential starting point for winning the user's trust is the design of a desktop for a program. Jens Riegelsberger and M. Angela Sasse, both from the University College London/UK, present how desktops must be designed in order to win the users' trust. They also discuss which connections to other possibilities of building up trust, such as the deployment of reputation, exist. Next, Sabine Einwiller, from the University of St. Gallen/Switzerland, and Margit Osterloh, from the University of Zurich/Switzerland, deal exactly with this role of reputation and brand name as signals of trust. In the subsequent contribution, Margit Osterloh, together with Sandra Rota and Bernhard Kuster, both from the University of Zurich, examine the status of trust for Open-Source-Software and conclude that this successful model of innovation could be in danger from the entry of commercial businesses. Xiaorui Hu, from Saint Louis University/USA, Zhangxi Lin, from Texas Tech University/USA, and Han Zhang, from the Georgia Institute of Technology/USA, examine a very widespread attempt of building up trust: the trust-promoting seals. They show under which conditions these can positively influence the customer's decision.

Trust is necessary in order to put up with one's own vulnerability in the hope that the business partner does not take advantage of this vulnerability or that the systems prove themselves to be functional. Beside the measures to increase the users' trust discussed in Part I of the book, legal measures to reduce vulnerability appear in Part II. Markus Fallenböck shows what status law still actually has in the network economy. Reinhard Posch, from the Technical University in Graz/Austria and Chief Information Officer of the Austrian federal government, together with Thomas Menzel, from the IKT-headquarters of the Austrian federal government, present the special security and legal aspects of eGovernment and the measures which are taken at the moment. The Application Service Providing places special demands on legal security. In their contribution, Torsten Bettinger and Michael Scheffelt, both attorneys in Munich/Germany, examine the drafting of contracts and conflict management in the ASP-model. The network economy is also always an international economy. For the resulting, border crossing transactions, the principle of the country of origin plays a special role from the legal point of view. Gerald Spindler, from the University of Göttingen/Germany, and Markus Fallenböck discuss this at the end of Part II of the book.

While legal measures bring about a "not being allowed to" in connection with vulnerability in the network economy, measures of IT-security should bring about a "not being able to". And this is the object of Part III. Peter Lipp, from the Technical University in Graz/Austria, opens this section with his examination of the connection of technology with trust, where he differentiates between trust in technology and trust through technology. Gerald Quirchmayr, from the University of Vienna/Austria, examines specific questions of security of e-Government and considers the three decisive factors for this – law, technology and organization. Next, Edward Ball, David W. Chadwick and Andrew Basden, from the University of Salford/UK, present a system of evaluating trust in a PKI environment. The possible violation of the privacy by the unwanted saving of customers' data plays a special role in on-line purchasing. Matthias Enzmann, Thomas Kunz and Markus Schneider, all working at the Fraunhofer Institute for Secure Telecooperation in Darmstadt/Germany, present in their contribution, how systems of agents could hinder traders who try to link customers' information collected during the search phase to the data contained in the order.

For a long time trust and security were understood as something that only stood out in the network economy when it was missing. It was seen as a troublesome evil which has to be produced to a sufficient extent. However one recognizes more and more that trust and security represent a central source for sustainable competitive advantages and could even be the object of completely new kinds of business models. Christian Kittl examines exactly this situation in his article at the beginning of Part IV of the present book. Afterwards L. Jean Camp, from Harvard University/USA, and Carlos A. Osorio, from the Massachusetts Institute of Technology/USA, analyze the business models of different suppliers and their measures to improve data protection. An example of how new business models could arise due to the changed demands on trust and security are trust seals and insurance solutions. Claudia Loebbecke, from the University of Cologne/Germany, analyzes these in her contribution. Sabine Schaffer, working at present at Harvard University, specifies the role of trust seals with the example of travel promoters. Chapter IV ends with the contribution by Karianne Vermaas, working at Dialogic in Utrecht/Netherlands, and Lidwien van de Wijngaert, from the University of Utrecht. They start with the assumption that the collection of customer data is often of high importance for business models and examine under which conditions the users are ready to pass on this information.

The book ends with a summary of all the contributions and the biographies of the authors.

Graz, August 2003   The Editors

FOREWORD BY GLEN L. URBAN

Trust in companies and government is at a very low level. For example 70% of Americans agree with the statement "I do not know whom to trust anymore" according to a February 2002 Golin/Harris Poll.[1] But the Internet provides an opportunity to build trust through improved site design and customer advocacy.

Trust building extends well beyond privacy and security practices to include open honest data and advice. Companies now have the opportunity to create trust based strategies that build a positive relationship with their customers, employees, investors and regulators. For some companies this is an option but for others this will become an imperative because customer power is growing.

Customers now have the tools that inform them of the true state of affairs and help them make their own decisions. They have increasing access to information. From "ConsumerReports.org" to "epinions.com" to Amazon's reader reviews to eBay's seller ratings, consumers now enjoy much greater access to independent information about products and services. Consumers also have access to more alternatives. Comparison sites, online reviews, and shopbots all enable customers to find the best products at the lowest cost. For example, travelers now enjoy a range of websites (e.g., Travelocity, Orbitz, Expedia, etc.) that help them find the lowest fares on flights. The Internet simplifies transactions for both consumers and industrial customers. Customers can now connect directly with providers and easily buy goods and services. For example, online ordering and direct shipment makes buying books and electronics possible at any time without leaving home. Electronic airline tickets eliminate the need for physically obtaining paper tickets, reducing people's dependency on physically local travel agents. Simplified transactions also enable switching – the Internet gives customers the power to both find and buy from a wider array of potential providers. Communication between customers is increasing. In the past, bad companies lost customers one at a time. At worst, the occasional exasperated ex-customer might convince a few friends to stop buying from the company. But now, the Internet provides global reach for the disgruntled. In healthcare, over 200 million people looked on the Internet for information in 2002 (e.g. 110 million in USA, 48 million in Japan, 31 million in Germany, and 14 million in France).[2] Virtually every

---

[1] James Lukaszewski, editor, <u>Trust</u> Golin Harris, 111 East Wacker Drive, Chicago, Ill, USA, February 2002.

[2] Harris Interactive, "Four nation Survey Shows Widespread but Different Levels of Internet Use for Health Purposes" in <u>Health Care News</u>, v. 2, No. 11 (May, 2002) Harris Interactive, 2002.

disease has active communities of patients who exchange information on the effectiveness of products and provide advice on how to take control of treatment of the medical treatment delivery system. The point is that the Internet is a great enabler of consumer power. Consumers are more educated and more informed than ever before. Consumers now have more tools with which to verify a company's claims or to seek out superior product and service options. These trends toward increasing customer power emphasize the need for trust building and where customer power is high firms will have to adopt trust based strategies or customers will move on to other suppliers.

This paradigm shift emerging as customer power, technology, and the needs for company growth fuels a movement toward trust, partnership and advocacy for clientele interests. This is analogous to the shift from theory X to theory Y in organization theory – from thinking of workers as assets to be controlled to partnership with workers. In this case we see our customers as smart active decision makers instead of intransient receptors of our "push" messages – advertising, promotion, direct mail, telemarketing. Theory X represented an old style of management in which employees were mindless automatons that had to be pushed into working. McGregor's new theory Y represented a style of management in which employees were intelligent, responsible individuals that could be trusted to do a good job. We call the new trust approach Theory T and the old "push" approach theory P. Just as Theory X and Theory Y are distinguished by management's assumptions about employees theory P and T are distinguished by their assumptions about customers (examine the associated assumptions about customers in Table 1). If the assumptions under theory T are applicable to a company's market then trust will become the cornerstone of its future strategy with respect to its market and other stakeholders.

Table 1. Theory X and Y Analogy to Theory P and T Paradigm Shift

	Assumptions About Employees	**Assumptions About Customers**
Old Assumptions	Theory X Employees dislike work Employees must be coerced before they will work Employees prefer to be directed Employees avoid responsibility	Theory P – PUSH Customers avoid decision-making responsibility Customers are passive and must be coerced Customers have difficulty learning and prefer to be influenced Customers have little imagination
New Assumptions	Theory Y Employees will exercise self-direction Employees will become committed based on ego satisfaction Employees seek and accept responsibility Employees have imagination, ingenuity and creativity	Theory T – TRUST Customer decision-making is natural Customers are active and want to control the buying process Customers prefer to learn and make an informed decision Customers have imagination, ingenuity and creativity

This book provides in a very useful way the conceptual structures, strategic approaches, and tactical tools for managers and researchers to use in understanding and benefiting from the paradigm shift to trust based business practices. Managers will benefit from the understanding of the sources and implications of the paradigm shift and the technical strategy elements that surround the new IT managers responsibilities. Researchers will find in this book of readings extensive literature reviews, structural hypotheses and empirical findings.

The book begins with consideration of the implications of the paradigm shift and emphasis on the fact that trust is a comprehensive strategy concept not merely Internet privacy and security policies and regulations. The breadth of coverage of the papers in this book are wide and include such topics as how to build on line trust, site design (e.g. trust seals), signaling, branding, open source software, and legal regulations. This book provides a very good foundation for understanding the evolution to trust based management. It reflects the start of the field that will extend to trust based advisors, cooperative design of products with trusting customers, channel trust integrity, clientele communities, and comprehensive trust based strategy formulation across all the businesses functions. Trust provides an exciting opportunity for business and academia.

Prof. Glen L. Urban
David Austin Professor of Marketing and Dean Emeritus, Sloan School of Management, Massachusetts Institute of Technology

Cambridge, MA, 10 July 2003

FOREWORD BY ROSALIE ZOBEL

Charles Handy, the famous business philosopher wrote 1995 in the Harvard Business Review: "How can you do business with somebody that you do not see"? Here is the key question for the network economy. Virtual business irreversibly relies on technologies and infrastructures that reduce geographical distance. This way it becomes vulnerable to electronic integrity and security threats. These threats, whether in the form of false identities, e-fraudulence or cyberattacks, undermine the very essence of collaboration: trust. In the e-economy trust must be established and maintained through dependable cryptographic and authentication technologies, but also through technologies that enhance privacy and help protect and manage intellectual rights, digital assets and digital identities.

We in the Information Society Technologies Programme have been supporting the development of trust and security technologies, their scalability and interoperability in coping with the growing needs of secure communications and business over public networks. The research at technical level, for example in cryptography, is well advanced in Europe. The Belgian algorithm called 'Rijndael' won the Advanced Encryption Standard competition organised by NIST in the US. Europe's top cryptographic players work in NESSIE to address the medium to longer-term improvement of cryptographic primitives, in particular for novel mobile and multimedia applications. Once building blocks are properly developed, integrating them into robust infrastructures, and testing their smooth operation is a long undertaking. Issues range from the feasibility of solutions, to the legal implications of their implementation, while guaranteeing a fair and adequate quality of service.

Technological solutions however will not be sufficient to bring about trust that is required in the network economy. Legislation and other policy measures are also needed for the protection of critical information infrastructures against sophisticated instances of attacks (e.g. virus, denial of service). The eEurope initiative launched by the European Union aims, for example, to improve co-operation amongst national Computer Emergency Response Teams (CERTs), to improve the security of on-line transactions by supporting the development of certification services and Internet security solutions and by encouraging the development of common specifications for smart cards. In January 2002 the European Council adopted a resolution on a common European approach and specific measures for "Network and Information Security". Policy activities also involve the set up of the "e-Forum on Privacy in Information Society" to become a portal for awareness activities and exchange of experiences and best practices with respect to improving security, ensuring privacy, preventing and protecting from attacks.

This book is an important contribution to this effort of building trust in a network economy. Recognised experts present their views on the various business, legal, organisational and technological aspects covered in the book. May the reader benefit from its contents.

Dr. Rosalie Zobel
Director "Information Society Technologies Programme"
European Commission

Brussels, 1 December 2002

INHALTSVERZEICHNIS/TABLE OF CONTENTS

THE ROLE OF TRUST IN THE INTERACTION: AN OVERALL STRUCTURAL PROGRAM FOR ITS OPERATION

Sabine Schatt...

EINLEITUNG/INTRODUCTION

Otto Petrovic, Markus Fallenböck, Christian Kittl

DER PARADIGMENWECHSEL IN DER VERNETZTEN WIRTSCHAFT: VON DER SICHERHEIT ZUM VERTRAUEN

1. Der Paradigmenwechsel beginnt

Die vernetzte Wirtschaft ist davon geprägt, dass Unternehmen immer stärker ihre Produkte und Dienstleistungen in enger Zusammenarbeit mit anderen erstellen und – als Kehrseite der Medaille – Konsumenten ihre Bedürfnisse mit Produkten und Dienstleistungen zufrieden stellen, die aus unterschiedlichsten Quellen stammen. Treibende Kraft hinter dieser Entwicklung sind Technologien, die den schnellen und kostengünstigen Transport von Gütern und Informationen ermöglichen. Durch die daraus resultierende Globalisierung des Angebots kann sich der Käufer immer mehr den international besten Anbieter aussuchen – was wiederum bei allen Anbietern zu einem zunehmenden Qualitäts- und Kostendruck führt. Und um diesem gerecht werden zu können, müssen sich Unternehmen immer stärker auf ihre Kernkompetenzen konzentrieren und die zur Lösung der Kundenprobleme notwendigen Komplementärkompetenzen über Kooperationen beschaffen.

Sowohl die Produktion in Kooperation mit anderen Anbietern als auch die Bedürfnisbefriedigung beim Konsumenten durch Produkte und Dienstleistungen aus unterschiedlichsten Quellen sind dann attraktiv, wenn sie einen hohen Nutzen stiften. Je höher dieser Nutzen ist, umso weniger gern verzichtet man auf ihn, oder anders: umso größer wird die Abhängigkeit. Je stärker die Nutzenstiftung durch Vernetzung mit anderen ist, umso größer ist auch die eigene Verwundbarkeit, wenn eben diese Nutzenstiftung nicht mehr stattfindet.

Digitale Transaktionen sind die treibende Kraft der Vernetzung. Hierunter werden alle über elektronische Netze durchgeführten Aktivitäten im Zuge eines Leistungsaustausches verstanden, etwa der Handel mit Gütern, der Austausch von Informationen oder das Erbringen von Beratungsleistungen. Digitale Transaktionen sind in aller Regel unsicher. Der Transaktionspartner kann sich zum eigenen Vorteil und zum Schaden des anderen verhalten und das zugrundeliegende informationstechnologische System kann sich als nicht funktionsfähig erweisen.

In der Vergangenheit versuchte man vor allem, das Risiko, das mit der Vernetzung mittels digitaler Transaktionen verbunden ist, durch rechtlich-technische Kontrollsysteme zu reduzieren. Seit 1997 ist es beispielsweise auf Ebene der

Europäischen Union zu einem starken Anstieg der gesetzgeberischen Tätigkeit im Umfeld digitaler Transaktionen gekommen. Dies führte auch zu einem starken Anstieg der entsprechenden internetbezogenen nationalen Normen und einer deutlich zunehmenden Anzahl einschlägiger Publikationen und Gerichtsentscheidungen. In Deutschland wurden allein im Zeitraum von April bis Dezember 2001 295 Aufsätze in Fachzeitschriften und Büchern sowie Dissertationen im Bereich des Internet- und Multimediarechts veröffentlicht. Die Anzahl einschlägiger Gerichtsentscheidungen aller Instanzen betrug im selben Zeitraum 138 [ScMD02, 3ff]. Auch im Bereich der technischen Sicherheit wurden zahlreiche Maßnahmen gesetzt. Bereits im Zeitraum von 1998 bis 2000 stieg die Anzahl der Unternehmen, die technischer Sicherheit im Umfeld ihrer Internetaktivitäten höchste Priorität geben, von 53% auf 71% [Pric00]. Gleichzeitig steigen die Ausgaben für technische Sicherheit stark an, wobei sich dieser Trend zumindest bis zum Jahr 2004 fortsetzen wird. Im Jahr 2000 hatte der Markt für technische Sicherheit in Deutschland ein Volumen von 200 Millionen €. Bei einer durchschnittlichen jährlichen Wachstumsrate von 42% wird für das Jahr 2004 mit einem Umsatz von 831 Millionen € gerechnet [Meta01].

Mittlerweile zeigt sich jedoch immer stärker, dass der Einsatz von rechtlich-technischen Kontrollsystemen zwar unbestreitbar wichtig ist, alleine allerdings in der vernetzten Wirtschaft auf verlorenem Posten steht [SuUr02]. Trotz der massiven Ausweitung der gesetzgeberischen Aktivitäten und der Investitionen in technische Sicherheit steigt das Vertrauen der Anwender nicht im erwarteten Ausmaß und bleibt oftmals die größte Hürde zur Durchführung von digitalen Transaktionen. Die von CommerceNet [Comm02] durchgeführte Befragung von über 1000 Internetanwendern aus sechs Ländern ergab, dass die Faktoren technische Sicherheit und Verschlüsselung sowie Vertrauen und Risiko nach wie vor als die beiden größten Hindernisse zur Akzeptanz von E-Commerce angesehen werden. Die Technographics-Untersuchung von Forrester Research ergab für das vierte Quartal 2001, dass nur 30% der europäischen Onlinebenutzer das Internet als vertrauenswürdiges Medium für die Übermittlung von persönlichen Finanzinformationen ansehen. Im zweiten Quartal 2000 waren es 24%, also nur geringfügig weniger. 56% jener, die noch nie online einkauften, taten dies aufgrund von Sicherheitsbedenken nicht. Gleiches gilt für jene 36% der europäischen Onlinebenutzer, die noch nie Online-Banking verwendet haben [RePM02]. Diese Fakten belegen, dass die Erhöhung der objektiven Sicherheit durch rechtliche und technische Maßnahmen zu wenig ist, um das Vertrauen der Anwender in der vernetzten Wirtschaft zu steigern.

Bemühungen, digitale Transaktionen sicher zu machen, sind oftmals notwendig aber niemals hinreichend, um die Bereitschaft der Transaktionspartner zu steigern, die Transaktion auch tatsächlich durchzuführen. Wie in Abschnitt 2 gezeigt wird, müssen neben Sicherheit zwei weitere Bedingungen erfüllt sein, um diese Bereitschaft zu erhöhen. Erstens müssen die Maßnahmen zur Reduktion der Unsicherheit von den Transaktionspartnern wahrgenommen werden und es muss ihnen vertraut werden [TaTh00]. Zweitens bleibt immer eine Restunsicherheit zurück, die nur durch Vertrauensaufbau in den Partner und das eingesetzte informationstechnologische System kompensiert werden kann.

Derzeit können erste Signale eines einsetzenden Paradigmenwechsels festgestellt werden: Dem Denken in der Dimension Sicherheit folgt das Denken im Faktor Vertrauen als letztlich bestimmende Größe für die Neigung, in der vernetzten Wirtschaft tatsächlich Transaktionen durchzuführen. Dieser Paradigmenwechsel ist von folgenden Eckpunkten gekennzeichnet.

- Dem Glauben, dass objektive technische und rechtliche Sicherheit ausreichend ist, folgt zunehmendes Interesse an der Frage, was das Vertrauen der Anwender in digitale Transaktionen tatsächlich bestimmt und wie sich dieses entwickelt,
- der Annahme, dass sicherheitserhöhende Komponenten (security building componets – SBCs) auch die subjektiv wahrgenommene Sicherheit erhöhen, folgen Bemühungen, durch vertrauensbildende Komponenten (trust building components – TBCs) das Vertrauen in sicherheitserhöhende Komponenten und in den jeweiligen Transaktionspartner zu steigern und schließlich
- folgt der Sichtweise, dass Sicherheit etwas ist, dass ein System in möglichst hohem Ausmaß haben muss, die Perspektive, dass Vertrauen eine wesentliche Quelle von nachhaltigen Wettbewerbsvorteilen darstellt.

Es wird in Zukunft wohl notwendig sein, dass die Fortschritte in der Entwicklung und im Einsatz von vertrauensbildenden Komponenten mit jenen der sicherheitserhöhenden Komponenten zumindest gleichziehen, damit die Möglichkeiten der vernetzten Wirtschaft tatsächlich voll ausgeschöpft werden und Unternehmen nachhaltige Wettbewerbsvorteile aufbauen können.

Bei genauer Betrachtung dieser Situation entsteht der Eindruck, dass bei weitem noch nicht alle relevanten Dimensionen des Vertrauens in digitale Transaktionen gleichermaßen auf der Forschungs- und Entwicklungsagenda stehen und somit bestehende Lösungsansätze nicht die Wirkung entfalten können, die man sich erhoffte.

Die Zielsetzung des vorliegenden Beitrags ist es daher im zweiten Kapitel den komplexen Zusammenhang zwischen Nutzen, Unsicherheit und Vertrauen mit der Bereitschaft aufzuzeigen, eine digitale Transaktion tatsächlich durchzuführen. Im dritten Kapitel werden bestehende Kontrollsysteme zur Sicherheitserhöhung und im anschließenden Kapitel Maßnahmen zur Vertrauensbildung klassifiziert. In diese Klassifizierung werden aktuelle Forschungsgebiete, Produkte, gesetzgeberische Aktivitäten, Gremien und Übersichtsliteratur eingeordnet. Das abschließende fünfte Kapitel stellt Wege zur Umsetzung des Paradigmenwechsels dar.

2. Vertrauen in digitale Transaktionen

Das Thema Vertrauen wird bereits seit vielen Jahrzehnten – oder sogar Jahrhunderten – aus der Sicht unterschiedlicher Disziplinen diskutiert. Wertvolle Ansätze sind insbesondere in der Management-[Sydo96; Kösz01; Walg00] und der Marketingliteratur [UrSu00; ShUr02; HeHa01; Pete97], der Ökonomik [Ripp98; GrKriE; Enge02], der Psychologie [Pete96] und der Soziologie [Luhm00] zu finden. Trotzdem herrschen vor allem in der Anwendung von Informationstechnologien noch eindimensionale und übervereinfachte Perspektiven vor. Beispielsweise wird Vertrauen (Trust) häufig mit Sicherheit (Security) gleichgesetzt, obwohl es sich um zwei komplementäre Konstrukte handelt. Vertrauen ist vielmehr die Bereitschaft, bewusst Unsicherheit in Kauf zu nehmen, in der Hoffnung, dass mögliche negative Folgen nicht schlagend werden [Luhm00].

Abb. 1 stellt einen generischen Bezugsrahmen dar, welcher zeigt, welchen Einfluss Vertrauen auf die Neigung zur Durchführung einer digitalen Transaktion hat und welche Faktoren dieses Vertrauen bestimmen. Voraussetzung, dass eine bestimmte digitale Transaktion überhaupt in Erwägung gezogen wird, ist ein daraus erwarteter Nutzen. Ist dieser Nutzen nicht gegeben, wird die digitale Transaktion nicht durchgeführt werden, unabhängig davon, wie gering die vom Anwender wahrgenommene Unsicherheit und wie hoch sein Vertrauen ist. Je höher der Nutzen ist, umso größer wird auch die Neigung sein, die Transaktion trotz der damit verbundenen Unsicherheiten durchzuführen. Diese Unsicherheiten entstehen, da einerseits der Transaktionspartner aus mehreren Handlungsalternativen wählen kann und andererseits Systeme sich als funktionstüchtig oder nicht funktionstüchtig erweisen können. Um sie zu reduzieren, werden technologische, rechtliche, sozio-kulturelle und marktmäßige Kontrollsysteme eingesetzt. Da ein bestimmtes Ausmaß an Unsicherheit jedoch weder bei traditionellen noch bei digitalen Transaktionen jemals vollständig eliminiert werden kann, werden digitale Transaktionen nur durchgeführt, wenn darauf vertraut wird, dass mögliche negative Folgen der Transaktion nicht schlagend werden. Zusätzlich muss den Kontrollsystemen, die zur Reduktion der Unsicherheit zum Einsatz kommen, vertraut werden, damit tatsächlich die Bereitschaft steigt, die jeweilige digitale Transaktion durchzuführen.

Ohne Vertrauen wären digitale wie traditionelle Transaktionen von Chaos, Angst und Nicht-Handeln geprägt. Nur durch Vertrauen ist ein Transaktionspartner bereit, eine riskante Vorleistung zu erbringen. Beispielsweise übermittelt er seine Kreditkartennummer ohne zu wissen, wer Zugang zu ihr hat, oder bestellt Produkte, ohne diese vorher physisch geprüft zu haben. Hierdurch begibt er sich allerdings in ein Abhängigkeitsverhältnis zu seinem Transaktionspartner oder zu einem System, er wird verwundbar, bringt aber dem Vertrauensobjekt (Vertrauensnehmer) Vertrauen entgegen[1]. Je größer die wahrgenommene Unsicherheit der digitalen Transaktion und je kleiner der daraus erwartete Nutzen ist, umso größer muss das Vertrauen sein, damit die digitale Transaktion tatsächlich durchgeführt wird.

Vertrauen erhöht somit die Bereitschaft, das wahrgenommene Ausmaß an Unsicherheit in Kauf zu nehmen und ermöglicht durch diese Komplexitätsreduktion überhaupt erst Handeln. Vor diesem Hintergrund und für die Zwecke der vorliegenden Arbeit soll Vertrauen wie folgt definiert werden: Vertrauen ist die Bereitschaft zur Erbringung einer riskanten Vorleistung, die auf der Erwartung basiert,

---

[1] Aus der Sicht der Ökonomik wird dadurch eine Principal-Agent-Beziehung begründet [PiDF99, 85ff]. Für eine vertrauensspezifische Untersuchung aus der Sicht der Ökonomik vgl. [Ripp98]. Diese Grundlogik deckt sich auch mit den Aussagen in [Luhm00].

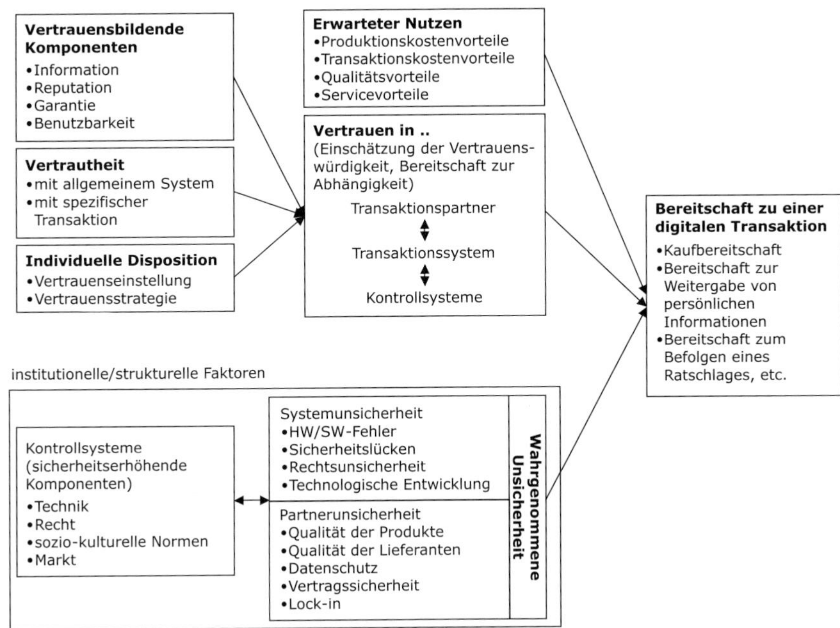

Abb. 1. Ein Bezugsrahmen für die Analyse von Vertrauen in digitale Transaktionen

dass Vertrauensobjekte (Personen, Systeme) die entstandene Abhängigkeit nicht opportunistisch ausnutzen bzw. sich als funktionsfähig erweisen.

3. Klassifizierung bestehender Ansätze zur Verringerung der Unsicherheit von digitalen Transaktionen

3.1 Arten der Unsicherheit, die reduziert werden sollen

3.1.1 Systemunsicherheit

Systemunsicherheit bezieht sich auf die korrekte Funktionsfähigkeit eines konkreten oder abstrakten Systems. Ein konkretes System ist etwa die Hard- und Software zum Betrieb eines elektronischen Marktplatzes. Die Rechtsordnung in der dieser Marktplatz agiert, ist hingegen ein abstraktes System. Oftmals kann eine solche Systemunsicherheit von den handelnden Transaktionspartnern nicht kurzfristig beeinflusst werden und wird in diesem Fall als exogen betrachtet. *Hardware- und Softwarefehler* können von Funktionsfehlern in Form von Rechenfehlern oder falscher Aktualisierung von Dateneinträgen bis zum Totalausfall des Systems reichen. *Sicherheitslücken* beziehen sich auf Manipulationen durch Dritte und bestehen entweder bei der Datenübertragung oder der Datenbearbeitung sowohl bei den Transaktionspartnern als auch bei etwaigen Intermediären (z.B. Internet Service Provider, Marktplatzbetreiber). *Rechtsunsicherheit* kann entstehen, wenn die Rechtsordnung selbst inkonsistent oder unvollständig ist oder aber seitens der Transaktionspartner Unsicherheit über die zur Anwendung kommenden Normen besteht. Ein Beispiel für Unvollständigkeit ist, dass die Rechtsordnung keine klaren Regelungen für die Wirksamkeit elektronischer Transaktionen aufweist. Unsicherheit über die zur Anwendung kommenden Normen resultiert insbesondere aus der Häufigkeit grenzüberschreitender Geschäfte, bei denen nicht klar ist, welches (nationale) Recht zur Anwendung kommt. Eine vierte oftmals auftretende Quelle von Systemunsicherheit sind *technologische Entwicklungen*. Ein Beispiel hierfür sind bestimmte Datenkommunikationsprotokolle oder Datenformate. Häufig kommen Standards zur Anwendung, um diese Unsicherheit zu reduzieren, gleichzeitig sind diese jedoch selbst Quelle für Unsicherheit. Es stellt sich die Frage, welche Standards sich wirklich durchsetzen werden, wie lange diese durch den technologischen Fortschritt, die Marktmacht von Anbietern oder durch öffentliche Eingriffe in Kraft bleiben und mit welchen Umstellungskosten die Implementierung eines bestimmten Standards verbunden ist [Dema01; PiRW01, 64–69].

3.1.2 Partnerunsicherheit

Partnerunsicherheit entsteht bei digitalen Transaktionen, wenn einer der Transaktionspartner gegenüber dem anderen einen Informationsvorsprung besitzt und diesen auch dann zu seinen Gunsten nutzt, wenn er den anderen dadurch schädigt. Dies äußert sich in nicht zeitgerechter Erfüllung, Leistung mit vom Vertrag abweichender Qualität, überhaupt keiner sowie vorgetäuschter Leistungserbringung. Eine erste Form der Partnerunsicherheit entsteht vor dem Durchführen des Leistungsaustausches und bezieht sich auf die *Qualität der Produkte* und bestimmte *Eigenschaften des Lieferanten*. Diese Unsicherheitsfaktoren treten bei digitalen Transaktionen besonders in den Vordergrund, da durch die digitale Geschäftsabwicklung die physische Inspektion der Produkte vor dem Kauf nicht möglich ist und somit aus typischen Inspektionsgütern, deren Eigenschaften man vor dem Kauf kontrollieren kann, Erfahrungsgüter werden, die man erst nach dem Kauf beurteilen kann. Dies kann insbesondere bei schwer beschreibbaren und nicht standardisierten Gütern zu einem Zuwachs an Unsicherheit führen[2]. Auch können bestimmte Eigenschaften des Lieferanten schwieriger beurteilt werden, da der Face-to-Face-Kontakt durch die digitale Transaktion ersetzt wird. Beispielsweise kann verstärkt Unsicherheit über den tatsächlichen Firmensitz entstehen oder es kommen unsicherheitsreduzierende Faktoren nicht zum Tragen, wie etwa das persönliche Gespräch mit dem Transaktionspartner oder der Eindruck von seinen Geschäftsräumlichkeiten. Auch ein zweiter Aspekt erhöht die Unsicherheit hinsichtlich der Eigenschaften des Transaktionspartners: Da digitale Transaktionen die mit dem Finden von neuen Lieferanten verbundenen Suchkosten senken, können tendenziell mehr Austauschprozesse marktmäßig koordiniert werden [MaYB87]. Dies führt zu einer Vielzahl an neuen Lieferanten

---

[2] Hier könnte für Unsicherheiten, die nicht direkt dem Partner zugerechnet werden können, weiter nach Produktunsicherheit differenziert werden. Aus Platzgründen wird hierauf verzichtet.

und dadurch zu einer durchschnittlich geringeren Erfahrung mit einzelnen Lieferanten. Hierdurch steigt die Unsicherheit, ob der jeweilige Lieferant die in ihn gesetzten Erwartungen erfüllt.

Eine zweite Form der Partnerunsicherheit entsteht während der Abwicklung der digitalen Transaktion dadurch, dass bestimmte Handlungen des Transaktionspartners nicht beobachtet oder nicht richtig interpretiert werden können. Hierzu zählt insbesondere der Bereich des *Datenschutzes*. Beispielsweise kann ein Händler zwar zusagen, Kundendaten vertraulich zu behandeln, diese aber trotzdem weitergeben. Dem Kunden ist es danach nicht möglich zu erkennen, ob etwaiges Spamming auf diese Weitergabe zurückzuführen ist. *Vertragsunsicherheit* umfasst die Unsicherheit, ob der Transaktionspartner im Zuge der Vertragserrichtung und -erfüllung Informationsvorsprünge, etwa über die zur Anwendung kommenden Rechtsnormen, opportunistisch ausnützt. Der letzte hier besprochene Aspekt von Partnerunsicherheit ist der *Lock-in-Effekt*. Hierbei nutzt ein Transaktionspartner die Tatsache aus, dass der andere spezifische Investitionen zur Ermöglichung des Leistungsaustausches tätigte. Nachdem diese Investitionen getätigt wurden, verschlechtert der andere Transaktionspartner seine Leistungen und nutzt die Abhängigkeit des anderen aus [ShVa99]. Ein typisches Beispiel ist die Verschlechterung von Konditionen durch einen Abnehmer, nachdem der Lieferant hohe spezifische Investitionen in die informationstechnologische Anbindung an diesen Abnehmer tätigte.

3.2 Arten von Kontrollsystemen

Kontrollsysteme dienen dazu, die Wahrscheinlichkeit, dass eine System- oder Partnerunsicherheit schlagend wird, zu verringern. In diesem Sinne schränken sie mögliche zukünftige Funktionen bzw. Nicht-Funktionen von Systemen und mögliche Handlungsalternativen von Personen ein und wirkt somit komplexitätsreduzierend[3]. Hierdurch verringern Kontrollsysteme den Grad der Unsicherheit und somit prinzipiell auch das Ausmaß des notwendigen Vertrauens. Bei komplexen Formen der digitalen Transaktionen können Kontrollsysteme jedoch nicht als funktional äquivalent zum Faktor Vertrauen gesehen werden. Vielmehr erfordern komplexe Unsicherheitssituationen sowohl einen Ausbau der Kontrollsysteme als auch des Vertrauens.

3.2.1 Technologische Kontrollsysteme

Ein technologisches Kontrollsystem versucht, durch Sachzwänge zu verhindern, dass sich ein System als nicht funktionsfähig erweist oder ein Transaktionspartner sich opportunistisch verhält. Die zweite Spalte in Tabelle 1 und 2 stellt Forschungsgebiete, Gremien, Produkte sowie Übersichtsliteratur dar, die sich auf die Reduzierung von Unsicherheiten durch technische Kontrollsysteme

---

[3] Im Sinne von [Luhm00 19f] dienen Kontrollsysteme der Ergebnisbeherrschung. Vgl. auch das verwandte Konzept der Governance in der Transaktionskostentheorie etwa bei [Will85].

beziehen. Die Funktionsfähigkeit von Hard- und Software soll vor allem durch fehlertolerante Rechnersysteme und formale Beweismethoden im Software Engineering sichergestellt werden. Netzwerk- und Computersicherheit soll Sicherheitslücken reduzieren und Open Source verringert die Gefahr des Lock-in.

Tabelle 3. Kontrollsysteme zur Reduktion der Systemunsicherheit: Forschungsgebiete, Gremien (G), Produkte (P), Rechtsakte (R) und Übersichtsliteratur

	Technologisch	**Rechtlich**
HW/SW-Fehler	*Fehlertolerante Rechnersysteme, Formale Beweismethoden* – G: Formal Methods Europe *[FME02]*, IFIP WG 10.4 (Dependable Computing and Fault Tolerance) *[IFIP02]* – P: FM-Tools *[FME02]* *[Prad96; Lano97]*	*IT-Vertragsrecht, Softwarerecht, Produkthaftungsrecht* – G: Alternative Streitschlichtung durch WIPO im Rahmen der Dispute Avoidance Best Practices and Resolution Guidelines for the ASP-Industry, WIPO-ASPIC Report *[HeKi00; Koch00; Marl00]*
Sicherheitslücken	*Netzwerksicherheit, Computersicherheit, Kryptographie* – G: International Association for Cryptologic Research *[IACR02]*, System Administration, Networking and Security Institute *[SANS02]*, IFIP WG 8.8 (Smart Cards) und TC11 (Security and Protection in Information Processing Systems) *[IFIP02]*, Fachbereich Sicherheit, Gesellschaft für Informatik e.V. *[GI02]* – P: Intrusion Detection Systems, Firewall, Antivirensoftware, SSL *[Nets02]*, S/MIME *[RSAS02]* *[Resc00]*	*Datensicherheitsrecht, Providerhaftungsrecht* – R: Datenschutz-Richtlinie 95/46/EG; E-Commerce-Richtlinie 2000/31/EG, sowie nationale Gesetze (in Deutschland etwa Teledienstegesetz, Bundesdatenschutzgesetz, Teledienstedatenschutzgesetz) Datenschutz und Haftungsrecht in *[HoSi01]*
Rechtsunsicherheit		*Internationales Privatrecht, Internationales Zivil-verfahrensrecht, Internationales Schiedsverfahrensrecht* – R: Herkunftslandprinzip in der E-Commerce-Richtlinie 2000/31/EG; Alternative Streitschlichtung im Rahmen der ICANN Uniform Domain Name Dispute Resolution Policy *[Fall01; Spin01]*
Technologische Entwicklung	*Technologiestandards, Wiederverwendbarkeit* – G: eBusiness Transition Working Group *[EBTW02]* – P: Electronic Business Architecture *[EBTW02a]*, ebXML *[eBXM02]*, OBI *[OBI02]*, J2EE *[SUN02]*, UDDI *[UDDI02]*, SOAP *[WWWC02]* *[JaGJ97]*	*Technologiestandards in Rechtssprechung und -akten, z.B. Signaturrecht* – R: Umsetzungsakte zur Signatur-Richtlinie 1999/93/EG: deutsche Signaturverordnung (etwa verpflichtende Verwendung der ISO/IEC 15408); österreichische Signaturverordnung (etwa verpflichtende Verwendung des Hashverfahrens SHA-1 durch die Aufsichtsstelle) *[BrPo00]*

Tabelle 3. Kontrollsysteme zur Reduktion der Partnerunsicherheit

Qualität der Produkte und Eigenschaften der Lieferanten	*Automatische Prozessüberwachung, Telematikdienste, Digitale Signaturen* – G: European Electronic Signature Standardization Initiative *[EESS02]* – P: Videofernüberwachung, Webcams, Track-and-Trace-Systeme, X.509 *[ITU02]*, a-sign Premium *[DATA02]* *[FoMR00; Schm01]*	*Vertragsrecht, Konsumentenschutzrecht (Fernabsatzrecht), Signaturrecht, Immaterialgüterrecht* – R: Fernabsatz-Richtlinie 97/7/EG; Signatur-Richtlinie 1999/93/EG; Urheberrechts-Richtlinie 2001/29/EG; für die USA: Digital Millennium Copyright Act (DMCA); Uniform Computer Information Transactions Act (UCITA) *[Pütz01]*, Digitale Signatur und Signaturgesetz in *[HoSi01; Wand01; Bech02]*
Datenschutz	*Authentifizierung und Autorisierung, Kryptographie* – G: P3P Platform for Privacy Preferences *[WWWC02a]* – P: Secure Electronic Transaction *[SET02]*, Pretty Good Privacy *[Netw02]* *[NoLe02]*	*Datenschutzrecht, Signaturrecht,* – R: Signatur-Richtlinie 1999/93/EG; Datenschutz-Richtlinie 95/46/EG; nationale Signaturgesetze sowie Datenschutzgesetze *[HoSi01]*
Vertragssicherheit		*Vertragsrecht, Zivilverfahrensrecht (Beweisrecht), Signaturrecht* – R: E-Commerce-Richtlinie 2000/31/EG; Signatur-Richtlinie 1999/93/EG *[MoDr02]*
Lock-in	*Open Source* – G: Open Source Initiative *[OSI02]*, Free Software Foundation *[FSF02]* – P: OSI-Certification *[OSI02a]*, GNU-Licenses *[FSF02a]* *[Pavl00]*	*Wettbewerbsrecht, Kartellrecht* – R: Art. 81ff. EG-Vertrag; deutsches Gesetz gegen Wettbewerbsbeschränkungen; österreichisches Kartellgesetz – G: Wettbewerbsverfahren der EG-Kommission aufgrund des Verdachts des Missbrauchs einer marktbeherrschende Stellung bei Software/Hardware (etwa Microsoft-Verfahren) Kartellrecht in *[HoSi01]*

Von besonderer Bedeutung sind kryptographische Verfahren und digitale Signaturen. Das Verschlüsseln einer Nachricht stellt die *Vertraulichkeit* bei Transport und Speicherung sicher. Die *Integrität* der Information beim Transport ist dann gewährleistet, wenn sie nicht von Dritten verändert wurde. Informationen können zu diesem Zwecke digital signiert werden, was eine nachträgliche Veränderung sichtbar macht. Allgemein geht die Bedeutung des Begriffs Integrität jedoch deutlich über die nur nicht nachträglich erfolgte Manipulation von Daten hinaus. Im Bereich der Informationssysteme versteht man darunter etwa die Widerspruchsfreiheit der Daten und die korrekte Abbildung der realen Welt. Bei digitalen Gütern kann man diesen Begriff noch weiter fassen und deren Werter-

haltung im Verlauf der digitalen Transaktion subsumieren – eine digital reprä-
sentierte Münze behält demnach ihre Integrität, wenn es sich immer um ein Original handelt.

Das mit der Signatur verknüpfte digitale Zertifikat bestätigt schließlich die
Echtheit der in der Signatur angegebenen Identität und sichert somit die *Authentizität*. Auf Grundlage der Integrität und Authentizität kann auch sichergestellt
werden, dass kein Transaktionspartner abstreiten kann, dass eine Transaktion
überhaupt stattgefunden hat oder – in Verbindung mit einem Zeitstempel – diese
zu einem bestimmten Zeitpunkt stattfand (*Nichtabstreitbarkeit*). Die asymmet-
rische Kryptographie stellt daneben auch neue Formen bereit, um Berechtigun-
gen für die Durchführung digitaler Transaktionen auszustellen. Ein wichtiges
Beispiel sind Credentials, worunter ein digital unterschriebenes Dokument zu
verstehen ist, mit dem eine Berechtigung nicht mehr an die herkömmliche Identität eines Transaktionspartners, sondern an einen öffentlichen Schlüssel gebunden wird. Durch dieses Verfahren kann eine Berechtigung auch anonym in Anspruch genommen werden, wobei bei entsprechender Vorkehrung die Anonymität
wieder aufgehoben werden kann (etwa im Missbrauchsfall). Ein Beispiel für den
Einsatz von Credentials ist digitales Geld, bei dem der Aussteller dem Inhaber eines Attributszertifikats Credentials vergibt, womit letzterer berechtigt ist, das
Geld im Ausmaß der Berechtigung zu verwenden [BiKa02; Bran00]. Ein letzter
wesentlicher Aspekt im Zusammenhang mit technologischen Kontrollsystemen
ist die Sicherstellung von *Fairness* durch die Anwendung geeigneter Protokolle
[RöPe99; AsSW96]. Diese sollen sicherstellen, dass keine Partei durch die Nutzung der technischen Infrastruktur Vorteile gegenüber einer anderen erzielen
kann. Bspw. soll bei der Vertragsunterzeichnung per digitaler Signatur gewährleistet sein, dass alle Vertragspartner „gleichzeitig" unterzeichnen, damit sich
nicht nur einige Parteien gebunden fühlen, während andere noch die Gelegenheit für bessere Abschlüsse nutzen können.

3.2.2 Rechtliche Kontrollsysteme

Rechtliche Kontrollsysteme sollen unter Androhung von Sanktionen sicherstellen, dass der Handlungsspielraum von Personen eingeschränkt wird und sie sich
in einer bestimmten Art und Weise verhalten – somit wird Komplexität reduziert
[Luhm00, 41ff; Enge02, 44ff; RoSi98]. Aus der Sicht des Vertrauensnehmers ist
bei einem wirksamen rechtlichen Kontrollsystem der mögliche Gewinn aus opportunistischem Verhalten geringer als der mögliche Verlust durch die ange-
drohten Sanktionen.

Spalte 3 in Tabelle 1 und 2 stellt die rechtlichen Maßnahmen dar, die dazu beitragen können, Unsicherheiten zu reduzieren. Dabei wurden einzelne Forschungsgebiete identifiziert und diesen spezifische Rechtsakte bzw. Gremien zugeordnet,
die sich mit Sicherheitsfragen bei digitalen Transaktionen beschäftigen. Zur weiteren Orientierung ist auch hier entsprechende Übersichtsliteratur angeführt.

Partnerunsicherheit kann beispielsweise reduziert werden durch Auszeich-
nungsvorschriften hinsichtlich der Qualität der Produkte und entsprechende

Rückgabemöglichkeiten, Informationspflichten über die Transaktionspartner, Normen zum Umgang mit personenbezogenen Daten sowie vertragsrechtliche Regelungen. Rechtliche Kontrollsysteme sind auch in der Lage *Systemunsicherheit* zu reduzieren. Beispielsweise können sie die Hersteller und Betreiber von Hard- und Software zur Haftung im Falle von Funktionsfehlern verpflichten und somit ein Anreizsystem für größere Investitionen in Ausfallsicherheit und Funktionstüchtigkeit darstellen. Rechtliche Normen zur Durchsetzung von Standards scheinen dann angezeigt, wenn die Etablierung des Standards eine reine Koordinationsaufgabe oder aber ein öffentliches Gut ist, bei welchem die dezentrale Herausbildung des Standards durch die Marktteilnehmer zu prohibitiv hohen Verhandlungskosten führen würde [BeSa89, 619f].

Als Sonderform der rechtlichen Kontrollsysteme können organisatorische Kontrollsysteme angesehen werden. Auch sie gehen von einem ‚nicht dürfen' aus, allerdings beziehen sie sich meist auf ein inner- oder zwischenbetriebliches Regelsystem.

Die *Systemunsicherheit* kann durch die Festlegung und Einhaltung von organisatorischen Regeln für bestimmte Tätigkeiten reduziert werden. Ein Beispiel für ein solches Regelsystem zur Reduzierung der Systemunsicherheit durch Hardware- und Softwarefehler sowie durch Sicherheitslücken ist ISO 17799 [Dema01, 371f]. Diese Norm beinhaltet zehn Abschnitte, die von Vorkehrung bei Systemausfall und Zugriffskontrolle bis zu Richtlinien für die Systementwicklung und die Organisation des Sicherheitsmanagements reichen. Mit aus Sicherheitslücken resultierenden Systemunsicherheiten beschäftigt sich die Forschungsgebiete Information and Organizational Security Management, ein wesentliches internationales Gremium auf diesem Gebiet stellt die ISSEA [ISSE02] dar. Einen guten Überblick über diesen Forschungsbereich gibt [Pelt01]. Unsicherheiten, die von der technologischen Entwicklung herrühren, können organisatorisch am ehesten durch die Verwendung von Standards kontrolliert werden. Hierbei sind insbesondere Referenzprozessmodelle wie SCOR [SCC02] und RosettaNet [Rose02] zu nennen. Wesentliche Foren und Konsortien betreffend Standardisierung sind in [CENI02] dargestellt. Organisatorische Kontrollsysteme können aber auch die *Partnerunsicherheit* reduzieren, indem sie die Wahrscheinlichkeit opportunistischen Verhaltens senken. Unsicherheit über die Qualität von Produkten und Eigenschaften von Lieferanten kann etwa durch ein routinemäßiges Einholen von Lieferantenauskünften bei unabhängigen Dritten oder durch eine Vorselektion in Form von internen Produktkatalogen und Listungen von Lieferanten erfolgen.

3.2.3 Sozio-kulturelle Kontrollsysteme

Das sozio-kulturelle Kontrollsystem konstituiert sich aus den Werten und Normen eines Sozialsystems. Zusammengefasst wird es oftmals unter dem bereits 1916 eingeführten [Hani16] und in jüngster Zeit wieder intensiv diskutierten Begriff des Sozialkapitals [Fuku02, 31–43]. Zahlreiche dieser Werte und Normen werden auch für digitale Transaktionen übernommen. Etwa, dass Verträge pünktlich zu erfüllen sind oder entgegengebrachtes Vertrauen nicht missbraucht werden soll. Das sozio-kulturelle Kontrollsystem bestimmt daher mit, inwieweit nicht funktionierende Systeme zu einem Schaden führen und Transaktionspartner sich tatsächlich opportunistisch verhalten. Durch die aufgrund digitaler Transaktionen forcierte Globalisierung im Sinne einer physischen Desintegration treffen jedoch zunehmend Transaktionspartner aus unterschiedlichen sozio-kulturellen Systemen aufeinander. Dies kann zu einer weiteren Divergenz der Erwartungshaltung eines Transaktionspartners und dem tatsächlichen Handeln des anderen führen und somit die Komplexität einer digitalen Transaktion erhöhen.

3.2.4 Marktmäßige Kontrollsysteme

Durch marktmäßige Kontrollsysteme hat der Marktteilnehmer durch opportunistisches Verhalten mittelfristig einen Nachteil in seiner Wettbewerbsstellung. Ein Beispiel hierfür ist der Markt für Reputation [BaHa94]. Verhält sich ein Marktteilnehmer öfters opportunistisch (oder ist er zumindest nicht für das Gegenteil bekannt), wird er von der zukünftigen Marktteilnahme zur Gänze ausgeschlossen werden oder aber zumindest zusätzliche Auflagen erfüllen müssen (etwa in Form umfassender Verträge), die mit zusätzlichen Kosten verbunden sind für die er selbst aufkommen muss. Hieraus ergeben sich Kostennachteile, die seine Wettbewerbssituation schwächen [DyCh97]. Aus dieser Perspektive kann auch die Rolle der Marke gesehen werden, die ein Pfand darstellt, da der Inhaber einer starken Marke etwas – namentlich seine Reputation – zu verlieren hat und sich daher eher nicht opportunistisch verhalten wird [Spre88].

4. Klassifizierung bestehender Ansätze zur Erhöhung des Vertrauens in digitale Transaktionen

4.1 Vertrauensobjekte

Vertrauen in das Transaktionssystem kann beispielsweise die Erwartung umfassen, dass die eingesetzte Software in den für den Anwender kritischen Funktionen fehlerfrei ist, dass möglicherweise vorhandene Sicherheitslücken bei der Datenübertragung von Dritten nicht entdeckt und ausgenutzt werden oder dass ein bestimmter Standard sich tatsächlich auch längerfristig am Markt behaupten wird. *Vertrauen in den Transaktionspartner* ist hingegen die Erwartung, dass der Transaktionspartner Informationsvorsprünge die er hat, nicht unter Einsatz von List zu seinem Nutzen und zum Schaden des anderen einsetzt. Beispiele sind etwa, dass die auf einer Website dargestellte Produktqualität der tatsächlich gelieferten entspricht oder, dass mit Kundendaten vertraulich umgegangen wird. Die dritte Kategorie von Vertrauensobjekten sind *Kontrollsysteme*. Diese haben grundsätzlich die Aufgabe Komplexität und somit Unsicherheit zu reduzieren, weisen allerdings auch selbst einen bestimmten Komplexitätsgrad auf, der zu Unsicherheit führen und somit Vertrauen erfordern kann. Obwohl kryptographische Verfahren das Bezahlen mit Kreditkarte im Internet sicherer gestalten als in der realen Welt, können sie beim Anwender durch ihre umständliche Bedienung und das schwierige Nachvollziehen der Funktionslogik das Gefühl der Unsicherheit weiter erhöhen. Analoges gilt für Rechtsnormen, ‚fremde‘ sozio-kulturelle Kontrollsysteme und die Wirksamkeit von marktmäßigen Kontrollsystemen.

4.2 Vertrauensbildende Komponenten

Die zentrale Aufgabe von vertrauensbildenden Komponenten ist, trotz vorhandener Unsicherheit das Zustandekommen einer digitalen Transaktion zu ermöglichen. Im Folgenden sollen hierbei drei große Gruppen unterschieden werden: Information, Reputation und Garantie [Spre88], ergänzt um Benutzbarkeit.

Information trägt dazu bei, dass durch Informationsdefizite bedingte Vertrauensmängel reduziert werden. Beispielsweise können Produkte und Lieferanten detailliert beschrieben und der Ablauf bestimmter Prozesse dargestellt werden. Bei allen Formen der Information als vertrauensbildende Komponente sind jedoch drei Dinge zu beachten. Erstens kann die Information selbst als nicht vertrauenswürdig eingestuft werden. In der Regel ist daher eine Kombination mit anderen vertrauensbildenden Komponenten wie Reputation und Garantie notwendig. Zweitens kann ein zu viel an Information die Komplexität der Transaktion weiter erhöhen, statt diese zu reduzieren und somit zu einer gesteigerten Verunsicherung führen. Und drittens ist auch die Art und Weise wie Informationen zugänglich sind, sowohl aus der Sicht der Auffindbarkeit und Benutzbarkeit des Systems als auch aus jener der Verständlichkeit, ein wichtiges vertrauensbestimmendes Signal.

Spalte 2 in Tabelle 3 stellt die vertrauensbildenden Komponenten dar, die ein Anbieter im Rahmen der Informationspolitik einsetzen kann, um das Vertrauen in das zugrundeliegende Transaktionssystem bzw. Kontrollsystem sowie in den Transaktionspartner selbst zu erhöhen. Dargestellt werden neben der Bezeichnung der Komponente jeweils ein konkretes Beispiel oder Produkt sowie der Verweis auf Übersichtsliteratur.

Die vertrauensbildende Komponente *Reputation* ist immer dann notwendig, wenn Unsicherheit über die Funktionsweise von Systemen oder Informationsvorsprünge von Transaktionspartnern nicht durch eigene Information ausgeglichen werden können oder dies mit zu hohen Kosten verbunden wäre. Reputation kann als Ruf eines Systems oder einer Person angesehen werden, inwieweit Dritte in der Vergangenheit ein vertrauenswürdiges Verhalten feststellten. Die Reputation kann auf zwei Arten die Neigung zu digitalen Transaktionen beeinflussen. Einerseits kann aus einer guten Reputation geschlossen werden, dass sich ein System oder ein Transaktionspartner auch in Zukunft vertrauenswürdig verhalten wird. Andererseits stellt die Reputation auch ein Pfand [Spre88, 619f] dar – es gilt einen guten Ruf zu verlieren. Aus dieser Sicht kann die Marke, wie oben erwähnt, auch die Funktion eines marktmäßigen Kontrollsystems wahrnehmen. Der Transaktionspartner wird tendenziell davor zurückschrecken, sich

Tabelle 3. Vertrauensbildende Komponenten: Art, Beispiele, Produkte und Übersichtsliteratur

	Vertrauensbildende Komponente		
Vertrauensobjekte	*Information*	*Reputation*	*Garantie*
System	*Darstellung der Funktionsweise,* Börsenspiel der HypoVereinsbank [Hypo02]; Demokonto von der Deutschen Bank 24 [Deut02]	*Informations- und Ratingdienste,* Forrester Techrankings [Forr02] *Branding,* Microsoft – Trustworthy Computing [Micr02], [SITT02] *Community Dienste,* Microsoft Developer Network [Micr02a], [Kuwa02] *Gütezeichen ohne Garantiefunktionen,* Trusted Operating Systems und Common Criteria [NIAP02]; Datenschutz-Gütesiegel „Vom Datenschutz empfohlen", Schleswig Holstein [Date02]	*Garantien und Versicherungen,* Quality-of-Service- bzw. Verfügbarkeitsgarantien in Form von Service Level Agreements; Technische Versicherungen von Insuretrust [Insu02]; Funktions- und Verfügbarkeitszertifizierungen, -validierungen und -garantien für freie Software von Alcove [Alco02] *[GTHM01]*
Transaktionspartner	*Produkt- und Prozessinformation,* Dell Computer Corporation [Dell02], Hewlett-Packard Company [Hewl02] *[Spre88; Egge01]*	*Informations- und Ratingdienste,* Kundenreviews und -ratings von Epinions.com [Epin02] *Branding,* Nokia „Trusted Brand 2002" [Noki02] [EiGW00] *Community-Dienste,* Feedback Forum von eBay [eBay02a] *[Schu00; Resn00]* *Gütezeichen ohne Garantiefunktionen,* WebTrust Seal [Webt02] *[Brun00; HuZh02]*	*Gütezeichen mit Garantiefunktion,* Trusted Shops [Trus02] für den B2C- und Trusted Trade [Trus02] für den B2B-Bereich, *Alternative Streitschlichtung,* Squaretrade Streitschlichtung [Squa02] *[VHeu02]* *Treuhanddienste,* Sparkassen Internet Treuhand Transaktionen [Sitt02] *[HuWZ02]* *Garantien und Versicherungen,* Transaktions- und Transportversicherung von Bonitrus [Boni02]; World-Pay Kunden- und Shopper-Garantie [Worl02] *[Pich02]*

Tabelle 3 (Fortsetzung)

	Vertrauensbildende Komponente		
Vertrauensobjekte	*Information*	*Reputation*	*Garantie*
Kontrollsystem	*Darstellung der Funktionsweise,* Cryp Tool der Deutschen Bank AG [Cryp02]; a-sign Demozertifikat [asig02]	*Branding,* Initiative Fair Pay des BMWI, der Deutschen Bank, T- Systems u.a. zur Entwicklung zuverlässiger Sicherheitssysteme im ePayment [Fair02] *Community Dienste,* OpenPGP Alliance [Open02] *Gütezeichen ohne Garantiefunktionen* WebTrust Seal [Webt02] *[Brun00; HuZh02]*	*Garantien und Versicherungen,* Rechtsschutzversicherungen; Sicherheitsgarantie von Amazon [Amaz02] oder anderen Anbietern; „Verified by Visa" und „Zero Liability Policy" von Visa [Visa02]

opportunistisch zu verhalten, was die Unsicherheit der Transaktion reduziert [KlCA78, 297–326]. Die Reputation kann selbst aufgebaut oder übertragen werden. Bei letzterem wird sie aus dem traditionellen Offline-Bereich in den Online-Bereich oder aber von Dritten übertragen, indem beispielsweise ein wenig bekannter Anbieter sein Angebot auf einem elektronischen Marktplatz mit guter Reputation platziert oder zu Unternehmungen verlinkt, die eine solche besitzen. Spalte 3 in Tabelle 3 gibt eine Übersicht über vertrauensbildende Komponenten, die der Anbieter oder ein Dritter im Rahmen der Reputationspolitik setzen kann.

Während die Wirkung von Reputation vor allem darin bestehen soll, dass eine digitale Transaktion zu keinem Schaden führt, soll *Garantie* gewährleisten, dass im Falle eines Schadens dieser begrenzt oder kompensiert wird. Eine Garantie kann sich wiederum auf ein System, ein bestimmtes Verhalten des Transaktionspartners oder auf ein Kontrollsystem beziehen. Beispiele sind eine maximale Ausfallzeit mit entsprechendem Schadenersatz, falls diese überschritten wird, Rücknahme- und Gewährleistungsangebote für Produkte oder die Einhaltung bestimmter organisatorischer Regelungen. Ähnlich wie im Bereich der Information muss das Garantieversprechen selbst als glaubwürdig angesehen werden. Dies kann entweder durch eine gute Reputation des garantierenden Unternehmens oder aber durch die Einbindung Dritter (Trusted third parties) erfolgen. Spalte 4 in Tabelle 3 zeigt, den jeweiligen Vertrauensobjekten zugeordnet, vertrauensbildende Komponenten im Rahmen der Garantiepolitik.

Eine vierte, hier nicht näher besprochene vertrauensbildende Komponente ist *Benutzbarkeit*. Sie bestimmt, wie einfach und effizient das System genutzt werden kann und in welchem Ausmaß der Anwender den Eindruck hat, das System unter seiner Kontrolle zu haben [Egge01]. Eine zweite Dimension der Benutzbarkeit ist die Zugänglichkeit der oben dargestellten ersten drei vertrauensbildenden Komponenten. Sind etwa Allgemeine Geschäftsbedingungen oder Garantieerklärung in einem komplexen Navigationssystem tiefverschachtelt versteckt oder durch zu kleine Schrift kaum lesbar, werden solche vertrauensbildenden Komponenten ihre Wirkung verfehlen und die Partnerunsicherheit nicht reduzieren.

4.3 Vertrautheit

Vertrautheit ist vergangenheitsbezogen und entsteht aus gemachten Erfahrungen mit Systemen oder Personen. Sie ist die Grundlage für Vertrauen oder Misstrauen, wobei die beiden letzteren jedoch stets in die Zukunft gerichtet sind [Luhm00, 17–23]. Bei digitalen Transaktionen äußert sich Vertrautheit zunächst in der Vertrautheit mit einem allgemeinen System, innerhalb dessen eine bestimmte digitale Transaktion stattfindet. Ein Beispiel ist etwa die Vertrautheit mit der Computer- und Internetnutzung oder den rechtlichen Normen mit Bezug auf digitale Transaktionen. Vertrautheit kann sich aber auch auf eine spezifische Transaktion beziehen, etwa auf die Bestellung bei einem bestimmten Lieferanten oder das wiederholte Bestellen eines standardisierten Produkts. Reitsma [RePM02] ermittelte einen signifikanten Zusammenhang zwischen der Dauer, wie lange ein Anwender bereits das Internet nutzt, und der Einschätzung, dass es sich hierbei um ein sicheres Medium für die Übermittlung von persönlichen Finanzinformationen handelt. Anwender, die das Internet erst maximal sechs Monate nutzen, teilen diese Einschätzung zu 17%. Der Wert steigt bei jenen, die es etwa drei Jahre nutzen, auf 35% und erreicht schließlich bei Anwendern, die das Internet über fünf Jahre nutzen 46%. Von besonderer Bedeutung ist, dass sich die Geschwindigkeit der Zunahme des Vertrauens in das Internet im Verhältnis zur selben Untersuchung zwei Jahre zuvor nicht verändert hat, das Lerntempo also unverändert blieb.

4.4 Individuelle Disposition

Die individuelle Disposition zu vertrauen zeigt sich in der konsistenten Bereitschaft, von anderen – über ein breites Spektrum von Menschen, Systemen und Situationen hinweg – abhängig zu sein. Die Disposition zu vertrauen ist zum Teil angeboren, zum Teil im späteren Leben entwickelt. Zum Tragen kommt diese Disposition immer in Interaktion mit anderen Menschen oder Systemen. Sie kann weiter unterteilt werden in die generelle Ansicht, dass andere Menschen sich normalerweise korrekt verhalten, gutes beabsichtigen, und dass man sich auf sie verlassen kann. Die individuelle Disposition zu vertrauen kann aber auch auf die Ansicht zurückzuführen sein, dass es für einen selbst vorteilhaft ist, davon auszugehen, dass sich andere vertrauenswürdig verhalten [McCh00; Pete96].

5. Wege zur Umsetzung des Paradigmenwechsels

5.1 Verständnis für die Entwicklung von Vertrauen erlangen und vertrauensbildende Komponenten forcieren

Wie in Tabelle 3 angeführt, sollen vertrauensbildende Komponenten das Vertrauen in das zugrundeliegende Transaktionssystem, in die eingesetzten Kontrollsysteme und in den Transaktionspartner erhöhen. Gegenwärtig sind Forschungsbemühungen im Bereich der vertrauensbildenden Komponenten äußerst rudimentär ausgeprägt [BaPa02] – vor allem im Vergleich zu den bereits sehr weit fortgeschrittenen Entwicklungen innerhalb der sicherheitserhöhenden Komponenten. Methodisch fundierte Arbeiten zu den tatsächlichen Einflussfaktoren auf das Vertrauen der Anwender in die verschiedenen Vertrauensobjekte sowie zum Verhältnis dieser Faktoren zu einander fehlen noch weitgehend. Auch ist die Wirkung von verschiedenen vertrauensbildenden Komponenten auf das tatsächliche Vertrauen der Anwender noch kaum erforscht [ChPa02]. Vor allem fehlen längerfristige Untersuchungen, die auch die Entwicklung des Vertrauens über den Zeitablauf hinweg erklären [SuUr02]. Als Resultat ist man derzeit bei der Entwicklung von Transaktionssystemen und der Gestaltung der Rahmenbedingungen noch zum großen Teil auf Vermutungen oder einfache Umfrageergebnisse angewiesen, was zu den eingangs dargestellten bescheidenen Erfolgen führt. Auf Basis dieses fundierten empirischen Verständnisses sollten in Zukunft verstärkt vertrauensbildende Komponenten entwickelt, eingesetzt und hinsichtlich ihrer Wirkungsweise evaluiert werden.

5.2 Zwischen Transaktionspartnern Vertrauen schaffen

Aus ökonomischer Sicht sind stets jene Koordinationsmechanismen zum Leistungsaustausch in der vernetzten Wirtschaft sinnvoll, die möglichst geringe Kosten verursachen. Sind Sicherheit und Vertrauen entsprechend ausgeprägt, können verstärkt marktmäßige Koordinationsmechanismen zum Einsatz kommen, die aus Kostensicht jenen überlegen sind, die auf vertraglich-technischen Kontrollsystemen beruhen [BaHa94]. Ein wichtiger marktmäßiger Koordinationsmechanismus ist hierbei wie oben dargestellt der Markt für Reputation. Ein Beispiel ist etwa ein unbekannter Internethändler, der umfassendere Sicherheitssysteme installieren und eine weitrechendere Garantiepolitik gewähren muss als ein bekannter mit einer starken Marke [Einw01]. Im Marketing spiegelt sich eine ähnliche Sichtweise im Übergang von Transaktions- zu Relationshipmarketing wider, in dem langfristige Geschäftsbeziehungen im Mittelpunkt stehen und zwischen Transaktions- und Beziehungsqualität unterschieden wird [Geor00, OMTy97].

Besteht also kein oder nur geringes Vertrauen, sind unter erhöhtem Kostenaufwand verstärkt vertraglich-technische Kontrollsysteme zur Koordination und Abwicklung der Transaktion einzusetzen. Diese reichen von den oben angeführten rechtlichen und technischen Kontrollsystemen bis hin zu strategischen Allianzen oder überhaupt zur Integration des Transaktionspartners in das eigene Unternehmen. Dieser Kostenaufwand kann dazu führen, dass eine bestimmte Anzahl an Transaktionen überhaupt nicht stattfinden, da die damit verbundenen Kosten den resultierenden Nutzen übersteigen würden. Aus diesem Grund ist der verstärkte Einsatz der in Tabelle 3 angeführten vertrauensbildenden Komponenten zur Erhöhung des Vertrauens in den Partner auch aus ökonomischer Sicht von besonderer Bedeutung.

5.3 Vertrauen in Kontrollsysteme erhöhen

Kontrollsysteme an Kundenprozessen ausrichten

Der im Marketing über die letzten Jahre vollzogene Paradigmenwechsel von einer produkt- zu einer kundenorientierten Ausrichtung der Marketingprozesse hat auch unmittelbare Auswirkungen auf die Gestaltung der Kontrollsysteme. Nicht die Frage nach der technisch oder rechtlich immer raffinierteren Lösung hat für den Anwender Vorrang, sondern die optimale Unterstützung seiner Ziele und Prozesse [ÖsFA01]. So will sich der Nutzer eines Online-Auktionsdienstes in erster Linie weder mit den neuesten Verschlüsselungsalgorithmen noch mit grundlegenden Rechtsfragen im Zusammenhang mit Treuhanddiensten beschäftigen, sondern einfach die Sicherheit haben, für sein Geld die gekaufte Ware zeitgerecht in der angepriesenen Qualität zu erhalten. Die Integration von iloxx Safetrade im Rahmen von eBay [eBay02b] ist in diesem Sinn ein gutes Beispiel für die geglückte Ausrichtung eines Kontrollsystems an den Prozessen der Kunden. Ob ein spezielles Kontrollsystem auf die Akzeptanz der Anwender stößt, hängt daher davon ab, ob dieses System den realen Kundenprozess unterstützt, ob dieser Prozess für den Kunden so zentral – auch im Sinne von regelmäßig eintretend – ist, dass er die Beschäftigung mit dem Kontrollsystem auf sich zu nehmen bereit ist und ob das Kontrollsystem die Nutzenerwartung des Anwenders insgesamt positiv beeinflusst.

Benutzbarkeit von Kontrollsystemen erhöhen

Kontrollsysteme sollten jedoch nicht nur grundsätzlich für den Kundenprozess nützliche Funktionen bieten. Vielmehr sollten diese Funktionen auch benutzerfreundlich nutzbar sein. Die Benutzbarkeit von Informationen spielt im vorgestellten Vertrauensmodell in zwei Bereichen eine zentrale Rolle. Einerseits beim Einsatz von Informationen als Komponente zum Aufbau von Vertrauen, andererseits aber auch als Benutzbarkeit des Systems als ganzes zum Erhöhen der Vertrautheit [RiSa03]. Gerade Kontrollsysteme weisen in diesem Zusammenhang vielfach eklatante Defizite auf. Wer versucht, die Grundzüge der technischen Funktionsweise und rechtlichen Auswirkungen von digitalen Signaturen zu verstehen, muss sich zunächst eine nur schwer überblickbare Menge von im Fachjargon verfasster, technischer, rechtlicher und organisatorischer Spezifikationen über Verschlüsselungsverfahren, Zertifizierungen, Zertifikatsklassen und -typen erarbeiten. Ähnliches gilt für die reale Nutzung von digitalen Signaturen.

Vertrauensbildende Komponenten für Kontrollsysteme

Die auf Grund der hohen Eigenkomplexität vieler Kontrollsysteme entstehende zusätzliche Unsicherheit erfordert den verstärkten Einsatz vertrauensbildender Komponenten, um die Wahrscheinlichkeit des Zustandekommens der digitalen Transaktion tatsächlich zu erhöhen. Unsicherheit entsteht in diesem Zusammenhang, wenn über die Existenz bzw. Funktionsweise des Kontrollsystems Ungewissheit besteht oder wenn ihre Funktiontüchtigkeit an sich in Zweifel gezogen wird. Auf informationspolitischer Ebene kann der Anbieter der über ein Kontrollsystem gesicherten Transaktion versuchen, Vertrauen durch die verständliche Darstellung der Funktionsweise des Systems aufzubauen. Einfach zugängliche, unverbindliche Demo-Versionen – wiederum am Kundenprozess orientiert – sind ein Beispiel dafür, wie man Nutzer mit derartigen Systemen vertraut machen kann.

Solange Kontrollsysteme noch keine eigene Reputation aufgebaut haben, können sie vor allem vom Ruf ihrer Anwender profitieren. Konsortien bekannter Anbieter oder renommierte Organisationen bzw. staatliche Einrichtungen, die den Einsatz eines bestimmten Kontrollsystems forcieren, können hier einen entscheidenden Beitrag leisten. Ein zusätzlicher Vertrauensschub kann außerdem durch Garantien des Anbieters für den Fall des Schadenseintritts erwirkt werden. Die Integration von Garantiefunktionen in Kontrollsysteme – beispielsweise die in den USA bereits angebotene „Zero Liability Policy" von Visa [Visa02], die keinen Selbstbehalt des Geschädigten mehr kennt – ist in diesem Zusammenhang eine zu begrüßende Entwicklung.

5.4 Vertrauen als Quelle von Wettbewerbsvorteilen erkennen und nutzen

Oftmals werden im Zusammenhang mit digitalen Transaktionen Vertrauen und Sicherheit als etwas angesehen, was eigentlich nur unzufrieden machen kann, wenn es abgeht, nicht aber aktiv zur Durchführung einer digitalen Transaktion motivieren kann. Folgt man jedoch der in dieser Arbeit vorgestellten Wirkungslogik von Vertrauen, dann kommt man zum Schluss, dass Vertrauen sehr wohl einen Mehrwert stiften kann und sogar eine wichtige Quelle für nachhaltige Wettbewerbsvorteile darstellt. Aus dieser Perspektive erhöhen Vertrauen und Sicherheit nicht nur generell die Anzahl der Transaktionen die abgewickelt werden, sondern ermöglichen auch Wettbewerbsvorteile gegenüber Mitbewerbern – ein weiterer Grund sich verstärkt mit diesen beiden Faktoren aus ökonomischer Sicht zu beschäftigen.

Unter einem nachhaltigen Wettbewerbsvorteil versteht man eine einzigartige, wertgenerierende Strategie, die nicht gleichzeitig von einem aktuellen oder potentiellen Mitbewerber implementiert wird und deren Vorteile nur schwer kopiert werden können [Hoff00]. Da der Aufbau einer Vertrauensbeziehung zu Kunden erhebliche Zeit in Anspruch nimmt und darüber hinaus bestimmte Fähigkeiten verlangt, ist eine Imitierung einer auf Vertrauen basierenden Strategie schwierig und damit prinzipiell zur Erzielung von nachhaltigen Wettbewerbsvorteilen geeignet. In einem weitgehend sicheren Transaktionsumfeld ist die Erlangung von solchen Vorteilen weniger leicht möglich, da hier kaum Verwundbarkeit vorliegt und somit kaum Vertrauen notwendig ist. Quellen von Wettbewerbsvorteilen liegen in diesem Umfeld in zwei Bereichen. Erstens kann zwar die objektive Sicherheit innerhalb der Marktteilnehmer gleich sein, den entsprechenden Kontrollsystemen jedoch verschieden vertraut werden – was zu Wettbewerbsvorteilen führen kann. Zweitens können Wettbewerbsvorteile in einem weitgehend sicheren Transaktionsumfeld erzielt werden, falls einige Marktteilnehmer mehr in kostenintensive technische und rechtliche Kontrollsysteme investieren als ihre Mitbewerber und somit ihre eigene Kostenstruktur verschlechtern, obwohl bereits ein ausreichendes Sicherheitsniveau vorliegt [BaHa94].

In einem unsicheren Transaktionsumfeld kann Vertrauen zu einer wichtigen Quelle von Wettbewerbsvorteilen werden. Einerseits können sich die Marktteilnehmer durch ihre Fähigkeiten unterscheiden, die richtigen Maßnahmen zur Reduktion der Unsicherheit und zur Erhöhung des Vertrauens auszuwählen und diese im richtigen Verhältnis zueinander einzusetzen [Barn91]. Wichtig ist hierbei, dass ein geringes Vertrauen hinsichtlich eines Unsicherheitsfaktors nicht durch ein besonders hohes Vertrauen hinsichtlich eines anderen kompensiert werden kann. Beispielsweise kann ein Zweifel an der Qualität von Produkten nicht durch ein besonders sicheres Zahlungssystem oder mangelndes Vertrauen in die Ausfallsicherheit der Hardware durch besonderen Schutz der Privatsphäre kompensiert werden. Vielmehr ist für den tatsächlichen Einfluss auf die Neigung zu einer digitalen Transaktion das schwächste Glied in der Kette der Unsicherheitsfaktoren verantwortlich.

Eine zweite wichtige Quelle für Wettbewerbsvorteile in einer unsicheren Transaktionsumgebung ist die überlegene Fähigkeit, auf billigere marktmäßige gegenüber teureren hierarchischen Governancestrukturen aufsetzen zu können [Will85], wie sie bereits oben dargestellt wurde.

6. Resümee

In der vernetzten Wirtschaft wird Vertrauen zum zentralen Erfolgsfaktor. Nur wenn man bereit ist Abhängigkeiten einzugehen, kann man die Vorteile der vernetzten Wirtschaft nutzen – und das erfordert Vertrauen. Derzeit liegt bereits ein hoher Entwicklungsstand an technisch-rechtlichen Kontrollsystemen zur Erhöhung der Sicherheit von digitalen Transaktionen vor. Welche Maßnahmen getroffen werden müssen, damit Anwender diesen Kontrollsystemen, den zugrundeliegenden Transaktionssystemen und dem Transaktionspartner auch tatsächlich vertrauen, ist weitgehend unerforscht. Auch ist der Entwicklungsstand von vertrauensbildendenden im Vergleich zu sicherheitserhöhenden Komponenten noch gering – was wohl daran liegt, dass vertrauensbildende Komponenten noch deutlich zuwenig Aufmerksamkeit geschenkt wird. Die große Chance liegt im sich ankündigenden Paradigmenwechsel: dem Denken in der Dimension Sicherheit folgt das Denken im Faktor Vertrauen, als letztlich bestimmende Größe für die Neigung, in der vernetzten Wirtschaft tatsächlich Transaktionen durchzuführen.

7. Literaturverzeichnis

[Barn91] *Barney, J. B.:* Firm resources and sustained competitive advantage? In: Journal of Management (1991) 17, S. 99–120.

[BaHa94] *Barney, J. B.; Hansen, M. H.:* Trustworthiness as a source of competitive advantage. In: Strategic Management Journal (1994) 15, S. 175–190.

[BaWZ99] *Ba, S.-L.; Whinston, A. B.; Zhang, H.:* Building Trust in the Electronic Market Through an Economic Incentive Mechanism, Proceedings of The 20th Anniversary International Conference on Information Systems (ICIS). Charlotte, North Carolina, Dec. 12–15, 1999.

[Bech02] *Bechtold, S.:* Vom Urheber- zum Informationsrecht. Implikationen des Digital Rights Management. München, 2002.

[BeSa89] *Besen, S. M.; Saloner, G.:* The Economics of Telecommunications Standards. In: *Crandall, R. W.; Flamm, K.* (Hrsg.): Changing the Rules: Technological Change, International Competition, and Regulation in Communications. Washington 1989, S. 177–220.

[BrPo00] *Brenn, C.; Posch, R.:* Signaturverordnung, Wien 2000.

[Dema01] *DeMaio, H. B.:* B2B and Beyond: New Business Models Built on Trust. New York, 2001, S. 310–324.

[Egge01] *Egger, F. N.:* Affective Design of E-Commerce User Interfaces: How to Maximise Perceived Trustworthiness, Proceedings of the International Conference on Affective Human Factors Design. London 2001.

[EiGW00] *Einwiller, S.; Geissler, U.; Will, M.:* Engendering Trust in Internet Businesses Using Elements of Corporate Branding. In: Chung, M.: Proceedings of the 2000 Americas Conference on Information Systems. S. 733–739.

[Fall01] *Fallenböck, M.:* Internet und Internationales Privatrecht, evolaris Band 1. Springer, Wien, New York, 2001.

[FaHaiE] *Fallenböck, M.; Haberler, M.:* Technische Schutzmaßnahmen und Urheberrecht in der Informationsgesellschaft. In: ecolex (2002) 4, S. 262–266.

[FaHa01] *Fallenböck, M.; Haberler, M.:* Urheberrecht in der Digitalen Ökonomie, Arbeitspapier der evolaris Privatstiftung. Graz 2001.

[FaSc99] *Fallenböck, M.; Schwab, G.:* Zu der Charakteristik und den Rechtswirkungen elektronischer Signaturen: Regelungsmodelle in den USA und Europa. In: Medien und Recht (MR) (1999) 6, S. 370–375.

[FoMR00] *Foresti, G.; Mahonen, P.; Regazzoni, C.* (Hrsg.): Multimedia Video-Based Surveillance Systems: Requirements, Issues and Solutions. Kluwer Academic Publishers, 2000.

[Fuku02] *Fukuyama, F.:* Der große Aufbruch. München, 2002.

[Geor00] *Georgi, D.:* Kundenbindungsmanagement im Kundenbeziehungslebenszyklus. In: Bruhn, M.; Homburg, C. (Hrsg.): Handbuch Kundenbindungsmanagement. Wiesbaden, 2000, S. 227–247.

[GrKriE] *Grabner-Kräuter, S.:* Die Bedeutung von Vertrauen im elektronischen Handel. In: *Arnold, V. (Hrsg.):* Wirtschaftsethische Perspektiven. Berlin (im Erscheinen).

[GTHM01] *Günther, O.; Tamm, G.; Hansen, L.; Meseg, T.:* Application Service Providers: Angebot, Nachfrage und langfristige Perspektiven. In: Wirtschaftsinformatik 43 (2001) 6, S. 555–567.

[Hani16] *Hanifan, L. J.:* The Rural School and Community Center. In: Annals of the American Academy of Political and Social Science 67 (1916), S. 130–138.

[HeHa01] *Henning-Thurau, Th.; Hansen, U.:* Relationship Marketing: Gaining Competitive Advantage Through Customer Satisfaction and Customer Retention. Springer, Berlin-Heidelberg, 2001.

[HeKi00] *Heussen, B.; Kilian, W.:* Computerrechtshandbuch. München, 2000.

[HoSi01] *Hoeren, T.; Sieber, U.:* Handbuch Multimedia-Recht. München, 2001.

[JaGJ97] *Jacobson, I.; Griss, M.; Jonsson, P.:* Software Reuse: Architecture Process and Organization for Business Success. Addison-Wesley, 1997.

[KiPo01] *Killmann, W.; Posch, R.:* Sichere Signaturerstellung – Basis europaweit anerkannter elektronischer Signaturen, Proceedings of Smartcard-Workshop 2001, GMD. Darmstadt, 2001.

[KlCA78] *Klein, B.; Crawford, R. A.; Alchian, A. A.:* Vertical integration, appropriable rents, and the competitive contracting process. In: Journal of Law and Economics 21 (1978), S. 297–326.

[Koch00] *Koch, F.:* Computervertragsrecht. Berlin, 2000.

[Kösz01] *Köszegi, S.:* Vertrauen in virtuellen Unternehmen. Wiesbaden, 2001.

[Lano97] *Lano, K.:* Formal Object-Oriented Development. Springer, Berlin, 1997.

[Luhm00] *Luhmann, N.:* Vertrauen. Ein Mechanismus zur Reduktion sozialer Komplexität. Stuttgart, 2000.

[Marl00] *Marly, J.:* Softwareüberlassungsverträge. München, 2000.

[MaYB87] *Malon, T. W.; Yates, J. A.; Benjamin, R. I.:* Electronic markets and electronic hierarchies. In: Communications of the ACM 30 (1987) 6, S. 484–497.

[McCh00] *McKnight, D. H.; Chervany, N. L.:* What is Trust? A Conceptual Analysis and an Interdisciplinary Model, in: *M. H. Chung* (Hrsg.), Proceedings of the 2000 Americas Conference on Information Systems, Aug. 10–13, Long Beach, CA.

[Meta01] *Meta Group:* Security im E-Business Zeitalter. 2001.

[MoDr02] *Moritz, H.-W.; Dreier, T.:* Rechts-Handbuch zum E-Commerce. Köln, 2002.

[NoLe02] *Nolde, V.; Leger, L.* (Hrsg.): Biometrische Verfahren. Deutscher Wirtschaftsdienst, 2002.

[OMTy97] *O'Malley, L.; Tynan, C.:* A Reappraisal of Relationship Marketing Constructs of Commitment and Trust. In: AMA (Hrsg.): New and Evolving Paradigms. The Emerging Future of Marketing, Dublin, 1997, S. 486–503.

[ÖsFA01] *Österle, H.; Fleisch, E.; Alt, R.:* Business Networking: Shaping Collaboration Between Enterprises. Springer, Berlin-Heidelberg-New York, 2001.

[Pavl00] *Pavlicek, R.:* Embracing Insanity: Open Source Software Development. Sams, 2000.

[PeKT01] *Petrovic, O.; Kittl, C.; Teksten, R. D.:* Developing Business Models for eBusiness, Proceedings of the International Conference on Electronic Commerce, 31. 10. 2001–4. 11. 2001. Vienna 2001.

[Pelt01] *Peltier, T. R.:* Information Security Policies, Procedures, and Standards: Guidelines for Effective Information Security Management. CRC Press, 2001.

[Pete96] *Petermann, F.:* Psychologie des Vertrauens. Göttingen, 1996.

[Pete97] *Peter, S. I.:* Kundenbindung als Marketingziel: Identifikation und Analyse zentraler Determinanten. Wiesbaden, 1997.

[PiDF99] *Picot, A.; Dietl, H; Frank, E.:* Organisation: eine ökonomische Perspektive. Stuttgart, 1999, S. 67f.

[PiRW01] *Picot, A.; Reichwald, R.; Wigand, R. T.:* Die grenzenlose Unternehmung: Information, Organisation und Management. Wiesbaden, 2001.

[PoLe01] *Posch, R.; Leitold, H.:* Digitale Signaturen in der Praxis. In: Informatik 2001, Wirtschaft und Wissenschaft in der Network Economy – Visionen und Wirklichkeit, Tagungsband zur Jahrestagung der OCG. Wien, 2001.

[Port01] *Porter, M.:* Strategy and the Internet. In: Harvard Business Review (2001) 3, S. 63–78.

[Prad96] *Pradhan, D. K.:* Fault-Tolerant Computer System Design. Prentice Hall, 1996.

[Pric00] *Pricewaterhouse Coopers und Information Week, IT-Security,* Wo sind Ihre Schwachstellen? 2000.

[Pütz01] *Pützhoven, A.:* Europäischer Verbraucherschutz im Fernabsatz. München, 2001.

[Resn00] *Resnick, P.; et al.:* Reputations Systems. In: Communications of the ACM 43 (2000) 12, S. 45–48.

[RePM02] *Reitsma, R; Pearce F.; de Montign, E.:* Experience: The Key to Online Security Issues, Forrester Research Inc., 2002.

[Resc00] *Rescorla, E.:* SSL and TLS: Designing and Building Secure Systems. Addison Wesley Professional, 2000.

[Ripp98] *Ripperger, T.:* Ökonomik des Vertrauens. Analyse eines Organisationsprinzips. Tübingen, 1998.

[RiSa03] *Riegelsberger, J.; Sasse, A.:* Designing E-Commerce Applications for Consumer Trust. Beitrag in diesem Band.

[RoSi98] *Rousseau, D. M.; Sitkin, S. B.:* Not so different after all: A cross-discipline of trust. In: Academy of Management Review (1998) 23, Juli, S. 393–404.

[Schm01] *Schmeh, K.:* Kryptografie und Public-Key Infrastrukturen im Internet. dpunkt-Verlag, Heidelberg, 2001.

[Schu00] *Schubert, P.:* The Pivotal Role of Community Building in Electronic Commerce, Proceedings of the Hawaii International Conference on Systems Sciences, 2000.

[ScMD02] *Schuster, F.; Müller U.; Drewes, S.:* Entwicklung des Internet- und Multimediarechts von April bis Dezember 2001. In: MultiMedia und Recht (MMR) (2002) 3, S. 3ff.

[ShUr02] *Shankar, V.; Urban, G. L.; Sultan, F.:* Online trust: a stakeholder perspective, concepts, implications, and future directions. In: Journal of Strategic Information Systems 11(3–4) (2002), S. 325–344.

[ShVa99] *Shapiro, C.; Varian, H. R.:* Information Rules: A Strategic Guide to the Network Economy. Boston, MA, 1999.

[Sitt01] *Sitte, G.:* Technology Branding. Strategische Markenpolitik für Investitionsgüter. Wiesbaden, 2001.

[Spin01] *Spindler, G.:* Grenzüberschreitende elektronische Rechtsgeschäfte, in: *Hohloch, G.* (Hg.), Recht und Internet. Baden-Baden, 2001.

[Spre88] *Spremann, K.:* Reputation, Garantie, Information. In: ZfB, 58 (1988) 5/6, S. 613–629.

[SuUr02] *Sultan, F.; Urban, G. L.; Shankar, V.; Bart, I. Y.:* Determinants and Role of Trust in E-Business: A Large Scale Empirical Study, MIT Sloan School of Management Working Paper 4282–02 (2002).

[Sydo96] *Sydow, J.:* Virtuelle Unternehmung. Erfolg als Vertrauensorganisation? In: Office Management 44 (1996) 7/8, S. 10–13.

[TaTh00] *Tan, Y.-H.; Thoen, W.:* A Logical Model of Trust in Electronic Commerce. In: Electronic Markets 10(4) (2000), S. 258–263.

[UrSu00] *Urban, G. L.; Sultan, F; Qualls, W.:* Placing Trust at the Center of Your Internet Strategy. In: Sloan Management Review Fall (1) (2000), S. 39–48.

[Voge01] *Vogel, C.:* Urheberrechtsschutz im digitalen Zeitalter. Diplomarbeit an der Technischen Universität Graz, 2001.

[Walg00] *Walgenbach, P.:* Das Konzept der Vertrauensorganisation. In: Die Betriebswirtschaft 60 (2000) 6, S. 707–720.

[Wand01] *Wand, P.:* Technische Schutzmaßnahmen und Urheberrecht. München, 2001.

[Will85] *Williamson, O. E.:* The Economic Institutions of Capitalism. New York, 1985.

URLs

[Alco02] *Alcove:* http://www.alcove.com, Abruf am 2002-06-25.

[AsSW96] *Askona, N.; Schuntner, M.; Waidner, M.:* Optimistic Protocols for fair exchange. http://www.semper.org/info/index.html#232ZR011, Abruf am 2002-14-09.

[Amaz02] *Amazon Sicherheitsgarantie:* http://www.amazon.de/exec/obidos/tg/browse/-/504966/028-9996024-1182119, Abruf am 2002-06-26.

[asig02] *a-sign:* http://www.asign.at, Abruf am 2002-06-25.

[BaPa02] *Ba, S.; Pavlou, P.:* Evidence of the Effect of Trust Building Technology in Electronic Markets: Price Premiums and Buyer Behavior, MIS Quarterly 26(3) (2002), S. 243–268. http://www-scf.usc.edu/~pavlou/BaPavlou.pdf, Abruf am 2003-01-20.

[BiKa02] *Biskup, J.; Karabulut, Y.:* A hybrid PKI model with an application for secure mediation, Proceedings for the 16th Annual IFIP WG 11.3 Working Conference. Cambridge, 2002 (im Erscheinen).

[Boni02] *Bonitrus:* www.bonitrus.com, Abruf am 2002-06-19.

[Bran00] *Brands, S. A.:* Rethinking Public Key Infrastructures and Digital Certificates. Cambridge-London, 2000.

[Brun00] *Brun, B.:* Nature et impacts juridiques de la certification dans le commerce électronique sur Internet. In Lex Electronica (2001) 7. http://www.lex-electronica.org/articles/v7-1/Brun.pdf. Abruf am 2002-06-19.

[CENI02] *CEN/ISSS:* http://www.cenorm.be/isss/Consortia/Surveyshort.htm, Abruf am 2002-06-01.

[ChPa02] *Chellappa, R.; Pavlou, P.:* Perceived information security, financial liability and consumer trust in electronic commerce transactions. In Logistics Information Management, 15 (5/6) (2002), S. 358–368. http://www-scf.usc.edu/~pavlou/BaPavlou.pdf, Abruf am 2003-01-21

[Comm02] *CommerceNet:* Barriers to Electronic Commerce. http://www.commerce.net/research/barriersinhibitors/2000/Barriers2000study.pdf, Abruf am 2002-03-15.

[Cryp02] *Cryp Tool:* http://www.cryptool.de, Abruf am 2002-06-25.

[DATA02] *DATAKOM Austria GmbH:* http://a-sign.datakom.at/premium/, Abruf am 2002-06-24.

[Date02] *Datenschutz-Gütesiegel „Vom Datenschutz empfohlen", Schleswig Holstein:* http://www.datenschutzzentrum.de/guetesiegel/presse.htm, Abruf am 2002-06-19.

[Dell02] *Dell Computer Corporation:* www.dell.com, Abruf am 2002-06-19.

[Deut02] *Deutsche Bank 24:* http://www.deutsche-bank-24.de, Abruf am 2002-06-25.

[DyCh97] *Dyer, J.; Chu, W.:* The Economic Value of Trust in Supplier-Buyer Relations. http://imvp.mit.edu/papers/98/145a.pdf, Abruf am 2003-01-22.

[eBay02a] *eBay:* www.ebay.de, Abruf am 2002-06-19.

[eBay02b] *eBay, Integration von iloxx Safetrade:* http://pages.ebay.de/help/community/escrow.html, Abruf am 2002-07-01.

[EBTW02] *eBusiness Transition Working Group:* http://www.ebtwg.org, Abruf am 2002-06-24.

[EBTW02a] *eBusiness Transition Working Group:* http://www.ebtwg.org/news/062402.html, Abruf am 2002-06-24.

[ebXM02] *ebXML Joint Coordination Committee:* http://www.ebxml.org, Abruf am 2002-06-24.

[Einw01] *Einwiller, S.:* The Significance of Reputation and Brand for Creating Trust in the Different Stages of a Relationship between an Online Vendor and its Customers. In Proceedings of the 8th Research Symposium of Emerging Electronic Markets (RSEEM2001), September 16–18, Maastricht, NL. http://www-i5.informatik.rwth-aachen.de/conf/rseem2001/papers/einwiller.pdf, Abruf am 2003-01-22.

[Enge02] *Engel, Ch.:* Vertrauen: Ein Versuch. Preprints aus der Max-Planck-Projektgruppe Recht der Gemeinschaftsgüter. http://www.mpp-rdg.mpg.de/publik1.html, Abruf am 2002-03-15.

[EESS02] *European Electronic Signature Standardization Initiative:* http://www.ict.etsi.fr/eessi/EESSI-homepage.htm, Abruf am 2002-06-24.

[Epin02] *Epinions.com:* www.epinions.com, Abruf am 2002-06-19.

[Fair02] *Fair Pay:* http://fairpay.dfki.de/index.swf, Abruf: 2002-06-25.

[FME02] *Formal Methods Europe:* http://www.fmeurope.org, Abruf am 2002-06-22.

[FME02] *Formal Methods Europe:* http://www.fmeurope.org/databases/tools.html, Abruf am 2002-06-22.

[Forr02] *Forrester Research:* http://www.forrester.com, Abruf am 2002-06-26.

[FSF02] *Free Software Foundation Inc.:* http://www.gnu.org/fsf/fsf.html, Abruf am 2002-06-24.

[FSF02a] *Free Software Foundation Inc.:* http://www.gnu.org/licenses/licenses.html, Abruf am 2002-06-24.

[GI02] *Gesellschaft für Informatik e.V.:* http://www.gi-fb-sicherheit.de/, Abruf am 2002-09-14.

[Hewl02] *Hewlett-Packard Company:* http://www.hp.com, Abruf am 2002-06-26.

[Hoff00] *Hoffman, N.:* An Examination of the 'Sustainable Competitive Advantage' Concept: Past, Present, and Future. In: Academy of Marketing Science Review [Online], http://www.amsreview.org/amsrev/theory/hoffman04-00.html, Abruf am 2003-01-02.

[HuZh02] *Hu, X.; Lin, Z., Zhang, H.:* Myth or Reality: Effect of Trust-Promoting Seals in Electronic Markets. In: The Proceedings of WITS 2001, 15. 12.–16. 12. 2001, New Orleans, pp. 65–70. http://zlin.ba.ttu.edu/papers/published/WITS01-trust.pdf, Abruf am 2002-06-19.

[HuWZ02] *Hu, X.; Lin, Z.; Whinston, A.; Zhang, H.:* Perceived Risk and Escrow Adoption: An Economic Analysis in Online Consumer-to-Consumer Auction Markets. In: The Proceedings of WITS 2001, 15. 12.–16. 12. 2001, New Orleans, pp. 71–76. http://zlin.ba.ttu.edu/papers/published/wits01-last.pdf, Abruf am 2002-06-18.

[Hypo02] *HypoVereinsbank:* http://www.hypovereinsbank.de, Abruf am 2002-06-25.

[IACR02] *International Association for Cryptologic Research:* http://www.iacr.org, Abruf am 2002-06-23.

[IFIP02] *International Federation for Information Processing:* http://www.ifip.org/bulletin/bull-tcs/memtc10.htm#wg104, Abruf am 2002-06-22.

[ISSE02] *International Systems Security Engineering Association:* http://www.issea.org, Abruf am 2002-06-25.

[ITU02] *International Telecommunication Union:* http://www.itu.int/rec/recommendation.asp?type=items&lang=e&parent=T-REC-X.509-200003-I, Abruf am 2002-06-24.

[Insu02] *Insuretrust:* http://www.insuretrust.com, Abruf am 2002-06-25.

[Kuwa02] *Kuwabara, K.:* Linux: A Bazaar at the Edge of Chaos. In: First Monday (2000) 3, http://firstmonday.org/issues/issue5_3/kuwabara/index.html, Abruf am 2002-06-18.

[Micr02] *Microsoft Corporation:* www.microsoft.com, Abruf am 2002-06-19.

[Micr02a] *MicrosoftDeveloper Network:* http://msdn.microsoft.com, Abruf am 2002-06-25.

[Nets02] *Netscape:* http://wp.netscape.com/eng/ssl3/, Abruf am 2002-06-24.

[NIAP02] *National Information Assurance Partnership:* http://niap.nist.gov, Abruf am 2002-06-25.

[Noki02] *Nokia:* www.nokia.com, Abruf am 2002-06-19. Nokia erzielte beim „Trusted Brand Survey", der 2002 in 18 Ländern Europas durchgeführt wurde, die höchste Einzelwertung (Readers Digest „Trusted Brand": http://www.rdtrustedbrands.com).

[OBI02] *OBI Consortium:* http://www.openbuy.org, Abruf am 2002-06-24.

[OSI02] *Open Source Initiative:* http://www.opensource.org/, Abruf am 2002-06-24.

[OSI02a] *Open Source Initiative:* http://www.opensource.org/docs/certification_mark.php, Abruf am 2002-06-24.

[Open02] *OpenPGP:* http://www.openpgp.org, Abruf am 2002-06-25.

[Netw02] *Network Associates:* http://www.pgp.com, Abruf am 2002-06-24.

[Pich02] *Pichler, R.:* Trust and Reliance-Enforcement and Compliance: Enhancing Consumer Confidence in the Electronic Marketplace. Dissertation an der Stanford Law School, Mai 2000, http://www.law.stanford.edu/library/special/rufus.thesis.pdf, Abruf am 2002-06-25.

[RöPe99] *Röhm, A.; Pernul, G.:* COPS: A Model and Infrastructure for Secure and Fair Electronic Markets. http://www.computer.org/proceedings/hicss/0001/00018/00018021.PDF, Abruf am 2002-09-14.

[RSAS02] *RSA Security Inc.:* http://www.rsasecurity.com/standards/smime/products.html, Abruf am 2002-06-24.

[Rose02] *RosettaNet:* http://www.rosettanet.org, Abruf am 2002-06-25.

[SANS02] *System Administration, Networking and Security Institute:* http://www.sans.org, Abruf am 2002-06-23.

[SET02] *SET Secure Electronic Transaction LLC:* http://www.setco.org/cgi-bin/vsm.cgi, Abruf am 2002-06-24.

[SCC02] *Supply-Chain Council Inc.:* http://www.supply-chain.org, Abruf am 2002-06-25.

[ScMD02] *Schuster, F.; Müller, U.; Drewes S.:* Entwicklung des Internet- und Multimediarechts von April bis Dezember 2001: In: MultiMedia und Recht-Beilage (MMR) (2002) 3, S. 3–44.

[SITT02] *Sparkassen Internet Treuhand Transaktionen:* https://secure.s-itt.de, Abruf am 2002-06-25.

[Squa02] *SquareTrade:* www. Squaretrade.com, Abruf am 2002-06-19.

[SUN02] *Sun Microsystems Inc.:* http://java.sun.com/j2ee/, Abruf am 2002-06-24.

[Trus02] *Trusted Shops:* http://www.trustedshops.de, Abruf am 2002-04-18.

[Trus02] *Trusted Trade:* http://www.trustedtrade.com, Abruf am 2002-06-25.

[UDDI02] *UDDI Program Management Team:* http://www.uddi.org, Abruf am 2002-06-24.

[VHeu02] *van den Heuvel, E.:* Online Dispute Resolution as a Solution to Cross-Border E-Disputes. An Introduction to ODR. Joint Conference of the OECD "Building Trust in the Online Environment: Business-to-Consumer Dispute Resolution, 11. 12.–12. 12. 2000, The Hague." http://www.oecd.org/pdf/M00001000/M00001592.pdf, Abruf am 2002-06-18.

[Visa02] *Visa, Zero Liability Policy:* http://usa.visa.com/personal/secure_with_visa/, Abruf am 2002-06-26.

[Webt02] *WebTrust:* www.webtrust.de, Abruf am 2002-06-19.

[Worl02] *WorldPay:* http://www.worldpay.com/german, Abruf am 2002-06-25.

[WWWC02] *World Wide Web Consortium:* http://www.w3.org/TR/SOAP/, Abruf am 2002-06-24.

[WWWC02a] *World Wide Web Consortium:* http://www.w3.org/P3P/, Abruf am 2002-06-24.

Otto Petrovic, Markus Fallenböck, Christian Kittl

PARADIGM SHIFT IN THE NETWORK ECONOMY: FROM SECURITY TO TRUST

1. The Paradigm Shift Begins

The network economy is characterized by the fact that businesses increasingly work together with others when producing their products and services and – as the other side of the coin – consumers satisfy their needs by using products and services that come from the most diverse sources. The moving forces behind these developments are technologies, which enable the fast and cheap transportation of goods and information. Thus the resulting globalization of supply enables the customer to increasingly choose from the best supplier on an international scale – which, on the other hand, leads to increasing pressure on quality and costs on the side of all the suppliers. In order to do justice to this pressure the businesses have to concentrate more and more on their core competencies and obtain the complementary competencies via co-operations in order to solve the problems of their customers.

Both the production in co-operation with other suppliers and the satisfaction of customers' needs through products and services from different sources are attractive only when they bring about a high benefit. The higher the benefit, the less likely one is willing to do without it, or in other words: the greater the dependency. The stronger the creation of benefit through networking with others, the greater is one's own vulnerability, if the creation of benefit does not take place any longer.

Digital transactions are the moving force behind networking. This includes all the activities carried out via electronic networks in the course of an exchange of services, such as the trade of goods, the exchange of information or providing consultation services. As a rule, digital transactions are insecure. The transaction partner can act both to his own advantage and to the other's disadvantage and the underlying IT-system can prove to be non-functional.

In the past, one mainly tried to reduce the risk, which is linked to networking by means of digital transactions, through legal/technical control systems. For example, since 1997 there has been a sharp increase in legislative action on the European Union level in the surrounding fields of digital transactions. This also led to a sharp increase in the corresponding Internet-related national norms and a clear increase in the number of relevant publications and court decisions. In Germany alone, from April to December 2001, 295 papers were published in scientific journals and books, as well as dissertations in the field of Internet and multimedia law. During the same time period, the number of relevant court decisions of all instances amounted to 138 [ScMD02, 3ff]. Also numerous measures have been introduced in the field of technical security. Already from 1998 to 2000, the number of businesses, which gave technical security concerning their Internet activities the highest priority, rose from 53% to 71% [Pric00]. At the same time expenditures on technical security have increased sharply – a trend which will continue at least until the year 2004. In 2000 the market for technical security in Germany had a volume of 200 million €. At an average annual growth rate of 42%, a turnover of 831 million € is predicted for the year 2004 [Meta01].

However, it has become more and more clear in the meantime that while the use of legal/technical control systems is indisputably important, all by itself it is fighting a losing battle in the network economy [SuUr02]. Despite the massive extension of legislative activities and of investments in technical security, the users' trust does not increase as expected and often remains the biggest hurdle in carrying out digital transactions. A survey of more than 1000 Internet users from six countries carried out by CommerceNet [Comm02] showed that the factors of technical security and encryption as well as trust and risk are still regarded as the biggest impediments to the acceptance of E-Commerce. The Technographics survey carried out by Forrester Research for the fourth quarter of the year 2001 brought to light that only 30% of European online-users consider the Internet to be a trustworthy medium for the transfer of personal finance information. In the second quarter of the year 2000 the number amounted to 24%, thus just a little bit less. 56% of those who had never purchased anything online, did not do it because of reservations about security. The same is true for the 36% of European online-users who have not yet used online banking [RePM02]. These facts prove that increasing the objective security by means of legal and technical measures is not sufficient enough to increase the users' trust in the network economy.

Efforts to make digital transactions secure are often necessary but never sufficient enough to increase the willingness of the transaction partners to actually carry out the transaction. As we shall see in section 2, besides security two more requirements have to be fulfilled in order to increase this willingness. First of all, the measures for the reduction of insecurity must be noticed by the transaction partners and they have to become familiar with them [TaTh00]. Second, there always remains a residual insecurity which can be compensated for only by building up trust in the partner and in the IT-system used.

At the moment, the first signals of a beginning paradigm shift can be detected: thinking in the dimension of security is followed by thinking about the factor of trust as the ultimate and decisive indicator for the willingness to actually carry out transactions in the network economy. This paradigm shift is characterized by the following corner-stones:

- the belief in the sufficiency of objective technical and legal security is followed by an increasing interest in the question of what actually determines the users' trust in digital transactions and how it develops,
- the assumption that security building components (SBCs) also increase the subjectively perceived security is followed by efforts to increase trust in security building components and in the corresponding transaction partner by trust building components (TBCs) and finally,
- the point of view that security is something that a system should have to the highest possible extent is followed by the perspective that trust can be considered as an essential source of sustainable competitive advantages.

In the future, it might well be necessary that progress in the development and the use of trust building components at least catches up with the progress in security building components, so that the possibilities of the network economy can actually be fully exhausted and that businesses are able to build up sustainable competitive advantages.

A closer look at this situation leaves one with the impression that by far not all of the relevant dimensions of trust in digital transactions have been equally put on the research and development agenda and therefore existing solution approaches cannot be as efficient as one hoped they would be.

Thus, the second chapter of the present paper tries to show the complex interrelation between benefit, insecurity and trust with the willingness to actually carry out a digital transaction. The third chapter classifies existing control systems for security building, whereas the fourth chapter classifies measures for trust building. This classification includes current fields of research, products, legislative actions, committees and a survey of the literature. The fifth and final chapter depicts ways to implement the paradigm shift.

2. Trust in Digital Transactions

For many decades – or even centuries – the topic of trust has been discussed from the point of view of different disciplines. Valuable approaches can be found mainly in the literature of management [Sydo96; Kösz01; Walg00], marketing [UrSu00; ShUr02; HeHa01; Pete97], economics [Ripp98; GrKriE; Enge02], psychology [Pete96] and sociology [Luhm00]. Nevertheless, one-dimensional and over-simplified perspectives still dominate in the use of information technologies. For example, trust is often equated with security, although they are two complementary constructs. Trust is rather the willingness to deliberately put up with insecurity hoping that possible negative consequences will not become cogent [Luhm00].

Fig. 1 depicts a generic frame of reference which shows the influence trust has on the willingness to carry out a digital transaction and by what kinds of factors this trust is determined. The prerequisite for a certain digital transaction to be considered at all is the expected benefit. If there is no such benefit, the digital transaction will not be carried out, regardless of how little the users' feeling of

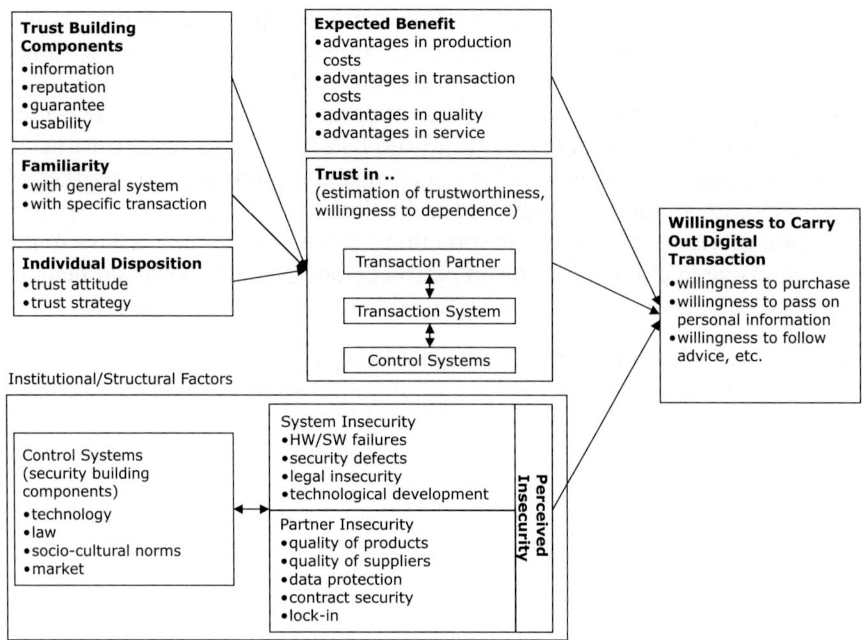

Fig. 1. Frame of reference for the analysis of trust in digital transactions

insecurity is or how high the users' trust is. The higher the benefit, the greater also is the inclination to carry out the transaction despite the insecurities involved. These insecurities develop because, on the one hand, the transaction partner can choose from several action alternatives, and on the other hand, systems can prove to be functional or non-functional. In order to reduce these insecurities, technological, legal, socio-cultural and market-related control systems are employed. However, since a certain amount of insecurity cannot be eliminated from either traditional or digital transactions, digital transactions are carried out only if one can have trust in the fact that possible negative consequences will not become cogent. In addition to this, one must trust the control systems that are used to reduce the insecurity which consequently leads to an increased willingness to carry out the respective digital transaction.

Without trust, both digital and traditional transactions would be dominated by chaos, fear and inaction. Only through trust is a transaction partner willing to provide a risky concession in advance. For example, he transmits his credit card number without knowing who has access to it or orders products without having physically examined them before. However, by doing so, he enters a relationship of dependence on his transaction partner or on a system; he becomes vulnerable, but has trust in the trusted object (trusted person)[1]. The higher the feel-

---

[1] From the point of view of economics, this leads to the founding of a principal-agent relationship [PiDF99, 85ff]. For a trust specific examination from the point of view of economics, compare [Ripp98]. This basic logic also agrees with the statements in [Luhm00].

ing of insecurity about the digital transaction and the smaller the benefit expected from it, the larger the trust must be in order to actually carry out the digital transaction.

Trust therefore increases the willingness to put up with the perceived amount of insecurity and only this reduction of complexity enables action. Against this background and for the purpose of the present paper, trust shall be defined as follows: trust is the willingness to provide a risky advance performance which is based on the expectation that trusted objects (persons, systems) do not opportunistically exploit this dependence and prove to be functional.

3. Classification of Existing Approaches to Reduce the Insecurity of Digital Transactions

3.1 Kinds of Insecurity That Need to be Reduced

3.1.1 System Insecurity

System insecurity refers to the correct functionality of a concrete or abstract system. For instance, a concrete system would be the hard- and software needed to run an electronic market place. However, the legal system in which this market place acts is an abstract system. Often such a system insecurity cannot be influenced by the acting transaction partners in the short term and in this case is viewed as exogenous. *Hardware- and software failures* can reach from functional faults in the form of calculation faults or the false updating of data entries to a total crash of the system. *Security defects* refer to manipulations of third parties and exist either in the transmission of data or in the processing of data both with the transaction partners and the possible intermediaries (e.g., Internet service provider, market place provider). *Legal insecurity* can arise when the legal system itself is inconsistent or incomplete or when the transaction partners are not sure about the norms that are applicable. An example of incompleteness is the fact that the legal system does not have clear regulations on the effectiveness of electronic transactions. Insecurity about the norms that are used results especially from the frequency of international business deals, where it is not clear which (national) laws are applicable. The fourth, and very frequent source for system insecurity, is *technological development*. Good examples are certain data communication protocols or data formats. Often standards are used in order to reduce this insecurity, but at the same time, they themselves cause insecurity. The question is what kind of standards will actually gain acceptance, how long they will remain in force through technological progress, the market power of suppliers or through public intervention and what the re-adjustment costs for the implementation of a specific standard will be [Dema01; PiRW01, 64–69].

3.1.2 Partner Insecurity

Partner insecurity occurs with digital transactions, if one of the transaction partners has more information than the other and also uses this information to his advantage and in order to harm the other partner. This reveals itself in delayed performance, performance whose quality deviates from the one stated in the agreement and no performance at all, as well as feigned performance. A first kind of partner insecurity occurs before the exchange of performance is carried out and refers to the *quality of the products* and certain *qualities of the supplier*. These factors of insecurity come to the fore especially with digital transactions, since the digital way of doing business prevents the physical inspection of the products before purchasing them and thus the typical 'inspection goods', the quality of which can be controlled before the purchase, become 'experience goods', which can only be assessed after having been purchased. This can lead to an increase in insecurity especially with goods that are hard to describe and are not standardized[2]. Moreover, certain qualities of the supplier are harder to evaluate because the face-to-face contact is replaced by digital transaction. For example, insecurity can increasingly be caused by the actual location of the business or by the fact that factors, which would decrease insecurity, cannot be used, such as a personal conversation with the transaction partner or the impression of his office facilities. A second aspect also increases insecurity with regard to the qualities of the transaction partner: since digital transactions reduce the search costs for finding new suppliers, generally more exchange processes can be coordinated in relation to the market [MaYB87]. This leads to a large number of new suppliers and, on the average, to a lower level of experience with individual suppliers. As a result, insecurity increases about whether the relevant supplier is able to fulfill the expectations or not.

A second kind of partner insecurity occurs while carrying out the digital transaction by not being able to watch specific actions of the transaction partner or to interpret them correctly. This includes especially the field of *data protection*. For example, a trader can promise to treat the customers' data as confidential, but at the same time, he can pass it on regardless. For the customer it is then impossible to find out if possible spamming was caused by this passing on of his data. *Contract insecurity* refers to the insecurity about whether the transaction partner opportunistically takes advantage of information leads in the course of the setting up and the fulfillment of the contract, for example, on the legal norms that are applied. The last aspect of partner insecurity mentioned in this paper is the *lock-in effect*. Here a transaction partner takes advantage of the fact that the other partner made specific investments to enable the exchange of services. After these investments had been made, the other transaction partner reduces the quality of his services and takes advantage of the other one's dependence [ShVa99]. A typical example would be the deterioration of conditions caused by

---

[2] At this point a further differentiation into product insecurity could be made for insecurities that cannot directly be attributed to the partner. Due to reasons of space, the authors refrain from doing so.

a buyer after the supplier had made specific high investments on the IT connection with this buyer.

3.2 Types of Control Systems

A control system serves to decrease the probability that a system or partner insecurity becomes cogent. In this sense it restricts possible future functions and non-functions of systems and possible action alternatives of persons and thus has a complexity-reducing effect[3]. This is how control systems reduce the level of insecurity and consequently, in principle, also the amount of trust necessary. However, in complex forms of digital transactions, control systems cannot be seen as functionally equivalent to the trust factor. Complex insecurity situations require, however, both an expansion of the control systems and of trust.

3.2.1 Technological Control Systems

A technological control system tries to employ factual or material constraints to prevent a system from proving to be non-functional or a transaction partner from behaving in an opportunistic way. The second column in Table 1 and 2 presents fields of research, committees, products as well as a survey of the literature referring to the reduction of insecurity by means of technical control systems. The functionality of hard- and software should above all be secured through fault-tolerant computer systems and formal methods of proof in Software Engineering. Network and computer security should reduce security defects and Open Source reduces the danger of lock-in.

Cryptographic procedures and digital signatures are of particular importance. Encrypting a message guarantees its *confidentiality* during transport and saving. The *integrity* of information during transport is guaranteed only if it was not changed by third parties. For this purpose, information can be signed digitally, which makes later alternations visible. However, in general, the meaning of the term integrity goes beyond the mere fact that the data had not been manipulated later on. For example, in the field of information systems, it is understood as the non-contradictory nature of data and the correct portrayal of the real world. With digital goods, this concept can be defined even more broadly and the preservation of their values can be subsumed in the course of the digital transaction – a digitally represented coin therefore keeps its integrity, as long as it remains as an original.

Finally, the digital certificate linked to the signature confirms the genuineness of the identity declared with the signature and therefore its *authenticity*. On the basis of the integrity and the authenticity, it can also be guaranteed that none of the transaction partners can deny the fact that a transaction took place at all or – in

---

[3] According to [Luhm00 19f], control systems help to control results. Also compare the related concept of governance in transaction costs theory, for example in [Will85].

parison to security building components is still low – the reason most likely being that trust building components are still paid far too little attention. The great chance lies in the coming paradigm shift: thinking in the dimension of security is followed by thinking about the factor of trust, as a finally decisive indicator for the willingness to actually carry out transactions in the network economy.

7. Bibliography

[Barn91] *Barney, J. B.:* Firm resources and sustained competitive advantage? In: Journal of Management (1991) 17, pp. 99–120.

[BaHa94] *Barney, J. B.; Hansen, M. H.:* Trustworthiness as a source of competitive advantage. In: Strategic Management Journal (1994) 15, pp. 175–190.

[BaWZ99] *Ba, S.-L.; Whinston, A. B.; Zhang, H.:* Building Trust in the Electronic Market Through an Economic Incentive Mechanism. Proceedings of The 20th Anniversary International Conference on Information Systems (ICIS). Charlotte, North Carolina, Dec. 12–15, 1999.

[Bech02] *Bechtold, S.:* Vom Urheber- zum Informationsrecht. Implikationen des Digital Rights Management. Munich, 2002.

[BeSa89] *Besen, S. M.; Saloner, G.:* The Economics of Telecommunications Standards. In: *Crandall, R. W.; Flamm, K.* (eds.): Changing the Rules: Technological Change, International Competition, and Regulation in Communications. Washington, 1989, pp. 177–220.

[BrPo00] *Brenn, C.; Posch, R.:* Signaturverordnung. Vienna, 2000.

[Dema01] *DeMaio, H. B.:* B2B and Beyond: New Business Models Built on Trust. New York, 2001, pp. 310–324.

[Egge01] *Egger, F. N.:* Affective Design of E-Commerce User Interfaces: How to Maximise Perceived Trustworthiness, Proceedings of the International Conference on Affective Human Factors Design. London, 2001.

[EiGW00] *Einwiller, S.; Geissler, U.; Will, M.:* Engendering Trust in Internet Businesses Using Elements of Corporate Branding. In: Chung, M.: Proceedings of the 2000 Americas Conference on Information Systems, pp. 733–739.

[Fall01] *Fallenböck, M.:* Internet und Internationales Privatrecht, evolaris Vol. 1. Springer, Vienna, New York, 2001.

[FaHaiE] *Fallenböck, M.; Haberler, M.:* Technische Schutzmaßnahmen und Urheberrecht in der Informationsgesellschaft. In: ecolex (2002) 4, pp. 262–266.

[FaHa01] *Fallenböck, M.; Haberler, M.:* Urheberrecht in der Digitalen Ökonomie. Working paper of the evolaris Privatstiftung. Graz, 2001.

[FaSc99] *Fallenböck, M.; Schwab, G.:* Zu der Charakteristik und den Rechtswirkungen elektronischer Signaturen: Regelungsmodelle in den USA und Europa. In: Medien und Recht (MR) (1999) 6, pp. 370–375.

[FoMR00] *Foresti, G.; Mahonen, P.; Regazzoni, C.* (eds.): Multimedia Video-Based Surveillance Systems: Requirements, Issues and Solutions. Kluwer Academic Publishers, 2000.

[Fuku02] *Fukuyama, F.:* Der große Aufbruch. Munich, 2002.

[Geor00] *Georgi, D.:* Kundenbindungsmanagement im Kundenbeziehungslebenszyklus. In: *Bruhn, M.; Homburg, C.* (eds.): Handbuch Kundenbindungsmanagement. Wiesbaden, 2000, pp. 227–247.

[GrKriE] *Grabner-Kräuter, S.:* Die Bedeutung von Vertrauen im elektronischen Handel. In: *Arnold, V.* (ed.): Wirtschaftsethische Perspektiven. Berlin (to be published).

[GTHM01] *Günther, O.; Tamm, G.; Hansen, L.; Meseg, T.:* Application Service Providers: Angebot, Nachfrage und langfristige Perspektiven. In: Wirtschaftsinformatik 43 (2001) 6, pp. 555–567.

[Hani16] *Hanifan, L. J.:* The Rural School and Community Center. In: Annals of the American Academy of Political and Social Science 67 (1916), pp. 130–138.

[HeHa01] *Henning-Thurau, Th.; Hansen, U.:* Relationship Marketing: Gaining Competitive Advantage Through Customer Satisfaction and Customer Retention. Springer, Berlin-Heidelberg, 2001.

[HeKi00] *Heussen, B.; Kilian, W.:* Computerrechtshandbuch. Munich, 2000.

[HoSi01] *Hoeren, T.; Sieber, U.:* Handbuch Multimedia-Recht. Munich, 2001.

[JaGJ97] *Jacobson, I.; Griss, M.; Jonsson, P.:* Software Reuse: Architecture Process and Organization for Business Success. Addison-Wesley, 1997.

[KiPo01] *Killmann, W.; Posch, R.:* Sichere Signaturerstellung – Basis europaweit anerkannter elektronischer Signaturen, Proceedings of Smartcard-Workshop 2001, GMD. Darmstadt, 2001.

[KlCA78] *Klein, B.; Crawford, R. A.; Alchian, A. A.:* Vertical integration, appropriable rents, and the competitive contracting process. In: Journal of Law and Economics 21 (1978), pp. 297–326.

[Koch00] *Koch, F.:* Computervertragsrecht. Berlin, 2000.

[Kösz01] *Köszegi, S.:* Vertrauen in virtuellen Unternehmen. Wiesbaden, 2001.

[Lano97] *Lano, K.:* Formal Object-Oriented Development. Springer, Berlin-Heidelberg, 1997.

[Luhm00] *Luhmann, N.:* Vertrauen. Ein Mechanismus zur Reduktion sozialer Komplexität. Stuttgart, 2000.

[Marl00] *Marly, J.:* Softwareüberlassungsverträge. Munich, 2000.

[MaYB87] *Malon, T. W.; Yates, J. A.; Benjamin, R. I.:* Electronic markets and electronic hierarchies. In: Communications of the ACM 30 (1987) 6, pp. 484–497.

[McCh00] *McKnight, D. H.; Chervany, N. L.:* What is Trust? A Conceptual Analysis and an Interdisciplinary Model, in: *M. H. Chung* (ed.), Proceedings of the 2000 Americas Conference on Information Systems, Aug. 10–13, Long Beach, CA.

[Meta01] *Meta Group:* Security im E-Business Zeitalter. 2001.

[MoDr02] *Moritz, H.-W.; Dreier, T.:* Rechts-Handbuch zum E-Commerce. Cologne, 2002.

[NoLe02] *Nolde, V.; Leger, L.* (eds.): Biometrische Verfahren. Deutscher Wirtschaftsdienst, 2002.

[OMTy97] *O'Malley, L.; Tynan, C.:* A Reappraisal of Relationship Marketing Constructs of Commitment and Trust. In: AMA (ed.): New and Evolving Paradigms. The Emerging Future of Marketing, Dublin 1997, pp. 486–503.

[ÖsFA01] *Österle, H.; Fleisch, E.; Alt, R.:* Business Networking: Shaping Collaboration Between Enterprises. Springer, Berlin-Heidelberg-New York, 2001.

[Pavl00] *Pavlicek, R.:* Embracing Insanity: Open Source Software Development. Sams, 2000.

[PeKT01] *Petrovic, O.; Kittl, C.; Teksten, R. D.:* Developing Business Models for eBusiness, Proceedings of the International Conference on Electronic Commerce, 31. 10. 2001–4. 11. 2001. Vienna, 2001.

[Pelt01] *Peltier, T. R.:* Information Security Policies, Procedures, and Standards: Guidelines for Effective Information Security Management. CRC Press, 2001.

[Pete96] *Petermann, F.:* Psychologie des Vertrauens. Göttingen, 1996.

[Pete97] *Peter, S. I.:* Kundenbindung als Marketingziel: Identifikation und Analyse zentraler Determinanten. Wiesbaden, 1997.

[PiDF99] *Picot, A.; Dietl, H; Frank, E.:* Organisation: eine ökonomische Perspektive. Stuttgart, 1999, p. 67f.

[PiRW01] *Picot, A.; Reichwald, R.; Wigand, R. T.:* Die grenzenlose Unternehmung: Information, Organisation und Management. Wiesbaden, 2001.

[PoLe01] *Posch, R.; Leitold, H.:* Digitale Signaturen in der Praxis. In: Informatik 2001, Wirtschaft und Wissenschaft in der Network Economy – Visionen und Wirklichkeit, Tagungsband zur Jahrestagung der OCG. Vienna, 2001.

[Port01] *Porter, M.:* Strategy and the Internet. In: Harvard Business Review (2001) 3, pp. 63–78.

[Prad96] *Pradhan, D. K.:* Fault-Tolerant Computer System Design. Prentice Hall, 1996.

[Pric00] *Pricewaterhouse Coopers und Information Week, IT-Security,* Wo sind Ihre Schwachstellen? 2000.

[Pütz01] *Pützhoven, A.:* Europäischer Verbraucherschutz im Fernabsatz. Munich, 2001.

[Resn00] *Resnick, P.;* et al.: Reputations Systems. In: Communications of the ACM 43 (2000) 12, pp. 45–48.

[RePM02] *Reitsma, R; Pearce F.; de Montign, E.:* Experience: The Key to Online Security Issues. Forrester Research Inc., 2002.

[Resc00] *Rescorla, E.:* SSL and TLS: Designing and Building Secure Systems. Addison Wesley Professional, 2000.

[Ripp98] *Ripperger, T.:* Ökonomik des Vertrauens. Analyse eines Organisationsprinzips. Tübingen, 1998.

[RiSa03] *Riegelsberger, J.; Sasse, A.:* Designing E-Commerce Applications for Consumer Trust (contribution in this volume).

[RoSi98] *Rousseau, D. M.; Sitkin, S. B.:* Not so different after all: A cross-discipline of trust. In: Academy of Management Review (1998) 23, July, pp. 393–404.

[Schm01] *Schmeh, K.:* Kryptografie und Public-Key Infrastrukturen im Internet. dpunkt-Verlag, Heidelberg, 2001.

[Schu00] *Schubert, P.:* The Pivotal Role of Community Building in Electronic Commerce, Proceedings of the Hawaii International Conference on Systems Sciences 2000.

[ScMD02] *Schuster, F.; Müller U.; Drewes, S.:* Entwicklung des Internet- und Multimediarechts von April bis Dezember 2001. In: MultiMedia und Recht (MMR) (2002) 3, p. 3ff.

[ShUr02] *Shankar, V.; Urban, G. L.; Sultan, F.:* Online trust: A stakeholder perspective, concepts, implications, and future directions. In: Journal of Strategic Information Systems 11(3–4) (2002), pp. 325–344.

[ShVa99] *Shapiro, C.; Varian, H. R.:* Information rules: A strategic Guide to the Network Economy. Boston, MA, 1999.

[Sitt01] *Sitte, G.:* Technology Branding. Strategische Markenpolitik für Investitionsgüter. Wiesbaden, 2001.

[Spin01] *Spindler, G.:* Grenzüberschreitende elektronische Rechtsgeschäfte, in: *Hohloch, G.* (ed.), Recht und Internet. Baden-Baden, 2001.

[Spre88] *Spremann, K.:* Reputation, Garantie, Information. In: ZfB, 58 (1988) 5/6, pp. 613–629.

[SuUr02] *Sultan, F.; Urban, G. L.; Shankar, V.; Bart, I. Y.:* Determinants and Role of Trust in E-Business: A Large Scale Empirical Study. MIT Sloan School of Management Working Paper 4282–02 (2002).

[Sydo96] *Sydow, J.:* Virtuelle Unternehmung. Erfolg als Vertrauensorganisation? In: Office Management. 44 (1996) 7/8, pp. 10–13.

[TaTh00] *Tan, Y.-H.; Thoen, W.:* A Logical Model of Trust in Electronic Commerce. In: Electronic Markets 10(4) (2000), pp. 258–263.

[UrSu00] *Urban, G. L.; Sultan, F; Qualls, W.:* Placing Trust at the Center of Your Internet Strategy. In: Sloan Management Review Fall (1) (2000), pp. 39–48.

[Voge01] *Vogel, C.:* Urheberrechtsschutz im digitalen Zeitalter. Diploma Thesis at the Technical University in Graz, 2001.

[Walg00] *Walgenbach, P.:* Das Konzept der Vertrauensorganisation. In: Die Betriebswirtschaft 60 (2000) 6, pp. 707–720.

[Wand01] *Wand, P.:* Technische Schutzmaßnahmen und Urheberrecht. Munich, 2001.

[Will85] *Williamson, O. E.:* The Economic Institutions of Capitalism. New York, 1985.

URLs

[Alco02] *Alcove:* http://www.alcove.com, accessed on 2002-06-25.

[AsSW96] *Askona, N.; Schuntner, M.; Waidner, M.:* Optimistic Protocols for fair exchange. http://www.semper.org/info/index.html#232ZR011, accessed on 2002-14-09.

[Amaz02] *Amazon security guarantee:* http://www.amazon.de/exec/obidos/tg/browse/-/504966/028-9996024-1182119, accessed on 2002-06-26.

[asig02] *a-sign:* http://www.asign.at, accessed on 2002-06-25.

[BaPa02] *Ba, S.; Pavlou, P.:* Evidence of the Effect of Trust Building Technology in Electronic Markets: Price Premiums and Buyer Behavior, MIS Quarterly 26(3) (2002), pp. 243–268. http://www-scf.usc.edu/~pavlou/BaPavlou.pdf, accessed on 2003-01-20.

[BiKa02] *Biskup, J.; Karabulut, Y.:* A hybrid PKI model with an application for secure mediation, Proceedings for the 16th Annual IFIP WG 11.3 Working Conference. Cambridge 2002 (to be published).

[Boni02] *Bonitrus:* www.bonitrus.com, accessed on 2002-06-19.

[Bran00] *Brands, S. A.:* Rethinking Public Key Infrastructures and Digital Certificates. Cambridge-London, 2000.

[Brun00] *Brun, B.:* Nature et impacts juridiques de la certification dans le commerce électronique sur Internet. In Lex Electronica (2001) 7. http://www.lex-electronica.org/articles/v7-1/Brun.pdf. Accessed on 2002-06-19.

[CENI02] *CEN/ISSS:* http://www.cenorm.be/isss/Consortia/Surveyshort.htm, accessed on 2002-06-01.

[ChPa02] *Chellappa, R.; Pavlou, P.:* Perceived information security, financial liability and consumer trust in electronic commerce transactions. In Logistics Information Management, 15 (5/6) (2002), pp. 358–368. http://www-scf.usc.edu/~pavlou/BaPavlou.pdf, accessed on 2003-01-21

[Comm02] *CommerceNet:* Barriers to Electronic Commerce. http://www.commerce.net/research/barriersinhibitors/2000/Barriers2000study.pdf, accessed on 2002-03-15.

[Cryp02] *Cryp Tool:* http://www.cryptool.de, accessed on 2002-06-25.

[DATA02] *DATAKOM Austria GmbH:* http://a-sign.datakom.at/premium/, accessed on 2002-06-24.

[Date02] *Data protection seal "Vom Datenschutz empfohlen", Schleswig Holstein:* http://www.datenschutzzentrum.de/guetesiegel/presse.htm, accessed on 2002-06-19.

[Dell02] *Dell Computer Corporation:* www.dell.com, accessed on 2002-06-19.

[Deut02] *Deutsche Bank 24:* http://www.deutsche-bank-24.de, accessed on 2002-06-25.

[DyCh97] *Dyer, J.; Chu, W.:* The Economic Value of Trust in Supplier-Buyer Relations. http://imvp.mit.edu/papers/98/145a.pdf, accessed on 2003-01-22.

[eBay02a] *eBay:* www.ebay.de, accessed on 2002-06-19.

[eBay02b] *eBay, Integration of iloxx Safetrade:* http://pages.ebay.de/help/community/escrow.html, accessed on 2002-07-01.

[EBTW02] *eBusiness Transition Working Group:* http://www.ebtwg.org, accessed on 2002-06-24.

[EBTW02a] *eBusiness Transition Working Group:* http://www.ebtwg.org/news/062402.html, accessed on 2002-06-24.

[ebXM02] *ebXML Joint Coordination Committee:* http://www.ebxml.org, accessed on 2002-06-24.

[Einw01] *Einwiller, S.:* The Significance of Reputation and Brand for Creating Trust in the Different Stages of a Relationship between an Online Vendor and its Customers. In Proceedings of the 8th Research Symposium of Emerging Electronic Markets (RSEEM2001), September 16–18, Maastricht, NL. http://www-i5.informatik.rwth-aachen.de/conf/rseem2001/papers/einwiller.pdf, accessed on 2003-01-22.

[Enge02] *Engel, Ch.:* Vertrauen: ein Versuch, Preprints aus der Max-Planck-Projektgruppe Recht der Gemeinschaftsgüter. http://www.mpp-rdg.mpg.de/publik1.html, accessed on 2002-03-15.

[EESS02] *European Electronic Signature Standardization Initiative:* http://www.ict.etsi.fr/eessi/EESSI-homepage.htm, accessed on 2002-06-24.

[Epin02] *Epinions.com:* www.epinions.com, accessed on 2002-06-19.

[Fair02] *Fair Pay:* http://fairpay.dfki.de/index.swf, accessed on 2002-06-25.

[FME02] *Formal Methods Europe:* http://www.fmeurope.org, accessed on 2002-06-22.

[FME02] *Formal Methods Europe:* http://www.fmeurope.org/databases/tools.html, accessed on 2002-06-22.

[Forr02] *Forrester Research:* http://www.forrester.com, accessed on 2002-06-26.

[FSF02] *Free Software Foundation Inc.:* http://www.gnu.org/fsf/fsf.html, accessed on 2002-06-24.

[FSF02a] *Free Software Foundation Inc.:* http://www.gnu.org/licenses/licenses.html, accessed on 2002-06-24.

[GI02] *Gesellschaft für Informatik e.V. (Association for Informatics):* http://www.gi-fb-sicherheit.de/, accessed on 2002-09-14.

[Hewl02] *Hewlett-Packard Company:* http://www.hp.com, accessed on 2002-06-26.

[Hoff00] *Hoffman, N.:* An Examination of the 'Sustainable Competitive Advantage' Concept: Past, Present, and Future. In: Academy of Marketing Science Review [Online], http://www.amsreview.org/amsrev/theory/hoffman04-00.html, accessed on 2003-01-02.

[HuZh02] *Hu, X.; Lin, Z., Zhang, H.:* Myth or Reality: Effect of Trust-Promoting Seals in Electronic Markets. In: The Proceedings of WITS 2001, Dec. 15–16, 2001, New Orleans; pp. 65–70. http://zlin.ba.ttu.edu/papers/published/WITS01-trust.pdf, accessed on 2002-06-19.

[HuWZ02] *Hu, X.; Lin, Z.; Whinston, A.; Zhang, H.:* Perceived Risk and Escrow Adoption: An Economic Analysis in Online Consumer-to-Consumer Auction Markets. In: The Proceedings of WITS 2001, Dec. 15–16, 2001, New Orleans, pp. 71–76. http://zlin.ba.ttu.edu/papers/published/wits01-last.pdf, accessed on 2002-06-18.

[Hypo02] *HypoVereinsbank:* http://www.hypovereinsbank.de, accessed on 2002-06-25.

[IACR02] *International Association for Cryptologic Research:* http://www.iacr.org, accessed on 2002-06-23.

[IFIP02] *International Federation for Information Processing:* http://www.ifip.org/bulletin/bulltcs/memtc10.htm#wg104, accessed on 2002-06-22.

[ISSE02] *International Systems Security Engineering Association:* http://www.issea.org, accessed on 2002-06-25.

[ITU02] *International Telecommunication Union:* http://www.itu.int/rec/recommendation.asp?type=items&lang=e&parent=T-REC-X.509-200003-I, accessed on 2002-06-24.

[Insu02] *Insuretrust:* http://www.insuretrust.com, accessed on 2002-06-25.

[Kuwa02] *Kuwabara, K.:* Linux: A Bazaar at the Edge of Chaos. In: First Monday (2000) 3, http://firstmonday.org/issues/issue5_3/kuwabara/index.html, accessed on 2002-06-18.

[Micr02] *Microsoft Corporation:* www.microsoft.com, accessed on 2002-06-19.

[Micr02a] *MicrosoftDeveloper Network:* http://msdn.microsoft.com, accessed on 2002-06-25.

[Nets02] *Netscape:* http://wp.netscape.com/eng/ssl3/, accessed on 2002-06-24.

[NIAP02] *National Information Assurance Partnership:* http://niap.nist.gov, accessed on 2002-06-25.

[Noki02] *Nokia:* www.nokia.com, accessed on 2002-06-19. Nokia reached the highest individual placing at the "Trusted Brand Survey" which took place in 18 European countries in 2002 (Readers Digest "Trusted Brand": http://www.rdtrustedbrands.com).

[OBI02] *OBI Consortium:* http://www.openbuy.org, accessed on 2002-06-24.

[OSI02] *Open Source Initiative:* http://www.opensource.org/, accessed on 2002-06-24.

[OSI02a] *Open Source Initiative:* http://www.opensource.org/docs/certification_mark.php, accessed on 2002-06-24.

[Open02] *OpenPGP:* http://www.openpgp.org, accessed on 2002-06-25.

[Netw02] *Network Associates:* http://www.pgp.com, accessed on 2002-06-24.

[Pich02] *Pichler, R.:* Trust and Reliance-Enforcement and Compliance: Enhancing Consumer Confidence in the Electronic Marketplace. Dissertation at the Stanford Law School, May 2000, http://www.law.stanford.edu/library/special/rufus.thesis.pdf, accessed on 2002-06-25.

[RöPe99] *Röhm, A.; Pernul, G.:* COPS: A Model and Infrastructure for Secure and Fair Electronic Markets. http://www.computer.org/proceedings/hicss/0001/00018/00018021.PDF, accessed on 2002-09-14.

[RSAS02] *RSA Security Inc.:* http://www.rsasecurity.com/standards/smime/products.html, accessed on 2002-06-24.

[Rose02] *RosettaNet:* http://www.rosettanet.org, accessed on 2002-06-25.

[SANS02] *System Administration, Networking and Security Institute:* http://www.sans.org, accessed on 2002-06-23.

[SET02] *SET Secure Electronic Transaction LLC:* http://www.setco.org/cgi-bin/vsm.cgi, accessed on 2002-06-24.

[SCC02] *Supply-Chain Council Inc.:* http://www.supply-chain.org, accessed on 2002-06-25.

[ScMD02] *Schuster, F.; Müller, Ulf; Drewes S.:* Entwicklung des Internet- und Multimediarechts von April bis Dezember 2001: In: MultiMedia und Recht-Beilage (MMR) (2002) 3, pp. 3–44.

[SITT02] *Savings Banks Internet Trustee Services Transactions:* https://secure.s-itt.de, accessed on 2002-06-25.

[Squa02] *SquareTrade:* www. Squaretrade.com, accessed on 2002-06-19.

[SUN02] *Sun Microsystems Inc.:* http://java.sun.com/j2ee/, accessed on 2002-06-24.

[Trus02] *Trusted Shops:* http://www.trustedshops.de, accessed on 2002-04-18.

[Trus02] *Trusted Trade:* http://www.trustedtrade.com, accessed on 2002-06-25.

[UDDI02] *UDDI Program Management Team:* http://www.uddi.org, accessed on 2002-06-24.

[VHeu02] *van den Heuvel, E.:* Online Dispute Resolution as a Solution to Cross-Border E-Disputes. An Introduction to ODR. Joint Conference of the OECD "Building Trust in the Online Environment: Business-to-Consumer Dispute Resolution, Dec. 11–12, 2000, The Hague," http://www.oecd.org/pdf/M00001000/M00001592.pdf, accessed on 2002-06-18.

[Visa02] *Visa, Zero Liability Policy:* http://usa.visa.com/personal/secure_with_visa/, accessed on 2002-06-26.

[Webt02] *WebTrust:* www.webtrust.de, accessed on 2002-06-19.

[Worl02] *WorldPay:* http://www.worldpay.com/german, accessed on 2002-06-25.

[WWWC02] *World Wide Web Consortium:* http://www.w3.org/TR/SOAP/, accessed on 2002-06-24.

[WWWC02a] *World Wide Web Consortium:* http://www.w3.org/P3P/, accessed on 2002-06-24.

Sonja Grabner-Kräuter, Ewald A. Kaluscha

ENGENDERING CONSUMER TRUST IN E-COMMERCE: CONCEPTUAL CLARIFICATION AND EMPIRICAL FINDINGS

1. Introduction

Trust, in general, is an important factor in many social interactions, involving uncertainty and dependency. Online transactions and exchange relationships are not only characterized by uncertainty, but also by anonymity, lack of control and potential opportunism, making risk, and trust crucial elements of electronic commerce. Buying on the Internet presents numerous risks for consumers over and above the transaction process itself being perceived as risky (Einwiller, Geissler and Will, 2000; Einwiller and Will, 2001). The online consumer cannot personally inspect products or services and does not know what the retailer will do with the personal information that is collected during the shopping process. Having only limited cognitive resources available, consumers seek to reduce the uncertainty and complexity of transactions and relationships in electronic markets by applying mental shortcuts. One effective mental shortcut is trust, which can serve as mechanism to reduce the complexity of human conduct in situations where people have to cope with uncertainty (Luhmann, 1989).

Lack of trust is one of the most frequently cited reasons for consumers not purchasing from Internet vendors (e.g. Lee and Turban, 2001). Meanwhile, a number of empirical studies has investigated the role of trust in the specific context of e-commerce, focusing on different aspects of this multi-facetted construct. The main objective of this paper is to provide an overview of theory-guided empirical research in online trust, focusing on managerial implications and recommendations to enhance consumer trust in e-commerce. However, empirical research in this area is beset by conflicting conceptualizations of the trust construct and inadequate understanding of the relationships between trust, its antecedents and consequents (Bhattacherjee, 2002). The "confusing potpourri" of trust definitions makes it necessary to clarify conceptual problems before comparing the results of different empirical studies and summarizing recommendations to build and enhance online trust. We first propose a set of trust constructs that reflects both institutional phenomena (system trust) and personal and interpersonal forms of trust (dispositional trust, trusting beliefs, trusting intentions and trust-related behaviors). We then provide a synopsis of the conceptualisations and findings of the reviewed empirical studies and classify the proposed activities and instruments to build online trust into three major categories of trust enhancing policies.

2. Lack of Consensus About the Meaning(s) of Trust and the Need for Conceptual Clarification

The notion of trust has been examined under various contexts over the years. Researchers in different disciplines agree on the importance of trust in the conduct of human affairs, but there also appears to be equally widespread lack of agreement on a suitable definition of the concept (Hosmer, 1995; Rousseau and Sitkin, 1998; Bhattacharya and Devinney, 1998; Husted, 1998). Personality psychologists traditionally have viewed trust as a belief, expectancy, or feeling that is deeply rooted in the personality and has its origins in the individual's early psychological development (e.g. Rotter, 1971). Social psychologists define trust as an expectation about the behaviour of others in transactions, focusing on the contextual factors that serve either to enhance or inhibit the development and maintenance of trust (Lewicki and Bunker, 1995). Economists and sociologists have been interested in how institutions and incentives are created to reduce the anxiety and uncertainty associated with transactions (e.g. Williamson, 1993; Granovetter, 1985; Zucker, 1986). There are literally dozens of definitions of trust, which many researchers find contradictory and confusing. These problems very much apply to the e-commerce domain research (McKnight and Chervany, 2002, 37). Before interpreting the findings of different empirical studies on online trust, a concise explanation of the most important meanings and types of trust is required.

Drawing on the work of Luhmann (1989) trust can be seen as a mechanism to reduce the complexity of human conduct in situations where people have to cope with uncertainty. Without trust people would be confronted with the incomprehensible complexity of considering every possible eventuality before deciding what to do. Trust is a very effective complexity reduction method, although it does not really enable people to control or even anticipate without error the behavior of others. But trust does make it possible for people to create a comprehensible organization of their activities. This functional perspective allows the integration of trust-related constructs or trust types that have their roots in different disciplines.

The relative importance of trust depends – among other factors – upon the complexity and the context of an action. To analyze trust decisions in the context of (electronic) market transactions different types of trust have to be distinguished. First, trust can be conceptualized on different levels of analysis, reflecting the array of entities, individuals, dyads, groups, networks, systems, firms and inter-firm alliances in which trust and related processes play a role (Rousseau et al., 1998, 398). Many theorists and researchers of trust focus on interpersonal relationships. However, the analysis of trust in the context of electronic commerce should consider impersonal forms of trust as well, because in computer-mediated environments such as electronic markets personal trust is a rather limited mechanism to reduce uncertainty. The technology itself – mainly the Internet – has to be considered as an object of trust (Shankar et al., 2002, 4). Luhmann speaks of system trust whereby a system is assumed to be operating in a predictable way (e.g. legal systems or electronic commerce systems are expected to function). This impersonal form of trust also can be called institution-based trust (Zucker, 1986). Besides traditional intermediary institutions such as banks or consumer organizations new intermediary mechanisms such as trusted third parties play an important role in e-commerce, as they can help to promote trust among trading partners, minimize misrepresentation of product and service quality and encourage consumer confidence in conducting online business transactions (e.g. Froomkin, 1996). With the growing inclusion of trusted third parties in e-commerce and the increasing sophistication of the relevant technology consumers' concerns about security of credit card numbers and personal data are likely to diminish in the near future. When investigating the influence of system trust in online purchasing decisions it makes sense to define this construct as a belief e.g. about the reliability and security of e-commerce systems.

One of the most frequently cited definitions in the literature on trust in e-commerce is the one worked out by Mayer et al. (1995), who define trust as "the willingness of a party to be vulnerable to the actions of another party based on the expectation that the other will perform a particular action important to the trustor, irrespective of the ability to monitor or control that other party" (Mayer et al., 1995, 712). In the literature on trust in e-commerce usually the buyer is seen as the party who places him or herself in a vulnerable situation. The Internet merchant then is the trustee, the party in whom trust is placed and who has the opportunity to take advantage of the trustor's vulnerability. To understand why a given party will be judged as trustworthy corresponding characteristics of the trustee which inspire that trust have been examined by different authors (Husted, 1998). Mayer et al. (1995) have found that ability, benevolence and integrity explain a major portion of a trustee's trustworthiness.

When discussing the importance of trust in the context of commercial transactions it makes sense to regard companies as entities that act in a particular way and to treat organizational trust as a sub-construct of interpersonal trust. From this perspective organizations such as Internet vendors can be seen as objects of trust. McKnight and Chervany (1996, 2002) have proposed a trust typology that comprises different forms of interpersonal trust. They distinguish between the constructs trusting beliefs and trusting intentions. In the context of e-commerce trusting beliefs include the online consumer's beliefs and expectancies about trust-related characteristics of the Internet merchant (McKnight and Chervany, 2002, 43). The online consumer wants the Internet seller to be willing and able to act in the consumer's interest, to be honest in transactions (and not divulge personal information to other vendors), and to be capable of delivering the offered goods as promised. Trusting intention then is the extent to which the online consumer is willing to depend on, or intends to depend on, the selling party in a given situation even though she/he can not control the Web-vendor. Both trusting beliefs and trusting intentions have a person- or organization-specific direct object (the Internet merchant or Web vendor) but are cross-situational in that the trustee trusts the other party across various contexts (e.g. the consumer is willing to purchase goods from a certain merchant both in his brick-and-mortar store as well as his online shop).

Mayer et al. (1995) as well as McKnight and Chervany (2002) emphasize the difference between trust and trusting behaviors. Whether or not the trustor will take a specific risk is influenced by trusting beliefs, trusting intentions and by the perceived risk of the trusting behavior. The probability that the online consumer will make a risky advance concession in a specific situation (e.g. providing his credit card number or other sensible information) depends considerably on his assessment of the trustworthiness of the seller, but also his assessment of the functional reliability of the e-commerce system, and, last but not least on his general disposition to trust.

To this point, trust has been treated as a situational construct. But trust can also be conceptualized as a cross-situational, cross-personal construct, encompassing individual characteristics of the trustor. Following the trust typology proposed by McKnight and Chervany (1996) this type of trust is called dispositional trust. Mayer et al. include a very similar construct "propensity to trust" in their trust model. These constructs have their roots in personality psychology (e.g. Rotter, 1971) and recognize that people develop, over the course of their lives, generalized expectations about the trustworthiness of other people. Dispositional trust is proposed to be a stable within-party factor that will affect the likelihood a person will trust other individuals or groups of individuals (Mayer et al., 1995, 715). Thus Internet vendors can not influence dispositional trust by applying certain trust building strategies or measures. However, indicators for dispositional trust should be included in empirical studies either as moderating variable or as antecedent of trusting beliefs, intentions and behaviors.

3. Overview of Empirical Studies on Trust in E-Commerce

The following chapter provides an overview of the results of theory-guided empirical studies on trust in the field of electronic commerce that were conducted between 1999 and 2002.[1] In order to increase the comparability only studies were included in the review that meet the following selection criteria: 1) focus on business-to-consumer e-commerce, 2) theoretical framework and research model, 3) investigation of trust as a dependent and/or independent variable in the research model, 4) understandable operationalization of trust 5) use of data acquired from consumers, and, 6) a quantitative research approach. Although all reviewed studies meet the defined selection criteria some of them differ considerably in the profiles of their samples, the applied methodology, and the conceptualization and operationalization of trust.

---

[1] This overview is not claiming to incorporate all possible research results available to date. The studies were collected on the internet using several search engines e.g. Google.com and through the available sources of the university's library e.g. Science Direct/Elsevier.

Context of the Studies

Most of the reviewed studies explored consumers' trust in relation to (particular) online merchants or online service providers (Jarvenpaa et al., 1999, 2000; Gefen, 2000; Gefen and Straub, 2000; Pavlou and Chellappa, 2001; Koufaris and Hampton-Sosa, 2002; partly also Bhattacherjee, 2002; and Pavlou, 2002; de Ruyter et al., 2001, who used offline role-playing scenarios). Two papers examined antecedents and/or consequences of consumers' trust in electronic commerce in a rather general form, not linking the survey to a particular web-merchant, i.e. system trust or institution-based trust (Lee and Turban, 2001; Kim and Prabhakar, 2002). Two of the studies were conducted in the context of online banking (Kim and Prabhakar, 2002; Bhattacherjee, 2002, for the confirmatory study only).

Samples and Methodologies

The majority of the reviewed studies used convenience samples consisting of undergraduate and/or MBA students who were administered questionnaires by the researchers or pointed to online questionnaire forms (Jarvenpaa et al., 2000; Gefen, 2000; Gefen and Straub, 2000; Lee and Turban, 2001; Pavlou and Chellappa, 2001; Koufaris and Hampton-Sosa, 2002). Three studies included both students, for a first exploratory study, and "ordinary" internet users/consumers, for a confirmatory study, in their samples (Jarvenpaa et al., 1999; Bhattacherjee, 2002; Pavlou, 2002). Only one study (Kim and Prabhakar, 2002) exclusively utilized "ordinary" internet users/consumers.

Concerning the applied methodologies, the approaches used by the researchers can be assigned to three categories. In the majority of studies an experiential survey approach was employed, i.e. participants were asked to navigate to a specified or self-selected internet company and had to perform several predefined tasks (e.g. to surf through the web-page, perform a product search) and afterwards report on their impressions by filling out a questionnaire (Jarvenpaa et al., 2000; Gefen, 2000; Gefen and Straub, 2000; Bhattacherjee, 2002, for the pilot study only; Koufaris and Hampton-Sosa, 2002; Pavlou, 2002). A second group of studies applied a "basic" survey approach, i.e. subjects were administered a questionnaire or they were pointed to an online-questionnaire form without previously visiting any web-site (Jarvenpaa et al., 1999, for Finish participants; Lee and Turban, 2001; Bhattacherjee, 2002, confirmatory study only; Kim and Prabhakar, 2002). The third category represents two studies that do not fit into either one of the other mentioned categories. Pavlou and Chellappa (2001) used a mix of two surveys and one experimental study, whereas de Ruyter et al. (2001) conducted an experiment using offline role-playing scenarios.

Conceptualization of Trust and Selected Findings

Taking a closer look at the conceptualizations of the studies revealed that nine of them were conducted using research models including trust as well as its assumed antecedents and outcomes (Jarvenpaa et al., 1999, 2000; Gefen, 2000; Gefen and Straub, 2000; Pavlou and Chellappa, 2001; Koufaris and Hampton-Sosa, 2002; Bhattacherjee, 2002; Kim and Prabhakar, 2002; Pavlou, 2002). The residual two studies utilized research models exclusively focused on the antecedents of trust (de Ruyter, 2001; Lee and Turban, 2001).

Jarvenpaa et al. (1999, 2000) developed a causal research model assuming that the two independent variables perceived size of an internet store and its perceived reputation are positively related to consumers' trust in the internet store. Applying the proposed trust concepts of Chapter 2 it can be seen that this research model focuses exclusively on interpersonal trust. More precisely we can assign consumers' willingness to buy from the internet store to the sub-construct of trusting intention whereas the main variable "Trust in Store" reflects trusting beliefs related to trust-relevant characteristics of the Internet merchant. Using structural equation modeling techniques Jarvenpaa et al. (2000) found that their model provided a good fit to the data from both the online travel-sites and online book-stores. In a cross-cultural validation of the same setting in Israel and a shortened setting in Finland Jarvenpaa et al. (1999) the results of the original study were confirmed.

Gefen (2000) developed a model expecting familiarity with an e-commerce vendor and an individual's disposition to trust to be predictors of trust in an e-commerce vendor. Trust in the e-commerce vendor is conceptualized as trusting beliefs, intentions to inquire for a product from the vendor and to purchase a product represent trusting intentions. All hypothesized relationships were supported, i.e. trust was indeed affected by familiarity, although to a much higher degree it was enhanced by the individual's disposition to trust. Intended purchase and intended inquiry were also both significantly affected by trust in the e-commerce vendor.

In another study Gefen and Straub (2000) hypothesized the predictor variable social presence on the web-site to affect trust in an e-service provider. They further assumed that trust in the e-service provider on the other hand would be positively related to the consumers' purchase intention. Trust in the e-service provider is conceptualized as trusting belief, the consumers' purchase intention can be categorized as trusting intentions. All hypotheses related to trust were confirmed, i.e. social presence affected consumers' trust in the electronic service provider and trust on the other hand positively affected the purchase intention.

In their study de Ruyter et al. (2001) investigated the impact of organizational reputation, relative advantage and perceived risk on the three dependent variables trust in the service, perceived quality and behavioral intentions of customers towards adopting e-services. Trust is conceptualized as trusting belief. The researchers found that a high organizational reputation significantly increased the consumers' trust in the e-service while a higher amount of perceived risk toward the e-service decreased the level of trust.

Lee and Turban (2001) presented a comprehensive model including four hypothesized antecedent dimensions of trust: trustworthiness of the internet merchant, trustworthiness of the internet as a shopping medium, contextual factors (such as effectiveness of third party certification and effectiveness of the security infrastructure) and other factors not fitting the other three dimensions but possibly having an effect on trust. The dependent variable in Lee and Turban's model is consumers' trust in internet shopping, which is defined as the willingness of a consumer to be vulnerable to the actions of an Internet merchant in an Internet shopping transaction and thus has to be categorized as trusting intention, which is influenced – among other factors – by the assessment of the trustworthiness of the internet merchant, representing trusting beliefs. Additionally consumers' propensity to trust (dispositional trust) is included as moderating variable that supposedly moderates all relationships between trust and its antecedents. The results indicated a strong direct effect of perceived integrity (one element of trustworthiness of the Internet merchant) on consumer trust toward Internet shopping.

Pavlou and Chellappa (2001) developed a research model to investigate on how perceived privacy and perceived security promote trust in e-commerce transactions. The constructs perceived privacy and perceived security include notions both of institution-based trust and interpersonal trust. The dependent variable consumers' trust in the transaction with the online company is conceptualized as trusting beliefs. The hypothesized relationships among the study's principal constructs received empirical support. The results indicate that the influence of perceived security on trust was highly significant. The effect of perceived privacy was substantially reduced when other antecedents of trust (reputation and satisfaction with past outcomes) were controlled for.

Bhattacherjee's study (2002) aims primarily at the theoretical conceptualization and empirical validation of a new scale to measure individual trust in online firms. His trust model postulates that familiarity with the electronic company is a predictor for the consumers' trust in the online firm and for the consumer's willingness to transact with the online firm and secondly, that the individual's trust in the online company is directly related to her/his willingness to transact with that company. Trust is conceptualized as trusting belief that affects trusting intention, which is expressed by the user's willingness to engage in subsequent transaction with the online firm. Both trust and familiarity were found to be significant predictors of the consumers' willingness to transact and furthermore familiarity was a significant predictor of trust.

Kim and Prabhakar (2002) hypothesized the consumers' propensity to trust, structural assurances (e.g. guarantees) and word of mouth referrals to be antecedents of consumers' initial trust in the electronic channel as banking medium. They also assume that consumers' initial trust in the e-channel as banking medium (institution-based trust) is positively related to the dependent variable of consumers' adoption of internet banking (trust-related behaviour). Additionally they postulate consumers' trust in the bank itself (trusting beliefs) to be a second influencing factor on consumers' adoption of internet banking. The results confirmed their hypotheses for the effect of propensity to trust, structural assurances and word of mouth referrals on the dependent variable initial trust in the electronic channel as banking medium. The expected positive relationship between initial trust in the e-channel and the use of internet banking also was confirmed. However, consumers' trust in the bank was found to have no significant impact on the use of internet banking.

The multi-stage research model developed by Koufaris and Hampton-Sosa (2002) hypothesized the variables perceived usefulness and perceived ease of use of the web-site to be predictors for consumers' trust in the online company. Consumers' trust in a specific online company is conceptualized as trusting belief and is postulated to be an antecedent both of consumers' intention to return to the online company and consumers' intention to purchase from the online company (both indicators of trusting intentions). Koufaris and Hampton-Sosa found that trust was significantly affected by perceived usefulness and perceived ease of use and that on the other hand trust itself significantly affected consumers' intention to return and to purchase from the online company. Surprisingly, the construct propensity to trust which was included as a control variable did not have a significant effect on trusting beliefs.

In his research model Pavlou (2002) posits that trust in the e-commerce retailer affects consumers' perceived risk of the transaction, the perceived ease of use and usefulness of the web-site as well as the consumers' intention to transact. The control variables reputation of the retailer, satisfaction with past internet transactions and web-shopping frequency are included in the model as well, assuming that they also have an effect on trust in the online company. The variable satisfaction with past outcomes of internet transactions can be interpreted as an indicator of institution-based trust. Trust is conceptualized as (trusting) belief that the Web retailer is trustworthy. The consumers' intention to transact can be interpreted as indicator of interpersonal trust as well, representing a form of trusting intention. The results confirmed the hypothesized effects of trust in the electronic retailer on perceived risk, perceived usefulness and perceived ease of use as well as on the consumers' intention to transact with the retailer.

Managerial Implications and Recommendations to Enhance Online Trust

Based on their findings the authors of the reviewed studies propose a number of different instruments and measures Internet retailers can use to influence trusting beliefs, intentions and behaviours of online consumers. In order to categorize these measures we apply an agency-theoretical framework that comprises three different categories of instruments that can help to make transactions and cooperative relationships more efficient (Spremann, 1988): information policies, guarantee policies and reputation policies.

Information policies aim at reducing information asymmetries between sellers and buyers by applying various communicative measures such as advertising, direct marketing and public relations (Grabner-Kräuter, 2002a). In the Internet context the website mediates the relationship between the consumer and the merchant organization. It provides an essential clue for online consumers for their assessment of the efficiency and reliability of an online retailer, which is based on the quality of information on key issues such as delivery charges, order progress, and on policies on privacy, returns and redress. Most of the reviewed papers include recommendations for adequate and informative homepage design. Jarvenpaa et al. (2000) for instance advice online companies to include information such as the number of staff or the number of physical outlets to help customers get an impression of the company's size. Several other authors suggest to increase the social presence of the web-site, e.g. by adding virtual communities and testimonies from existing customers, or web-site features like toll-free numbers, "click-to-talk"-buttons, responsive e-mail services, synchronous message boards and chats which enable real-time interaction with the company's sales force in order to show the customers that the company strives for providing a good customer relationship management (Gefen and Straub, 2000; de Ruyter et al., 2001; partly also Lee and Turban, 2001; Kim and Prabhakar, 2002; Koufaris and Hampton-Sosa, 2002). In summary, an understandable and comprehensive homepage is necessary to assure positive customer experiences with the web-site, an important antecedent for building trust. Online companies should focus on creating homepages that are easy to navigate and provide positive challenges for the user (i.e. usability aspects), and contain useful and valueable information (Koufaris and Hampton-Sosa, 2002; de Ruyter et al., 2001). In addition to this, publishing a "Privacy Policy" on a clearly visible place of the web-site, covering all aspects of data security (e.g. employed data encryption), data mining and data usage may further decrease information asymmetries.

In an agency-theoretical perspective reputation is the second policy a business firm can apply to enhance trust. Through a reputation for non-opportunistic, trustworthy behaviour it is possible to reduce transaction costs. Reputation is the result of trustworthy behaviour and plays an important part in determining the willingness of others to enter into an exchange with a given actor. Reputation policies depend heavily on the nature and the situation of the Web-company, A "click-and-mortar" company using the internet as an additional distribution channel can take advantage of its good reputation, references or image transfers from real-world brands. If an organization already has a good reputation, then it should try to capitalize on it by stressing it in the context of their e-commerce activities (Grabner-Kräuter, 2002b; Jarvenpaa et al., 2000; de Ruyter et al., 2001). However, negative incidents in either the online or the traditional market can have negative impacts on the overall reputation of the company. Pure-plays on the other hand have to compensate for their lack of good reputation by investing in different trust developing measures and signalling activities. Publishing consumer testimonials on the web-site and maintaining virtual communities where customers can share their experiences are considered as adequate means to increase the reputation of the online vendor (Jarvenpaa et al., 2000; Gefen and Straub, 2000; Kim and Prabhakar, 2002). Companies should also state their history and development on the web-site, e.g. in the "about us" section of the web-site showing the customers that they already have been operating for some time on the internet (Jarvenpaa et al., 2000; Gefen, 2000) or by publishing best prac-

Table 1. Overview of proposed trust building measures

Study	4. Context	Proposed trust building measures and managerial implications		
		Information policy	**Reputation policy**	**Warranty policy**
Jarvenpaa et al. (1999, 2000)	exploring trust in an internet store and cross-cultural investigation, using online bookstores and travel-sites	impress potential customers regarding the (perceived) size of the online store, e.g. by stating the number of physical outlets, the number of staff or, if e.g. leading in the sector, use claims like "the world's largest online bookstore"	brick and mortar companies can transfer their offline reputation onto the Internet; pure plays can state their history on the web-site, collect and publish customer testimonials regarding the quality, value or efficiency of the service on the homepage	the company should quote its policies for customer satisfaction, returns, refunds etc. on the web-site
Gefen (2000)	exploring trust in an e-commerce vendor, using a online bookstore	include an "About us" section on a noticeable place of the homepage presenting the company and its e-commerce procedures	familiarity affects trust, therefore the company should increase the web-site awareness with advertising	
Gefen and Straub (2000)	exploring trust in an e-service provider, using an online travel agency	increase the "social presence" of the web-site e.g. by maintaining virtual communities, providing toll free hot-lines, responsive services through e-mail or web-push technologies, synchronous message boards where questions can be posted online to a sales-representative and show that the company is trying to provide a good customer relationship management		
De Ruyter et al. (2001)	exploring the antecedents of trust, relative advantage and perceived risk in the adoption of e-services	add "click-to-talk" buttons, interactive chatrooms for real time query, automated e-mail responses, visibility cues/multimedia aids; clearly state the company's mission and identity; emphasize privacy, security and confidentiality	create an "*e*-mage" using various communication channels; cross-link the company's web-site with credible reference sites; publish your best practice cases	implement a strong warranty policy

Table 1 (continued)

Study	4. Context	Proposed trust building measures and managerial implications		
		Information policy	Reputation policy	Warranty policy
Lee and Turban (2001)	exploring the antecedents of consumer trust in internet shopping	the design of the Internet storefront is an important aspect; provide the ability to schedule human customer service sessions, e.g. by telephone or via the Internet	use advertising and marketing campaigns	provide credit card loss-assurance policies, product warranty policies, a policy on returned merchandise, the availability of escrow services
Pavlou and Chellappa (2001)	exploring the antecedents of trust in electronic commerce transactions			identify which mechanisms are effective in building trust through privacy and security and employ not only existing, popular mechanisms but also novel ones; independent third party mechanisms need to be promoted because they are only effective and valuable if consumers are informed about them
Bhattacherjee (2002)	developing a new scale for measuring trust and testing it with an e-commerce company, using an online bookstore	online companies which are depending on continuous user transactions (e.g. online banking or brokerage) should identify users with low trust levels and ensure their retention by applying special marketing communication and education programs to rebuild trust		
Kim and Prabhakar (2002)	exploring initial trust in the adoption of online banking	publish testimonials from current users – these statements are considered to be independent and credible		provide guarantees and other "safety nets" for the customers
Koufaris and Hampton-Sosa (2002)	exploring the antecedents of initial trust in an online company, using several e-vendors	a positive experience with the web-site (especially perceived usefulness and ease of use) is essential for building trust; the homepage		

Table 1 (continued)

Study		Proposed trust building measures and managerial implications		
	4. Context	**Information policy**	**Reputation policy**	**Warranty policy**
		should be designed to be enjoyable, there ought to be positive challenges for the users and the feeling of being in control during the usage; it should provide value added information, e.g. product reviews and recommendations; of the site are important factors for trust-building		
Pavlou (2002)	the effect of trust in e-commerce on several factors including consumers' intention to transact		the reputation of the web-retailer and consumers' satisfaction with past transactions are important for trust-building which should be kept in mind by the online company	

tices (de Ruyter et al., 2001). Another method to boost the reputation of the online company is to cross-link it with credible reference sites (de Ruyter et al., 2001) or by participating in well-known electronic marketplaces (Grabner-Kräuter, 2002a).

Guarantee policies relate to promises to limit or compensate for damages that are caused by negative events that can not be completely ruled out by the parties (Grabner-Kräuter, 2002b). The importance of providing evidence of adequate guarantee policies on the web-site is recognized by many authors (e.g. Jarvenpaa et al., 2000; de Ruyter et al., 2001; Lee and Turban, 2001; Kim and Prabhakar, 2002). Such guarantee policies can cover possible returns, refunds, security issues, credit card loss etc. The credibility of such measures depends heavily on the (perceived) resources of the company. Therefore it is essential that the online vendor can back up its guarantee policies by adequate information and reputation policies. Guarantee policies can be more effective for building trust in e-commerce if trusted third parties are included that focus on legal, technical and organizational factors of electronic markets and define rigorous standards for security, data protection, transparency of data use, etc. The online retailer can bind himself to meet these stringent requirements for data and delivery security, what is usually documented with an Internet-specific certificate or quality label. Such quality labels often include special guarantees. E.g., the Trusted Shops certificate includes a money-back guarantee free of charge for the consumer, provided by Gerling, one of the leading industrial insurers worldwide.

Extensive tests are performed to ensure that the criteria demanded by consumer protection organisations are fulfilled (http://www.trustedshops.de). Thus developing and maintaining consumer trust is easier if guarantee policies are combined with certificates of independent trusted third parties. Yet Pavlou and Chellappa (2001) notice that such mechanisms are only effective for customers who are familiar with them and that these seals of approval need to be promoted among the customers to become more effective (for a detailed overview of all managerial implications see Table 1).

After all, trust is a complex and dynamic phenomenon that can not simply be "produced" by applying adequate instruments. Trusting beliefs and intentions and trust-related behaviors result from a delicate, situational interplay of different factors. The effect of measures to develop and maintain trust in e-commerce is also influenced by several other factors – person-specific (e.g. personality traits that influence trusting beliefs, intentions and behaviors) and contextual (such as technology and legal norms related to e-commerce) – that cannot be controlled by the online retailer.

4. Conclusion

As a relatively young field, research on trust in and acceptance of electronic commerce is still very much in the stage of borrowing different constructs from other theories and developing eclectic research models to test selected hypothesized relationships. The "confusing potpourri" of trust definitions is partly due to the fact that trust is always situation-specific. Most of the times trust is measured according to "how much" a respondent trusts the other party. However, respondents may easily ascribe various meanings and contents to trust if the researcher does not specify his conceptualization of trust (Gefen 2000; Gefen and Straub, 2000). In a recent paper Shankar et al. (2002) also have emphasized the lack of clear distinctions between the underlying dimensions and antecedents of online trust. They noticed that the investigated trust constructs are blurred and not well differentiated, and elements and determinants of online trust often are used interchangeably.

In order to make progress in a scientific field, researchers need to be able to form a clear picture of the state of that progress. This paper's primary objective was to provide an overview of empirical research on trust in electronic commerce to allow cumulative analysis of results. The concept of trust refers to a relatively broad set of meanings which are explicitly or implicitly included in the reviewed empirical studies. In most empirical studies trust has been conceptualized in relatively narrow ways, because it seems impossible to empirically test all potential relationships between trust and its antecedents and consequences in a single study. Therefore each study measures one (or a few) particular aspect(s) of trust. However, to research a complex and multi-dimensional phenomenon such as trust effectively it is necessary to understand all the different dimensions, because otherwise, one study may unintentionally overlap another study (McKnight and Chervany, 1998). Without establishing or developing a theoretical frame-

eingesetzt – als Schutzmaßnahme für „alle Fälle mit Ausnahme der in höchstem Maße kriminell motivierten" (Dutton, 2000) ausreicht. Wie wichtig Systemsicherheit ist, lässt sich am besten durch die Tatsache belegen, dass praktisch alle Angriffe gegen eCommerce-Server gerichtet sind. Systemsicherheit kann durch die Installation von Firewalls und Intrusion Detection Systemen, durch das Überwachen von Sicherheitsalarmmeldungen und die unmittelbare Implementierung von Sicherheitspatches erreicht werden. Das erfordert allerdings qualifizierte Systemadministratoren, die sich laufend um die Systeme kümmern, eine sehr arbeitsintensive Tätigkeit.

Die Probleme der Authentifizierung eines Online Transaktionspartners und der Nachweisbarkeit von Transaktionen können theoretisch durch Public-Key-Verschlüsselung gelöst werden. Es wird prognostiziert, dass bald jede Organisation und jede Person im Internet ihr eigenes Paar aus öffentlichem und privatem Schlüssel als Basis ihrer digitalen Identität besitzen wird. Das setzt die sichere Erzeugung und Verteilung von möglicherweise mehreren Hundert Millionen Schlüsselpaaren voraus, was erhebliche Schlüssel- und Vertrauensmanagementprobleme mit sich bringt. Private Schlüssel müssen von ihren Inhabern sicher verwahrt werden. Öffentliche Schlüssel werden in öffentlichen Hinterlegungsstellen gespeichert und als Public-Key-Zertifikate verteilt, die von einer Zertifizierungsstelle signiert sind. Zertifizierungsstellen muss man vertrauen können, dass sie die Identifizierung der Schlüsselinhaber gründlich durchführen und Schlüsselbesitzern muss man das Vertrauen entgegenbringen, dass sie ihre privaten Schlüssel sicher verwahren. Was aber, wenn eine Zertifizierungsstelle ein Zertifikat ausstellt, ohne die Identität des Inhabers ordnungsgemäß überprüft zu haben? Das war der Fall, als die weltweit größte Zertifizierungsstelle VeriSign falsche Zertifikate auf Microsoft ausgestellt hat, weil sie bei der korrekten Identifizierung der Inhaber der Zertifikate einen Fehler gemacht hat (Microsoft, 2001). Was, wenn ein privater Schlüssel gestohlen oder durch Zufall oder böse Absicht veröffentlicht wird? Da private Schlüssel oft auf Webservern aufbewahrt und diese oft und erfolgreich angegriffen werden, sind diese Schlüssel von Diebstahl und Missbrauch bedroht. Derartige Ereignisse können dazu führen, dass Systeme oder Nutzer falsche Annahmen über Identitäten treffen, vor allem weil die derzeit gängigen Webbrowser keinen Zugriff auf Zertifikatannullierungslisten haben.

Sowohl menschliche Faktoren als auch User Interfaces stellen heute für die Informationssicherheit besonders große Herausforderungen dar. Die Effektivität an sich sicherer Systeme wird regelmäßig durch einfache Sozialtechniken vereitelt (Andersen, 2001, 37; und Lemos, 2000). Um solchen Angriffen standzuhalten, muss daher das Design von eCommerce-Systemen so robust wie möglich sein. Eine der wenigen Publikationen, die sich empirisch mit User-Interface-Problemen im Bereich technischer Sicherheit befassen, ist „Why Johnny can't Encrypt: A Usability Evaluation of PGP 5.0" (Whitten und Tygar, 1999). Dabei wird das User Interface von PGP (Zimmermann, 1995) nach allgemeinen Richtlinien als gut bewertet. Dennoch kommen die Autoren zum Schluss, dass PGP 5.0 in Bezug auf die Usability nicht geeignet ist, dem durchschnittlichen Computernutzer effektive Sicherheit zu bieten. Sie argumentieren, dass es eines speziellen Usabilitystandards für technische Sicherheit bedarf und dass gängige Software-Interfacedesign-Techniken für Belange technischer Sicherheit nicht brauchbar sind (Whitten und Tygar, 1999). Da die meisten Sicherheitslücken auf menschliches Versagen zurückzuführen sind, müssen die humanzentrierten Faktoren im Zusammenhang mit Fragen der technischen Sicherheit künftig stärker beachtet werden.

7. Mathematische Vertrauensmodelle

Formale Vertrauensmodelle sind vor allem in der Information Security Community Gegenstand der Forschung. Vertrauensmodelle wie beispielsweise das von PGP (Zimmermann, 1995), Maurer (1996), Abdul-Rahman und Hailes (1997) und Jøsang (1999) beschäftigen sich hauptsächlich mit der Frage des Vertrauens in die Identität von Instanzen unter Verwendung kryptographischer Mechanismen, um Maßzahlen für Vertrauen zu propagieren. Diese Modelle können außerdem dazu verwendet werden, Vertrauen in Instanzen selbst abzuleiten und bieten dadurch eine ähnliche Art von Evidenz wie Reputationssysteme.

Menschen fällt es in der Regel schwer, numerische Vertrauensmaße zu bestimmen, die als Input benötigt werden. Eine Annäherung an dieses Problem ist die Verwendung einer Reihe verbaler Kennzeichnungen – zum Beispiel *starkes Vertrauen, schwaches Vertrauen, ungewisses Vertrauen, schwaches Misstrauen und starkes Misstrauen* – mit denen das System dann entweder direkt arbeitet (wie bei PGP) oder das es zuvor in numerische Werte übersetzt. Derartige Vertrauensmodelle zielen darauf ab, die Ableitung von Vertrauensmaßgrößen sowohl intuitiv verständlich als auch mathematisch korrekt zu gestalten. Ziel ist es, Systeme zu entwickeln, die fähig sind, automatisch und auf menschenähnliche Weise über Vertrauen zu urteilen, zugleich aber nicht anfällig sind für Manipulationen und die für Menschen typischen Urteilsfehler. Es bedarf noch praktischer Umsetzungen sowie empirischer Tests, um die Adäquatheit dieses Ansatzes zu bestimmen.

8. Zahlungsintermediäre und Versicherungsdienstleister

Zahlungsintermediäre sind in eCommerce-Transaktionen oft die einzigen Parteien, die Identität und Standort des Händlers verifizieren können (Pichler, 2000). Pichler behauptet, dass Kreditkartenunternehmen auf Grund dieser Tatsache eine einflussreiche Position erlangt haben. So können sie etwa betrügerische Händler, die in Bezug auf Auszahlungen auf sie angewiesen sind, von ihren Dienstleistungen abschneiden. Pichler tritt dafür ein, die Rolle von Kreditkartenunternehmen auszuweiten und sieht Möglichkeiten, neue Formen von Zahlungsintermediären zu entwickeln, um das Vertrauen in digitale Transaktionen zu erhöhen. Zahlungsintermediäre können Konsumenten dadurch unterstützen, dass sie deren „Risiko vorgezogenen Leistungsverhaltens" mildern, das den Konsumenten in der Regel in eine Position der Verwundbarkeit bei digitalen Transaktionen versetzt (Pichler, 2000). Zahlungsintermediäre können neue Händlern außerdem beim Aufbau initialen Vertrauens helfen.

Treuhand-Dienstleister stellen eine spezifische Form von Zahlungsintermediären im B2C, C2C und B2B-eCommerce dar. Sie halten die Zahlung des Käufers solange zurück, bis dieser die Waren erhalten und akzeptiert hat. Erst dann wird die Zahlung an den Verkäufer freigegeben. Außerdem entstehen neue Arten von Kreditkarten, die den Konsumenten Online-Shopping-Garantien bieten. „Amex Blue" zum Beispiel bietet an, den Kaufpreis zu erstatten, wenn der Konsument mit den Waren unzufrieden ist, unabhängig davon, ob der Internet-Anbieter eine derartige Rückerstattung anbietet. Es gibt allerdings eine Erstattungsgrenze von 300 $ pro Kauf bzw. von 1000 $ pro Jahr. Weiters entwickeln sich Versicherungsunternehmen, die eCommerce-Transaktionen versichern. Das deutsche Versicherungsunternehmen Gerling zum Beispiel bietet teilnehmenden eCommerce-Sites eine derartige Versicherung sowie das „Trusted Shop"-Gütesiegel (Pichler, 2000).

9. Reputationssysteme

Reputationssysteme haben sich als weitere Methode herausgebildet, im eCommerce-Kontext Vertrauen unter Unbekannten aufzubauen. Ein Reputationssystem sammelt, verteilt und aggregiert Feedback über das Verhalten der Teilnehmer. Resnick u. a. (2000) meinen, dass diese Mechanismen Nutzer bei der Entscheidung, wem sie vertrauen sollen, unterstützen können und Anreize für ehrliches Verhalten bieten. Außerdem können sie dazu beitragen, unehrliche Parteien von der Teilnahme abzuhalten.

Frühere Erfahrungen mit einem Online-Transaktionspartner werden dabei in die Zukunft projiziert; daraus ergibt sich eine Maßgröße für deren Vertrauenswürdigkeit. Der Politikwissenschafter Robert Axelrod (1984) hat diesen Effekt den „Schatten der Zukunft" genannt. Wenn Fremde in eCommerce-Settings ohne derartige Systeme miteinander in Interaktion treten, könnte die Versuchung, für kurzfristige Gewinne betrügerisch zu handeln, attraktiver sein als Kooperation. Die ersten Websites, die Reputationssysteme eingeführt haben, waren Online Auktionssites wie eBay. Heute werden sie auch von Ratingsites für die Reputation von Unternehmen wie BizRate eingesetzt, die Web-Händler auf Basis von Kundenratings reihen. Die eRatings von Consumer Reports Online reihen Händler auf Grund von Testkäufen, die Mitarbeiter von Consumer Reports durchführen. Außerdem sind Websites für Produkt-Reviews, wie Epinions.com, entstanden, wo die Produkttests selbst von anderen Reviewern bewertet werden. Mit der Ausnahme von eRatings treffen die meisten Systeme kaum Vorkehrungen für das Problem des Aufbaus von initialem Vertrauen in neue eCommerce-Anbieter, da starke Reputationssysteme sich normalerweise erst über die Zeit entwickeln (Pichler, 2000).

In der physischen Welt kann das Sammeln und Verteilen von Feedback zu einer kostspieligen Angelegenheit werden. Das Internet ist im Vergleich dazu extrem effizient. Dennoch stehen Reputationssysteme vor einer Reihe signifikanter Herausforderungen. Wenn eine Instanz ihren Namen ändert, kann Feedback auch gelöscht werden, und ein unehrlicher Teilnehmer kann auf diese Weise immer dann von Neuem beginnen, wenn er eine schlechte Reputation aufgebaut hat. Darüber hinaus kann es schwierig sein, Nutzer überhaupt zur Abgabe von Feedback zu motivieren – besonders zu negativem Feedback – und sicherzustellen, dass das Feedback aufrichtig war (Resnick u. a., 2000). Ein Beispiel für einen unredlichen Missbrauch eines Reputationssystems war der Versuch von drei Männern, auf eBay ein gefälschtes Gemälde um 135,805 $ zu verkaufen (Young, 2001). Der Verkauf wurde erst unmittelbar vor Abschluss abgebrochen, da der Käufer Verdacht schöpfte. Es stellte sich heraus, dass zwei der Betrüger gute Ratings im Feedback Forum hatten, die daraus entstanden waren, dass die beiden sich gegenseitig positiv bewertet und vor dem Betrugsversuch ehrliche Verkäufe durchgeführt hatten. Reputationssysteme weisen somit ein Vielzahl komplexer Facetten auf und entwickeln sich zu einem fruchtbaren Forschungsgebiet[1].

10. Humanoide

Sprachwissenschafter, die ein Verständnis davon haben, wie Vertrauen über Konversationsrituale aufgebaut wird, arbeiten zusammen mit Informatikern an der Entwicklung computergenerierter Agenten in menschenähnlicher Form mit der Fähigkeit, in einen sozialen Dialog zu treten. Sie verwenden Gestik, Blicke, Körperhaltung, Intonation und andere Elemente, um die Erfahrung persönlicher Kommunikation nachzuempfinden. Am MIT Media Lab (Bickmore und Cassell, 2001) wurden bereits Prototypen sogenannter „Embodied Conversational Agents" entwickelt. Einer dieser Prototypen wurde eigens für Online-Immobilien-Transaktionen designt. Auch Beskow und McGlashan (1997) und Van Mulken u. a. (1999) haben Studien zu Konversationsagenten verfasst.

REA – der „Real Estate Agent" (2001) – also der Prototyp von Bickmore und Cassell, kann Small Talk führen und das Feedback seines Konversationspartners überwachen. Er kann Konversationsthemen verfolgen und Konversationsmanöver durchführen, etwa die Konversation von einem allgemeinen Gespräch über das Wetter zu einem Gespräch über das Wetter in Boston zu einer Konversation über Immobilienpreise in Boston entwickeln. Konversationen dürfen nur dann in Richtung sensiblerer taskspezifischer Gespräche entwickelt werden, wie zum Beispiel zum Thema Wohnfläche oder gewünschter Preislage, wenn zuvor ein vordefiniertes Solidaritätsrating für dieses Thema erreicht wurde. Ein Experiment hat die Teilnehmer im Zuge der Darstellung von zwei virtuellen Apartments abwechselnd in Small Talk, der daraufhin in ein Task-spezifisches Gespräch übergeleitet wurde, oder direkt in ein taskspezifisches Gespräch verwickelt. Die Teilnehmer haben dabei einen Fragebogen ausgefüllt, der die

---

[1] Das Reputation System Network ist ein Forschungsforum für Wissenschafter, die sich damit beschäftigen, wie Reputationssysteme theoretisch und praktisch funktionieren sollten und wie man sie verbessern könnte (http://databases.si.umich.edu/reputations).

wahrgenommene Kompetenz gemessen hat, das persönliche Gefallen, die Intelligenz sowie ein Normalmaß an Vertrauenswürdigkeit. Die bisherigen Resultate legen nahe, dass viele Nutzer den Agenten als kompetenter, zuverlässiger und sachkundiger empfinden, wenn er zunächst Small Talk einsetzt als wenn er ausschließlich taskspezifisch kommuniziert (Bickmore und Cassell, 2001).

11. Alternative Streitschlichtung

Auch alternative Streitschlichtungsmechanismen werden in Hinblick auf weitere Möglichkeiten zum Aufbau von Vertrauen erforscht. Die Hypothese ist, dass die Akzeptanz von eCommerce auf Konsumentenseite dann zunehmen wird, wenn die Nutzer zuversichtlich sind, dass sie Rückgriff auf einen fairen, zuverlässigen und effektiven Prozess haben, sobald ein Konflikt auftritt, der sich nicht über die normalen Kundendienstprozesse des anbietenden Unternehmens lösen lässt.

Während Befürworter alternativer Streitschlichtungsmechanismen darin übereinstimmen, dass sowohl Händlern als auch Konsumenten zu jedem Zeitpunkt der Weg zum Gericht offenstehen sollte, wird das Rechtssystem für eCommerce-Konflikte zugleich für ungeeignet erachtet (Carblanc, 2000). Probleme schließen substanzielle Prozesskosten mit ein, die oft höher als der Streitwert sind, sowie die Tatsache, dass sich Gerichtsprozesse in die Länge ziehen können. Außerdem kann es schwierig sein festzustellen, welches Recht in eCommerce-Streitigkeiten zur Anwendung kommt, welche Institution für den Fall zuständig ist und ob das Urteil in grenzüberschreitenden Fällen durchsetzbar ist. Alternative Streitschlichtung löst viele dieser Probleme. Im allgemeinen beginnt ein Streitschlichtungsverfahren, wenn eine Partei eine Beschwerde bei einem Anbieter alternativer Streitschlichtungsverfahren einreicht, der dann seinerseits die andere Partei bzw. die anderen Parteien von der Beschwerde benachrichtigt. Darauf folgt eine Reihe von Interaktionen der Streitparteien untereinander – vermittelt von der neutralen Drittpartei – mit dem Ziel, den Konflikt zu lösen. Alternative Streitschlichtung kann sowohl menschenassistiert als auch voll automatisiert ablaufen. Die Bandbreite der möglichen Verfahren reicht von unterstützten Verhandlungen, im Zuge derer eine Drittpartei die Streitparteien zu einer gemeinsamen Lösung zu führen versucht, bis hin zur Schiedsgerichtsbarkeit, wo der Sachverhalt einer Drittpartei überantwortet wird, die die endgültige Entscheidung trifft.

Mehr als 39 Online-Streitschlichtungssysteme lassen sich derzeit ausmachen (Carblanc, 2000). Allgemein anerkannte Prinzipien alternativer Streitschlichtung sind, dass sie zugänglich, zeitgerecht, neutral, freiwillig, für Konsumenten gratis oder kostengünstig sind sowie transparent in Bezug auf ihre Verfahren, Kosten und die Art der angebotenen Schlichtungsdienste. Der „Trans-Atlantic Consumer Dialogue", ein Forum für Konsumentenorganisationen aus den USA und der EU, schlägt die Errichtung einer internationalen Clearingstelle für die Publikation von Details zu allen Streitschlichtungsfällen vor, die sowohl für Exekutivorgane als auch für die Öffentlichkeit zugänglich sein sollte (Carblanc,

2000). Der „Global Business Dialogue on Electronic Commerce", eine internationale Gruppe von Unternehmensvorständen, hat betont, dass die Regierungen die Einrichtung alternativer Streitschlichtungsprogramme in der Wirtschaft fördern, zugleich aber davon absehen sollten, zwingende Zulassungsverfahren für die Anbieter solcher Programme einzuführen (Carblanc, 2000). Einige Länder wie etwa Großbritannien haben zwar kein obligatorisches System eingeführt, sehr wohl aber ein Rahmenprogramm (z.B. TrustUK), das Gütesiegelanbieter nur unter der Voraussetzung unterstützt, dass sie auch einen geeigneten Streitschlichtungsmechanismus vorsehen und spezielle Standards erfüllen (Bond, 2000).

Empfohlen wird auch, dass Unternehmen, die an einem Streitschlichtungsprogramm beteiligt sind, von ihrer Website zu einem oder mehreren Anbietern derartiger Verfahren verlinken mit dem deutlichen Hinweis, dass sich Kunden, die mit der Leistung nicht vollständig zufrieden sind, an dieses Streitschlichtungssystem wenden können. Auch Regierungen, Konsumentenorganisationen und Wirtschaftsverbände sollten von ihren Websites Links zu Streitschlichtungsverfahren anbieten, um Konsumenten auf der Suche nach Rechtshilfe möglichst zu unterstützen (Carblanc, 2000).

Eine der größten Herausforderungen für Systeme alternativer Streitschlichtung betrifft die Duchsetzbarkeit der Entscheidungen. Ein – auch unter Befürwortern – besonders kontroversielles Thema ist dabei, ob und unter welchen Bedingungen eine derartige Entscheidung für eine oder mehrere Parteien verbindlich sein sollte (Dorskind, 2000). In diesem Zusammenhang wurde vorgeschlagen, dass dort, wo alternative Streitschlichtungssysteme von Wirtschaftsverbänden oder anderen Gruppen aus der Wirtschaft betrieben werden, die Unterwerfung unter diese Entscheidungen eine verpflichtende Bedingung für die Mitgliedschaft ist. Drittparteien, die die Abwicklung von Transaktionen unterstützen wie zum Beispiel Auktionsbetreiber oder Zahlungsintermediäre, würden dann aufgefordert, den Händlern, die sich nicht unterwerfen, ihre Dienstleistungen zu verweigern (Carblanc, 2000).

12. Künftige Forschungsarbeiten

Vertrauen und die Auswirkungen von Vertrauen auf die Akzeptanz von eCommerce stellen ein reiches Betätigungsfeld für weitere Forschung dar. Da Vertrauen ein wichtiges Thema im Zusammenhang mit Online Konsumentenverhalten ist, ist die Frage, in welchem Zusammenhang Vertrauen mit anderen Faktoren steht, wie zum Beispiel der Kaufmotivation, von großer Bedeutung. Es wäre wichtig zu analysieren, welche Strategien man zur Kommunikation von Vertrauen und Glaubwürdigkeit über ein Webinterface für verschiedene Branchen, Berufsgruppen und Unternehmen verfolgen kann und die tatsächlichen Auswirkungen dieser unterschiedlichen Strategien auf das Kaufverhalten und den Umsatz zu beschreiben und zu messen.

In vielen Ländern ist es weiters nötig, die Datenschutzgesetzgebung für den Online Kontext zu adaptieren und zu stärken, um zu gewährleisten, dass technologische oder selbstregulierende Datenschutzlösungen größtmögliche Wirkung und Durchsetzbarkeit entfalten können. Auch künftige Versionen von PGP könnten zu einer stärkeren Durchsetzbarkeit im Bereich des Datenschutzes beitragen, und zwar wenn digitale Signaturen in die entsprechende Spezifikation aufgenommen würden, um Beweisbarkeit sicherzustellen. Zusätzliche Forschungsarbeiten im Bereich praktischer Anwendungsmöglichkeiten für mathematische Vertrauensmodelle könnten als Grundlage für Werkzeuge dienen, die es Konsumenten ermöglichen, eCommerce-Entscheidungen auf Vertrauensbasis zu treffen.

Bessere Webinterfaces mit einer menschlichen Note und optimierter Usability könnten aus weiterführenden Forschungen im Bereich vertrauensbildender Konversationsrituale und aus der Verfeinerung der Konversationsfähigkeiten von „Embodied Conversational Agents" hervorgehen. Während Kommunikationssicherheit relativ einfach zu erzielen ist, bedarf es noch einiger Arbeit, um auch starke Systemsicherheit für eCommerce-Nutzer leicht erzielbar zu machen. Da die meisten Sicherheitslücken durch menschliche Fehler zustande kommen, könnten sich weitere Arbeiten in den Bereichen Security Management Praktiken, Usability und Security sowie zur Verbesserung der User-Interfaces von Sicherheitstechnologien als wertvoll erweisen. Bereits erwähnt wurden laufende Arbeiten zur Verbesserung der in Reputationssystemen verwendeten Metriken. Künftig wird es darum gehen, diese Systeme gegen Manipulationen durch unehrliche Teilnehmer abzusichern.

Wenn alternative Streitschlichtungsmechanismen die in sie gesetzten Erwartungen in Bezug auf die Erhöhung von Vertrauen in den weltweiten eCommerce erfüllen sollen, wird es notwendig sein herauszufinden, wie effektiv diese Mechanismen in unterschiedlichen Kulturen wirklich sind, und neue Technologien wie Stimmerkennung und Übersetzungstechnologien in mehrsprachigen Streitfällen einzusetzen. Genauso wichtig ist auch die Beschäftigung mit neuen, in der Privatwirtschaft entwickelten Lösungen zum Vertrauensaufbau. Lösungen zum Schutz der Privatsphäre werden bereits entwickelt, und es wird interessant sein zu beobachten, in welchem Umfang sich neue, auf den eCommerce-Bereich zugeschnittene Zahlungs- und Versicherungslösungen auf dem Markt durchsetzen werden.

13. Schlussfolgerung

Wer nicht vertrauen kann, der zögert. Die mangelnde Akzeptanz von eCommerce durch die Konsumenten ist zum Teil auf einen Mangel an Vertrauen in eCommerce-Anbieter, in die entsprechende Technologie sowie in die Geschäftsprozesse zurückzuführen, sowie den Mangel an zuverlässigen, durchsetzbaren Systemen, die zum Einsatz kommen, wenn etwas schiefgeht. Dieser Artikel hat eine große Bandbreite von Technologien und Strategien analysiert, die versuchen, eine Lösung für diese Probleme zu finden, und einige Vorschläge für künftige Forschungsfelder vorgestellt, die hoffentlich zur Entwicklung verbesserter Werkzeuge für Konsumenten zur Einschätzung von Vertrauen und zur Steigerung des Konsumentenvertrauens in den eCommerce insgesamt führen werden.

14. Danksagung

Die diesem Artikel zugrundeliegenden Arbeiten wurden teilweise vom „Cooperative Research Center for Enterprise Distributed Systems Technology" (DSTC) durch das CRC-Programm der australischen Bundesregierung (Department of Industry, Science & Resources) gefördert.

15. Quellenangaben

Abdula-Rahman, A., und Hailes, S. (1997), A Distributed Trust Model. In: Proceedings of the 1997 New Security Paradigms Workshop. S. 48–60, ACM.

Andersen, R. (2001) Security Engineering. Wiley.

Axelrodt, R. (1984) The Evolution of Cooperation. New York: Basic Books.

Benner, J. (2001) MS Gets Privacy-Happy With New IE. Wired News. http://www.wired.com/news/privacy/0,1848,43686,00.html

Beskow, J., und McGlashan, S. (1997) Olga: A Conversational Agent with Gestures. In: Proceedings of the IJCAI'97 Workshop on Animated Interface Agents: Making them Intelligent. Nagoya, Japan.

Bickmore, T., und Cassell, J. (2001) Relational Agents: A Model and Implementation of Building User Trust. In: CHI 2001 Conference Proceedings. ACM Press.

Bond, M. (2000) Role of stakeholders in identifying essential elements of trustmark programs, codes of conduct and dispute resolution schemes. In: Proceedings of the Joint Conference of the OECD, HCOPIL, ICC: Building Trust in the Online Environment: Business to Consumer Dispute Resolution (The Hague). http://www.oecd.org/pdf/M00001000/M00001632.pdf

Carblanc, A. (2000) Privacy Protectionand Redress in the Online Environment: Fostering Effective Alternative Dispute Resolutions. In: Proceedings of the 22nd International Conference on Privacy and Personal Data Protection.

Cavoukian, A., und Crompton, M. (2000) Web Seals: A Review of Online Privacy Programs. A Joint Project of The Office of the Information and Privacy Commissioner/Ontario and The Office of the Federal Privacy Commissioner of Australia, http://www.ipc.on.ca/english/pub-pres/papers/seals.pdf.

Cheskin Research (2000) Trust in the Wired Americas. Cheskin Research, http://www.cheskin.com/docs/sites/1/report-CheskinTrustIIrpt2000.pdf.

Cheskin Research & Studio Archetype/Sapient (1999) eCommerce Trust Study. Sapient, http://www.cheskin.com/docs/sites/1/report-eComm%20Trust1999.pdf

Consumers International (1999) Consumers@shopping: An international comparative study of electronic commerce. Consumers International's Programme for Developed Economies and Economies in Transition, http://www.consumersinternational.org/document_store/Doc504.pdf.

Cranor, L., u. a. (2002) The Platform for Privacy Preferences 1.0 (P3P1.0) Specification. W3C Recommendation 16 April 2002, http://www.w3.org/TR/P3P.

Dorskind, J. (2000) Remarks to ADR by the US Department of Commerce. In: Proceedings of the Joint Conference of the OECD, HCOPIL, ICC: Building Trust in the Online Environment: Business to Consumer Dispute Resolution (The Hague). http://www.oecd.org/pdf/M00001000/M00001606.pdf

Dutton, P. (2000) Trust Issues in eCommerce. In: Proceedings of the 6th Australasian Women in Computing Workshop. S. 15–26, Griffith University.

Egger, F., und de Groot, B. (2000) Developing a Model of Trust for Electronic Commerce: An Application to a Permissive Marketing Web Site. In: Proceedings of the 9th International World-Wide Web Conference. Foretec Seminars.

Fogg, B., u. a. (2001a) What makes Web sites credible? A report on a large quantitative study. In: Proceedings of CHI 2001. S. 61–68, ACM Press.

Fogg, B., u. a. (2001b) Web Credibility Research: A Method for Online Experiments and Early Study Results. In: Proceedings of CHI 2001. S. 295–296, ACM Press.

Fontana, J. (2000) Outlook patch called overkill. Cnn.com NewsNet. http://www.cnn.com/2000/TECH/computing/05/23/outlook.overkill.idg.

Fukuyama, F. (1995) Trust: The Social Virtues and the Creation of Prosperity. The Free Press, New York.

Jøsang, A. (1999) An Algebra for Assessing Trust in Certification Chains. In: J. Kochmar (ed.): Proceedings of the Network and Distributed Systems Security Symposium (NDSS'99). The Internet Society.

Lemos, R. (2000) Mitnick teaches 'social engineering'. ZD Net News. http://zdnet.com.com/2100-11-522261.html?legacy=zdnn.

Maurer, U. (1996) Modelling a Public-Key Infrastructure. In: E. Bertino u. a. (eds.): Proceedings of the Fourth European Symposium on Research in Computer Security (ESORICS'96). Springer.

McKnight, D., und Chervany, N. (1996) The Meanings of Trust. Technical Report MISRC Working Paper Series 96–04, University of Minnesota, Management Informations Systems Research Center, URL: http://www.misrc.umn.edu/wpaper.

Microsoft (2001) Microsoft Security Bulletin MS01-017 (March 22, 2001): Erroneus VeriSign-Issued Digital Certificates Pose Spoofing Hazard. http://www.microsoft.com/technet/treeview/default.asp?url=/technet/security/bulletin/ms01-017.asp.

Mithal, M. (2000) Illustrating B2C Complaints in the Online Environment. Presentation by the US Federal Trade Commission and Industry Canada, at the Joint Conference of the OECD, HCOPIL, ICC: Building Trust in the Online Environment: Business to Consumer Dispute Resolution (The Hague). http://www.oecd.org/ppt/M00001000/M00001614.ppt.

Nielsen, J. (1999) Trust or Bust: Communicating Trustworthiness in Web Design. Jakob Nielsen's Alertbox, http://www.useit.com/alertbox/990307.html.

Nielsen, J., Molich, R., Snyder, C., und Farrell, S. (2000) ECommerce User Experience. Technical Report, Nielsen Norman Group.

Pichler, R. (2000) Trust and Reliance – Enforcement and Compliance: Enhancing Consumer Confidence in the Electronic Marketplace. Standford Law School, http://www.oecd.org/pdf/M00001000/M00001602.pdf.

Resnick, P., u. a. (2000) Reputation Systems. Communications of the ACM **43**(12), 45–48.

The Economist (2000) The Coming Backlash in Privacy. The Economist Technology Quarterly. December 9.

US FTC (2001) Boom in ECommerce has created Fertile Ground for Fraud. US Federal Trade Commission, http://www.ftc.gov/opa/2001/05/iftestimony.htm.

Van Mulken, S., André, E., und Müller, J. (1999) The Trustworthiness of Lifelike Interface Characters. In: Proceedings of the 8th International Conference on Human-Computer Interaction (HCI International'99). Munich, Germany.

Whitten, A., und Tygar, J. (1999) Why Johnny Can't Encrypt: A Usability Evaluation of PGP 5.0. In: Proceedings of the 8th USENIX Security Symposium.

Young, E. (2001) Not a pretty picture. The Industry Standard (online newsletter). http://www.thestandard.com/article/0,1902,22875,00.html.

Zimmermann, P. (1995) The Official PGP User's Guide. MIT Press.

Sandeep Dayal, Helene Landesberg, Michael Zeisser[1]

HOW TO BUILD TRUST ONLINE

1. Introduction

Fear of online fraud is just one factor that keeps many consumers from even considering digital transactions. Consumers also expect their identity and personal information to remain confidential. In addition, they want to experience a comfort level in their dealings with the marketer. Since the beginning of e-commerce, businesses have realized that they must respond to these concerns to develop repeat customers and a robust Web business. Marketers have to give consumers compelling reasons to share the private information that drives many of the unique features of the Internet.

The problem arises from a lack of trust. The risks, however small, outweigh the benefits when a consumer fears exploitation of his or her finances and identity. A survey by the Georgia Institute of Technology found that only 4% of online users routinely register at Web sites. The "Tenth WWW User Survey" found that two-thirds of those not registering at some sites report a lack of trust as one of their reasons. A telephone survey, "Worldwide Internet Tracking Study," conducted by the IntelliQuest Internet research firm found that in the first quarter of 1999, 63% of online users reported that they hesitate to buy for fear of unwanted junk e-mail, up nearly 10% from a similar poll just six months earlier. These Web users will become buyers only when marketers overcome the lack of trust that paralyzes would-be shoppers.

Our research of and experience with more than 50 e-businesses show that the online marketers pacing their industries do so by embedding trust into their interactions with consumers. They're forging a broad logic of trust based on constant and interactive value exchange between the buyer and seller. In fact, trust is a part of a larger set of "three-dimensional benefits" that customers are demanding. Customers are looking beyond functional benefits (such as quality and price) for process (better ways to research and buy) and relationship (trust and ongoing communications) benefits. As a result, how companies present themselves and provide a rich set of 3-D benefits is just as important as the goods and services they are offering.

---

[1] Reprinted with permission from "Building Trust On-Line", published by the American Marketing Association, Sandeep Dayal, Helene Landesberg & Michael Zeisser, Fall 1999 issue of Marketing Management.

Companies that create and nurture trust find that customers return to their sites repeatedly. CDNow, Amazon.com, and Onsale generate well over half of their sales from site loyalists. Contrast this with a typical underperforming retail site where only a quarter of sales comes from repeat buyers. Sites without a core of loyal customers must devote more capital to customer acquisition efforts and eventually may find it difficult to survive.

2. Climbing the Trust Pyramid

Building trust that leads to satisfied customers is essential and complex for marketing executives. We identified six elements that combine to build a "trust pyramid" (see Fig. 1). The base of the pyramid shows the three core elements needed just to be in the game: secure technology, merchant legitimacy, and robust order fulfillment. Winning marketers move well beyond the basics with more subtle trust builders that differentiate them from the also-rans: tone, consumer control, and collaboration. As the baseline level of trust and security rises, these points of distinction become more critical. Taken together, the six elements of trust create the comfort and confidence needed to turn browsers and ordinary customers into site loyalists.

State of the Art Security: Use the most reliable security measures on your site, and communicate that you're doing so to consumers in language they understand. Shoppers at Netmarket are assured of "guaranteed safe shopping" with a no-compromises promise: "At Netmarket, you can shop with confidence. We use the latest encryption technology, digital certificates, secure commerce servers, and authentication to ensure that your personal information is secure online." Marketers at Lands' End also understand how to reassure their customers on security issues. Its site states, "You have no credit card risk. Period."

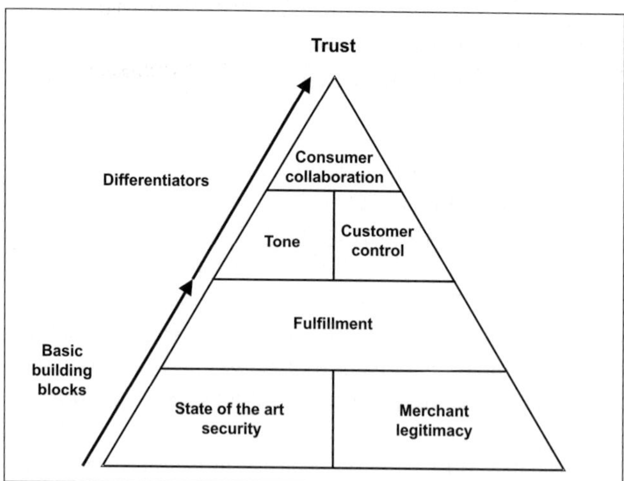

Fig. 1. The Trust Pyramid

Merchant Legitimacy: Brands are important on the Web. They help shoppers sort out their choices when they have a limited range of clues as to product quality and functionality. Familiar names with established records of performance go a long way toward building trust – so long as marketers continue to deliver that performance through their Web ventures. If your company lacks a recognizable consumer brand, three tactics can get you in the game:

- Sell branded products. Netmarket, for example, depicts thousands of brands on its site, from Panasonic DVD players to Reebok shoes. The site's tagline is "name brands at warehouse prices."
- Ally your product or service with an established brand. Tel-save, an unknown phone service provider, secured a privileged position on AOL, a brand recognized by 40% of US households. Now known as Talk.com, it signed up 1.8 million new customers in the year after the deal was signed in December 1997. Its sales increased 47.2% from 1997 to 1998.
- Encourage prospects to sample your services through low-risk trials and creative offers. E*Trade lets prospective investors take part in contests without putting real money on the line. *The Wall Street Journal* offers a two-week free trial of its interactive edition. If consumers like the sample, an annual subscription costs $59 (subscribers to the print edition pay $29)[2].

Fulfillment: Great security and brands can only go so far; the next requirement of a trustbuilding site is order fulfillment. Customers expect to place orders and get merchandise efficiently and with minimal hassles. Many Web sites lose sales when buyers have to fight to complete a transaction. Nothing alienates a buyer more than when one entry mistake causes him or her to lose pages of entered information, get thrown offline, or find the computer frozen. Lack of clarity about actual costs is also a big negative. Prospective buyers at some retail sites must slog through a lengthy registration process before discovering that sales taxes, shipping, and handling charges greatly increase the total price of their purchase. The best practice: Explain all costs and have an infrastructure that gets the right product to the right buyer in a reasonable period.

Leading Web companies are streamlining the purchase and fulfillment process. Amazon.com has led the industry with a "1-Click" mechanism, through which a buyer enters his or her address and credit card information for the first sale only. After that, Amazon.com remembers the details. Marketers also are beefing up their customer service capabilities to provide fast and accurate answers to queries arriving online and through call centers.

In practice, even the best companies will sometimes stumble in fulfillment. But mishaps can be an opportunity for a company to show its best face and build trust with its clientele. Consider an experience with retailer Hastings Entertainment and its Gohastings.com site. The company announced its site in major newspapers with ads offering a package of three popular video movies for $9.99. Once buyers reached the site, however, they found a notice saying it was

---

[2] Since the first publication of this article the subscription fees for the interactive edition of Wall Street Journal have been raised to $ 79 ($ 39 for print subscribers) [ed.]

still under construction. By afternoon, the message had been replaced with a toll-free number through which users could place an order for the videos. Buyers also got a T-shirt as part of Gohastings.com's apology. What could have been a marketing meltdown was transformed into a reasonably happy story.

Tone and Ambience: Trust-building encompasses more than the technical aspects of a Web site. Consumers want to know that marketers will handle their personal information with sensitivity. Without iron-clad confidentiality, consumers will never be forthcoming or move ahead with a value exchange. Leading marketers explain how they collect and handle customer information and post an easy-to-read privacy statement. Lands' End addresses this issue on its site, stating, "We'll never misuse the information you provide us."

Design and content are other critical elements. "E-Commerce Trust," a January 1999 study by Cheskin Research and Studio Archetype/Sapient, points to the importance of ease of site navigation as one influence. A site's appearance also says a great deal about a marketer. Value America, a virtual retailer, stresses the importance of "white space" and presents products in an uncluttered, friendly setting that shoppers find appealing.

Drawing on the next wave of personalization technologies, marketers will be able to customize the online store ambience for each consumer. For example, if it was sensed that on a music site the visitor was a classical music aficionado, the audio selection and visual merchandising would reflect that sensibility; and heavy-metal fans would enjoy a more raucous presentation.

Marketers set the right tone with customers when they are straight about all aspects of the relationship, such as how they deliver services. Following controversy over its unstated policies, Amazon now lists all its "publisher-supported placements" and explains its acceptance of co-op funds. Other marketers carefully indicate that pricing may vary by channel. The home page of Tower Records notes, "Pricing at towerrecords.com applies for online purchases only. Sale pricing may not apply in Tower retail stores."

Control: Consumers learn to trust a marketer when they know that they – not the marketer – control access to personal information. Marketers who ask permission to get personal details are taking the smart approach. Some companies, for example, discuss the benefits provided by cookies on a user's hard drive (the cookie ensures that preferred settings appear without the customer logging in each time), then asks the user for permission to place a cookie. The user makes the call.

Some marketers are recruiting consumers to serve on panels that independently audit their privacy policies. Others use third-party audit services such as those of the Council of Better Business Bureaus (BBB). Sites qualify for the BBBOnLine seal when they install robust privacy policies and agree to consumer-friendly dispute settlement procedures.

More broadly, consumers like to feel that they are in control of the buying process. Accordingly, marketers at the GMBuypower site have elected to provide consumers with comparative information on competitors' cars right at their own site. After all, consumers will go somewhere to find that information. GM builds trust by letting consumers know that it understands that they have a choice and control the buying decision.

Collaboration: A site nurtures trust when it encourages its customers to contact and inform each other about the company's product and service offering. A Yankelovich Partners survey reveals that consumers consider other users of a product to be the most trusted source of advice when considering a purchase of that product. Thus, chat groups let consumers query each other about their purchases and experiences. Amazon.com customers, for example, have posted hundreds of wildly divergent opinions about a single book.

One site that built an entire business and brand by an innovative leveraging of consumer collaboration is eBay. Its governing model of trust is its feedback forum, where buyers and sellers rate each other. The detailed records of transaction histories show eBay users what they can expect from other users. The Web site also uses its network of users to spread the word about its activities, an emerging tactic known as "viral marketing." That is, users can e-mail auction notices to their friends.

Corporations also can choose to separate themselves from the opinion process by linking customers to external sites. Auto manufacturer Saturn has links to auto magazines and price/ratings guides.

3. Building Trust

Bringing the six elements of trust to your Internet value proposition does not automatically lead to deep, trusting relationships. As in all relationships, knowing when to be personal is just as important as knowing how to achieve intimacy. Trust is built methodically through a step-by-step process in which the consumer and marketer exchange value. Each time the consumer volunteers some personal information, the marketer should be ready to reward the consumer with personalized services and richer experiences. The mutual give-and-take eventually leads to an advanced trust-based collaboration.

Our research has identified four stages of trust building, shown in Fig. 2.

* **Attraction**: At the first stage, the consumer browses the site and even makes a transaction. No real relationship exists between the marketer and the consumer, and none may be warranted. The best strategy is to provide the browsers with relevant information and experiences without demanding personal information. At first blush, this may seem like an imbalance between what marketers give and what they get in return. However, the consumer is providing the marketer something quite valuable: his or her time and attention, along with a general view of how he or she traverses the site.
* The time and attention translates into the "mind share" needed to create brand preference. The average consumer on Ralston Purina's Dog Chow Web site, which offers no product for sale, spends more than six minutes per session learning how to care for pets. That's far more time – and more focused time – than consumers devote to a 30-second TV ad.
* **User-driven personalization**: At the second stage, consumers start shaping Web pages to their specific tastes. For example, CDNow customers can personalize their home pages with favorite artists and wish lists. The company

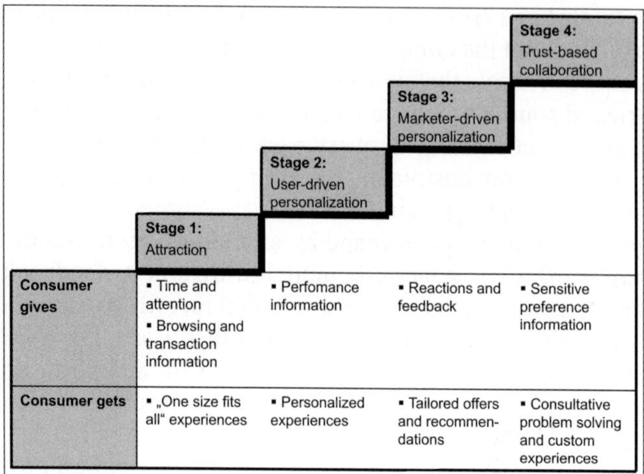

Consumer gives	• Time and attention • Browsing and transaction information	• Perfomance information	• Reactions and feedback	• Sensitive preference information
Consumer gets	• „One size fits all" experiences	• Personalized experiences	• Tailored offers and recommendations	• Consultative problem solving and custom experiences

Fig. 2. The Value Exchange Process

shows it's willing to deliver some value to the consumer before gaining financially. Brokerage firm Charles Schwab now invites users to set up a personal page through the MySchwab service. A user may track stocks and get customized sports news, weather information, and even cartoons. Users aren't required to open a Schwab account to do so.

- **Marketer-driven personalization**: In the third stage, marketers begin using insights provided by consumers to beam information back to them. Thus, CDNow uses its knowledge of a consumer – developed at the earlier stages of trust – to suggest products he or she might like. The consumer then rates the items as on- or off-target. As the process continues, CDNow learns the consumer's preferences and zeroes in on what he or she really likes. It's worth emphasizing that marketers should rein in their urge to make immediate use of data mining and personalization technologies to create user-specific communications. This approach takes patience, a trait lacking at many marketing organizations. Too often they bombard the consumer with promotional offers as soon as they get their hands on an e-mail address. We caution a gradual approach, as nothing aggravates Internet users more than unsolicited e-mail.

A best practice is to let the user set the pace of personalization and contacts from marketers. User-driven personalization should precede marketer-driven offers. Recent research by Youngme Moon, assistant professor at the Harvard Business School, has shown that premature personalization can backfire. Moon found that consumers were less likely to buy products pitched to them through personalized messages if the messages were based on information they had not explicitly given to the marketer ("Is Your Web Site Socially Savvy?" *Harvard Business Review*, May–June 1999.) On the other hand, they were *more* likely to buy when the message was personalized and based on information they had volunteered.

Trust-based collaboration: At the final stage, the marketer and the consumer work together on a very intimate basis. The consumer allows the marketer access to the most sensitive personal information (family, finances, or health) and in turn gains customized experiences and consultative problem solving. In our view, very few online marketers have reached this level of trust with their consumers.

The pace of value exchange varies by industry and situation. For example, mortgage shoppers may provide significant financial information in their very first interaction if they need a quick answer. In other situations, the process moves more slowly. Also, the costs of delivering the experience to consumers rise as marketers go up the trust staircase. Hence, they must decide just how far they need to go to create the most profitable relationships. In some cases, the marketer may want to limit the trust-building to a basic level, particularly if greater trust does not hold the promise of markedly greater spending by consumers.

4. Building Your Business

Keeping a central focus on trust helps marketers understand just how tough it is to build a sound Web business. The six building blocks of trust must be in place for an online value proposition to thrive. Consumer trust is something that marketers earn as they execute against the many aspects of trust. Consumers do not grant their trust any more lightly than they spend their money. Only by sustaining trust can marketers expect to establish enduring relationships with consumers. Through a value exchange that delivers consistent and progressive mutual benefits, marketers can chart a course to building great online businesses.

5. Acknowledgements

The authors would like to thank Rosina Samadani and Anita Ma for their diligent research for this article. *Reprinted with permission from Marketing Management, published by the American Marketing Association; "How to Build Trust Online", Sandeep Dayal, Helene Landesberg, Michael Zeisser, Fall 1999, p. 64–69.*

Jens Riegelsberger, M. Angela Sasse

DESIGNING E-COMMERCE APPLICATIONS FOR CONSUMER TRUST

1. Introduction

Consider shopping in the real world: When a customer enters a shop for the first time, she[1] sees the interior, goods and the sales staff. Visual cues allow her to evaluate the shop's professionalism and competence. Furthermore, interaction with service staff will trigger immediate affective responses that impact her trust. However, she may not conduct any risk evaluation at all, because shopping is a habit she does not perceive as risky.

The focus of our research is interface cues on Business to Consumer (B2C) e-commerce sites. We analyse their impact on users' perception of trustworthiness of a particular vendor prior to a purchase. In particular we are interested in interpersonal cues and their effect on consumer trust.

In this chapter we introduce the results of a series of qualitative and experimental studies on consumers' perception of trust and decision-making in B2C e-commerce. When presenting them we will place them in context with related findings from other researchers. To start with, we present a conceptual background on trust, in particular the notion of *affective trust*. Then we discuss individual interface elements and their role as *trustbuilders* or *trustbusters*. We conclude with recommendations on what e-commerce providers can do to maximise consumer trust, and outline future research needed to improve our understanding of how interface design can help to build trust.

2. Trust

In his highly influential work, the German sociologist Niklas Luhmann described trust as a *device for reducing complexity* (Luhmann, 1989). In complex situations (i.e. those which involve a large number of risks, or risks that are not well understood), individuals need to base their decisions on trust. If they cannot

---

[1] Following common practice, we use female pronouns for trustors (customers) and male pronouns for trustees (vendors).

trust they might have to withdraw from the situation as the cost of evaluating all the risks can be too high relative to the expected gain. Online shopping is more complex than shopping in the traditional environment, and thus requires more trust.

Trust is defined as "...*the willingness to be vulnerable based on positive expectations about the actions of others*" (Corritore, Kracher, Wiedenbeck, 2001). E-commerce interactions are *asynchronous* trust situations. That means that there is a *trustor* (the customer), who makes herself vulnerable by *first* giving personal and financial details to the *trustee* (the vendor) who will act later. It is also *asymmetric,* because the customer and the vendor face different risks. Our work focuses on the customers' risks and trust, and below we introduce the risks they consider when shopping online.

2.1 Risks

2.1.1 Current Risk Perception

Analysis of interview data (Riegelsberger, Sasse, 2001) showed that risk perception depends on the knowledge and experience of potential customers. Experienced shoppers mainly consider risks related to individual online-vendors. For this group, we expect the design of the interface to have the highest impact. Table 1 gives an overview on the risks that have been mentioned by respondents, grouped according to the source of the risk.

Table 1. Risks faced by customers in e-Commerce

1. RISKS RELATED TO THE TECHNOLOGY
a) Data confidentiality (e.g. credit card information is not intercepted)
b) Data integrity (e.g. orders are received as entered)
c) System availability (e.g. system does not become inaccessible during transaction)
d) User errors (e.g. items are ordered inadvertently)
2. RISKS RELATED TO THE VENDOR'S ACTIONS
a) Future use of data (e.g. privacy)
b) Fulfilment (e.g. whether products will be delivered as promised)

2.1.2 Persistent Risks

On an individual level, the prime risk that stems from a lack of experience is the danger of interacting incorrectly with the system – e.g. accidentally ordering an unwanted item. On a collective level, the lack of experience translates into an absence of conventions. Many authors attribute the existing lack of trust to the relative novelty of the Internet (e.g. Swaminathan, Lepkowska-White, Bharat, 1999). Once conventions have been established and individuals shop online habitually, they argue, the trust problem will go away. Our findings, however, suggest that the novelty of the channel – and thus the lack of habit and conventions – is only one of several factors increasing the demand for trust in e-commerce.

The fact that customer and retailer in e-commerce are separated in time and space is inherent in the channel, and will not be overcome with time. This separation of transactions is called *disembedding* (Giddens, 1990) – a pervasive concept in modern societies, and by no means unique to online shopping. Disembedded socio-technical systems demand an increased level of trust from all participants (Giddens, 1990; Luhmann, 1989). If participants in such systems lack trust, they will either not interact through them or have to rely on assurance mechanisms (such as contractual enforcements, regulator's actions) that make interaction more expensive (Riegelsberger, Sasse, McCarthy, 2003; Uslaner, 2002). We thus suggest that the oft-proclaimed 'lack of trust' in Internet shopping needs to be redefined as an *increased need for trust*, based on the nature of the transaction – and currently – inexperience of the online customers.

2.2 Trust Signalling

How, in the face of the persistent risks mentioned above, can the vendor signal that he is trustworthy? In the broadest possible terms, a vendor needs to signal that he has the capabilities to act as promised, and that he is willing to honour a customer's trust – even in the face of short-term incentives not to do so (e.g. making a profit by selling customer's contact information). Thus, *competence* and *motivation* are the broadest categories of *bases of trustworthiness* (Deutsch, 1958; Kee, Knox, 1970; Maier, Davis, Schoorman, 1995). Examples of bases of motivation include profitability of a long-term business relationship, internalised standards of conduct or benevolence. The vendor needs to signal the possession of these properties to the potential customer. As non-trustworthy vendors will also aim to signal the possession of such properties to the customer, the problem for the customer is to correctly identify signals of trustworthiness (Bacharach, Gambetta 2001).

Correct identification of signals, or decoding of cues, requires experience, and must be learned by giving trust in situations of controlled risk. One of the explanations for the 'lack of trust in e-commerce' is that potential customers have not yet learned how to interpret cues of trustworthiness that are given online. Another explanation is that cues are seen as less robustly associated with bases of trustworthiness, such as integrity or benevolence. Some respondents in our studies said that they felt they cannot base their trust decisions on interface cues, as *"anyone could create a professional looking website"*. They were convinced that there is no correlation between professionalism of site design, and professionalism of the company behind the site (Riegelsberger, Sasse, 2001; see also Section 3.3).

Furthermore, two findings from *interpersonal trust signalling* carry over to B2C e-commerce:

This article aims to clarify the meaning of and the differences between the concepts of reputation and brand, based on influential definitions of those concepts presented in the literature. Scholars often argue that reputation represents the collective perception and second hand information of an agent, for example a firm. In contrast, the most important part of a brand, the brand image, resides in the minds of the individual. Based on these conceptual differences, the collective nature of reputations versus the individual nature of brands, these phenomena take up different roles when it comes to engendering trust in an online vendor. A particular focus here is furthermore on the changing roles of reputation and brand within the different stages of trust as the relationship between an online vendor and its (potential) customers progresses. Before discussing the meaning of reputation and brand and the role those concepts play in the different stages of a commercial relationship, an attempt is made to clarify the "elusive concept" of trust and to describe the stages of trust development in a relationship.

2. The Concept of Trust

Several authors have been pessimistic about putting forward a decisive definition of trust and have been calling trust an elusive concept to define (Gambetta, 1988; Yamagishi and Yamagishi, 1994). Others have purported that definitions of trust are numerous and confusing (Lewis and Weigert, 1985; Shapiro, 1987). Despite the laments regarding the definition of trust, Rousseau and colleagues (Rousseau et al., 1998) stated that 'scholars do appear to agree fundamentally on the meaning of trust' (p. 395). In their meta-analysis of contributions to the special issue on trust in organizations (Academy of Management Review, 1998, Vol. 23) they made the observation that the fundamental elements in the definition of trust are comparable across various areas of research and theory[1]. Specifically, there is certain agreement on the conditions that must exist for trust to arise: risk and interdependence. Risk has been called the element 'that gives the trust dilemma its basic character' (Johnson-George and Swap, 1982: 1307). If there was no risk and actions could be taken with complete certainty no trust would be needed (Lewis and Weigert, 1985). This element of risk is particularly pronounced in electronic commerce as opposed to traditional commerce. Risks frequently perceived by online consumers comprise above all the security of credit card information, the protection of privacy, the correct transmission of data, and the proper delivery of goods and services.

Interdependence is a condition 'where the interests of one party cannot be achieved without reliance upon another' (Rousseau et al., 1998: 395). The degree of interdependence relies on various aspects like the type of relationship between the agents and the motivation of the trustor to engage in the action. This motivation furthermore depends on the possible benefits that derive thereof, and

---

[1] The approaches to trust analysed by Rousseau and colleagues came form various disciplines and viewpoints. Therefore, this finding can be viewed as encouraging.

this further influences the nature of risk and trust. Rousseau and colleagues extracted another critical component that was reflected in trust definitions across disciplines and theories. This component is labeled 'confident expectation', 'willingness to be vulnerable', 'willingness to rely', or a 'positive attitude'. As a synthesis of the various, but to a certain extent similar, definitions of trust, Rousseau and colleagues formulated the following definition of trust that has reached wide acceptance and shall also serve as the definition of trust here: 'Trust is a psychological state comprising the intention to accept vulnerability based upon positive expectation of the intentions or behavior of another' (Rousseau et al., 1998: 395).

Various attempts have been made to explore the foundations of trust that lead to the state of positive expectation. As a result of a meta-analysis of sixty-five definitions of trust from various disciplines McKnight and Chervany (2000) developed a comprehensive conceptualization of trust. The authors emphasize the underlying dimensions that lead to a person's trusting intention which is composed of a person's willingness to depend on another and the subjective probability of depending. Those underlying dimensions are:

(1) The disposition to trust, i.e., the consistent tendency, or trait, to be willing to depend on general others with the sub-dimensions 'faith in humanity' and 'trusting stance';
(2) Institution-based trust, i.e., the evaluation that the needed conditions are in place to anticipate a successful outcome; sub-dimensions here are 'structural assurance', meaning that contracts, regulations, etc. are in place, and 'situational normality', believing the situation is normal or favorable;
(3) Trusting beliefs, i.e., beliefs that the other party has one or more traits desirable to the person in a given situation with the sub-dimensions 'trusting belief-competence', 'trusting belief-benevolence', 'trusting belief-integrity' and 'trusting belief-predictability'.

Apart from cognitive elements, which are stressed in McKnight and Chervany's conceptualization, scholars have emphasized the emotional component of trust (McAllister, 1995; Lewis and Weigert, 1985). Although it has been argued that cognition and emotion are separable and partially independent (Zajonc, 1980), today's academic emotion psychology is marked by the dominance of cognitive theories of emotion that hold that cognitive processes are relevant for the occurrence of emotion (Pekrun, 1988). In the case of trust it can be assumed that, for example, beliefs about a trustee's benevolence and integrity as well as perceptions of situational normality elicit positive emotions in the trustor. McKnight and Chervany (2000) derive from their meta-analysis that an important element of the trusting intention is a feeling of security meaning 'one feels safe, assured, and comfortable [not anxious or fearful] about the prospect of depending on another' (p. 831).

In order to induce a person to develop a positive expectation and eventually show trusting behavior, a firm has the option to influence a person's trusting beliefs as well as his or her institution-based trust. These two constructs can potentially be subject to attitude change whereas a person's disposition to trust can only be taken into account, however not be influenced by a company. Therefore, a person's disposition to trust shall not be further considered here. When analyzing the role of reputation and brand for engendering trust in electronic commerce, the focal object is the market partner. The focus shall therefore be on the concept of trusting beliefs which parallel the economic concept of endogenous uncertainty, that is uncertainty about the market partner. Institution-based trust on the other hand refers to trust in the system and setting which parallels the concept of exogenous uncertainty referring to uncertainty about the world (Hirshleifer and Riley, 1979). It is still important to note, that the various trust constructs can play complementary roles. Little trust in the system might be compensated by strong trusting beliefs about the market partner. However, a certain level of every dimension of trust is necessary in order to eventually behave trustingly.

2.1 The Development of Trust in Relationships

Although trust has often been treated as static in research[2] it has been stated that trust evolves out of past experience and prior interaction and develops as the relationship matures (Rempel et al., 1985). Scholars researching trust in close interpersonal relationships (Rempel et al., 1985), in organizations (Miles and Creed, 1995) and in society (Fukuyama, 1995) have placed special regard to this developing, building and declining nature of trust. In fact, in recent collections on trust research it has been noted that there is a necessity of a dynamic conceptualization of trust (Smith et al., 1995; Tyler and Kramer, 1996; Rousseau et al., 1998). Different forms of trust have been distinguished 'from a calculated weighing of perceived gains and losses to an emotional response based on interpersonal attachment and identification' (Rousseau et al., 1998: 398). The forms trust can take differ depending on the type of relationship and on its developmental stage. On the assumption that trust develops and intensifies over time the stages of a trusting relationship can now be depicted. The elaboration relies primarily on the models presented by Lewicki and Bunker (1995) for the development of trust in professional relationships, that by Rempel, Holmes and Zanna (1985) for trust in close relationships and the model of trust presented by Rousseau, Sitkin, Burt, and Camerer (1998).

The earliest stage in a relationship is the stage of getting to know each other. Trust requires a minimal amount of familiarity because expectations can not be founded in the complete unknown (Luhmann, 1979; Ripperger, 1998). Familiarity, which is also the name of this first stage, serves as the foundation on which a relationship can be based and without which no relationship and no trust can develop. A basic degree of familiarity is furthermore required because people have learned that it is inappropriate or even dangerous to interact with total strangers (Baron and Byrne, 1991). Due to a lack of experience with the trustee

---

[2] Trust has been treated as static particularly in such fields as economics where equilibrium seeking is an underlying assumption and in social psychological laboratory research that has often focused on highly structured games such as the prisoner's dilemma game (see Rousseau *et al.*, 1998).

the trustor relies mainly on external information. These can for example originate from informal sources such as peers and friends or from professional sources such as experts, rating agencies, or the media. It has also been shown that the mere familiarity with a stimulus has the power to enhance a person's attitude towards it (Zajonc, 1980). Zajonc (1968) stated in his now classic monograph that the 'mere repeated exposure of the individual to a stimulus is a sufficient condition for the enhancement of his attitude toward it'. In this first stage a trustor does not accept great risks and possible losses are kept at a relatively low level.

As the relationship develops knowledge about the other deepens and fosters the predictability of future behaviors. Following Rempel and colleagues (1985), this second stage is called predictability. The judgements of an agent's predictability originate in part from social learning experiences trustors have collected themselves as well as from imparted experiences and judgements originating from third parties. Judgements are based on specific behavioral sequences the agent or firm has performed in the past. This information might also exist in a condensed format as the agent's reputation, which has been defined to be the public information on the hitherto trustworthiness of an agent (see Sect. 3.1). Beliefs about the predictability should relate to the amount of information concerning past experiences and the degree to which this experience suggests consistency, stability and control over the pattern of behavior exhibited. In this phase relatively little effort is made to interpret the behavior or draw implications from its enactment (Rempel et al., 1985).

At the next stage the focus goes beyond a prediction based on the stability of recurrent behaviors and shifts away to an evaluation of the qualities and the characteristics attributed to a partner. This leads to an understanding of the partner's personality. These dispositional inferences mark what Rempel and colleagues (1985) call the 'dependability phase'. In this stage, the trusting beliefs are being fully developed which McKnight and Chervany (2000) present as an important dimension underlying the willingness to rely on an exchange partner. Evidence that has the strongest potential for inferring a partner's dispositional qualities stems from a set of experiences which involve the potential for being hurt by the partner. Therefore, repeated cycles of exchange, risk taking and the successful fulfillment of expectations strengthen the trusting beliefs about the partner and eventually his or her willingness to rely (Rousseau et al., 1998)[3]. This stage is furthermore marked by the development of positive emotions due to attachment formation and satisfactory experiences. Some identification with the exchange partner can develop at this stage. Because of its cognitive and affective aspects this stage shall be called 'cognitive and emotional dependability'.[4]

---

[3] Rousseau and colleagues (1998) call this form of trust "relational trust".

[4] Rempel *et al.* introduce another stage of trust they call *faith*. This highest stage in a trusting relationship "reflects an emotional security on the part of individuals, which enables them to go beyond the available evidence and feel, with assurance, that their partner will be responsive and caring despite the vicissitudes of an uncertain future" (Rempel *et al.*, 1985: 97). Although faith is stated to be most important in close relationships, it is in all probability rare in the relationship between vendor and customer and shall therefore not be considered any further in this context.

Depicting trust on a continuum does not imply that all relationships need to pass all three stages of trust or even have the potential to reach all stages. The aim here is to present a pattern of trust-development by means of which the relevance of the concepts of reputation and brand can in the following be clarified.

3. The Concepts of Reputation and Brand

As has been shortly outlined in the introduction, a company's reputation and brand have been considered key factors for creating trust in organizations by researchers from marketing (Doney and Cannon, 1997; Ganesan, 1994), electronic commerce (Jarvenpaa and Tractinsky, 1999), and economics (Williamson, 1991). The remaining part of the article deals with two points, the first of which is a definition and differentiation of the concepts 'reputation' and 'brand'. The second shows the importance of these two concepts within the different stages of a trusting relationship between an online vendor and its (potential) customers.

3.1 Reputation

Reputation has been defined as the public information on the hitherto trustworthiness of an agent. It is an indicator that signals the experiences of third parties with a potential exchange partner (Picot et al., 2001). Granovetter (1985) stresses the social aspect of this concept by purporting that reputations emerge as a result of social network effects, when information on an agent's behavior in one relation spreads to others via an information network. In the marketing oriented literature the reputation of a firm has been considered to be the aggregate evaluation of all image aspects about a company (Dowling, 1994) or the net perception of a company's ability to meet the expectations of all its stakeholders (Fombrun, 1996). It is seen as an aggregate composite of all previous transactions over the life of an agent and requires consistency of an agent's behavior over a prolonged period (Herbig and Milewicz, 1997). Looking at these definitions, we see that the economic, sociological and the marketing oriented view emphasizes the collective nature of reputation as an asset that is shared among people, built-up among them and also destroyed by them. Electronic markets with their particular network characteristic can be seen as important facilitators for the diffusion of reputation (Einwiller and Will, 2001). In the conceptualization of electronic markets as spheres for communities of agents to meet, make contracts and exchange information and goods (Schmid, 1999), this social network characteristic receives particular emphasis.

It is this social or collective nature that gives reputations the power to reduce uncertainty and serve as a means to engender trust. On the one hand a reputation serves as a 'hostage' in the hands of the customer (Spremann, 1988). This means that the reputation of an agent, for example a firm, can be destroyed by the customer who can spread the word of the agent's bad comportment in case he behaves in an opportunistic manner. Thus, opportunistic behavior bears the risk of causing harm to an agent's reputation and this risk can serve as an important inhibitor to act unfavorably for the trustor. Therefore, the better the reputation the greater the loss in case of bad behavior and the more certain a potential customer can be that the company will not engage in opportunistic behavior. This implies that knowing of the good reputation of a trustee reduces the trustor's uncertainty and enhances his or her positive expectation. On the other hand, information on the hitherto trustworthiness of a firm originating from parties other than the firm itself has great potential to reduce uncertainty and engender trust, particularly if the source is perceived as trustworthy. Especially influential are signals coming from sources that are not controlled by the company, like the press or specialized groups like government agencies, financial-rating agencies, corporate-conscience agencies and consumer agencies (Fombrun, 1996). This is because those groups are not supposed to have a direct stake in the company's reputation (Sternthal et al., 1978). Furthermore, informal sources like peers, friends, family members or colleagues are particularly trustworthy.

3.2 Brand

From a legal point of view a brand is simply a symbol which distinguishes one branded entity[5] from another. This viewpoint is represented in the traditional definition of a brand as a 'name, term, symbol or design, or a combination of them, which is intended to signify the goods or services of one seller or group of sellers and to differentiate them from those of competitors' (Kotler, 1991). However, Kotler further emphasizes that a brand elicits associations about the functional or emotional characteristics and values of the branded entity. Most modern definitions in fact emphasize this second aspect of brands, that is its psychological character and the value that derives from its ability to gain an exclusive, positive and prominent meaning in the minds of a large number of consumers (Kapferer, 1997). According to Kapferer, the brand is the different things that the buyer thinks of as soon as he or she perceives the name or symbol. Thus 'the brand is "stocked" in the mind of potential consumers' (Kapferer, 1997: 26). By the same token, Meffert (2000) defines a brand as an unmistakable mental image of a product or service that is embodied in the psyche of a consumer. In distinction from the brand name or symbol, the intangible psychological element of a brand has been called the brand image. A brand image comes close to the concept of schema in cognitive psychology (e.g., Anderson, 1997). A schema has been described as a structured set of cognitions about some concept or stimulus which includes knowledge about that concept or stimulus, some relations among the various cognitions about it and some specific examples (Fiske and Taylor, 1991). The brand name or symbol serves as the anchor within the schema through which the cognitions can most easily be elicited.

---

[5] Traditionally brands only referred to physical consumer goods. However, in today's perception a brand is anything that can be offered to a market for attention, acquisition, use, or consumption that might satisfy a need or want. This can be a physical good, a service, a retail store, a person, an organization, a place, or an idea (Keller 1998).

In contrast to the reputation which is the socially shared evaluation of an agent (e.g., a firm), the brand image is stored in each individual's memory as a cognitive schema. This emphasizes the individual rather than collective nature of the brand concept. However, brand image and reputation undoubtedly influence each other in a way that second hand information on an agent influences the brand image and the information disseminated originates in general from the brand image of the sender.

According to Aaker (1996) the most important and most differentiating dimension of the brand image is the brand personality[6]. It comprises the entirety of all associations that are elicited when a person perceives the brand name or symbol and it is this interplay of associations that is responsible that the branded object becomes manifest as a personality (Aaker et al., 1992). Fournier describes the brand personality 'as a set of trait inferences constructed by the consumer based on repeated observation of behaviors enacted by the brand at the hand of its manager, that cohere into a role perception of the brand as partner in the relationship dyad' (Fournier, 1998: 368). The role of the brand as a partner or friend in a relationship has great potential to strengthen trust. Since relationships are generally formed between individuals, the concept of brand personality serves as a powerful metaphor in this context. Therefore, a company that aims to establish a trusting relationship with its customers should aim to develop a brand personality that serves as a partner or friendship link between the brand and its customers. The trusting beliefs competence, benevolence, integrity, and predictability described by McKnight and Chervany (2000) are important elements of this brand personality. Furthermore, similarity between the brand personality and the consumer personality can foster trust because people are more trusting of those similar to themselves. Zucker (1986) discusses this under the label 'characteristic-based trust'. Research in social psychology has furthermore shown that similarity in attitudes enhances interpersonal attraction (Berscheid, 1985; Byrne, 1971). This implies that brand building efforts with the intention to engender trust should aim to establish a brand personality that embodies trusting beliefs as proposed by McKnight and Chervany (2000) as well as attitudinal similarity with its potential customers. The brand personality should be a partner or friend to the customer on whom he or she can rely, as in the case of a real friend or partner.

4. The Role of Reputation and Brand in the Different Stages of a Commercial Relationship

The concepts just described have great potential to create positive expectation on the part of the trustor. However, depending on the particular stage of the relation-

---

[6] King (1973) was one of the earliest to develop the idea of the 'brand as person' metaphor. He purported that the main difference between two competing brands lays in the different personalities projected by them. In retailing it was Martineau (1958) who introduced the expression 'personality of the retail store'.

ship, different aspects of a firm's reputation, brand name, or brand image are particularly significant. Applied to the relationship between an online vendor and its (potential) customers, analyzing the role of a firm's reputation and brand in the stages of the relationship has important implications for brand and communication management, concerning the overall goal of generating consumer trust.

4.1 Stage 1: Familiarity

In this first stage of getting to know the firm, the firm's reputation as well as its brand name and the first brand impression play the important role. At this stage no brand image has yet been developed in the minds of the potential customers.

The goal must be to make the brand name or symbol known, to which the future brand image can adhere, and to leave an initial favorable impression that stimulates the intention in the consumer to learn more about the firm. During the Internet euphoria of the late nineties the battle for attention was so fierce that many young companies choose to make their names know by means of aggressive and often shocking or suggestive advertising[7]. Those firms might have succeeded in being noticed by potential customers. However, effects on the brand image that is to develop as the relationship progresses must be closely considered and associations with aggressive or shocking content do not foster the development of a trustworthy brand personality. Nevertheless, advertising is an effective way to reach large audiences, yet the goal must not be to attract attention at any cost. Another frequent mistake was the choice of generic names such as 'books.com' or 'flowers.com'. The generic name might in this first stage help find the firm on the Internet and elicit guiding associations with the generic category. However, the development of a distinct brand personality which fosters the trusting relationship between firm and customer as the relationship progresses might be greatly impeded. It has been proposed that a good brand name excels by its independence, respectability, innovativeness, powers of memory and legal protectability (Kircher, 1999).

Reputation plays an important role when it comes to raising the level of familiarity. Generally speaking, the greater the network that shares the reputation of a firm, the higher the chance of a potential customer to take notice of it. Most effective is spreading the word of the company through credible third parties in an as large a social network as possible. The network characteristic of the Internet greatly facilitates the exchange and spread of information for example by word-of-mouth (Helm, 2000). The instant messaging service ICQ and the chat service Dobedo, for example, managed to win most of their customers by allowing users to recruit friends via e-mail, thereby having hardly any marketing expenses. Classical media coverage in classical media is highly effective at this stage, particularly positive news coverage in influential media with high circulation among the target audience.

---

[7] In Germany, this led to a considerable number of consumer complaints before the Council of German Advertisers (Deutscher Werberat).

4.2 Stage 2: Predictability

The brand image that is beginning to form in this stage plays an increasingly significant role in creating positive expectation. However, reputation is of particularly great importance here as a source of information and also for using it as a 'hostage' to exert possible sanctions.

After the brand name has been familiarized and the first encounter has left its cognitive traces, a network of associations with the firm begins to take shape. The associations are stored in the consumers' memory and mark the starting point of the developing brand image. In order for a solid cognitive foundation to develop to which new image elements can adhere brand messages as well as visual brand elements should be homogenous. The repeated and concerted communication of core brand messages strengthens the foundation and signals consistency. Personal experiences with the firm, some of which are gained at this stage, are considered the strongest signals for the development of trusting beliefs. A study by Boston Consulting Group revealed that satisfied first-time purchasers engaged in three times more online transactions than dissatisfied first-time purchasers (BCG, 2000). These findings elucidate the importance of a satisfactory first experience because past experiences with a company's behavior are a good predictor for its future behavior. By the end of this stage, particularly the trusting beliefs 'predictability' and 'competence' should have been formed.

As much personal experience has not yet been gained at this stage, the firm's reputation plays a decisive role in a potential trustor's ability to predict possible future actions of a vendor. Specific services like online chats, bulletin boards and virtual communities can be administered to support the dissemination of information. Through this, consumers have the chance to find out about the experiences others have had with the company and its services. Features about consumer's experiences in print media or on television can furthermore enhance knowledge and predictability and can lead to a positive expectation provided the coverage is positive. Trusted third parties (e.g., Better Business Bureau, TRUSTe) that guarantee the trustworthiness of the firm can also play an important role as a guarantor for the actions of a firm. Another possibility is to engage in co-branding efforts with firms that already have an established brand and reputation. The transfer of brand image elements of the partner's brand to the own brand can be one effect. Another comes from the role of reputation as a potential mechanism for sanctions. If trust should be violated, the reputation of the firm as well as that of its reputed partners can be hurt. The potential customer can expect that partners with higher reputations see to it that this will not happen. Thus the role of reputation as a 'hostage' in the hands of the customer plays an important role at this stage.

4.3 Stage 3: Cognitive and Emotional Dependability

This is the phase where the brand image plays the most essential role. The significance of reputation concerns the dissemination of favorable information by the customer and also the possibility to sanction, in case something should go deeply wrong.

Through repeated interaction with the firm the customer becomes acquainted with the company's behavior. The trusting beliefs predictability and competence that were already developed to a certain extent during the previous stage are further strengthened and complemented by the trusting beliefs integrity and benevolence as well as other beliefs representing company characteristics. The overall brand image begins to take the shape of a clearly featured brand personality. The firm behind the brand should be perceived more and more as a partner or friend on which the customer feels confident to rely. There are various ways to allow for the development of dispositional inferences and the creation of a brand personality in the minds of the customers. Firstly, the brand of an online retailer is a corporate brand and as such represents a firm that is said to have its own traits, habits and attitudes that become familiar to its stakeholders (Davies et al., 2001). A firm can express its traits, habits and attitudes through its 'normal' service behavior. However, it can further demonstrate its traits, for example benevolence, by acting benevolently towards others besides its customers (for example the community). Public relations can serve as a powerful method to personalize the firm. Showing the people behind the scenes, for example features on persons like the founders or employees in the press, support dispositional inferences. Presenting the faces of employees and information about the company and the corporate culture on the web site can be advisable[8]. Evidence that has the strongest potential for inferring a partner's dispositional qualities stems from a set of experiences which involve extreme situations. If something goes wrong for some reason (preferably caused by a mistake of the customer) the benevolent and uncomplicated behavior of the firm greatly supports the strengthening of trusting beliefs. The satisfactory experiences and the feeling of attachment lead furthermore to the development of positive emotions.

Reputation comes into play here mainly as a possible means for support and sanction. If the relationship develops well, the dissemination of positive 'gossip' can strongly support and strengthen the reputation of the firm within the customer's social network. Just as he or she has received positive information on the company in the first stages of the relationship, the satisfied customer can now serve as a disseminator herself. However, should the firm not behave favorably or the customer feels betrayed and emotionally hurt, the dissemination of unfavorable information can cause damage to the company's reputation. This happens if the tolerance-threshold is exceeded. This threshold should be the higher the better the brand image. However, the stronger the attachment and the emotions involved, the greater the vulnerability in case of a betrayal. Reputation's characteristic as a source of information is important here mainly as a way to gain confirmation by others who share a similarly positive brand image of the firm.

---

[8] However, cues of social interaction (e.g., photographs and names of personnel or chat facilities) were shown to evoke positive reactions only in medium-experienced online shoppers and only if they actually came with a functional benefit (Riegelsberger and Sasse, 2001).

5. Concluding Remarks

In this article an attempt was made to clarify the concepts of reputation and brand as potential sources for trust in the relationship between an online vendor and its (potential) customers. Although the discussion here could only touch upon the implications for reputation and brand management, some aspects should have become evident. Concerning reputation, the exchange of information throughout the network in which the firm and its potential customers are embedded is essential. Existing and satisfied customers need to be given the opportunity to spread the word, so positive experiences can reach potential new customers for whom the firm's reputation represents one of the most important sources of information. By the same token, the press – especially classical media – play an important part in their role as credible multipliers of information. When planning to profit from the reputation of partners, or in the reverse case, when lending one's own reputation to support less known partners, the function of reputation as a mechanism for sanctions needs to be closely considered. The same applies to the brand image. If there is no match between the brand images, the negative effects of co-branding can be worse than its potential benefits. The role the brand image takes is especially important as the relationship progresses. The goal should be to establish a clearly featured brand personality that comprises trusting beliefs and that represents a partner or friend to the customer that can be confidentially relied on. Particularly in the high risk and impersonal environment of electronic commerce, eliciting 'human-like' associations are particularly helpful to foster trust. Established brands that have already managed to develop a relationship with a customer base and that elicit a brand image in actual or potential consumers have a definite advantage here. In this case, the existing image has to be fostered and strengthened with trusting beliefs that are of particular relevance for the online environment.

6. Acknowledgements

Part of this research was generously supported by the research fund of the University of St. Gallen (HSG Grundlagenforschungsfonds). A first version of the paper was presented at the Eighth Research Symposium on Emerging Electronic Markets (RSEEM 2001), September 16–18, 2001, Maastricht, NL.

7. References

Aaker, D. A. (1996) Building Strong Brands. The Free Press.

Aaker, D. A., Batra, R., Myers, J. G. (1992) Advertising Management, 4th edn. Prentice Hall.

Anderson, J. R. (1997) Cognitive Psychology and Its Implications. W. H. Freeman Company.

Ba, S., Whinston, A., Zhang, H. (1999) Building Trust in the Electronic Market through an Economic Incentive Mechanism, in Proceedings of the 20th International Conference on Information Systems (AIS 1999), Charlotte, NC.

Barber, B. (1983) The Logic and Limits of Trust. Rutgers University Press.

Baron, R. A., Byrne, D. E. (1991) Social Psychology: Understanding Human Interaction, 6th edn. Allyn and Bacon.

The Boston Consulting Group (BCG) (2000) The Race for Online Riches: E-Retailing in Europe, http://www.bcg.com, accessed 20 July 2000.

Berscheid, E. S. (1985) Interpersonal Attraction, in Lindzey, G., Aronson, E. (eds.) Handbook of Social Psychology, 3rd edn., Vol. 2: pp. 413–484. Random House.

Byrne, D. E. (1971) The Attraction Paradigm. Academic Press.

Davies, G., Chun, R., Da Silva, R. V., Roper, S. (2001) The Personification Metaphor as a Measurement Approach for Corporate Reputation, Corporate Reputation Review, 4: pp. 113–127.

Doney, P. M., Cannon, J. P. (1997) An Examination of the Nature of Trust in Buyer-Seller Relationship, Journal of Marketing, 61: pp. 35–51.

Dowling, G. R. (1994) Corporate Reputations: Strategies for Developing the Corporate Brand. Kogan Page.

Einwiller, S., Geissler, U., Will, M. (2000) Engendering Trust in Internet Businesses Using Elements of Corporate Branding, in Proceedings of the 2000 Americas Conference on Information Systems (AMCIS 2000), Long Beach, CA.

Einwiller, S., Will, M. (2001) The Role of Reputation to Engender Trust in Electronic Markets, in Proceedings of the 5th International Conference on Corporate Reputation, Identity, and Competitiveness, Paris, France.

Fiske, S. T., Taylor, S. (1991) Social Cognition, 2nd edn. McGraw-Hill.

Fombrun, C. J. (1996) Reputation: Realizing Value from the Corporate Image. Harvard Business School Press.

Fournier, S. (1998) Consumers and their Brands: Developing Relationship Theory in Consumer Research, Journal of Consumer Research, 24: pp. 343–373.

Fukuyama, F. (1995) Trust – The Social Virtues and the Creation of Prosperity. The Free Press.

Gambetta, D. (1988) Can We Trust Trust?, in D. Gambetta (ed.), Trust: Making and Breaking Cooperative Relations. Basil Blackwell, pp. 213–237.

Ganesan, S. (1994) Determinants of Long-Term Orientation in Buyer-Seller Relationships, Journal of Marketing, 58: pp. 1–19.

Granovetter, M. (1985) Economic Action and Social Structure: The Problem of Embeddedness, American Journal of Sociology 91, pp. 481–510.

Helm, S. (2000) Viral Marketing – Establishing Customer Relationships by 'Word-of-Mouse', Electronic Markets, 10: pp. 158–161.

Herbig, P., Milewicz, J. (1997) The Relationship of Reputation and Credibility to Brand Success, Pricing Strategy and Practice, 5: pp. 25–29.

Hirshleifer, J., Riley, J. G. (1979) The Analytics of Uncertainty and Information: An Expository Survey, Journal of Economic Literature, 17: pp. 1374–1421.

Hoffman, D. L., Novak, T. P., Peralta, M. (1999) Building Consumer Trust Online, Communications of the ACM, 42: pp. 80–85.

Jarvenpaa, S. L., Tractinsky, N. (1999) Consumer Trust in an Internet Store: A Cross-Cultural Validation, Journal of Computer-Mediated Communication [On-line], 5(2), 1999. http://www.ascusc.org/jcmc/vol5/issue2/jarvenpaa.htm, accessed 8 January 2001.

Johnson-George, C., Swap, W. C. (1982) Measurement of Specific Interpersonal Trust: Construction and Validation of a Scale to Assess Trust in a Specific Other, Journal of Personality and Social Psychology, 43: pp. 1306–1317.

Kapferer, J.-N. (1997) Strategic Brand Management – Creating and Sustaining Brand Equity Long Term. Kogan Page.

Keller, K. L. (1998) Strategic Brand Management: Building, Measuring, and Managing Brand Equity. Prentice Hall.

King, S. (1973) Developing New Brands. Pitman.

Kircher, S. (1999) Gestaltung von Markennamen, in F.-R. Esch (ed.), Moderne Markenführung, Gabler, pp. 445–463.

Kotler, P. (1991) Marketing Management: Analysis, Planning, and Control, 8th edn. Prentice Hall.

Lewicki, R. J., Bunker, B. B. (1995) Trust in Relationships: A Model of Trust Development and Decline, in Bunker, B. B., Rubin, J. Z. (eds.) Conflict, Cooperation, and Justice, Jossey-Bass, pp. 133–173, 1995.

Lewis, D. J., Weigert, A. (1985) Trust as a Social Reality, Social Forces, 63: pp. 967–985, 1985.

Luhmann, N. (1979) Trust and Power. Wiley, 1979.

Martineau, P. (1958) The Personality of the Retail Store, Harvard Business Review, 36: pp. 47–55.

McAllister, D. J. (1995) Affect- and Cognition-Based Trust as Foundations for Interpersonal Co-operation in Organizations, Academy of Management Journal, 38: pp. 24–59.

McKnight, D. H., Chervany, N. L. (2000) What is Trust? A Conceptual Analysis and an Interdisciplinary Model, in Proceedings of the 2000 Americas Conference on Information Systems (AMCIS 2000), Long Beach, CA.

Meffert, H. (2000) Marketing: Grundlagen marktorientierter Unternehmensführung, 9th edn. Gabler.

Miles, R. E., Creed, W. E. D. (1995) Organizational Forms and Managerial Philosophies: A Descriptive and Analytical Review, in B. M. Staw, L. L. Cummings (eds.), Research in Organizational Behavior, JAI Press, Vol. 17, pp. 333–372.

NFO Interactive (2001) Online Retail Monitor Study About Consumer Buying Habits is Released, NFO Interactive Press Release 4 January 2001. http://www.nfoi.com/nfointeractive/nfoipr01042001.asp, accessed 16 January 2001.

Pekrun, R. (1988) Emotion, Motivation und Persönlichkeit. Psychologie Verlags Union.

Picot, A., Reichwald, R., Wigand, R. (2001) Die grenzenlose Unternehmung: Information, Organisation und Management: Lehrbuch zur Unternehmensführung im Informationszeitalter, 4th edn. Gabler.

Rempel, J. K., Holmes, J. G., Zanna, M. P. (1985) Trust in Close Relationships, Journal of Personality and Social Psychology, 49: pp. 95–112.

Riegelsberger, J., Sasse, M. A. (2001) Trustbuilders and Trustbusters, in B. F. Schmid, K. Stanoevska-Slabeva, V. Tschammer (eds.), Towards the E-Society: E-Commerce, E-Business, and E-Government, Kluwer. pp. 17–30.

Ripperger, T. (1998) Ökonomik des Vertrauens. Mohr Siebeck.

Rousseau, D. M., Sitkin, S. B., Burt, R. S., Camerer, C. (1998) Not so Different After All: A Cross-Discipline View of Trust, Academy of Management Review, 23: pp. 393–404.

Schmid, B. F. (1999) Elektronische Märkte – Merkmale, Organisation und Potentiale, in A. Hermanns, M. Sauter (eds.), Management-Handbuch Electronic Commerce: Grundlagen, Strategien, Praxisbeispiele, pp. 31–48. Vahlen.

Shapiro, S. P. (1987) The Social Control of Impersonal Trust, American Journal of Sociology, 93: pp. 623–658, 1987.

Smith, K. G., Carroll, S. J., Ashford, S. J. (1995) Intra- and Interorganizational Cooperation, Academy of Management Journal, 38: pp. 7–23.

Smith, M. D., Bailey, J., Brynjolfsson, E. (2000) Understanding Digital Markets: Review and Assessment, in E. Brynjolfsson, B. Kahin (eds.), Understanding the Digital Economy: Data, Tools, and Research. MIT Press, pp. 99–136.

Spremann, K. (1988) Reputation, Garantie, Information, Zeitschrift für Betriebswirtschaft, 58: pp. 613–629.

Sternthal, B., Phillips, L. W., Dholakia, R. R. (1978) The Persuasive Effect of Source Credibility: A Situational Analysis, Public Opinion Quarterly, 42: pp. 285–314.

Tyler, T. R., Kramer, R. M. (1996) Whither Trust?, in Kramer, R. M., Tyler, T. R. (eds.) Trust in Organizations: Frontiers of Theory and Research. Sage, pp. 1–15.

Urban, G. L., Sultan, F., Qualls, W. J. (2000) Placing Trust at the Center of your Internet Strategy, Sloan Management Review, 42: pp. 39–48.

Williamson, O. E. (1991) Calculativeness, Trust, and Economic Organization, Journal of Law and Economics, 26: pp. 453–486.

Yamagishi, T., Yamagishi, M. (1994) Trust and Commitment in the United States and Japan, Motivation and Emotion, 18: pp. 129–166.

Zajonc, R. B. (1980) Feeling and Thinking: Preferences Need no Inferences, American Psychologist, 35: pp. 151–175.

Zajonc, R. B. (1968) Attitudinal Effects of Mere Exposure, Journal of Personality and Social Psychology Monograph Supplement, 9: pp. 1–27.

Zucker, L. G. (1986) Production of Trust: Institutional Sources of Economic Structure, 1840–1920, in B. M. Staw, L. L. Cummings (eds.) Research in Organizational Behavior, Vol. 8, pp. 53–111, JAI Press.

Margit Osterloh, Sandra Rota, Bernhard Kuster

TRUST AND COMMERCE IN OPEN SOURCE – A CONTRADICTION?

1. Introduction

While for a long time open source was only known by insiders of the information technology industry, it has recently received public recognition. Meanwhile, Linux and its founder Linus Torvalds have reached near-cult status. Some open source projects, such as Apache[1], have already captured leading market positions.

From the perspective of innovation economics though, the phenomenon open source is puzzling. The programs seem to materialize from nowhere, developed by programmers that to a great part are not paid for their contributions and do not hold patents or any other property rights on their products. A much-noticed essay about the open source community even carries the telling name 'The Magic Cauldron' (Raymond, 2000b).

Recently, several attempts have been made to explain these contributions as a logical result of the collaboration of purely self-interested, utility-maximizing individuals. Although these explanations have some explanatory power, we believe that they are not sufficient to explain the phenomenon of open source in its full depth. We show that additionally the intrinsically motivated adherence to norms and trust are essential to explain the open source movement.

Meanwhile, many commercial firms have become interested in the open source innovation model and try to use it for their own purposes. We will argue that as a result of these attempts extrinsically motivated developers may dominate intrinsically motivated developers and that in consequence the success story of open source may be in danger.

After a short description of the open source environment in Chapter 2, we discuss three approaches that focus on three different motives why programmers should choose to contribute to open source projects (Chapter 3). While the first two approaches point out individual utility components that can stem from such contributions, the third approach emphasizes the importance of the intrinsically motivated adherence to social norms of cooperation. In Chapter 4 we show why,

---

[1] www.netcraft.org

even though all three motives can be found in these projects, no given project can do without a certain share of intrinsically motivated contributors who trust that not too many others will free ride on their contributions. In Chapter 5 we discuss the fact that more and more commercial firms try to use the innovatory powers of the open source innovation model for their own purposes. We ask under which conditions this coexistence between commercial motives on the one hand and intrinsically motivated members of a community on the other can work and when problems might arise. Chapter 6 concludes the discussion with a short outlook into the possible future of open source.

2. What Is Open Source?

Open source is a collective term for software licences that not only give the user the right to read the source code of the software, but also to change it according to one's needs and to publish these amendments with the original or the changed source code. Furthermore, one is not allowed to raise any licence fees or other fees for the source code (O'Reilly and Associates, 1999). Thus, this source code constitutes a public good in the classical sense (Lerner and Tirole, 2002).[2]

The actors in the open source community can analytically be divided into two tiers. In the first tier, there are the developers of the source code. These are individuals that, through smaller or bigger contributions, spur the projects' development. It is a kind of 'user-driven innovation', because, due to the access to the source code, individual users can undertake improvements and publish them.

The second tier is made up of firms that commercially use the source code which was developed by the programmers in the first tier. SuSe or Red Hat are examples of such companies that base their business models on the open source operating system Linux. These firms do not actually sell the source code (which anybody can download from the internet for free) but they add value by integrating different, autonomous open source components into a working and reliable operating system that can easily be installed even by inexperienced users.

3. Open Source as a Social Dilemma

But what are the incentives of the programmers in the first tier to contribute to the development of open source projects?

Open source licences are characterized by the fact that nobody can be excluded from the use or the development of the source code. The production of open source code thus represents a social dilemma. Usually, social dilemmas are associated with two distinct problems: Overuse and underprovision. In open source, the problem of overuse does not occur, since there is no rivalry in con-

---

[2] Public goods are vulnerable to underprovision but not to overuse. In contrast, common goods are vulnerable to underprovision as well as to overuse because then there is rivalry in consumption.

sumption. Additional users can even generate positive external network effects.[3] One would expect that a problem of underprovision should occur though. Surprisingly, considering for instance the about 50,000 projects listed only on sourceforge.net[4], this does not seem to be the case.

When working on an open source project, the software developers are faced with a social dilemma. In social dilemma situations, individual and social benefits do not coincide (Dawes, 1980; Ostrom, 1998). Since nobody can be excluded from the use of an open source software component once it is developed, the question remains why people contribute to the public good source code.

There are three main approaches that attempt to explain this puzzle. The first two, *low cost situations* and *signaling*, try to show that a social dilemma actually does not exist in open source software development. Their aim is to identify individual utility components that represent incentives to cooperate in such projects. The third approach emphasizes the importance of *intrinsically motivated community norms*. Each of these approaches succeeds in explaining certain aspects of the phenomenon. In the following section we will discuss these approaches and their respective merits and limitations.

3.1 Open Source Development as a Low Cost Situation

Many contributions to open source software originate from the efforts of users to solve their handling problems with the public source code. These contributions may be simple 'bug fixes' or totally new applications. It is the software developers' decision whether their amendments on the source code should be published on the internet.

One reason to publish one's code could be that it opens the possibility that other users might work with the amendments of the software code, develop them, and eliminate possible errors (e.g. Lerner and Tirole, 2002; Raymond, 2000a). Kollock (1999) argues that publication of the code represents a low cost situation. The internet makes it possible for a software developer to access a very wide audience with very low costs. Because publication costs are small, publication on the internet can pay off even if the expectations for helpful comments and contributions from other users are relatively low. Besides, the gains the developer reaps from the newly developed functionalities are not diminished by additional users.

While this argument certainly holds for many contributions to open source projects, two points suggest that it cannot explain the whole range of activities going on. *Firstly,* publication of source code is not necessarily a low cost situation. To receive any feedback on newly developed functionalities, it is necessary to publish a detailed documentation on the program together with the software

---

[3] The costs of participation in a network are decreasing with an increasing number of users. Today, due to a high synchronisation value (data compatibility), Microsoft software products represent a de facto industry standard.

[4] Sourceforge.net is a popular hosting platform for open source projects.

code. This documentation does not offer any additional benefit to the developer of the code. Furthermore, as Raymond points out, it is commonplace that programmers despise documenting (Raymond, 2000a).[5]

Secondly, one cannot build complex software packages like e.g. Linux with just a collection of components that mostly represent a by-product of the use of software programs. For this purpose, more sophisticated components are needed which imply a higher effort and cannot be explained solely with low cost situations.

3.2 Open Source Development and Signalling

The publication of source code in open source projects may produce signaling effects. It is argued that utility-maximizing individuals, by contributing pieces of code to such projects, gain a reputation which can then be monetarized through employment by a proprietary software company or through easier access to venture capital to establish a professional open source services firm (e.g. Lerner and Tirole, 2002). For the vast majority of contributors reputation as an incentive to cooperate in open source projects seems to have little importance, though. 'There is one way that open-source activity can help people become wealthier [...] Occasionally the reputation one gains in the hacker culture can spill over into the real world in economically significant ways. It can get you a better job offer, or a consulting contract, or a book deal. This kind of side effect, however, is at best rare and marginal for most hackers; far too much so to make it convincing as a sole explanation [...]' (Raymond, 2000c).

The following analysis of the structure of contributions to open source projects by Dempsey et al. (1999) shows that signaling and reputation effects can only be important for some few prolific contributors:

'UNC Metalab Linux' Archives is one of several virtual Linux libraries established to coordinate the decentralized and heterogeneous actions of Linux programmers. It is a platform for discussion and publication of modifications to Linux related products. In 1999, this platform has been examined by Dempsey and colleagues to delineate a quantitative profile of the Linux developers (Dempsey et al., 1999). They found that 2221 of 2429 open source programmers have published only one or two amendment propositions, while just 13 published more than ten. If the majority of developers really competed for reputation, the distribution of contributions should be much more concentrated. The study shows that only a few actors have contributed sufficient software components to really gain a reputation. Additionally, it must be kept in mind that only a fraction of the amendments actually enter the official program release. Dempsey et al. comment on their results as follows: 'This data then speaks to the breadth of the Linux developer community: as seen in the data for Application Contributors, the open source development effort has not been dominated by a

---

5 The more astonishing are the richness, quality and depth of the Linux documentation (Raymond, 2000a).

few very prolific developers, but rather, over time, many participants adding isolated contributions' (Dempsey et al., 1999, p. 9).

Additionally, it should be taken into consideration that the development phase of Linux coincides with a worldwide shortage of information technology specialists. The engagement in open source projects generates high opportunity costs and the relevance of gaining reputation while working on an open source project must be qualified as less important in this demand-driven labour market.

The arguments outlined so far show that the economic explanations of open source, which highlight the significance of low cost situations and signaling for utility-maximizing open source developers, can explain this phenomenon only partially. These individual utility components cannot fully dissolve the social dilemma of open source software production.

3.3 Open Source as a Community Based on Intrinsically Motivated Social Norms

The approaches discussed above trace back the developers' contributions to economic self-interest which is based on purely *extrinsic* motivation. Motivation is extrinsic if needs are satisfied indirectly, especially through monetary compensation (Osterloh and Frey, 2000). However, many actors of the open source community emphasize that the most important motives to participate are fun and the public display of one's own abilities. They confirm that money plays only a minor role (see e.g. Raymond, 2000c; Torvalds, 1998). This means that their participation is also intrinsically motivated.

Motivation is *intrinsic* if an activity is undertaken for one's immediate need satisfaction. Two aspects of intrinsic motivation can be distinguished: *Firstly*, intrinsic motivation can stem from the pleasure of carrying out an activity. *Secondly*, observance of norms one feels obliged to because one believes in their well-foundedness is intrinsically motivated (Osterloh and Frey, 2000). Even though both aspects play a role in open source, in the following we will concentrate on the second aspect, namely the intrinsically motivated observance of rules and norms.

The importance of intrinsically motivated norms in open source projects is empirically well founded. In a study of participants of an Apache[6] newsgroup Lakhani and von Hippel (forthcoming) report generalized reciprocity as the most important motive for helping other users ('I have been helped before, so I reciprocate', 'I help now so I will be helped in the future'), followed by identifying with the community ('I answer to promote open source software'). Even though the results of this study might be influenced by socially desirable answers, the fact that 22% of participants provide answers only without themselves posting questions is a good indicator that there is a strong intrinsically motivated sense of community.

---

[6] Apache is one of the most successful open source projects. It is currently the most widely used web server.

3.4 Open Source as a Conglomerate of Motives

In the above three motives to cooperate in open source projects have been described: low cost situations and signaling (extrinsic motivation) and a sense of community based on the intrinsically motivated adherence to social norms (intrinsic motivation). We argue that these different motives not only coexist but that the success of open source projects actually depends on a sufficient number of intrinsically motivated contributors.[7]

If open source projects should work properly, certain rules to guide the process of cooperation have to be observed.[8] Unfortunately, if, as in open source projects, there is no central authority, the enforcement of these rules is a common good in itself. Each member of a community is better off if the rules are adhered to, but the costs of rule enforcement have to be carried individually. Only intrinsically motivated members of a community can be relied upon to voluntarily carry these costs. But even intrinsic motivation is not without its limits. If only few members are willing to participate in the provision of the common good rule enforcement, and thus the individual costs become too high, even highly intrinsically motivated people will stop contributing. Thus intrinsically motivated members have to be able to trust that a sufficient number of other members feel obliged to adhere to the rules and are willing to contribute to the common goods.

In the following section we discuss the role of rules, trust and intrinsic motivation and their linkages in more detail. In Chapter 5 we go on to show that the coexistence of intrinsically and extrinsically motivated contributors can be quite problematic.

4. Rules, Trust and Intrinsic Motivation

In 'Homesteading the Noosphere' (2000c) Raymond describes open source as a community based on a gift-culture. The reward a programmer receives for his gifts (i.e. the pieces of code presented to the community) is respect among peers. This strive for respect among peers is an outflow of (and not a substitute for) the joy a programmer feels when developing an innovative and functioning piece of code, since the regard of one's peers is a reliable feedback about the quality of one's work. This feedback of the community thus results in a strengthening of the intrinsic motivation of the developer.[9]

For a gift-culture to function properly, certain rules of conduct have to be observed. These rules ensure that nobody steals the achievements of someone

---

[7] This is not to say that extrinsically motivated participants do not add valuable contributions. Commercial firms for instance, another kind of extrinsically motivated player in the open source environment, often play a very important role when it comes to making the software user-friendly and easy to handle. We will turn to this special type of contributor in Chapter 5.

[8] For the nature of these rules see Chapter 4.

[9] See Deci and Ryan (1985). Akerlof and Kranton (2000) discuss the relationship between feedback and identity.

else and are very similar to the strict citation requirements in the scientific community.[10]

Even though this gift-culture and its rules make perfect sense on a collective level, Raymond fails to explain how these rules of conduct can be enforced. If we transfer the results of an empirical study on Usenet, a communication system hosting several thousand newsgroups, conducted by Kollock and Smith (1996) to the open source context, it becomes evident that the internet does not fulfill the most important criterion[11] that enhances the enforcement of norms of cooperation to overcome social dilemmas in the absence of hierarchical power, namely clearly defined group and resource boundaries. While the publicity of the internet makes the breaking of rules of conduct highly visible to others, such offences can only be sanctioned by violent expressions of indignation called 'flaming' which do not really hurt in a material way. The observance of rules is thus mainly intrinsically motivated.

The intrinsically motivated observance of norms that cannot be enforced by extrinsic sanctions always requires some trust that one's willingness to cooperate is not too much exploited by others. Without trust, cooperation breaks down. Experiments on 'conditional willingness to cooperate' (Fischbacher et al., 2001) examine this empirically.[12] These experiments show that individuals are only willing to observe social norms and contribute to common goods if the others cooperate to a considerable extent.

It is important to note that trust in open source communities is more institutional than personal. The number of participants to a given open source project is often very large and the communities are open to exits and new entries.

The development of institutional trust in the environment of the internet was analysed in the literature on virtual teams. Virtual teams are characterized by three specialities, that are also typical for open source communities: (1) virtual teams have no common past or future; (2) they are culturally and geographically dispersed; and (3) they communicate via electronic media (Jarvenpaa and Leidner, 1999). In this environment, personal trust is difficult to develop, since it is usually based on a stable affiliation with social networks and a homogeneous cultural and geographical background (Jarvenpaa and Leidner, 1988).

Thus, trust in virtual teams as well as in open source communities rests on a different basis. This was described by Meyerson et al. (1996) in their concept of 'swift trust'. 'Swift trust' describes a form of trust which is found in teams that only work together for a limited period of time and do not have the opportunity to develop trust based on personal relationships and mutual control. Thus, 'swift trust' is not based on information about the character of one's co-workers gathered during collaboration but is rather 'imported' into a team. Members of such

---

[10] For examples of such rules see Raymond (2000c).

[11] These criteria were developed by Ostrom (1990).

[12] Participants to these experiments were given a certain amount of money. They were then asked to invest an individually chosen share of this amount in a public good. This 'public-good-game' is played only once so as to rule out instrumental trust based on tit-for-tat strategies. Participants were the less willing to contribute to the public good the less the others contributed.

temporary teams decide on how much they think they can trust others even before actually joining the team. This decision is based on stereotypical social categories and on a subjective appraisal of the trustworthiness which is based on intrinsically motivated adherence to mutual norms of reciprocity within a community. In open source, this subjective appraisal is possible due to the public observability of the projects. During cooperation, trust is not maintained by personal relationships but by a 'highly active, proactive, enthusiastic, generative style of action' (Meyerson et al., 1996, p. 180), signaling intrinsically motivated trustworthiness[13]. 'Swift trust' thus proves a suitable concept for describing trust in open source communities.

Swift trust and the intrinsically motivated observance of norms are relevant on two levels, the *first* level refers to the provision of mutual support, helpful remarks and the answering of questions in open source newsgroups. The provision of mutual help is a very important activity in open source projects since usually there is no software provider one could turn to in the case of problems. Trust in the mutual observance of norms of generalized reciprocity is then needed, i.e. individuals need to trust that others will not free ride on their efforts but reciprocate. This is because in the provision of mutual help there does exist rivalry in consumption and the danger of overuse.[14] If too many people require help without being prepared to reciprocate, the system of voluntary mutual support breaks down. If an individual does not believe that the other members of the community will contribute to these less prestigious support activities, the norm of reciprocity is violated. The intrinsic motivation to engage in these activities declines.

The *second* level constitutes a second order social dilemma and refers to the enforcement of the norms of cooperation. This enforcement can for instance be achieved by violently flaming individuals who use someone else's code without mentioning this person's contribution, thus causing shame in these individuals (Raymond, 2000c). Reprimanding rule breakers in order to enforce the code of ethics is itself a common good and thus constitutes a social dilemma of a higher order: 'Punishment almost invariably is costly to the punisher, while the benefits from punishment are diffusely distributed over all members' (Elster, 1989, p. 41). This second order social dilemma can only be solved if a sufficiently large number of intrinsically motivated sanctioners are present in a community (Fehr and Gächter, 2000). Of course, sanctions that can do no actual harm but can in-

---

[13] In contrast to norms that are only observed for instrumental reasons, intrinsically motivated norms contribute to the development of stable forms of mutual trust. Instrumental trust, that is only directed towards increasing one's own utility in a situation of ongoing interaction, is utterly unstable. Individuals that only act trustworthily in order to induce other people to trusting behaviour so as to increase their own utility cannot be trusted fully. Their motive for acting trustworthily is actually opportunistic. This is not the case for a person who's motive for trustworthiness is an intrinsically motivated concern (Brennan, 1998, 205).

[14] This is in contrast to the public good source code, where there exists no rivalry in consumption. Users who only download and use the software without contributing to its development do not actually hurt an open source project. This kind of free riding does not pose a problem. As we mentioned in Chapter 3 they can even generate positive external network effects.

duce shame in a person only work if this person feels at least some minimal intrinsically motivated obligation to oblige to the rules. Purely rational egoists do not feel any shame (Elster, 1999).

On both levels an individual has to be able to trust in the willingness of a sufficient number of community members to contribute to the common goods. If too many members of a community only want to free ride on the common goods provided by the others without contributing to their provision, the subtle structure of norms that guide cooperation collapses – which has been shown by the above mentioned experiments on conditional willingness to cooperate.

We have shown that different motives to engage in open source projects exist. While all kinds of participants, whatever their motives may be, further the progress of open source projects by contributing pieces of code, only at least partially intrinsically motivated participants can be relied upon to contribute to the provision of mutual help and the development and enforcement of rules of cooperation. But even intrinsically motivated contributors do not like to feel exploited. If they cannot trust that enough other members of the community are willing to contribute to these 'complementary' common goods as well, sooner or later they will stop contributing. In recent times, there seems to be a movement towards more extrinsically motivated contributors, namely in the form of commercial firms trying to use the open source software development model for their own purposes. We will discuss this phenomenon and its possible implications in the next section.

5. Commercial Players in the Open Source Community: An Illustration of the Sometimes Problematic Conglomerate of Motives

In 1999 Red Hat announced the release of Linux 6.0. What Red Hat actually sells is not the Linux code (everybody can download this code from the internet for free) but '…the value added by assembling and testing a running operating system that is warranted (if only implicitly) to be merchantable and to be plug-compatible with other operating systems carrying the same brand' (Raymond, 2000b). Just a few days later, other CD-ROM distributors were advertising the same CD-ROM for a considerably lower price than Red Hat charged for its product. How did Red Hat react?

The somewhat astonishing answer is: not at all. The managers of Red Hat argued that the norms of the open source community precluded any claim on special rights on their CD-ROM. Since Red Hat sees itself as part of this community, they felt obliged to adhere to its rules.

Red Hat is a commercial company that wants to make profits. Without wanting to doubt the honesty of its managers, it is worthwhile to analyse an additional reason for Red Hat's conciliatory conduct, which is completely in accordance with an extrinsically self-interested motivation.

We have argued that cooperation in open source projects is largely based on intrinsically motivated norms of cooperation and trust. This trust refers to the mutual acknowledgement of the honest motives of all parties concerned. Had

Red Hat reacted to the offers of the other distributors in an inappropriate way, it would have demonstrated that it does not appreciate the code developed by the community as the voluntary gift it is. On the contrary, this would have shown that Red Hat was not prepared to share the benefits of the hackers' gift with any others and that it was not really committed to their norms. A claim on special rights would have amounted to a disregard of the developer's motives and a breach of their trust. An inappropriate reaction on Red Hat's side would have destroyed the trust and intrinsic motivation of its developers and might have seriously endangered their future willingness to cooperate (see also Raymond, 2000b).[15]

We have evidence that many members of the open source community react very sensitively to such perceived breaches of rules and norms by one of their members. They have two options to respond to and punish such opportunistic behaviour. *Firstly*, they can sanction such breaking of rules by flaming, intended to cause shame in the rule-breaker. This flaming is a contribution to the second order common good, namely the enforcement of the code of ethics and the norms of cooperation. This is what happened to Ximian, another commercial firm in the open source environment. It's management decided to stop a very promising commercial campaign when members of the community – in very explicit terms – flamed it as being inconsistent with the open source code of ethics.

Secondly, members of open source communities can contribute to the second order common good of rule enforcement in a more drastic way, that forces firms that use the code commercially to play by the rules, even if they were insensitive to shame. They can simply stop cooperating or migrate to other projects where the code of ethics is lifted up to. If a sufficient number of developers is willing to contribute to the second order common good, i.e. the enforcement of norms, in this way, even commercial firms that (have to) make profits can be forced to abide by the rules and norms of the community. This is what happened to Netscape that caused an actual sensation when in 1998 it decided to publish the source code of its Netscape Communicator. The aim of the open source project named Mozilla was to develop future versions of the Netscape browser on a new, cleaner and extensible code base. Unfortunately, some parts of the code still contained proprietary elements. This was not compatible with the 'free spirit' and the 'code of ethics' of the open source community and only few developers were willing to cooperate with Mozilla. As a consequence, it took two years longer than scheduled to release version 1.0 of Mozilla. Due to this disappointing result, Mozilla was forced to belatedly relicense the browser code under a license much closer to the General Public License promoted by many exponents of the open source community. It seems that, as a newcomer to the game, Mozilla first had to learn the rules to play by.

Obviously, there are about as many different licenses as there are open source projects and a corresponding number of cooperation rules. The important point however is that the code developed by the community ultimately is a gift,

---

[15] Even though of course we have no way of knowing how the community would have reacted to inappropriate behaviour on Red Hat's side, the following examples of Ximian and Mozilla are a good indicator of what might have happened.

and a gift cannot be forced if the community one hopes to work with does not agree with the terms.

6. Concluding Remarks

We have shown that economic approaches that try to explain the open source movement via low cost situations and signaling effects fall short of explaining the phenomenon open source in full depth. Open source projects always are in need of intrinsically motivated developers. By their willingness to sanction rule-breakers on the one hand and to provide support and helpful remarks on the other hand, they contribute to common goods that are not produced by extrinsically motivated developers. The existence of these common goods are essential to the success of open source software production. Providing support and help is a fundamental part of the usability of software. Furthermore, in the absence of a central authority the enforcement of rules by self organization is crucial to the production of open source code. Unfortunately, the willingness to contribute to such common goods is fragile. Even a highly intrinsically motivated developer will stop contributing if too many developers free ride.

The entrance of extrinsically motivated commercial firms into the world of open source may change this fragile balance between intrinsically and extrinsically motivated developers drastically. Today, approximately one third of the 25 biggest software firms contribute to open source projects to a significant extent. As a result, extrinsically motivated developers will more and more dominate intrinsically motivated developers. Common goods like providing support and help as well as rule enforcement will probably be less supplied. To aggravate the problem these commercial firms didn't 'grow up' in the open source world and it is uncertain whether they feel as committed to its rules and norms as firms like Red Hat that originated from the open source movement do. It remains therefore questionable whether the complex equilibrium between extrinsically and intrinsically motivated contributors will be destroyed. We suspect that this will be the case. Intrinsically motivated developers can not trust that most of the contributors adhere to mutual norms of reciprocity within open source communities when commercial firms are dominating. In consequence, open source production as a very successful innovation model is in danger.

7. References

Akerlof, G. A., Kranton, R. E. (2000) Economics and Identity, Quarterly Journal of Economics 115 (3): pp. 715–753.

Brennan, G. (1998) Democratic Trust. A Rational Choice Theory View, in V. Brathwaite, M. Levi (eds.) Trust and Governance. New York: Russell Sage Foundation, pp. 197–217.

Dawes, R. M. (1980) Social Dilemmas, Annual Review of Psychology 31: pp. 169–193.

Dempsey, B. J., Weiss, D., Jones, P., Greenberg, J. (1999) A Quantitative Profile of a Community of Open Source Linux Developers, http://www.ibiblio.org/osrt/develpro.html, accessed 29 October 2002.

DeSanctis, G., Monge, P. (1999) Introduction to the Special Issue: Communication Processes for Virtual Organizations, Organization Science 10 (6): pp. 693–703.

Elster, J. (1999) Alchemies of the Mind. Rationality and the Emotions. New York: Cambridge University Press.

Fehr, E., Gächter, S. (2000) Cooperation and Punishment in Public Goods Experiments, American Economic Review 90: pp. 980–994.

Fischbacher, U., Gächter, S., Fehr, E. (2001) Are People Conditionally Cooperative? Evidence from Public Good Experiments, Economic Letters 71: 397–404.

Franck, E., Jungwirth, C. (2002) Das Open-Source-Phänomen jenseits des Gift-Society-Mythos, Wirtschaftswissenschaftliches Studium 31: 124–129.

Franck, E., Opitz, C. (2001) Internet-Start-ups – Ein neuer Wettbewerber unter den „Filteranlagen" für Humankapital, Zeitschrift für Betriebswirtschaft 4: pp. 453–469.

Frey, B. S., Osterloh, M. (2000) Motivation: der zwiespältige Produktionsfaktor, in: B. S. Frey, M. Osterloh (eds.) Managing Motivation – Wie Sie die neue Motivationsforschung für Ihr Unternehmen nutzen können. Wiesbaden, pp. 21–42.

Handy, C. (1995) Trust and the Virtual Organization, Harvard Business Review 73 (3): pp. 40–50.

Jarvenpaa, S. L., Leidner, D. E. (1999) Communication and Trust in Global Virtual Teams, Organization Science 10 (6): pp. 791–815.

Kollock, P. (1999) The Economics of Online Cooperation: Gifts and Public Goods in Cyberspace, in Smith, M., Kollock, P. (eds.) Communities in Cyberspace. London: Routledge, pp. 220–242.

Kollock, P., Smith, M. (1996) Managing the Virtual Commons: Cooperation and Conflict in Computer Communities, in Herring, S. (ed.) Computer-Mediated Communication: Linguistic, Social, and Cross-Cultural Perspectives. Amsterdam: John Benjamins, pp. 109–128.

Lakhani, K., von Hippel, E. (forthcoming) How Open Source Software Works: "Free" User-to-User Assistance, Research Policy.

Lerner, J., Tirole, J. (2002) Some Simple Economics of Open Source, Journal of Industrial Economics 52: pp. 197–234.

Liebowitz, S. J., Margolis, S. E. (1998) Network Externalities, http://wwwpub.utdallas.edu/~liebowit/palgrave/network.html, accessed 29 October 2002.

MacNeil, I. R. (1985) Relational contracts: What we do and do not know, Wisconsin Law Review 3: pp. 483–525.

Meyerson, D., Weick, K. E., Kramer, R. M. (1996) Swift Trust and Temporary Groups, in R. M. Kramer, T. R. Tyler (eds.) Trust in Organizations: Frontiers of Theory and Research. Thousand Oaks, CA: Sage Publications, pp. 166–195.

Morrison, E. W., Robinson, S. L. (1997) When Employees Feel Betrayed: A Model of How Psychological Contract Violation Develops, Academy of Management Review 22: pp. 226–256.

Neue Zürcher Zeitung (1999) Die Linux-Revolution frisst ihre Väter, 12 March.

O'Reilly & Associates, Inc. (1999) Open Source: kurz & gut. Köln: O'Reilly & Associates.

Osterloh, M., Frey, B. S. (1998) Does Pay for Performance Really Motivate Employees?, Performance Measurement – Theory and Practice 1: pp. 357–363.

Osterloh, M., Rota, S. (2001), Fairnessnormen und Anreize in Teams, in: E. Kahle (ed.) Organisatorische Veränderung und Corporate Governance. Wiesbaden: Deutscher Universitäts-Verlag, pp. 121–142.

Osterloh, M., Weibel A. (2000) Ressourcensteuerung in Netzwerken: Eine Tragödie der Allmende?, in J. Sydow, A. Windeler (eds.) Steuerung von Netzwerken. Konzepte und Praktiken. Wiesbaden: Opladen, pp. 88–106.

Ostrom, E. (1990) Governing the Commons: The Evolution of Institutions for Collective Action. New York: Cambridge University Press.

Ostrom, E. (1998) A Behavioral Approach to the Rational-Choice Theory of Collective Action, American Political Science Review 92 (1): pp. 1–22.

Raymond, E. S. (2000a) The Cathedral and the Bazaar, http://www.tuxedo.org/~esr/writings/cathedral-bazaar/cathedral-bazaar/, accessed 29 October 2002.

Raymond, E. S. (2000b) The magic cauldron, http://www.tuxedo.org/~esr/writings/cathedral-bazaar/magic-cauldron/index.html, accessed 29 October 2002.

Raymond, E. S. (2000c) Homesteading the Noosphere, http://tuxedo.org/~esr/writings/homesteading/homesteading/index.html, accessed 29 October 2002.

Robinson, S. L., Kraatz, M. S., Rousseau, D. M. (1994) Changing Obligations and the Psychological Contract: A Longitudinal Study, Academy of Management Journal 37: pp. 137–152.

Robinson, S. L., Rousseau, D. M. (1994) Violating the psychological contract: not the exception but the norm, Journal of Organizational Behavior 15: pp. 245–259.

Rousseau, D. M., McLean Parks, J. (1993) The Contracts of Individuals and Organizations, Research in Organizational Behavior 15: pp. 1–47.

Stroebe, W., Frey, B. S. (1982) Self-interest and collective action: The economics and psychology of public goods, British Journal of Social Psychology 21: pp. 121–137.

Torvalds, L. (1998) FM Interview with Linus Torvalds: What motivates free software developers, http://www.firstmonday.dk/issues/issue3_3/torvalds/index.html, accessed 29 October 2002.

Varian, H. R., Shapiro, C. (1999) Information Rules – A Strategic Guide to The Network Economy. Massachusetts: Harvard Business School Press.

Xiaorui Hu, Zhangxi Lin, Han Zhang

MYTH OR REALITY: EFFECT OF TRUST-PROMOTING SEALS IN ELECTRONIC MARKETS

1. Introduction

With the unprecedented growth of the Internet, business-to-consumer (B2C) commerce has grown to vast proportions. However, after years of practice, how to promote consumers' trust towards their storefronts is still the most critical challenge for B2C online merchants (Hoffman and Novak, 1996; Jarvenpaa et al., 2000; Kovar et al., 2000). Presently, the main strategy for online B2C merchants is to display trust-promoting seals on their websites. They hope to use these seals provided by some trusted third parties (TTPs) to assure consumers that they are trustworthy online merchants. In this research, we refer to all the signs, logos or seals attached to an online storefront, which aim to promote consumers' trust, as trust-promoting seals.

Do these trust-promoting seal really work? How much do the trust-promoting seals contribute to consumer's willingness to buy (WTB)? Do the seals evenly affect different types of product in electronic markets? Are the seals' influences different across various types of online shoppers? These are the questions we seek to answer in this research.

2. Background and Hypotheses

In current B2C electronic markets, various TTPs have been established to provide trust-related services.[1] If consumers click on the seals provided by the TTPs, they can get the detailed disclosures explaining the services provided by the TTPs. Basically, the seals and their disclosures are designed to assure the consumers that the online transactions at a particular website reflect the high standards for transactions associated with the various seals' principles and criteria.

---

[1] The TTPs include Trust.e (www.truste.com), WebTrust (www.webtrust.org), VeriSign (www.VeriSign.com), BizRate.com (www.bizrate.com), epubliceye.com (www.epubliceye.com), *BBBOnLine* (www.bbb.org), and America Online (www.AOL.com) and so on.

In research on electronic commerce, trust has been recognized as a critical factor to facilitate online transactions. Stewart (1999) explores trust transferred across hypertext links and from physical to virtual stores, Jarvenpaa et al. (2000) study the consumer's perceptions of trust in an Internet store, and Gefen (2000) shows the important roles of both familiarity and trust for consumers' shopping decisions. Concentrating on WebTrust seal, Kovar et al. (2000) find that consumers who pay more attention to the seal and disclosures or who have been exposed to WebTrust advertising have higher online transaction expectations and a stronger WTB online than their counterparts. In contrast with Kovar et al.'s work, which focuses on one particular seal, we classify trust into five dimensions (Table 1), each of which is represented by one popular trust-promoting seal, and explore whether these seals are effective to promote trust in B2C electronic markets.

Table 1. Seal Functions, Representative Seals and Storefronts with Seals

Dimensions of Trust (Seal Functions)	Representative Seals	Storefronts with Seal
Protecting Privacy	Trust.*e*	www.oshmans.com www.drugstore.com
Providing Security	VeriSign	www.bigzoo.com www.ashford.com
Demonstrating Consumer Satisfaction	BizRate	www.eastbay.com www.hifi.com
Providing Reliability	BBB*OnLine* Reliability Program	www.footlocker.com www.cdnow.com
Providing Assurance or Guarantee	AOL Certified Merchant Guarantee	www.hifi.com www.bridalpeople.com

Using trust-promoting seals to influence consumers' decision making is supported by Petty and Cacioppo (1986)'s Elaboration Likelihood Model of Persuasion (ELM). ELM states that the effect of a persuasive communication on consumers' expectations is decided by the degree to which consumers consider the information provided in the persuasive communication. When consumers shop online, if they notice that a storefront displays a trust-promoting seal, and if the service provided by the seal can exactly solve the consumers' concern, then the seals can affect consumers' decision making. In this research, we examine whether displaying a trust-promoting seal on a storefront can enhance consumers' WTB. Therefore, we have the following hypotheses:

H1: Displaying the Trust.*e* seal (privacy-related trust-promoting seal) on an online storefront will positively influence its consumers' willingness to buy.

H2: Displaying the VeriSign seal (security-related trust-promoting seal) on an online storefront will positively influence its consumers' willingness to buy.

H3: Displaying the BizRate seal (consumer satisfaction-related trust-promoting seal) on an online storefront will positively influence its consumers' willingness to buy.

H4: Displaying the BBB*OnLine* Reliability Program seal (reliability-related trust-promoting seal) on an online storefront will positively influence its consumers' willingness to buy.

H5: Displaying the AOL Certified Merchant Guarantee seal (insurance/ guarantee-related trust-promoting seal) on an online storefront will positively influence its consumers' willingness to buy.

Product characteristics are important factors in consumers' abilities to ascertain the quality of products online, which consequently affect their shopping decisions. De Figueiredo (2000) develops an e-commerce product continuum in which he characterizes products into commodity products (e.g., oil, paper clips), quasi-commodity products (e.g., books, CDs, videos), "look and feel" products (e.g., suits, homes), and "look and feel" products with variable quality (e.g., art). Quality is easiest to judge on the web for commodity products but most difficult to judge for "look and feel" products with variable quality.

Following De Figueiredo (2000)'s analysis, we combine commodity products and quasi-commodity products together, and name it *online commodity products*. Likewise, we combine the other two types together and name it *online "look and feel" products*. We attempt to find how the trust-promoting seals will influence consumers' WTB in terms of different product categories. We have the following hypotheses.

H6: A trust-promoting seal can positively influence consumers' willingness to buy for online commodity products.

H7: A trust-promoting seal can positively influence consumers' willingness to buy for online "look and feel" products.

In addition, two factors that might affect consumers' online trust are also surveyed.

H8: A trust-promoting seal can be more effective to promote trust for online shoppers who have the knowledge of trust-promoting seals than their counterparts.

H9: A trust-promoting seal can be more effective to promote trust for experienced online shoppers than new online shoppers.

3. Methodology

3.1 Subjects

The subjects in this research were 206 business undergraduates enrolled in two American universities. According to the OECD report (1998) and Kotkin's research (1998), online consumers are generally younger and more educated than are conventional consumers, thus undergraduates are good representatives of online shoppers.

3.2 Subjects' Familiarity with the Trust-Promoting Seals

Subjects' familiarity with the trust-promoting seals is shown in Table 2. Of the five seals, VeriSign is the most well known one, while BBB*OnLine* is the least recognized seal.

Table 2. Familiarity with Trust-Promoting Seals

Seals	Count	Percentage
Trust.e	52	25,24%
VeriSign	89	43.20%
BizRate	32	15.53%
BBB*OnLine*	25	12.14%
AOL	59	28.64%

3.3 Products

We used a total of four types of products in this research. We chose a book and digital camera as commodity products, and a suit and genuine leather chair as "look and feel" products.

3.4 Procedures

Two rounds of questionnaires were distributed in this study. In the first round, a benchmark case for online WTB is investigated. It consists of four parts: 1) basic information about online shopping experiences, 2) questions about online shopping, 3) familiarity with the trust-promoting seals, 4) demographic information. After the subjects finished the first questionnaire, we immediately gave the same subjects the second questionnaire where a trust-promoting seal was added on the unknown store's website. The subjects were asked if they would buy the product from the unknown store with a seal.

4. Results

4.1 Benchmark Case

In the benchmark case, subjects were assumed to buy a book, a digital camera, a suit and a genuine leather chair, and these products were found from a local physical store with a certain price. Then they were asked how likely they would buy these products from a completely unknown online store with a 10% lower price. Results in Table 3 indicate that more than 50% of the subjects had concerns on shopping from an unknown online store even though the prices were

Table 3. Benchmark Case: Online Purchasing Activity

Product	Purchasing Percentage	Standard Deviation	Count
Book	41.30%	49.42%	206
Camera	35.51%	48.03%	206
Suit	18.84%	39.25%	206
Chair	25.55%	43.77%	206

10% cheaper. The WTB for the "look and feel" products in general is lower than that of the commodity products.

4.2 With Seal Case

Table 4 provides the results of the comparison between the WTB under the "with seal case" and the benchmark case. Among the five seals, VeriSign, BBB*OnLine* and AOL Certified Merchant Guarantee significantly and positively influenced the consumers' WTB ($p < 0.01$). Trust.*e*'s effect is also significant at $p < 0.05$. The most interesting finding is for BizRate that has no significant effect on consumers' WTB. Therefore, hypotheses of H1, H2, H4 and H5 are supported at $p < 0.05$, while hypothesis of H3 is not supported at $p < 0.05$.

Table 4. Comparison Between Total WTB Under With Seal Case and Benchmark Case

Seals	With Seal Case Purchasing %	Benchmark Case Purchasing %	t-Value	Hypothesis Testing
Trust.*e*	36.89%	30.25%	1.74*	H1 Supported
VeriSign	40.29%	30.25%	2.60**	H2 Supported
BizRate	33.25%	30.25%	0.79	H3 Not Supported
BBB*OnLine*	39.68%	30.25%	2.42**	H4 Supported
AOL	43.69%	30.25%	3.39**	H5 Supported

* $p < 0.05$ ** $p < 0.01$

4.3 Effect Under Product Category

Other interesting issues we investigate are whether the trust-promoting seals are effective on the two product categories. Book and camera belong to the same category, while suit and chair belong to the other. Table 5 records the comparison results.

According to Table 5, there is a significant enhancement on WTB on both product categories under the VeriSign, BBB*OnLine* and AOL Certified Merchant Guarantee seals. Therefore, the hypotheses of H6 and H7 under these seals are supported. Trust.*e* significantly increases the WTB for the "look and feel" products (hypothesis H6 is supported), while not significantly for com-

Table 5. Two Cases Comparison on WTP Under Two Product Categories

Seals	Categories	With Seal Case	Benchmark Case	t-Value	Hypothesis Testing
Trust.*e*	Book/camera	44.17%	38.41%	1.33	H6 Not Supported
	Suit/Chair	29.61%	22.10%	1.83*	H7 Supported
VeriSign	Book/camera	48.30%	38.41%	2.23*	H6 Supported
	Suit/Chair	32.28%	22.10%	2.44**	H7 Supported
BizRate	Book/camera	40.78%	38.41%	0.54	H6 Not Supported
	Suit/Chair	25.73%	22.10%	0.90	H7 Not Supported
BBB*OnLine*	Book/camera	46.36%	38.41%	1.79*	H6 Supported
	Suit/Chair	33.01%	22.10%	2.60**	H7 Supported
AOL	Book/camera	50.97%	38.41%	2.81**	H6 Supported
	Suit/Chair	36.41%	22.10%	3.35**	H7 Supported

$* p < 0.05 \quad ** p < 0.01$

modity products (hypothesis H7 is not supported). BizRate's effects on both product categories are insignificant. Therefore, we cannot support the hypotheses H6 and H7 for Bizrate.

4.4 Effect of Seal Familiarity and Prior Shopping Experience

Seal Familiarity and Willingness to Buy: Seal familiarity is defined as the following. Among the five categories of trust seals, if a subject is aware of at least one of the seals in the survey, the subject is defined as "with knowledge of trust-promoting seals" and vice versa. For all seals, the hypothesis of H8 is supported (Table 6), which shows that consumers who are more aware of the trust-promoting seals are more willing to shop online when a significant trust seal is present on the online store.

Table 6. The Relationship Between Seal Familiarity and Willingness to Buy

Seals	With Knowledge of Trust-Promoting Seals Purchasing Activity (times)	Without Knowledge of Trust-Promoting Seals Purchasing Activity (times)	t-Value	Hypothesis H8
Trust.*e*	1.81081	1.353	1.76*	Supported
VeriSign	1.98649	1.294	2.70**	Supported
BizRate	1.77027	1.255	1.99*	Supported
BBB*OnLine*	1.94595	1.475	1.72*	Supported
AOL	2.09459	1.431	2.48**	Supported

$* p < 0.05 \quad ** p < 0.01$

Online Purchasing Experience: In this part, subjects are divided into two groups: a group with previous online shopping experiences, and the other group without experience. Results show no significant difference between the two groups of consumers. The hypothesis of H9 is not supported.[2]

5. Discussions and Conclusion

This study examines whether displaying a trust-promoting seal on a storefront can significantly influence consumers' willingness to buy online. This study is the first to classify consumer trust into five dimensions and address each dimension on building trust for online merchants. We believe that this study has practical implications for online merchants to revisit the means to promote trust in online B2C markets. This study discovers that some trust dimensions (e.g., providing insurance or guarantee, security and reliability) are more essential for enhancing consumers' willingness to buy online than others. Moreover, our results show that consumers who are more familiar with the trust-promoting seals are more willing to buy from an unknown storefront bearing a trust-promoting seal than their counterparts. This indicates that the seal providers, the TTPs, should invest more on marketing their seals in electronic markets.

Due to the limitation of empirical research, this research might suffer from some problems not uncommonly seen in exploratory studies. This study is limited to four products due to the length restriction of the survey, and the subjects in this research did not have a financial stake in their shopping decisions since they were asked to imagine purchasing some products rather than really buying the products. Therefore, the limitations might affect the generalization of the research's results.

Future research on trust-promoting seals needs to address the effects of combining different seals on the same online storefront, and to discover the price threshold for a trust-promoting seal.

6. References

De Figueiredo, J. (2000) Finding sustainable profitability in electronic commerce, Sloan Management Review Summer: pp. 41–52.

Gefen, D. (2000) E-Commerce: The Role of Familiarity and Trust, Omega: The International Journal of Management Science 28: pp. 725–737.

Hoffman, D. L., Novak, T. P. (1996) Marketing in Hypermedia Computer-Mediated Environments: Conceptual Foundations, Journal of Marketing 60: pp. 50–68.

Jarvenpaa, S. L., Tractinsky, N., Vitale, M. (2000) Consumer Trust in an Internet Store, Information Technology and Management, 1(1–2): pp. 45–71.

Kotkin, J. (1998) The mother of All Malls, Forbes, April: pp. 60–65.

Kovar, S. E., Burke, K. G., Kovar, B. R. (2000) Consumer Responses to the CPA WEBTRUST Assurance, Journal of Information Systems, V. 14, No. 1: pp. 17–35.

---

[2] The table is omitted due to the length restriction of the paper.

Organization for Economic Co-operation and Development (OECD) (1998) The Economic and Social Impact of Electronic Commerce, available: *http://www.oecd.org/subject/e_commerce/summary.htm*.

Petty, R. E., Cacioppo, J. T. (1986) The elaboration likelihood model of persuasion, Advances in Experimental Social Psychology 19: pp. 123–205.

Stewart, K. J. (1999) 'Transference as a Means of Building Trust in World Web Sites', Proceedings of The 20th Anniversary International Conference on Information Systems (ICIS), Charlotte, North Carolina, Dec. 12–15.

TEIL II: RECHTLICHE ASPEKTE VON VERTRAUEN

PART II: LEGAL ASPECTS OF TRUST

Markus Fallenböck

VERTRAUEN IN DER VERNETZTEN WIRTSCHAFT: DIE ROLLE VON RECHT

1. Einleitung

Dieser Aufsatz befasst sich mit der Rolle, die Recht bei der Herstellung einer vertrauenswürdigen vernetzten Wirtschaft spielen kann. Der Begriff der vernetzten Wirtschaft (oder auch Netzwerkökonomie) bezeichnet das Phänomen einer stark interdependenten Wirtschaft, deren Akteure eng miteinander verbunden sind.[1] Technisches Rückgrat dieser Verflechtung sind die modernen Informations- und Kommunikationstechnologien, allen voran das Internet. Wenn daher im Folgenden von elektronischem Geschäftsverkehr (oder E-Commerce) bzw von Multimediarecht die Rede ist, dann ist damit nur die konkrete Ausformung eines weiteren Phänomens, nämlich der vernetzten Wirtschaft, gemeint. Viele, aber nicht alle Beispiele beziehen sich dabei auf das Internet bzw den darüber abgewickelten Geschäftsverkehr. In einigen Fällen wird auch auf Mobilfunkdienste eingegangen. Gerade der Bereich des M-Commerce macht aber deutlich, wie stark die einzelnen Technologien miteinander verschmelzen. Aus diesem Grund wird auch der, zugegebenermaßen unscharfe Begriff des Multimediarechts verwendet.[2] Dieser macht jedoch den besonderen Bezug zu den verwendeten Trägermedien sowie deren zunehmende Konvergenz sichtbar.

Eine der Bedingungen für den Erfolg der vernetzten Wirtschaft ist zweifellos, dass für ihre Akteure erkennbar ist, dass ihre Interessen auch bei digitalen Transaktionen gewahrt bleiben – sie müssen, mit anderen Worten *vertrauen*. Welche Rolle das Recht beim Aufbau dieses Vertrauens spielen kann, ist Gegenstand des vorliegenden Beitrages.

---

[1] Zum Begriff der vernetzten Wirtschaft siehe den Beitrag von *Petrovic/Fallenböck/Kittl* in diesem Band.

[2] Die terminologische Eingrenzung des entsprechenden Rechtsgebiets (so man überhaupt ein eigenes Rechtsgebiet annehmen will) ist noch unklar. Neben dem hier vorgeschlagenen Begriff existieren noch eine Reihe weiterer, die einen ähnlichen Umfang beschreiben: etwa Informationsrecht, Informatikrecht, Kommunikationsrecht, Internetrecht, Online-Recht. Einigkeit besteht nur im Hinblick auf den Querschnittscharakter; zu den Begriffen und insbesondere zur Konstituierung des Informationsrechts vgl *Kloepfer*, Informationsrecht (2002) Rz 67ff.

2. Die Risiken der vernetzten Wirtschaft

Die Vorteile der vernetzten Wirtschaft sind bereits eingehend beschrieben worden.[3] Ein Beitrag über Recht und Vertrauen muss jedoch primär auf die Unsicherheiten und Risiken eingehen.[4] Die vernetzte Wirtschaft im allgemeinen und das Internet im besonderen bringen viele vorher deutlich getrennte Akteure in engen Kontakt zueinander. Die allgegenwärtige Möglichkeit zur körperlosen Kontaktaufnahme mit jedermann bringt so auch Risiken mit sich.[5] Diese lassen sich mit den Begriffen Komplexität und Verwundbarkeit (Vulnerability) zusammenfassen. Die Öffnung vormals geschlossener Kommunikationsnetze beseitigt eine Reihe impliziter Sicherungsmechanismen der alten Systeme: Die Teilnahme an der Kommunikation ist nicht mehr gleichbedeutend mit der Zugehörigkeit zu einer bestimmten Gruppe mit einheitlichen Verhaltensmustern und Gefährdungspotenzialen. Selbst Systeme, die weithin als geschlossen gelten, wie etwa Energieversorgung oder Telekommunikation, werden zur besseren Wartbarkeit mit Internetzugängen für das Servicepersonal ausgestattet und werden so Teil eines universellen Netzes (Fernwartung).[6] In den offenen Netzen eröffnen sich damit neue Angriffsmöglichkeiten, die Verwundbarkeit steigt.

Die gesteigerte Komplexität birgt aber auch Risiken unabhängig von Angriffen von außen. So können sich betriebliche Störungen über das Netzwerk an weit entfernten Orten auswirken oder unerkannte Fehler in massenhaft eingesetzten Komponenten die Funktionsfähigkeit einer ganzen Infrastruktur beeinträchtigen.[7] Je stärker sich einerseits die Verkoppelung vormals getrennter Systeme fortsetzt und andererseits wichtige soziale und ökonomische Prozesse auf diese Systeme angewiesen sind, umso größer ist dann auch die Möglichkeit großer Schäden für die Gesellschaft.[8]

---

[3] Siehe etwa *Fuhrmann*, Vertrauen im Electronic Commerce (2001) 18ff.

[4] Vgl die Klassifizierung von Unsicherheiten bei *Petrovic/Fallenböck/Kittl/Wolkinger*, Vertrauen in digitale Transaktionen, Wirtschaftsinformatik 1/2003, 53ff.

[5] Vgl auch *Spindler*, Sicherheit im E-Commerce = Rechtssicherheit, in *Müller/Reichenbach* (Hrsg), Sicherheitskonzepte für das Internet (2001) 161ff. Spindler etwa nennt folgende Risiken: Anonymität der Teilnehmer, Flüchtigkeit und Manipulierbarkeit der Information bzw Daten, keine Unterscheidbarkeit von Original und Kopie, Globalität des Netzes, Grundsätzliche Offenheit des Netzes für jedermann.

[6] *Fuhrmann*, Vertrauen 22.

[7] Markantes Beispiel hierfür sind die im Internet auftretenden Viren, Trojaner oder Würmer. Jüngstes Beispiel ist der im Jänner 2003 aufgetretene Wurm „W32/SQLSlam-A", der den Internet-Verkehr weltweit ernsthaft beeinträchtigt hat. Der Wurm nutzte eine Sicherheitslücke in der Microsoft-Datenbanksoftware „SQL Server". Die gravierendsten Auswirkungen hatte der Wurm auf das Netz in Südkorea, hier kam etwa der reguläre Verkehr fast zum Erliegen. Auch der Börsenhandel in Südkorea war sowohl durch die Nachrüstung von Servern als auch durch das Misstrauen vieler Anleger noch erheblich eingeschränkt. Das Handelsvolumen fiel auf ein 13-Monats-Tief. Vgl etwa http://www.sophos.com/virusinfo/analyses/ w32sqlslama.html.

[8] *Fuhrmann*, Vertrauen 22.

3. Hat Recht noch ein Steuerungspotenzial?

3.1 Allgemeines

Denkt man über die Rolle von Recht in der vernetzten Wirtschaft nach, dann stellt sich die Frage, ob Recht unter diesen besonderen Umständen überhaupt noch über ein Steuerungspotenzial verfügt bzw wenn ja, wie hoch dieses ist. Die vernetzte Wirtschaft beruht auf verschiedenen technischen Entwicklungen (Internet, Mobilfunk etc), weswegen Recht hier in einem massiv technikintensiven Umfeld agiert. Die dafür notwendige Zusammenarbeit zwischen Technikern, Ökonomen, Politikern und Juristen gestaltet sich – wie *Kloepfer*[9] betont – als schwierig: „Technologien sind politisch naiv. Politiker sind technologisch naiv"[10]; oder: „Juristen sind die Legastheniker des Fortschritts"[11] sind nur zwei der wenig schmeichelhaften Beschreibungen. Darin äußert sich ein Unbehagen über die angesichts der raschen technischen, wirtschaftlichen und gesellschaftlichen Entwicklung beschränkt erscheinende Interventionskraft des Rechts. Neben diesen allgemeinen Bedenken sind es vor allem zwei Phänomene der vernetzten Wirtschaft, die in enger Wechselbeziehung stehen und so das Recht als Steuerungsmittel herausfordern: die Internationalität (eigentlich Globalität) des Internet sowie das Erstarken nicht-staatlicher Akteure.

3.2 Herausforderungen an das Recht

Durch die vernetzte Wirtschaft gerät das Konzept der staatlichen Souveränität unter Druck. Dieses Konzept hat evidente Schwächen bei Handlungen, die außerhalb des Hoheitsbereichs eines Staates vorgenommen werden, jedoch Auswirkungen innerhalb des Staatsgebietes haben. Dass solche Situationen in einer weltweit vernetzen Wirtschaft, namentlich im Internet leichter auftreten können, ist offensichtlich. Den Nationalstaaten gelingt es angesichts der zunehmenden Komplexität sozialer und ökonomischer Sachverhalte nicht mehr, jedes Detail zu Regeln und die Befolgung der Regeln zu überwachen. Gerade die internationale Durchsetzbarkeit (etwa im Sinne einer Vollstreckung von Gerichtsurteilen) stößt bei Internetsachverhalten an Grenzen, und dass nicht nur dann, wenn gegen ein „Server-Unternehmen" auf einer Karibikinsel vorgegangen werden soll. Diese Problematik zeigt sich besonders deutlich im strafrechtlichen Bereich[12], sie wird aber auch bei wirtschaftsrechtlichen Entscheidungen schlagend. So werden nationale Schutzgarantien für Urheberrechte geschwächt, wenn elektronisch kopierbare Werke aus Drittländern mit niedrige-

---

[9] *Kloepfer*, Informationsrecht Rz 38.
[10] *Cailliau*, Zur Technikgeschichte des Internet, in *Leggewie/Maar* (Hrsg) Internet & Politik (1998) 70ff, 81.
[11] *Hoeren*, Die Telebörse 9/2000, 96.
[12] Ein Beispiel, das international Aufsehen erregt hat, ist der Yahoo-Fall. Dem von einem französischen Gericht gegen den amerikanischen Provider Yahoo verhängten Urteil im Zusammenhang mit Nazi-Memorabilia im Internet wurde von einem amerikanischen Gericht – unter Hinweis auf das Grundrecht der Meinungsfreiheit – die Vollstreckung verweigert. Siehe dazu den Beitrag von *Spindler/Fallenböck*.

ren Schutzniveaus weltweit verbreitet werden. Ähnliche Probleme ergeben sich auch im Verbraucher- und Datenschutzrecht.[13]

Angesichts dieser Phänomene könnte der (voreilige) Schluss gezogen werden, dass das Internet ein staatsferner, rechtsfreier Raum ist, in dem staatliches Recht keine Rolle spielt und es – wenn überhaupt – zur Herausbildung eines eigenen Cyberlaw kommt.[14] Diese Vorstellungen haben sich als nicht tragfähig erwiesen. Dabei wurde insbesondere übersehen, dass die gegenwärtige Ausprägung des Internet wesentlich von den institutionellen Randbedingungen während der Entstehungsgeschichte beeinflusst wurde. *Lessig* hat eindrücklich nachgewiesen, wie sehr das Internet in seiner Gestalt und Entwicklung das Ergebnis (auch) staatlicher und damit rechtlicher Entscheidungen ist.[15] Gerade die Entstehungsgeschichte des Internet zeigt, dass vom Gründungsakt an staatliche Entscheidungen und Interventionen involviert waren. Der Kern des Internet geht sogar vollständig auf ein staatlich gefördertes Netzwerk, das ARPA-Net, zurück.[16] Auch aus einer rein rechtlichen Sicht zeigt die große Zahl an Gerichtsentscheidungen zu Internetsachverhalten, dass Konflikte vor staatlichen Gerichten nach den einschlägigen Gesetzen entschieden werden.[17] Dort wo ein Regelungsdefizit besteht oder als solches wahrgenommen wird, werden internationale und nationale Gesetzgeber tätig, um neues Recht zu schaffen.[18]

Neben der Globalität des Internet ist das Erstarken nicht-staatlicher Akteure eine zentrale Herausforderung für staatliches Handeln im Allgemeinen und für die Anwendung von Recht im Besonderen. In einer vernetzten Wirtschaft geraten die Staaten gegenseitig in Wettbewerb um internationale Unternehmen, die selbst zu Akteuren auf der internationalen Bühne geworden sind. Dieser Wettbewerb kann die Handlungsfähigkeit von Staaten wesentlich einschränken.[19] Der Grund hierfür sind

---

[13] Siehe im Datenschutz etwa den Konflikt zwischen der EU und den USA über das ausreichende Schutzniveau. Dabei unterscheidet sich Datenschutz in den USA erheblich vom europäischen Ansatz. In Europa gehört Datenschutz nach wie vor zum Pflichtenkreis der staatlichen Fürsorge. Datenschutz ist ein Grundrecht, das über die Drittwirkung auch im Verhältnis Privater zueinander wirksam wird. In den USA gibt es hingegen kein verfassungsmäßig verankertes Recht auf informationelle Selbstbestimmung. Stattdessen gibt es das „right to privacy", das jedoch einen deutlich anderen Schutzzweck verfolgt. Die datenschutzrechtliche Lage zwischen der EU und den USA ist somit schwierig und verunsichert Investoren. Die von der EU den US-Unternehmen angebotene Safe-Harbor-Lösung wurde bisher nicht angenommen; zu den unterschiedlichen Perspektiven siehe eingehend *Camp*, Trust and Risk in Internet Commerce (2001) 99; siehe dazu auch jüngst *Spies*, Transatlantischer Datenschutz: Turbulenzen und sichere Häfen, MMR 2002, 641.

[14] Zu diesen Theorien kritisch *Mankowski*, Wider ein transnationales Cyberlaw, AfP 1999, 138.

[15] *Lessig*, Code and other Laws of Cyberspace (1999).

[16] *Fuhrmann*, Vertrauen 109.

[17] Vgl zur zahlenmäßigen Entwicklung von Rechtsakten, Gerichtsentscheidungen und Publikationen mit Bezug zur Netzwerkökonomie *Petrovic/Fallenböck/Kittl/Wolkinger*, Vertrauen in digitale Transaktionen, Wirtschaftsinformatik 1/2003, 53ff.

[18] Ein eindrückliches Beispiel für die Reaktion des Gesetzgebers auf durch das Internet und die digitalen Medien verursachte Regelungsdefizite ist die Ergänzung der urheberrechtlichen Verwertungsrechte. Das Zurverfügungstellen von Online-Inhalten („Making abvailable") führte dazu, dass die traditionellen Verwertungsrechte (Vervielfältigungsrecht, Verbreitungsrecht etc) eine wesentliche Nutzungshandlung nicht erfassen konnten. Von internationaler Ebene aus wurde durch die WIPO-Verträge von 1996 eine Erweiterung der Verwertungsrechte eingeleitet. Zu den WIPO-Verträgen gleich im Folgenden.

[19] Damit ergibt sich die Gefahr eines gesetzgeberischen „Race to the bottom"; siehe dazu den Beitrag von *Spindler/Fallenböck*.

die gerade im E-Commerce durch die hohe internationale Mobilität von Information, Kapital und Arbeit eröffneten Ausweichmöglichkeiten der Regelungsadressaten. Zudem verlangen die zunehmend internationalen Wirtschaftstransaktionen
nach einer einheitlichen rechtlichen Behandlung und üben so Druck auf übernatio-
nale Angleichung aus. Damit sinkt die hoheitliche Fähigkeit völlig souveräne Regelungen zu erlassen – das Verhalten anderer souveräner Staaten und die Gestaltungs-
optionen der Regelungsadressaten sind vermehrt zu berücksichtigen. Ein Beispiel
für internationale Rechtsharmonisierung im Internetbereich sind die internationalen
WIPO-Verträge von 1996, deren Aufgabe es ist, das Urheberrecht an die Gegebenheiten des E-Commerce anzupassen.[20] Diese internationalen Verträge wurden innerhalb der EU durch die Urheberrechtsrichtlinie 2001 umgesetzt[21], die nun von den
Mitgliedstaaten in nationales Recht umzusetzen ist.[22]

Spiegelbildlich zu dieser Entwicklung verzichten die Staaten auf nationale
Alleingänge. Wenn es zu solchen kommt, dann wird dadurch oft nur eine internationale Entwicklung vorweggenommen wie das deutsche Signaturgesetz von
1997, das erste gesamtstaatliche Signaturgesetz weltweit, zeigt. Der Grund für
solche Alleingänge liegt unter anderem im Bestreben, den nationalen Akteuren
durch einen frühen rechtlichen Rahmen Sicherheit zu geben und so einen Inno-
vationsvorsprung zu sichern. Diese Vorgehensweise ist jedoch nicht ganz un-
problematisch, da auch Rechtsunsicherheit erzeugt werden kann, wenn unklar
ist, inwieweit das nationale Gesetz mit internationalen Vorgaben – konkret mit
der EU-Signaturrichtlinie[23] – kompatibel ist und welche Anpassungen notwendig sein werden.[24]

Betrachtet man diese Herausforderungen zusammenfassend, so lässt sich feststellen, dass Recht sein Steuerungspotenzial auch im internationalen E-Commerce

---

[20] WIPO Copyright Treaty (WCT) sowie der WIPO Performances and Phonograms Treaty
(WPPT); siehe dazu *Bechtold* in *Hoeren/Sieber* Rz 31ff zu 7.11.

[21] Richtlinie 2001/29/EG zur Harmonisierung bestimmter Aspekte des Urheberrechts und der
verwandten Schutzrechte in der Informationsgesellschaft, ABl L 167/10 vom 22. 6. 2001 (im
folgenden kurz Urheberrechtsrichtlinie); dazu *Reinbothe*, Die EG-Richtlinie zum Urheberrecht in der Informationsgesellschaft, GRURInt 2001, 733; *Wittmann*, Die EU-Urheberrechts-
Richtlinie – ein Überblick, MR 2001, 143; *Fallenböck*, Urheberrecht in der digitalen Ökonomie: Die EG-Urheberrechtsrichtlinie und ihre Umsetzung, ecolex 2002, 103.

[22] In den USA wurden die WIPO-Verträge durch den Digital Millennium Copyright Act
(DMCA) umgesetzt; vgl dazu *Bechtold* in *Hoeren/Sieber* Rz 67ff zu 7.11; *Freytag*, Digital
Millennium Copyright Act und europäisches Urheberrecht für die Informationsgesellschaft,
MMR 1999, 207; *Fallenböck*, On the Technical Protection of Copyright: The Digital Millennium Copyright Act, the European Community Copyright Directive and Their Anticircumvention Provisions, in International Journal of Communications Law and Policy (IJCLP) Issue 7,
2003, online unter www.ijclp.org.

[23] Richtlinie 1999/93/EG des Europäischen Parlaments und des Rates über gemeinschaftliche
Rahmenbedingungen für elektronische Signaturen, ABl L 13/12 vom 19. 1. 2000.

[24] So ist umstritten, ob das frühe deutsche Signaturgesetz tatsächlich eine positive Auswirkung
auf die Marktentwicklung hatte. Zu beobachten ist jedenfalls, dass auch in Deutschland keine
wesentlich höhere Verbreitung digitaler Signaturen als in anderen Mitgliedstaaten gegeben ist.
Zweifellos hat zu Beginn der frühe rechtliche Rahmen zu einem stärkeren Engagement von
Signaturanbietern geführt, von denen sich jedoch einige in der Zwischenzeit wieder zurückge-
zogen haben. Dies ist auch ein Beispiel für Recht als Gegenstand von Vertrauen, konkret für das
Vertrauen der Akteure in die Stabilität der Rechtsordnung; vgl auch *Fuhrmann*, Vertrauen 121.

tion Broker, Gütezeichenanbieter etc). Rechtlich führt dies zu komplexen Vertragsbeziehungen und Haftungskonstellationen. Eine zusätzliche Steigerung kann sich ergeben, wenn die Akteure in verschiedenen Rechtsordnungen agieren.

Möchte ein Nutzer all diese Vorgänge und die damit verbundenen Risiken aufgrund eigener Analysen bewerten, so wäre er damit überfordert. In den beschriebenen Beispielen würden daher potenzielle Teilnehmer des E-Commerce an der Komplexität der von Ihnen verlangten Bewertungen und Entscheidungen scheitern. Eine solche Konsequenz steht jedoch in offensichtlichem Widerspruch zu der Existenz moderner, hochkomplexer Systeme. Der kontinuierliche Zuwachs wahrgenommener Funktionen scheint die Handlungsfähigkeit nicht zu beeinträchtigen.[35] Somit muss ein Mechanismus existieren, der angesichts einer begrenzten Aufnahme- und Verarbeitungskapazität die individuell zu verarbeitende Kapazität reduziert, damit in diesem Umfeld Entscheidungen getroffen werden können. Ein solcher Mechanismus ist Vertrauen.[36] Vertrauen verringert die Mannigfaltigkeit der in einer Entscheidungssituation zu berücksichtigenden Ereignisverläufe, indem der Vertrauende sich auf gewisse Erwartungen bezüglich der zukünftigen Entwicklungen verlässt. Der Vertrauende ist sich bezüglich seiner Erwartungen nicht sicher, sonst bräuchte er nicht zu vertrauen. Da es die Möglichkeit einer Enttäuschung in sich trägt, bedeutet die Gewährung von Vertrauen immer eine riskante Vorleistung des Vertrauensgebers.[37]

Vertrauen kann dabei an zwei Punkten ansetzen: Eine Erscheinungsform des Vertrauens ist das Partnervertrauen (in Form eines persönlichen Vertrauens), das dazu dient, die vom Partner ausgehenden Unsicherheiten zu kompensieren.[38] Bei unkörperlichen, netzvermittelten Geschäftsbeziehungen stellt sich jedoch das Problem, die handelnden Personen verlässlich zu identifizieren. Damit ist Partnervertrauen in Reinform kein hinreichender Mechanismus im E-Commerce. Somit kommt der zweiten Erscheinungsform, dem Systemvertrauen besondere Bedeutung zu.[39] Hier knüpft sich das Vertrauen an komplexe Organisationsstrukturen. Auch das Vertrauen in Systeme muss erworben werden. Ähnlich der Vertrauensbildung im persönlichen Bereich kann dieses durch zeitlich verteilte positive Erfahrungen geschehen. Angesichts des Zeitbedarfs solcher Prozesse sind langlebige Institutionen im Vorteil. Deren Stärke zeigt sich etwa in der Integration neuer Handlungsformen in ihr System, wodurch neue Technologien oder Anwendungen einen „Vertrauensbonus" bekommen, der sich aus dem angesammelten Vertrauen in die Institutionen speist.[40] Damit ist ein Vertrauensaufbau durch staatliche Akteure angesprochen, der nicht durch hoheitliches

---

[35] *Fuhrmann*, Vertrauen 38ff.

[36] Zur Wirkungsweise von Vertrauen im digitalen Umfeld vgl *Petrovic/Fallenböck/Kittl/Wolkinger*, Wirtschaftsinformatik 1/2003, 53ff mwN; siehe auch die Beiträge zum Symposium „Trust Relationships" sowie den Aufsatz von *Frankel*, Trusting and Non-Trusting on the Internet, beides in Boston University Law Review 81/2001, 457ff.

[37] Grundlegend *Luhmann*, Vertrauen (1989).

[38] Zu den Partnerunsicherheiten siehe den Beitrag von *Petrovic/Fallenböck/Kittl* in diesem Band.

[39] Zu den entsprechenden Systemunsicherheiten siehe wiederum den Beitrag von *Petrovic/Fallenböck/Kittl* in diesem Band.

[40] *Fuhrmann,* Vertrauen 42f.

Handeln also durch Rechtssetzung, sondern durch den Staat als Nachfrager am Markt bewirkt wird. Die staatliche Nutzung bestimmter neuer Technologien und Anwendungen kann potenzielle Nutzer dazu bewegen, diesen Schritt ebenfalls zu tun.[41] Ein gutes Beispiel hierfür ist der Einsatz der digitalen Signatur im Verwaltungsverfahren, etwa in öffentlichen Vergabeverfahren.[42] Bisher wurde diese Wirkung noch zu wenig ausgenutzt.[43]

4.2 Recht im Vertrauensmodell

Im Folgenden gilt es zu untersuchen, welchen Beitrag Recht zur Vertrauensbildung leisten kann. Partner- wie Systemvertrauen können durch Kontrollsysteme beeinflusst werden.[44] Ein solches System ist auch das Recht, wobei diesem eine Doppelfunktion zukommt: Recht ist nicht nur reines Mittel, Recht kann auch Gegenstand von Vertrauen sein. Auch der Rechtsordnung muss vertraut werden. In diesem Zusammenhang steht jedoch die Rolle von Recht beim Aufbau von Rahmenbedingungen für Vertrauen (im Sinne einer Infrastruktur des Vertrauens) im Mittelpunkt;[45] es geht also um Recht als Steuerungsmittel zur Beeinflussung des Vertrauens. In folgendem Kapitel werden daher die grundlegenden Mechanismen rechtlicher Steuerung auf ihre Eignung zur Vertrauensförderung im E-Commerce untersucht.

5. Steuerungsmodelle

Nachdem nun die Wirkung von Vertrauen aufgezeigt wurde geht es im Folgenden darum, wie Recht hier steuernd eingreifen kann und so vertrauensstärkend wirkt. Letztendlich müssen die rechtlichen Grundlagen für die Infrastruktur des Vertrauens bereitgestellt werden. Mit welchen Steuerungsmechanismen kann Recht hier eingreifen?

[41] Neben der vertrauensstärkenden Wirkung der vermuteten Sachkompetenz des Staates spielt dieser natürlich auch seine Marktmacht als Nachfrager aus. Wenn staatliche Stellen etwa im Vergabeverfahren die Verwendung sicherer elektronischer Signaturen vorschreiben, so entsteht dadurch ein erheblicher Druck auf Unternehmen, diese auch einzusetzen.

[42] Zum Einsatz der digitalen Signatur in der Verwaltung siehe den Beitrag von *Posch/Menzel*.

[43] Eines der wenigen Beispiele dafür ist etwa das Projekt des Beschaffungsamts des deutschen Innenministeriums unter www.e-vergabe.bund.de. Auf dieser Internet-Plattform können aktuelle Ausschreibungen eingesehen und Angebote auf elektronischem Weg übermittelt werden. Auch die Angebotszuschläge, die Vertragsabschlüsse und der übliche Geschäftsverkehr werden online abgewickelt. Voraussetzung zur Teilnahme ist dabei der Einsatz digitaler Signaturen mittels Signaturkarte und Kartenlesegerät. Zur Zeit wird nur die TeleSec PKS Card der Deutschen Telekom unterstützt.

[44] Zur genauen Ausgestaltung eines Vertrauensmodells und der einzelnen Einflussgrößen siehe *Petrovic/Fallenböck/Kittl/Wolkinger*, Wirtschaftsinformatik 1/2003, 53ff mwN.

[45] Vgl auch *Engel*, Vertrauen: ein Versuch, in Preprints aus der Max-Planck-Projektgruppe Recht der Gemeinschaftsgüter (1999). Auch *Engel* sieht – wenn auch unter anderen Bedingungen – die wesentliche Interventionskraft von Recht im Setzen einer rechtlichen Rahmenordnung für Vertrauen.

5.1 Grundlagen der Steuerung

Zunächst gibt es zwei wesentliche Wirkungspfade rechtlicher Steuerung. Zum einen können die Rechte und Pflichten der Parteien direkt bestimmt werden. Hierzu gehören etwa die Regeln des Vertrags-, Verbraucherschutz- oder Wettbewerbsrechts. Zum anderen kann sich das hoheitliche Bemühen auf die Gestaltung der technischen Infrastruktur richten und so über die dann faktisch veränderten Handlungsmöglichkeiten Einfluss nehmen. Die herausragende Rolle der technischen Infrastruktur im E-Commerce rechtfertigt eine gesonderte Betrachtung dieser Vorgehensweise.[46] In beiden Fällen handelt es sich letztlich um rechtliche Steuerung – bei der rechtlichen Technikgestaltung wird dabei quasi über die Bande technischer Handlungslogiken gespielt.[47]

5.1.1 Unmittelbar wirkender rechtlicher Rahmen

Recht kann die Voraussetzungen für Vertrauen durch unmittelbar auf die geschäftlichen Positionen wirkende rechtliche Vorgaben beeinflussen. Dabei geht es um eine direkte Verhaltenssteuerung. Rechtsnormen sollen unter Androhung verschiedener Sanktionen sicherstellen, dass sich Nutzer in einer bestimmten Art und Weise verhalten – der Handlungsspielraum wird somit eingeschränkt und dadurch Komplexität reduziert. Wirtschaftlich gesehen wirken die Regeln dadurch, dass aus der Sicht des Vertrauensnehmers bei einem wirksamen rechtlichen System der mögliche Gewinn aus opportunistischem Verhalten geringer ist als der mögliche Verlust durch die angedrohte Sanktion.[48] Der Gesetzgeber statuiert Rechte und Pflichten, die beispielsweise eine Beeinflussung des Haftungsrisikos, nachträgliche Korrekturmöglichkeiten oder den transparenten Zugang zu Informationen bewirken. Die Herausforderung besteht hier weniger in der umfassenden Nachnormierung neuer Schutzbereiche, sondern in der Sicherstellung des faktischen Wirkens des in weiten Teilen aus der Offline-Welt vertrauten Rechtssystems. Dort wo Änderungen erforderlich sind, sollen diese mit klaren Bezügen zu neuen technischen Gefährdungen oder Sicherheitsbedürfnissen transparent gemacht werden.[49]

5.1.2 Beeinflussung der technischen Infrastruktur

Beschäftigt man sich näher mit der indirekten Regulierung über die Beeinflussung der technischen Infrastruktur so ist zunächst ein interessantes Phänomen

---

[46] Siehe unten unter 5.1.2.

[47] *Fuhrmann*, Vertrauen 105.

[48] Vgl *Petrovic/Fallenböck/Kittl/Wolkinger*, Wirtschaftsinformatik 1/2003, 53ff.

[49] International bemühen sich Gesetzgeber auch, die Notwendigkeit eigener Regelungen im E-Commerce (die natürlich zu einer gewissen Zersplitterung der Rechtsordnung führen) zu rechtfertigen: siehe etwa die Begründungen in einschlägigen EU-Richtlinien wie etwa Fernabsatzrichtlinie oder E-Commerce-Richtlinie, oder siehe die erläuternden Bemerkungen zu Gesetzen wie dem E-Commerce-Gesetz in Österreich.

zu beachten, das eingehend von *Lessig*[50] beschrieben wurde. Dabei geht es um die „normative" Wirkung, die technische Infrastruktur – ganz unabhängig von rechtlichen Vorgaben – ausüben kann. *Lessig* verwendet die Doppeldeutigkeit des englischen Begriffs „Code" zur Illustration der beiden Wirkungspfade Rechtsnormen und technische Sachzwänge. Letztere können in einem stark techniklastigen Bereich wie dem E-Commerce eine ähnliche, wenn nicht sogar weiterreichende Wirkung als Rechtsnormen erhalten.[51] Dies ergibt sich daraus, dass Handlungsoptionen im Internet in hohem Maße technisch determiniert sind. Ein klares Beispiel hierfür ist die Wirkung von DRM-Systemen, die den Zugang und die Nutzung von digitalen Inhalten bestimmen.[52] Da der überwiegende Teil der Nutzer nicht über die technischen Fähigkeiten verfügt, solche Systeme zu umgehen, müssen diese die Vorgaben akzeptieren.[53] Wenn etwa bei einem DRM-System die Berechtigungsdauer für ein Musikfile nach sieben Tagen abläuft, dann wird dem Nutzer der Zugang faktisch verweigert.[54] Diese Schranke kann in vielen Fällen effizienter wirken als die rechtlichen Pflichten des Urheberrechts. Daher zeigt sich die Tendenz, in bestimmten techniklastigen Bereichen Rechte und Pflichten nicht mehr direkt zu bestimmen, sondern die technischen Rahmenbedingungen zu beeinflussen.[55] Gerade die Beeinflussung der Rahmenbedingungen ist jedoch weiter wichtig. Zwar gehen Rechteinhaber vermehrt dazu über, ihre Werke und Leistungen vor den Gefahren der Technik

[50] Für ein umfassendes Regulierungsmodell mit Bezug auf die digitale Welt vgl *Lessig*, Code 85ff. *Lessig* unterscheidet dabei vier wesentliche Regulatoren: „Law" (vergleichbar mit staatlicher Regulierung), „Norms" (vergleichbar der Selbstregulierung durch Sitten, Moral oder die im Internet gebräuchliche Netiquette), „Architecture" (im Sinne technischer Kontrollmaßnahmen, die etwa den Zugang beschränken oder die Fähigkeit Kopien anzufertigen) sowie „Market".

[51] Die Nutzung technischer Voraussetzungen zur Gestaltung „rechtspolitischer" Ziele ist jedoch nichts neues. Ein Beispiel aus einem anderen Bereich findet sich bei *Caro*, The Power Broker: Robert Moses and the Fall of New York (1974) 318. Durch die Gestaltung der Brücken auf Long Island wurden öffentliche Busse und damit einkommensschwache (farbige) Busbenutzer von bestimmten Stränden ferngehalten.

[52] Dazu oben 3.3.

[53] Der durchschnittliche Nutzer würde somit Unterstützungstools brauchen, um den Schutz zu umgehen. An genau diesem Punkt setzt auch die Gesetzgebung zum Schutz solcher Systeme an. Section 1201 des DMCA und Art 6 und 7 der Urheberrechtsrichtlinie verbieten daher nicht nur die Umgehung selbst, sondern auch das Herstellen bzw Verbreiten von entsprechenden Tools, wenn diese primär für Umgehungszwecke entwickelt werden. Dadurch wird dem durchschnittlichen Nutzer der Zugang zu diesen Tools genommen.

[54] Eine solche Kontrolle ist weitgehender als sie bisher im nicht-digitalen Bereich möglich war. Auch wenn dort bestimmte Nutzungshandlungen urheberrechtlich untersagt waren, so konnten die Nutzer diese dennoch vornehmen. Dies macht auch deutlich, warum DRM-Systeme für die Rechteinhaber zumindest in Teilen attraktiver sind als weitere Rechte; siehe dazu *Fallenböck*, On the Technical Protection of Copyright: The Digital Millennium Copyright Act, the European Community Copyright Directive and Their Anticircumvention Provisions, International Journal of Communications Law and Policy 7/2003, online unter www.ijclp.org.

[55] Dies kann sich positiv wie negativ für die Position der Nutzer auswirken. Autoren wie *Lessig* weisen aber auch darauf hin, wie wichtig es ist, die „normative" Wirkung von Technik durch begleitende rechtliche Bestimmungen zu kontrollieren. Ansonsten droht eine „private Gesetzgebung" durch technische Standards.

durch den Einsatz von Technik zu schützen. Die eingesetzten technischen Schutzmaßen sind jedoch praktisch nie vor Umgehung sicher. Daher ist wiederum das Recht gefordert, einen ergänzenden Schutz dieser Maßnahmen vor Umgehung bereitzustellen. Weltweit haben Gesetzgeber daher begonnen, einen ergänzenden Rechtsschutz gegen die Umgehung technischer Schutzmaßnahmen einzuführen.[56]

Die Beeinflussung der technischen Infrastruktur passiert selten durch die direkte staatliche Gestaltung von Technik. Eine Ausnahme findet sich etwa in den Signaturgesetzen.[57] Viel häufiger handelt es sich um eine Innovationsregulierung. Recht kann hier einen vertrauensfördernden Rahmen geben, indem Handlungsfreiräume geschaffen, staatliche Nichtintervention garantiert und die Verteilung der Haftungsrisiken vorgenommen werden.[58] Dazu kommt noch, dass viele Innovationen auf gesellschaftliche Voraussetzungen angewiesen sind, welche die Innovatoren selbst nicht schaffen können. Besonders im Bereich von Netzwerkgütern setzen Innovationen häufig eine kritische Marktgröße und glaubhafte Signale für eine kontinuierliche Bereitstellung der Güter und wichtiger Komplementärprodukte voraus. Die dafür notwendige Koordination verschiedener Akteure kann rechtlich unterstützt oder erzwungen werden.

Diese Strategie der Technikgestaltung trifft aufgrund des Steuerungsgegenstandes auf zwei zentrale Probleme: Zum Einen muss die Einflussnahme, die sich auf die durch Technik vorgegebenen Handlungsoptionen auswirken soll, bereits zu einem sehr frühen Zeitpunkt im Entwicklungsprozess ansetzen. Dies macht es schwierig, die späteren Implikationen abzuschätzen. Zum anderen trifft der Staat im Bereich der Technikentwicklung auf weitgehend privatwirtschaftlich organisierte und von Freiheitsrechten geschützte Akteure. Wesentliche Grundrechte wie die Freiheit der Wissenschaft oder die Garantie von Eigentum und Erwerbsfreiheit machen Eingriffe hier schwierig.[59]

Der ersten Herausforderung lässt sich durch Lernmöglichkeiten und vorgesehene Adaptionen Rechnung tragen. Ein Beispiel hierfür ist etwa Art 12 der Urheberrechtsrichtlinie, der die EU-Kommission verpflichtet, alle drei Jahre einen Bericht über die Anwendung der Richtlinie vorzulegen. Darin soll insbesondere die Anwendung der Bestimmungen anhand der Entwicklung des digitalen Marktes überprüft werden. Dies trifft vor allem jene Bestimmungen über technische Schutzmaßnahmen und Rechteinformation, die wesentlich für die

---

[56] Als Ausgangspunkt auf internationaler Ebene sind in diesem Zusammenhang der WIPO Copyright Treaty sowie der WIPO Performances and Phonograms Treaty zu nennen. Die USA reagierte mit der Verabschiedung des DMCA, die EG mit der Urheberrechtsrichtlinie, siehe auch *Fallenböck/Haberler*, Technische Schutzmaßnahmen und Urheberrecht in der Informationsgesellschaft, ecolex 2002, 262.

[57] Siehe etwa die deutsche Signaturverordnung mit der verpflichtenden Verwendung der ISO/ IEC 15408; oder die österreichische Signaturverordnung mit verpflichtender Verwendung des Hashverfahrens SHA-1 durch die Aufsichtsstelle.

[58] Ein Beispiel hierfür sind die oben genannten Bestimmungen des DMCA und der Urheberrechtsrichtlinie als Förderung von technischen Schutzmaßnahmen. Dies geschieht durch eine Verschiebung der Haftungs- und Beweisrisiken auf die Nutzer und eine Kriminalisierung von Umgehungs-Tools, wodurch deren Markt beseitigt werden soll.

[59] *Fuhrmann*, Vertrauen 110.

Adaption von DRM-Systemen sind. Weiters wird ein Kontaktausschuss eingerichtet, der die Entwicklung beobachten soll.[60]

Der zweiten Herausforderung wird durch die Stärkung von kooperativen Handlungsformen und Mechanismen der Selbstregulierung begegnet. Der Freiheitsbereich kann durch den Verzicht auf hoheitliche Eingriffe zugunsten von Anreizsystemen gewahrt bleiben. Ein interessantes Beispiel hierfür findet sich wiederum in der Urheberrechtsrichtlinie in Bezug auf das Verhältnis von freien Werknutzungen (insbesondere der Privatkopie) und den Wirkungen technischer Schutzmaßnahmen. Ausgangspunkt ist dabei die begründete Gefahr, dass die unbeschränkte Anwendung technischer Schutzmaßnahmen dazu führen könnte, dass freie Werknutzungen – wie etwa das Recht der privaten Kopie – technisch unmöglich gemacht werden. Ziel von Art 6 Abs 4 der Urheberrechtsrichtlinie ist es daher, einen Ausgleich zwischen dem umfassenden Schutz technischer Maßnahmen und den Interessen der durch Schranken und Ausnahmen Begünstigten zu erzielen. Zunächst können die Rechteinhaber freiwillig den Begünstigten die Mittel zur Verfügung stellen, die sie benötigen, um in den Genuss dieser Ausnahmen zu gelangen. Falls die Rechteinhaber innerhalb einer angemessenen Frist keine freiwilligen Maßnahmen treffen oder keine Vereinbarungen zwischen den betroffenen Parteien zustande kommen, müssen die Mitgliedstaaten sicherstellen, dass die erforderlichen Maßnahmen zur Verfügung stehen. Dies ist ein Beispiel dafür, dass in einem ersten Schritt auf staatliche Regulierung verzichtet und stattdessen den beteiligten Wirtschafts- und Nutzerkreisen die Gelegenheit gegeben wird, eine Einigung herbeizuführen. Ein weiteres Beispiel hierfür ist die Förderung freiwilliger Verhaltenskodizes für den E-Commerce durch Art 16 der E-Commerce-Richtlinie.[61] Dabei sollen die Mitgliedstaaten die zuständigen Handels-, Berufs- und Verbraucherverbände ermutigen, Verhaltenskodizes aufzustellen, die zur sachgerechten Umsetzung der Bestimmungen der Richtlinie beitragen. Solche Verhaltenskodizes sollen elektronisch in den Sprachen der EU abrufbar sein.

5.2 Steuerungsstrategien

Der Schwerpunkt der Multimedia-Regulierung liegt auf der Rahmensetzung. Nur vereinzelt wurden etwa strafrechtliche Vorschriften an neue Begehungsfor-

---

[60] Ein anderer Mechanismus wurde im DMCA gewählt, wo dem Copyright Office die Überprüfung bestimmter Bestimmungen und die Normierung von Ausnahmen aufgetragen wird. Zur Zeit findet ein solches Rulemaking proceeding statt; siehe http://www.copyright.gov/1201/: "The Copyright Office is conducting the rulemaking proceeding mandated by the Digital Millennium Copyright Act, which provides that the Librarian of Congress may exempt certain classes of works from the prohibition against circumvention of technological measures that control access to copyrighted works. The purpose of this proceeding is to determine whether there are particular classes of works as to which users are, or are likely to be, adversely affected in their ability to make noninfringing uses due to the prohibition on circumvention of access controls."

[61] Richtlinie 2000/31/EG des Europäischen Parlaments und des Rates über bestimmte rechtliche Aspekte der Dienste der Informationsgesellschaft, insbesondere des elektronischen Geschäftsverkehrs im Binnenmarkt ('Richtlinie über den elektronischen Geschäftsverkehr'), ABl L 178/ 1 vom 17. 7. 2000.

men angepasst. Das Ordnungsrecht spielt eine eher untergeordnete Rolle, während die Gewerbefreiheit im Rahmen des europäischen Binnenmarktes als Handlungsleitlinie an Bedeutung gewinnt. Diese Entwicklung wird naturgemäß stärker je höher der gesetzgebende Verband angesiedelt ist: Von den Teilstaaten (etwa Bundesländern), über die Einzelstaaten bis hin zur Europäischen Union werden ordnungsrechtliche Handlungsformen immer seltener und nehmen Rahmenregelungen zu. Im Zuge der Regulierung der Multimedia-Dienste hat sich von EU-Ebene aus durchgesetzt, dass diese zulassungs- und anmeldungsfrei sind. Damit sollen für potenzielle Diensteanbieter keine zusätzlichen Hürden errichtet werden. So verpflichtet etwa Art 4 E-Commerce-Richtlinie die Mitgliedstaaten, dass die Aufnahme und Ausübung der Tätigkeit eines Anbieters von Diensten der Informationsgesellschaft nicht zulassungspflichtig ist und keiner sonstigen Anforderung gleicher Wirkung unterliegt.[62] Dies ändert natürlich nichts an bestehenden Zulassungsvorschriften, etwa im Gewerberecht. Kurz gefasst gilt: Wenn in der Offline-Welt eine Zulassung benötigt wird, dann braucht man diese auch im Online-Bereich. Es geht also um das Verbot zusätzlicher Voraussetzungen und Schranken. Dennoch ist der Rückgang der ordnungsrechtlichen Instrumente vom Rundfunk über die Telekommunikation bis zu den Multimediadiensten interessant.[63] Während die ersten beiden nach wie vor einem strengen Lizenzregime unterliegen, wurde darauf im Online-Bereich verzichtet. Das Kernargument für diesen Unterschied wird in den in den ersten beiden Bereichen beschränkten Ressourcen gesehen. Ob dies angesichts neuer Technologien wie Open Spectrum noch gerechtfertigt ist, kann an dieser Stelle nicht näher diskutiert werden.[64]

Insgesamt ist zu beobachten, dass viele der neuen Regelungen im Multimediarecht den Charakter von Angeboten haben, die das Handeln privater Akteure strukturieren sollen, ohne Zwang auszuüben. So regeln die Signaturrichtlinie und die sie umsetzenden Signaturgesetze ein als sicher geltendes Verfahren,

---

[62] Darin ist der Grundsatz der Zulassungsfreiheit verankert; vgl dazu *Fuhrmann*, Vertrauen 87ff; vgl auch *Vassilaki*, Das Prinzip Vertrauen für Informationsdienste, CR 2002, 742, 743.

[63] *Vassilaki*, CR 2002, 743, betont dabei auch einen weiteren wichtigen Aspekt der Rücknahme staatlicher Eingriffe und des damit verbundenen liberalen Modells der Kommunikations- und Informationsfreiheit: und zwar die „Privatisierung" der Rechtsbeziehungen, besonders deutlich etwa im Bereich des Datenschutzes. War früher der Staat Adressat grundrechtlicher Ansprüche, so ist Datenschutz heute viel mehr ein Problem zwischen Nutzern und Unternehmern, also Teilnehmern des Privatrechtsverkehrs.

[64] Mit der Existenz neuer digitaler Übertragungstechniken, durch die etwa Funkfrequenzen deutlich effizienter genutzt werden können, gerät das Knappheitsargument als Rechtfertigung für weitgehende ordnungsrechtliche Kontrolle im Rundfunkbereich unter Druck; zu dieser – in den USA heftig geführten Debatte – vgl etwa *Noam*, Spectrum Auctions: Yesterday's Heresy, Today's Orthodoxy, Tomorrow's Anachronism, Journal of Law & Economics 41/1998, 765; *Benkler*, From Consumers to Users: Shifting the Deeper Structure of Regulation Toward Sustainable Commons and User Access, Federal Communications Law Journal 52/2000, 561; *Gilder*, Telecosm: How Infinite Bandwith Will Revolutionize Our World (2000); Mittlerweile steht auch die für die Regulierung des Rundfunks zuständige Behörde, die Federal Communications Commission (FCC), diesen Ideen offener gegenüber: www.fcc.gov/Speeches/Powell/2002/spmkp212.html

ohne andere zu verbieten (Prinzip der Technologieneutralität).[65] Durch materielle und prozessuale Anreize (etwa Gleichstellung mit eigenhändiger Unterschrift und damit besondere Beweiswirkung) soll das Bemühen um Sicherheit belohnt werden, was nicht ausschließt, dass sich für bestimmte Anwendungen andere Verfahren durchsetzen. Ähnliche „weiche" Regeln finden sich auch im Datenschutz, wo sehr allgemeine und unbestimmte Pflichten durch Anreizsysteme ergänzt werden, die ein Vermarkten des Datenschutzes als Wettbewerbsvorteil ermöglichen.

6. Recht und die Infrastruktur des Vertrauens: Einige Leitbeispiele

Nachdem nun einige Grundlagen rechtlicher Steuerungsmechanismen im E-Commerce dargelegt wurden, geht es im Folgenden um konkrete Beispiele, in denen Recht die Rahmenbedingungen für Vertrauen, gewissermaßen für die Infrastruktur des Vertrauens beeinflussen kann. Diese Beispiele beziehen sich dabei auf Anhaltspunkte, an denen eine rechtliche Vertrauensförderung konkret angreifen kann. Dabei ist noch einmal an die Grundlagen des Vertrauenseinsatzes zu erinnern:[66] Vertrauen ist eine riskante Vorleistung, die in der Hoffnung gewährt wird, nicht enttäuscht zu werden. Die Vertrauensbildung geht in einem komplexen Vorgang vonstatten, in dem auch das Risiko einer Enttäuschung abgeschätzt werden muss. Neben der individuellen Risikoneigung und vergleichbaren subjektiven Prädispositionen (etwa individuellen Werteinstellungen) lassen sich einige äußere Bedingungen angeben.[67] Wie diese durch rechtliche Mechanismen beeinflusst werden können, soll nun anhand einiger Leitbeispiele aufgezeigt werden.[68]

6.1 Direkte Ereignisbeherrschung

Empirische Untersuchungen zur subjektiven Risikowahrnehmung zeigen, dass eine prinzipielle Einflussmöglichkeit auf einen Geschehensablauf die Bereitschaft erhöht, sich diesem Risiko auszusetzen.[69] Ein Maximum an Einflussmöglichkeit wäre bei einer vollkommenen Ereignisbeherrschung gegeben. Diese besteht jedoch nur theoretisch, da in der Praxis absolute Gewissheiten nicht zu erzielen sind (zudem würde in solchen Fällen Sicherheit bestehen und die Akteure müssten gar nicht vertrauen). Gerade im E-Commerce wird die Einfluss-

---

[65] So wird im Erwägungsgrund 8 der Signaturrichtlinie betont, dass die rasche technologische Entwicklung und der globale Charakter des Internet ein Regelungskonzept erforderlich machen, das verschiedenen Technologien und Dienstleistungen im Bereich der elektronischen Authentifizierung offen steht. Daher regelt die Richtlinie auch allgemein elektronische Signaturen, weist aber sogenannten fortgeschrittenen (oder sicheren) Signaturen besondere Rechtswirkungen zu. Die Erfordernisse für diese fortgeschrittenen Signaturen werden zur Zeit durch das Verfahren der digitalen Signatur erfüllt.

[66] Siehe oben unter 4.1.

[67] Siehe dazu allgemein *Fuhrmann*, Vertrauen 56ff.

[68] Im Detail ausgeführt Beispiele aus verschiedenen Bereichen finden sich in den weiteren Beiträgen dieses Teils.

[69] Siehe die Nachweise bei *Fuhrmann*, Vertrauen 56f.

möglichkeit durch verschiedene Unsicherheitsfaktoren schwer erschüttert: Für den Nutzer oft undurchschaubare Hard- und Softwarefehler bzw Sicherheitslücken treten auf, dazu kommen Unsicherheiten, die aus den unterschiedlichen Positionen der Geschäftsparteien resultieren.[70] Dennoch können Handlungsstrategien eine Ereignisbeherrschung anstreben. Die Parteien können das Spektrum ihrer Handlungsmöglichkeiten im voraus festlegen und damit ihre Prognosefähigkeit gegenüber zukünftigen Entwicklungen erhöhen. Dies geschieht im modernen Wirtschaftsleben durch den Abschluss – meist schriftlicher – Verträge, die auch einen wesentlichen Beitrag zur Komplexitätsreduktion leisten können.[71]

Der Vertragsabschluss im Internet trifft jedoch auf zwei zusätzliche Unsicherheiten, auf welche die Rechtsordnung reagieren muss: zum einen die schwierige Authentifizierung des Vertragspartners, zum anderen die Anonymität und Manipulierbarkeit elektronischer Nachrichten. Technische Lösungen dafür sind der Einsatz von Verschlüsselung und elektronischer Signaturen, wofür das Recht entsprechende Rahmenbedingungen schaffen muss.[72] E-Commerce zeichnet sich durch eine erhöhte Anonymität aus, die es den Teilnehmern erschwert, die tatsächliche Identität ihres Vertragspartners und damit verbundene Wertungskriterien (Seriosität, Bonität etc) zu ermitteln. Ein damit in engem Zusammenhang stehendes Problem resultiert aus der Flüchtigkeit und damit leichten Manipulierbarkeit von Information. Weder Absender noch Empfänger können sich sicher sein, dass die Information nicht verändert oder von Dritten eingesehen wurde. Im Streitfall können sich so die Vertragspartner nur mit erheblichen Kosten auf ausgetauschte Informationen berufen. Ökonomisch gesprochen werden die Transaktionskosten aufgrund der Risiken unter Umständen so hoch, dass bestimmte Geschäfte unterlassen werden.

Gesetzgeber haben darauf weltweit durch eine besondere Signaturgesetzgebung reagiert[73], die ähnlichen Modellen folgt. Entsprechende Rechtsakte legen zunächst die (technologieneutralen) Grundlagen für die Vergabe von elektronischen Signaturen bzw entsprechenden Zertifikaten (Vergabestruktur, Aufsichtsbehörden) fest. Juristischer Kernpunkt ist die grundsätzliche Nichtdiskriminierung elektronischer Unterschriften im Rechts- und Geschäftsverkehr. Einer bestimmten Kategorie von elektronischen Signaturen (meist werden diese als

---

[70] Zu diesen Unsicherheiten siehe im Detail den Beitrag von *Petrovic/Fallenböck/Kittl* in diesem Band.

[71] Dies geschieht etwa durch die Einbindung formelhafter Vertagsteile, der sogenannten Allgemeinen Geschäftsbedingungen, in denen für eine Vielzahl von Geschäften grundsätzliche Rechte und Pflichten einheitlich bestimmt werden. Besondere Bedeutung haben vertragliche Regelungen bei komplexen Langzeitleistungen, etwa bei der Softwareüberlassung über Netzwerke (Application Service Providing): siehe zu den vertragsrechtlichen Implikationen in diesem Bereich den Beitrag von *Bettinger/Scheffelt*.

[72] Gerade im Signaturbereich wird – angesichts von Signaturprovidern, Zertifizierungsdiensteanbietern und Aufsichtsstellen – das Bild von der Infrastruktur des Vertrauens besonders deutlich. Dabei darf jedoch nicht übersehen werden, dass ein hohes Maß an technischem und rechtlichem Aufwand auch das Misstrauen der Nutzer fördern kann und damit das Gegenteil zur beabsichtigten Vertrauensförderung erreicht wird.

[73] Innerhalb der EU durch die Signaturrichtlinie sowie die nationalen Signaturgesetze; in den USA gibt es eine Vielzahl an einschlägigen Rechtsakten, deren erster der Utah Digital Signature Act war; vgl. dazu *Fallenböck/Schwab*, Zu der Charakteristik und den Rechtswirkungen elektronischer Signaturen: Regelungsmodelle in den USA und Europa, MR 1999, 370ff.

„sichere elektronische Signaturen" bezeichnet) wird eine besondere Rechtswirkung verliehen, indem diese der eigenhändigen Unterschrift gleichgestellt werden. Damit können auch solche Verträge, die bisher nur schriftlich möglich waren, elektronisch geschlossen werden. Für alle anderen Verträge ergibt sich eine erhöhte Beweiskraft. Die durch die Signaturgesetzgebung sichergestellte Prüfung von Authentizität, Identität und Integrität von elektronischen Dokumenten legt die Grundlage für sichere elektronische Vertragsabschlüsse.

6.2 Einflussmöglichkeiten auf den Geschehensablauf

Neben der direkten Ereignisbeherrschung kommt weiteren Einflussmöglichkeiten auf den Geschehensablauf besondere Bedeutung zu: diese bestehen in der vorlaufenden Beeinflussung des Schadenspotenzials sowie der nachträglichen Korrektur von Auswirkungen. Besonders wichtig für die Risikowahrnehmung ist der erwartete Schaden. Hier zeigt sich, dass ab einem gewissen Schadenspotenzial die Furcht vor dem Eintritt dieses Schadens auch durch einen hohen Grad der Ereignisbeherrschung oder eine geringe Schadenswahrscheinlichkeit nicht mehr angemessen kompensiert werden kann. Den Parteien wird in einer solchen Situation die Möglichkeit zum „Trial and Error" genommen, da sie den Versuch aufgrund der unverhältnismäßigen Konsequenzen eines Fehlers nicht wagen. Daher kann Vertrauen durch Einflussmöglichkeit nur geschaffen werden, wenn diese sich nicht auf die Schadenswahrscheinlichkeit, sondern auf die Beeinflussung des Schadenspotenzials bezieht. Bei finanziellen Transaktionen könnte diese Möglichkeit etwa darin bestehen, mit kleinen Beiträgen teilzunehmen und so bei einem Fehler nur in verkraftbarem Rahmen betroffen zu sein. Ein Beispiel hierfür sind die gängigen AGB der Kreditkartenunternehmen, in denen die Haftung für die Nutzer auf einen bestimmten Betrag begrenzt wird. Die Bereitschaft der Betreiber, darüber hinausgehende Schäden zu tragen, hat daneben noch einen zusätzlichen vertrauensbildenden Effekt: Die Kunden sind geneigt anzunehmen, dass die Kreditkartengesellschaften ihr System auch beherrschen, wenn sie zu solchen Haftungsübernahmen bereit sind.[74] Eine vorlaufende Begrenzung des Schadenpotenzials kann auch den Umgang mit spezifischen Eigenheiten neuer technischer Systeme erleichtern. So führt das Bezahlen mit Kreditkarten zu fehlenden körperlichen Handlungsnachweisen (im Sinne eines Belegs), die durch wahrgenommene technische Unsicherheiten verstärkt werden. Das für die Kontoinhaber daraus erwachsende Schadenspotenzial kann dadurch kompensiert werden, dass Abbuchungen binnen einer gewissen Frist rückgängig gemacht werden können. So verpflichtet Art 8 der Fernabsatzrichtlinie[75] die Mitgliedstaaten

---

[74] Ähnliche Haftungsübernahmen wären auch im Online-Banking möglich; siehe *Forrester*, Bankkanäle effizient managen (2002). Darin wird den Banken eine Risikoübernahme in Form einer Garantie für Online-Banking geraten.

[75] Richtlinie 97/7/EG des Europäischen Parlaments und des Rates über den Verbraucherschutz bei Vertragsabschlüssen im Fernabsatz, ABl L 144/19 vom 4. 6. 1997: zum Inhalt der Richtlinie und zu ihrer Anwendung auf Rechtsgeschäfte im Internet vgl statt vieler *Meents*, Verbraucherschutz bei Rechtsgeschäften im Internet: Anwendung und Wirkung klassischer Instrumentarien des Verbraucherschutzrechts und der europäischen Fernabsatzrichtlinie (1998) 173ff.

dazu, Vorkehrungen vorzusehen, dass der Verbraucher im Fall einer betrügerischen Verwendung ihrer Zahlungskarten die Stornierung einer Zahlung und die entsprechende Gutschrift verlangen kann.

Eine weitere Form des Einflusses auf Geschehensabläufe ist die Möglichkeit nachträglicher Korrekturen von Handlungsfolgen. Wenn mit einer Handlung nicht bereits alle Einflussmöglichkeiten aus der Hand gegeben werden, fällt der Entschluss zu ihrer Vornahme relativ leicht. Ein Beispiel hierfür entstammt wiederum der Fernabsatzrichtlinie und dem in Art 6 vorgesehen Widerrufsrecht, dass es Verbrauchern bei Internetgeschäften ermöglicht, unter gewissen Bedingungen sanktions- und grundlos vom Vertrag zurückzutreten. Dieses Recht – ein echtes Rücktrittsrecht – darf nicht mit Garantien aus der Gewährleistung verwechselt werden, wo es um die Behebung von Mängeln geht. Das Widerrufsrecht ist unabhängig vom Vorliegen solcher Mängel, vielmehr soll es den Verbraucher für die fehlende physische Inspektion kompensieren und die Korrektur einer Handlung im E-Commerce ermöglichen.

6.3 Sicherstellung von Verantwortung und Zurechnung

Eine wesentliche Grundlage der vertrauten Rechts- und Geschäftordnung ist die Übernahme von Verantwortung für die Folgen frei bestimmter Handlungen. Dieser Mechanismus wird in einer komplexen technikbasierten Gesellschaft von zwei Seiten geschwächt. Zum einen werden die an persönliche Handlungen anknüpfenden Kausalketten immer länger und unübersichtlicher, sodass die Grenze zwischen individueller Verantwortung und gesellschaftlich zu tragendem Risiko schwer zu ziehen ist. Zum anderen ist es selbst dort, wo persönliche Verantwortung besteht, schwierig, den Verursacher eines Schadens tatsächlich zur Verantwortung zu ziehen. Eine Möglichkeit besteht etwa darin, die Anknüpfungspunkte so weit vor zu verlagern, bis praktisch fassbare Verantwortungsträger erreicht sind.[76] Diese Form ist unter dem Begriff der Providerhaftung bekannt geworden, wobei es hier um die Haftung für Rechtsverletzungen Dritter geht.

Der Hintergrund lässt sich an einem konkreten Fall, dem CompuServe-Fall, der weltweit für Aufsehen gesorgt hat, illustrieren:[77] Dem Geschäftsführer der deutschen Niederlassung des amerikanischen Providers wurde die Teilnahme an der Verbreitung pornografischer Schriften zur Last gelegt, weil über den Zugang

---

[76] Der Ruf nach einer verschuldensunabhängigen Gefährdungshaftung (wie sie etwa für den Betrieb gefährlicher Anlagen wie Kraftfahrzeuge oder Eisenbahnen besteht) erscheint hingegen unangemessen, da es nicht *den* Betreiber des Internet gibt, der die Gefahren beherrschen kann; siehe *Fuhrmann*, Vertrauen 154 mwN.

[77] Der Fall hat sich in den Jahren 1995 – 1999 abgespielt, also noch vor den neuen Haftungsfreistellungen der E-Commerce-Richtlinie bzw den nationalen Umsetzungsgesetzen, die – wie das österreichische ECG oder das deutsche Teledienstegesetz (TDG) – später in Kraft getreten sind: Urteil des AG München 28. 5. 1998, MMR 1998, 429; dieses Urteil wurde vom Landgericht München aufgehoben und der Angeklagte freigesprochen: LG München I, 17. 11. 1999, MMR 2000, 171; vgl zum ersten Urteil die Anmerkung von *Sieber*, MMR 1998, 438; sowie allgemein zur rechtlichen Verantwortlichkeit im Internet *Sieber*, MMR-Beilage 2/1999.

von CompuServe auch Newsgroups mit entsprechenden Inhalten erreicht werden konnten. Die dafür verantwortlichen Teilnehmer waren naturgemäß schwer greifbar, weshalb die Anklage von einer Verantwortung des Providers ausging. Dieser erschien als leicht greifbarer Verantwortungsträger für die Rechtsverletzungen. Auch wenn der Angeklagte letztlich freigesprochen wurde, so bleibt doch die grundsätzliche Problematik bestehen: Internet-Provider als Anbieter von zentralen Netzdienstleistungen sind Glieder in besonders vielen Kausalketten und können unter Umständen für sehr viele rechtswidrige Vorgänge zur Rechenschaft gezogen werden, die unter Zuhilfenahme ihrer Dienste geschehen. Die daraus resultierende Unsicherheit der Provider, die sich im CompuServe-Fall manifestiert hat, hat die europäische Debatte zur Providerhaftung wesentlich beschleunigt. Deren Ergebnis sind die Haftungsbeschränkungen der E-Commerce-Richtlinie sowie der nationalen Umsetzungsgesetze.

Die Bestimmungen sind horizontal konzipiert, das heißt sie stecken für einige zentrale Fragen der Netzdienstleistungen über alle Rechtsgebiete hinweg einen konkreten Verantwortungsrahmen ab. Bei der Haftungsfreistellung für fremde Inhalte wird unterschieden zwischen solchen Inhalten, die zur Nutzung auf den Systemen des Providers bereitgehalten werden (Hostprovider) sowie jenen, zu denen lediglich der Zugang zur Nutzung vermittelt wird (Accessprovider).[78] Diese Unterscheidung wirkt sich wesentlich auf die Haftungsmaßstäbe aus. Wesentliches Prinzip dabei ist, dass die Provider bei Einhaltung bestimmter Regeln von jeder Haftung befreit werden. Diese als Safe-Harbor-Prinzip bekannte Regelung findet sich im Bereich der Haftung für fremde Urheberrechtsverletzungen auch im DMCA, der eine neue Section 512 in den Copyright Act eingefügt hat. In ihrer Intention sind diese Haftungsfreistellungsregeln vertrauensfördernd – es werden für den Online-Bereich Nahebeziehungen definiert, anhand derer unabhängig von den Besonderheiten spezifischer Rechtsgebiete der Grad der Verantwortung bestimmt werden soll. Dabei gilt es das Vertrauensverhältnis zwischen Nutzern und Providern richtig auszutarieren. Für die Provider sind diese Haftungsbeschränkungen zweifellos vertrauensfördernd, wodurch wirtschaftliche Aktivität gefördert werden soll. In der Praxis muss sich jedoch auch zeigen, ob hier ein Maß gefunden wurde, das dieses Ziel erreicht, ohne das Vertrauen in das grundsätzliche Prinzip der Verantwortung zu untergraben.

6.4 Bekannte Handlungsmuster

Neue Handlungsweisen werden häufig in Analogie zu bekannten Abläufen eingeübt. Eine Reihe empirischer Studien zeigt, dass Menschen im Umgang mit neuen technischen Systemen zunächst ihre gewohnten Handlungsabläufe beibehalten, selbst wenn dadurch das Potenzial der Technologie nur teilweise genutzt oder gar die Funktionsfähigkeit der Systeme gefährdet wird.[79] So haben sich die

---

[78] Zu Detailfragen der Haftungsfreistellungen siehe etwa im österreichischen Recht *Kainz/Trappitsch*, Praxisrelevante Fragen der Haftungsfreistellungen des ECG, ecolex 2002, 737.

[79] Vgl die Nachweise bei *Fuhrmann*, Vertrauen 61.

Teilnehmer einer Simulationsstudie zur digitalen Signatur im täglichen Betrieb weitgehend auf den am Ende von elektronischen Dokumenten in Druckschrift auf dem Bildschirm erscheinenden Namen angeblicher Absender verlassen, obwohl sie auf die Unangemessenheit dieses Verfahrens hingewiesen worden waren.[80] Das gleiche Beharrungsvermögen äußert sich in umgekehrter Richtung, wenn trotz neuer technischer Unsicherheiten das Vertrauen in bewährte Abläufe weitgehend unerschüttert bleibt. So haben die Fortschritte und die breite Verfügbarkeit der Kopiertechnik die Fälschbarkeit von Unterschriften erhöht, das Vertrauen in Dokumente jedoch nicht merklich verringert. Ein persönlich anmutender Schriftzug strahlt offensichtlich genügend Vertrautheit aus, um seine korrekte Entstehung zumeist ohne Nachfrage anzunehmen.[81] Auch das Multimediarecht kann hier ansetzen und aus dem Offline-Bereich vertraute Instrumente für den elektronischen Geschäftsverkehr anwendbar machen. Ein Beispiel ist etwa das bereits beschriebene Widerrufsrecht der Fernabsatzrichtlinie, das ein für den Verbraucher bekanntes Handlungsmuster, nämlich das Rücktrittsrecht aus Haustürgeschäften auf den elektronischen Geschäftsverkehr überträgt. Im Business-to-Business Bereich kann ein Beispiel in den Vorschlägen gesehen werden, Regeln des Kapitalmarktrechts auf den elektronischen Geschäftsverkehr zu übertragen.

6.5 Bekannte Institutionen

Bei der Übernahme neuer Techniken spielt das Vertrauen in die bekannten Muster von Institutionen eine große Rolle. Der Begriff der Institution kann hier in zweierlei Hinsicht aufgefasst werden: zunächst kann an rechtliche Institutionen gedacht werden und an die Vertrautheit bekannter rechtlicher Regelungen. Die Anwendung des eigenen, vertrauten Rechts wird jedoch gerade im internationalen E-Commerce zu einer nicht selbstverständlichen Angelegenheit.[82] Es ist das Wesensmerkmal des E-Commerce, dass Angebote überall in der Welt in das Netz gestellt und überall abgerufen werden können. Da nicht sicher ist, nach welchen Kriterien ein Staat die Regulierungshoheit in Anspruch nimmt, ist der Anbieter von Information unter Umständen mit einer Vielzahl ihm in der Regel unbekannter Rechtsordnungen konfrontiert[83]. Umgekehrt gibt es das Risiko des Nutzers, statt der ihm vertrauten Rechtsordnung seines Heimatstaates das Recht

[80] *Kumbruck*, Digitale Sicherheit und Sicherheitskultur, in *Hammer* (Hrsg), Sicherungsinfrastrukturen (1995) 217ff, 231.

[81] Die Möglichkeit, vertraue Schriftzeichen beizubehalten wird als Hauptgrund der großen Popularität von Faxgeräten in Japan genannt. Siehe *Negroponte*, Total digital (1995) 228; kritisch *Fuhrmann*, Vertrauen 61.

[82] Siehe dazu den Beitrag von *Spindler/Fallenböck*.

[83] Aus Anbietersicht ergibt eine globale Expansion die Notwendigkeit, die rechtlichen Vorschriften der Zielländer nicht außer Acht zu lassen. Als kritische Rechtsbereiche ergeben sich dabei Fragen nach der Rechtsqualität elektronischer Verträge, dem Datenschutz, sowie bei Steuerrecht und Urheberrecht. Dabei ist zu empfehlen, sich an bestimmten Leitrechtsordnungen zu orientieren. Auch für verschiedene Branchen ergeben sich unterschiedliche Anforderungen. Siehe *Forrester*, Expand Globally, Comply Locally (2001).

einer fremden Rechtskultur anwenden zu müssen. Daraus resultieren Rechtsermittlungskosten (Feststellung der fremden Rechtnormen), Rechtsimplementierungskosten (Anpassen des Angebotes) und Rechtsdurchsetzungskosten (Klage im Ausland sowie Vollstreckung)[84].

In Reaktion darauf ist es das Ziel sichere Anknüpfungsregeln zu entwickeln. Dabei kann grundsätzlich auf das Herkunftsland des Anbieters oder auf den Marktort (in der Regel auch Sitz des Kunden) abgestellt werden. Die E-Commerce-Richtlinie setzt in ihrem Art 3 grundsätzlich auf das Herkunftslandprinzip[85], wenngleich davon viele Ausnahmen gemacht werden (etwa für Verbraucherverträge). Das Herkunftslandprinzip soll es Anbietern innerhalb der EU ermöglichen, sich auf ihre Heimatrechtsordnung zu beschränken, wenn sie im elektronischen Geschäftsverkehr tätig sind. Dadurch kann zumindest das Vertrauen der Diensteanbieter durch Recht unterstützt werden.

Neben rechtlichen Institutionen kommt auch bestimmten organisatorischen Einrichtungen Bedeutung in der Vertrauensbildung zu. Diese können für die Nutzer Funktionen der Kontrolle, Stellvertretung oder Risikoversicherung wahrnehmen, wie es in der Praxis etwa durch Evaluierung, Zertifizierung oder Standardisierung geschieht. Diese Dienste können auf den E-Commerce ausgeweitet werden. Es kann aber auch der Bedarf an neuen Funktionen bestehen, die in der körperlichen Welt bisher abgedeckt wurden und nun in eigenen Prozessschritten explizit zu realisieren sind. Für die Nutzer manifestieren sich die Institutionen in ihrer Erreichbarkeit und Verantwortungsübernahme (es bestehen Anlaufstellen wie Kundencenter oder Ombudsmänner). Häufig wird auch die Vergabe von Gütesiegeln eingesetzt, um damit eine erhöhte Publizitätswirkung zu erreichen. Diese Institutionen können entweder auf eine eigene rechtliche Grundlage gestellt werden (wie etwa im Fall der Aufsichtsstellen im Signaturbereich, dazu gleich im Folgenden), oder rechtliche Bestimmungen schaffen Anreize bzw setzen entsprechende Signale (Beispiele hierfür sind etwa die Bestimmungen zu Verhaltenskodizes bzw zur außergerichtlichen Streitbeilegung in der E-Commerce-Richtlinie).

Die Bedeutung von Institutionen zeigt sich gerade im Bereich der Signatur- und Zertifizierungsdienste. So enthält die Signaturrichtlinie die Verpflichtung der Mitgliedstaaten, ein funktionierendes Aufsichtssystem über die Zertifizierungsdiensteanbieter sowie entsprechende Bestätigungsstellen für technische Komponenten im Signaturbereich einzurichten. In Deutschland etwa fungiert das Bundesamt für Sicherheit in der Informationstechnik (BSI), das dem Bundesinnenministerium zugeordnet ist als Bestätigungsstelle. In Österreich wurde der Verein „Zentrum für sichere Informationstechnologie – Austria (A-SIT)" eingerichtet.[86] Diesem kommt

---

[84] So kostet etwa ein internationaler Datenschutz-Audit durch ein privates Consultingunternehmen ca. USD 100.000, die Beilegung von Streitigkeiten bei falscher Datenverwendung kann jedoch Kosten in Millionen USD bewirken: Zahlen bei *Forrester*, Expand Globally, Comply Locally (2001).

[85] Siehe dazu *Spindler/Fallenböck* in diesem Band.

[86] Dabei kommt es auch zu einer „Vertrauensübertragung", wenn bereits etablierte Institutionen entweder selbst auftreten (wie im Fall des BSI) oder sich an einer neuen Einheit beteiligen (wie im Fall von A-SIT, bei dem das österreichische Finanzministerium, die österreichische Nationalbank und die Technische Universität Graz als Mitglieder des Vereins fungieren).

nach dem österreichischen Signaturgesetz etwa die Aufgabe als Ansprech- und Koordinationsstelle für Belange der Sicherheit in der Informationstechnik zu.[87]

6.6 Transparenz

Mit Transparenz ist allgemein die Möglichkeit angesprochen, die grundlegenden Kommunikationsbeziehungen und Handlungsfolgen in einer Entscheidungssituation erkennen zu können.[88] Ein besonderes Problem im E-Commerce kann dabei aus der (wahrgenommenen) Informationsasymmetrie entstehen. Im E-Commerce fällt sowohl die physische Inspektion des Vertragspartners wie des -gegenstandes weg. Damit sind insbesondere Verbraucher vor eine neue Situation gestellt: Zwar sind die Kosten der Informationsbeschaffung dramatisch gesunken, dafür sind jedoch aufgrund der Informationsflut die Kosten für Filterung und Evaluierung dramatisch angestiegen. Dazu kommt, dass bei physischen Gütern die einfache Bewertung durch Inspizieren des Gutes nicht möglich ist. Im Rahmen der elektronischen Bestellung herrscht somit eine besondere Form der Informationsasymmetrie (der Kunde hat Zugriff auf eine riesige Informationsmenge, während er die wirklich relevante Information nicht findet bzw diese gar nicht angegeben wird). Im Zuge der Bestellung trifft der Kunde dann auf für ihn (noch) ungewohnte technische Vorgänge, die oft nicht transparent gestaltet sind. So ist of nicht klar erkennbar, mit welchem Vorgang (buchstäblich mit welchem Klick) ein Produkt ausgewählt, in den Warenkorb abgelegt oder bestellt wird.

Die Reaktion des Gesetzgebers[89] auf diese besonderen Probleme ist mannigfaltig[90]: So werden Informations- und Transparenzpflichten für die Anbieter festgelegt. Diese betreffen die genaue Identifizierung des Anbieters[91], Informationspflichten betreffend die Ware, Preise, Lieferkosten[92] oder die Kennzeichnung von Online-Werbung (insbesondere Werbe-E-Mails).[93] Teilweise müssen diese Informationen nicht nur auf einer Website zugänglich sein, sondern dem Verbraucher auch auf einem dauerhaften Datenträger bestätigt werden.[94] Die fehlende Möglichkeit zu physischer Inspektion wird durch eigene Widerrufsrechte ausgeglichen.[95] Weiters gibt es besondere Bestimmungen über den Einsatz von

---

[87] Vgl *Brenn*, Signaturgesetz (1999) 33f.

[88] Allgemein *Fuhrmann*, Vertrauen 63.

[89] Als Beispiele seien hier genannt die einschlägigen Bestimmungen der Fernabsatzrichtlinie oder der E-Commerce-Richtlinie; für die USA der Uniform Computer Information Transactions Act (UCITA).

[90] Ein Beispiel für Selbstregulierung in diesem Bereich ist das verstärkte Auftreten von Gütezeichenanbietern als vertrauenswürdige Dritte. Diese „kanalisieren" die Informationsevaluierung und können Sanktionen verhängen wie den Ausschluss aus dem System und den Verlust von Reputation (dazu können auch staatliche Sanktionen treten).

[91] Siehe Art 4 Fernabsatzrichtlinie oder Art 5 E-Commerce-Richtlinie (zur Anbieteridentifizierung).

[92] Siehe Art 4 Fernabsatzrichtlinie (zur Angebotsbeschreibung) oder Art 5 E-Commerce-Richtlinie (zur Preisauszeichnung)

[93] Artt 6 und 7 E-Commerce-Richtlinie.

[94] Siehe die Bestätigungspflicht in Art 5 Fernabsatzrichtlinie.

[95] Vgl das Wiederrufsrecht in Art 6 Fernabsatzrichtlinie; dazu oben unter 6.2.

elektronischen AGB (Allgemeine Geschäftsbedingungen)[96] sowie über den Bestellvorgang (so müssen Korrekturfunktionen vorgesehen sein oder der Nutzer muss über den elektronischen Bestellvorgang aufgeklärt werden).[97] All diese Vorschriften dienen dazu, die Transparenz zu erhöhen sowie Mindeststandards für die Bedienbarkeit einer Website festzulegen.

Ein quasi umgekehrtes Beispiel von Transparenz ist die in Art 7 E-Commerce-Richtlinie vorgesehene Pflicht der Mitgliedstaaten sogenannte Robinson-Listen einzurichten, in die sich Nutzer, die keine E-Mail-Werbung erhalten möchten, eintragen können und die von entsprechenden Diensteanbietern (insbesondere Online-Werbefirmen) zu beachten sind. Gerade der Bereich der E-Mail-Werbung ist wesentlich durch Transparenzgebote charakterisiert. Schon die bestehende Rechtsprechung in den Mitgliedstaaten steht der unerwünscht zugesandten elektronischen Post kritisch gegenüber und bewertet diese ohne vorherige Zustimmung als rechtswidrig.[98] Dort wo sie erlaubt ist, muss sie deutlich als solche gekennzeichnet sein. Für den Nutzer soll transparent sein, dass es sich um E-Mail-Werbung handelt, sodass er diese schnell löschen kann.

Transparenz spielt auch im Signaturbereich eine große Rolle. Zum Einen treffen den Zertifizierungsdiensteanbieter allgemeine Informationspflichten. Dieser hat den Zertifikatswerber vor Vertragschließung schriftlich oder unter Verwendung eines dauerhaften Datenträgers klar und allgemein verständlich über den Inhalt des Sicherheits- und des Zertifizierungskonzepts zu unterrichten. Bei der Ausstellung eines qualifizierten Zertifikats hat der Zertifizierungsdiensteanbieter zudem die Bedingungen der Verwendung des Zertifikats, wie etwa Einschränkungen seines Anwendungsbereichs oder des Transaktionswerts, bekannt zu geben.[99] Darüber hinaus werden bei den akkreditierten Signaturverfahren erweiterte Transparenzmechanismen wirksam. Die Aufsichtsstelle ist etwa verpflichtet, dass die akkreditierten Zertifizierungsdiensteanbieter in ein elektronisch jederzeit allgemein zugängliches Verzeichnis aufgenommen werden.[100] Eine wichtige Transparenzfunktion kommt dem Viewer bei Signaturen zu. Sowohl bei der Erstellung als auch bei der Prüfung einer digitalen Signatur muss der Anwender darüber Gewissheit haben können, dass er den gesamten Inhalt des zu signierenden oder des signierten Dokuments in unverfälschter Form vor sich hat. Aus diesem Grund muss das Signaturverfahren dem Anwender die unveränderte Darstellung dieser Daten ermöglichen. Dies geschieht eben durch die Viewer-Funktion. Entsprechend sehen die Signaturgesetze vor, dass dies eine wesentliche Sicherheitsanforderung ist.[101]

---

[96] Siehe Art 10 E-Commerce-Richtlinie.

[97] Siehe Art 11 E-Commerce-Richtlinie.

[98] Zur Rechtslage in Österreich bzw der EU vgl *Haberler/Kerschischnig*, Werbe- und Massenmails: (K)eine Änderung der Rechtslage? wbl 2002, 533. Zu Rechtsprechung kommen in vielen Staaten – etwa in Österreich im Telekommunikationsgesetz – ausdrückliche gesetzliche Verbote für unerwünscht zugesandte E-Mail-Werbung.

[99] § 20 österreichisches Signaturgesetz.

[100] § 17 österreichisches Signaturgesetz.

[101] Siehe etwa § 18 österreichisches Signaturgesetz; *Brenn*, Signaturgesetz 44f. Auch die erläuternden Bemerkungen des Gesetzgebers erwähnen explizit die Viewer-Funktion.

7. Zusammenfassung

Dieser Aufsatz befasst sich mit der Rolle, die Recht bei der Herstellung einer vertrauenswürdigen vernetzten Wirtschaft spielen kann. Ausgangspunkt sind dabei die besonderen Risiken, die sich im E-Commerce ergeben: nämlich Komplexität und Verwundbarkeit. Zunächst wird die Frage gestellt, inwieweit Recht angesichts der Globalität des Internet und des Erstarkens nicht-staatlicher Akteure überhaupt noch ein Steuerungspotenzial hat. Hierbei wird der Schluss gezogen, dass Recht nach wie vor eine Steuerungswirkung hat, jedoch die Frage nach dem „Wann" und „Wie" der Regulierung immer drängender wird.

Darauf aufbauend wird die Rolle von Recht beim Vertrauensaufbau näher beleuchtet. Da Vertrauen die Möglichkeit einer Enttäuschung in sich trägt, bedeutet die Gewährung von Vertrauen immer eine riskante Vorleistung des Vertrauensgebers. Vertrauen kann Komplexität reduzieren und so Handlungen erst ermöglichen bzw erleichtern. Es kann dabei an zwei Punkten ansetzen: Eine Erscheinungsform des Vertrauens ist das Partnervertrauen (in Form eines persönlichen Vertrauens), das dazu dient, die vom Partner ausgehenden Unsicherheiten zu kompensieren. Partner- wie Systemvertrauen können durch Kontrollsysteme beeinflusst werden. Ein solches System ist auch das Recht, wobei diesem eine Doppelfunktion zukommt: Recht ist nicht nur reines Mittel, Recht kann auch Gegenstand von Vertrauen sein. Auch der Rechtsordnung muss vertraut werden. In diesem Zusammenhang steht jedoch die Rolle von Recht beim Aufbau von Rahmenbedingungen für Vertrauen (im Sinne einer Infrastruktur des Vertrauens) im Mittelpunkt; es geht also um Recht als Steuerungsmittel zur Beeinflussung des Vertrauens.

Die Steuerung durch Recht kann dabei über einen unmittelbar wirkenden rechtlichen Rahmen oder über die Beeinflussung der technischen Infrastruktur erfolgen. Gerade Letzteres ist in einem hoch techniklastigen Umfeld wie E-Commerce besonders interessant. Dies wird am Beispiel von DRM-Systemen und digitalen Signaturen näher beschrieben, wobei die besonderen Herausforderungen der Technikregulierung – die zeitliche Komponente sowie die geschützten Interessen der Betroffenen – erörtert werden.

Abschließend werden verschiedene Mechanismen für die Vertrauensbildung dargestellt und diesen rechtliche Maßnahmen gegenübergestellt, die Einfluss auf den Vertrauensaufbau nehmen können. Zu diesen Mechanismen zählen: die direkte Ereignisbeherrschung, die Einflussmöglichkeiten auf den Geschehensablauf, die Sicherstellung von Verantwortung und Zurechnung, bekannte Handlungsmuster, bekannte Institutionen sowie Transparenz.

Reinhard Posch, Thomas Menzel

SICHERHEITS- UND RECHTSASPEKTE BEI E-COMMERCE UND E-GOVERNMENT

1. Überblick

In der Praxis herrscht weitgehend die Meinung, e-Technologien bewegen sich außerhalb der Rechtsvorschriften. Dies ist keinesfalls gegeben, der grundlegende Rahmen der europäischen und ihr folgend der österreichischen Rechtsordnung greift auch ordnend in den Themenbereich der Informationstechnik ein. Wir müssen zur Zeit nur mit der Tatsache umzugehen lernen, dass viele bestehende Vorschriften bei der Anwendung im Bereich der IT-Sektors oft schwierig interpretierbar sind, da sie nicht speziell für dieses Umfeld erlassen wurden, dennoch auch in diesem Bereich anwendbar sind.[1]

Vor diesem Hintergrund sind in den letzten Jahren einige neue Rechtsvorschriften entstanden, die im Bereich der elektronischen Verwaltung, aber auch im Bereich des e-Commerce versuchen, ein klareres Umfeld zu schaffen. Mit Ausnahme einiger weniger internationaler Regelungen wie der Signaturrichtlinie und der e-Commerce-Richtlinie geht auch hier die nationale und oft sogar regionale Kommunikation zeitlich voran.

Der nachfolgende Artikel versucht, in diesem Zusammenhang mit Schwerpunkt e-Government vor allem die Sicherheitsproblematik hervorzukehren und Maßnahmen der Koordination vorzustellen, die in Österreich in diesem Umfeld getroffen wurden.

2. Einleitung

Das Umfeld der e-Technologie war und ist in der Praxis geprägt von Ansätzen aus der Technologie, die erst in weiterer Folge in ein Korsett der Rechtssystematik und auch erst später mit Sicherheitsmechanismen versehen wurden und werden. Das hat zur Folge, dass die Anforderung einer Integration der Sicherheit kaum gegeben ist, sondern Sicherheit meist ein „dazugeklebtes" Feature dar-

---

[1] Siehe dazu die Diskussion und weitere Nachweise bei: *Mayer-Schönberger*, Das Recht am Info-Highway, Orac, Wien, 1997, 34ff.

stellt. Allerdings hat in einigen Bereichen, etwa der schon sehr frühen rechtlichen Regulierung des Datenschutzes, durchaus auch die Rechtsordnung die Weitergestaltung technischer Lösungen befruchtet. In Kreisen der Rechtsinformatik, die traditionell ein Bindeglied zwischen Juristen und Informatikern darstellt, wird die Frage nach der Dominanz der Technik über das Recht oder die umgekehrte Lage seit längerer Zeit diskutiert.[2]

Stark beeinflusst wird diese Situation einerseits durch den Umstand, dass sich das juristische Umfeld dem technischen nur zögerlich annähert, und andererseits dadurch, dass Sicherheit in der Praxis des Benutzers in den allermeisten Fällen nicht sichtbar und daher zwar emotionell sehr anwendungsrelevant, aber oft nicht verkaufs- und entscheidungsrelevant bei Produkten ist. In diesem Aspekt gibt es kaum Unterschiede zwischen dem öffentlichen und dem privaten Bereich. Die Devise „Geschwindigkeit vor Sicherheit" dominiert alle Bereiche.[3]

Sicherheit muss sichtbarer gemacht werden, in diesem Sinne werden e-Commerce-Szenarien und Sicherheitsanforderungen sowie Sicherheitstechniken und Sicherheitsverfahren zumindest angesprochen. Dies umfasst die Diskussion und Gegenmaßnahmen bei Viren und Angriffen, aber auch den Bereich der automationsunterstützten Biometrie[4], die nicht nur neue Situationen des Datenschutzes und damit neue Rechtssituationen auf den Plan ruft, sondern ganz besonders durch die Ereignisse des 11. September in einen Umsetzungszwang geraten ist, der die technischen Möglichkeiten oft übersteigt. Im Bereich des Datenschutzes wird auch der Rolle und der rechtlichen Gefordertheit[5] der Datensicherheit als Basis für effektiven Datenschutz sehr oft nicht ihr eigentlicher Stellenwert zuerkannt.[6]

Internationale Zusammenarbeit muss vor allem im Bereich des e-Government gefördert werden, da e-Commerce ohnehin nicht vor den staatlichen Grenzen Halt macht und damit allenfalls von den unterschiedlichsten Rechtssituationen, aber nicht von den Produkten gehemmt wird. Aus diesem Grund muss der Fokus auch im Bereich e-Government liegen, da dieser zwar ein beachtlicher Motor für den Einsatz von e-Technologien sein kann, aber gleichzeitig eine besondere Tendenz und Tradition für proprietäre Lösungen in den Nationalstaaten besitzt. Internationale Zusammenarbeit im e-Government und vor allem bei den Schnittstellen, Sicherheitsmechanismen und Rahmenbedingungen sind eine besondere Herausforderung. Erste Schritte werden etwa in der Zusammenarbeit

---

[2] *Rossnagel* (et al), Digitalisierung der Grundrechte? Zur Verfassungsverträglichkeit der Informations- und Kommunikationstechnik, Westdeutscher Verlag, Opladen, 1990; *Menzel/Ofner*, E-Commerce: Neueste Normen für das Internationale Privatrecht? Proceedings zur Informatik 2001, Österreichische Computergesellschaft, books@ocg.at, Band 157 II, Wien, 994.

[3] Für eine rechtliche Analyse eines höheren Sicherheitsbedarfs im e-Commerce und dem Einsatz elektronischer Signaturen: *Zib*, Electronic Commerce und Risikozurechnung im rechtsgeschäftlichen Bereich, ecolex 1999, 230.

[4] Allgemein zum derzeitigen Stand der Biometrie: *Thalheim/Krissler/Ziegler*, Körperkontrolle – Biometrische Zugangssicherung auf die Probe gestellt, c't 2002/11, 114.

[5] Vgl § 14 Datenschutzgesetz 2000.

[6] *Saarenpää*, Data Security: A Fundamental Right in the e-Society, in: *Traunmüller/Lenk* (eds) Electronic government: first international conference; proceedings EGOV 2002, Berlin, Springer, 2002, 424.

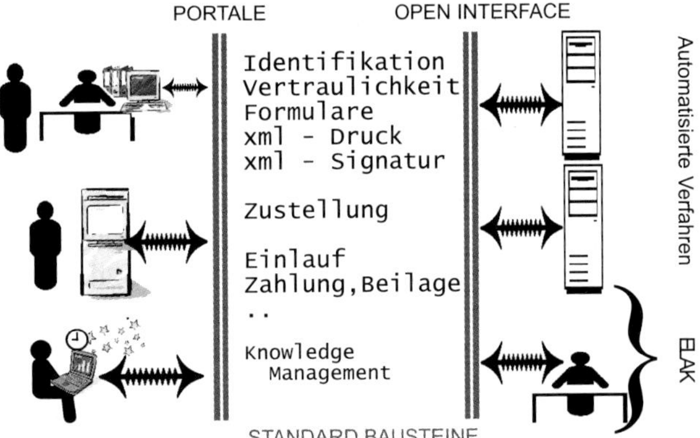

Abb. 1. Generelle Struktur der Online-Verfahren in der e-Government-Strategie des Bundes

der europäischen Verwaltungen zum Datenaustausch in der IDA[7] getroffen. Weiters ist ein Trend darin erkenntlich, dass etwa die Signaturrichtlinie ihre Anwendbarkeit nicht nur für den Bereich des Privatrechts normiert, sondern auch für den öffentlichen Bereich als relevant anzusehen ist.[8]

Österreich hat durch Organisation und Strategiekoordination bislang durchaus eine vorteilhafte und international beachtete Situation für das e-Government geschaffen. Dies umfasst die datenschutzrechtliche Frage der Identifikation als wesentlichen Teil der Online-Strategie, das generalisierte Zugangsmodell, das Konzept Bürgerkarte, die Portalverbundsysteme, Standards auf Basis von XML im Formularwesen und in den Schemen der Prozesse genauso wie übergreifende Anwendungen, beginnend mit Verzeichnisdiensten bis zur elektronischen Personal- und Haushaltsverwaltung. Diese Elemente werden besonders gefördert durch eine umfassende Präsentationsplattform (help.gv.at) und durch den Umstand, dass einige notwendige Bausteine der Sicherheitstechnologie – vor allem jene, welche die Signatur fördern – zentral und frei für die Anwendung in der Verwaltung zur Verfügung gestellt werden und damit Koordination und Sicherheit gleichzeitig stärken.

3. e-Commerce und e-Government

Im Bereich des e-Commerce finden wir in der Regel nahezu keine Formvorschriften vor, obwohl auch hier vor allem im internationalen Bereich Regulierungen beginnen, die besonders die Sicherheit und die Betrugsvorbeugung stärken sollen. Dies beruht auf dem im Privatrecht traditionell tief verwurzelten Prinzip der Formfreiheit. In der Praxis wird zwar für den konventionellen Vertragsabschluss weitgehend die Schriftform verwendet, doch ist dies keineswegs eine gesetzliche Anforderung. Verträge können ebenso rechtsgültig mündlich,

---

[7] Siehe http://europa.eu.int/ISPO/ida (alle Webseiten am 20. 9. 2002 zuletzt besucht).
[8] Erwägungsgrund 19 der Signaturrichtlinie.

Torsten Bettinger, Michael Scheffelt

VERTRAUEN BEIM ASP: VERTRAGSGESTALTUNG UND KONFLIKTMANAGEMENT

1. Einleitung

Der Begriff Application Service Providing (ASP) bezeichnet ein neues Softwarenutzungs-Modell der IT-Branche, dessen Kern die Fernnutzung von Softwareanwendungen über Telekommunikationsnetze betrifft. Im Regelfall werden die Softwarefunktionalitäten vom Application Service Provider (ASP) auf der Basis einer Client-Server-Lösung über ein IP-Netz für eine gemeinsame Nutzung durch mehrere Anwender (one-to-many-Modell) oder individuell für einzelne Nutzer (one-to-one-Modell) bereitgestellt.[1] Als zusätzliche Leistung übernimmt der ASP regelmäßig Softwarepflege, Customizing, Updates und Kundensupport.

Die Fernnutzung von Software hat für den Kunden gegenüber der üblichen unternehmensinternen Softwarenutzung zwei wesentliche Vorteile. Zum einen reduzieren sich durch die Fernnutzung und Pflege der Software die Aufwendungen für den Betrieb einer eigenen EDV-Abteilung.[2] Zum anderen werden durch die Leistungsbereitstellung „on demand" Tarifierungsmodelle möglich, die den Nutzungspreis von der Häufigkeit oder Intensität der Nutzung abhängig machen.[3] Den genannten Vorteilen stehen unternehmerische Risiken gegenüber. Durch die Auslagerung des Softwarebetriebs auf die Systeme des ASP begibt sich der ASP-Kunde „in die Hände des ASP". Unternehmenseigene Daten befinden sich auf den Systemen des ASP. Dies setzt erhebliches Vertrauen in die persönliche und fachliche Eignung des ASP voraus.

---

[1] Bei Client-Server-Anwendungen bleibt die Software-Anwendung physikalisch auf dem Server des ASP. Lediglich die Benutzeroberfläche (Bildschirmmaske) des Programms wird in den Rechner des Clients (= ASP-Endkunde) geladen.

[2] Da die Software physikalisch auf dem Server des ASP bleibt, genügt zur Nutzung der Softwareapplikationen auf den sog Thin Clients unter Umständen eine bloße Workstation.

[3] Vgl Spotlight Report, Trends in Outsourcing, Cherry-Tree & Co, Juli 2001, http://www.cherrytreeco.com.

2. Die Beteiligten der ASP-Supply Chain

Der derzeitige ASP-Markt bietet ein breites Angebotsspektrum. Nach einer Studie des Marktforschers OVUM (sog OVUM-Report)[4] lassen sich drei Kategorien von ASP-Anwendungen unterscheiden:[5]

Die auf ASP-Basis derzeit am häufigsten angebotenen Anwendungen betreffen Softwareapplikationen, die im Regelfall weder Systemintegration noch Customizing beim Endkunden erfordern und im „one-to-many"-Modell mit einer breiten Kundenbasis angeboten werden können (sog „lightweight applications"). Das ASP-Leistungsangebot erschöpft sich in diesem Softwaresegment im Wesentlichen in der Einräumung der Online-Nutzung sowie der Erhaltung der Gebrauchsfähigkeit des Anwenderprogramms, Instandhaltung des Servers sowie der Durchführung von Upgrades und Updates.[6]

Ebenfalls erhebliches Potential zur Anwendung im ASP-Dienstleistungsmodell bietet der Bereich sog „middleweight applications". Im Unterschied zu den „lightweight applications" erfordern diese zwar in gewissem Umfang Systemintegration und Customizing, sind jedoch ebenfalls für ein „one-to-many"-Modell grundsätzlich geeignet. Die Kundenbasis ist gegenüber den „lightweight applications" im Regelfall geringer.[7] Gewisse Bedenken hinsichtlich ihrer ASP-Tauglichkeit werden teilweise für den Bereich sog „heavyweight applications" vorgebracht.[8] Diese zeichnen sich dadurch aus, dass sie an die individuellen Bedürfnisse einzelner Unternehmen mit großem Integrations- und Customizing-Aufwand angepasst werden müssen und im Regelfall den Zugriff auf individuelle Unternehmensdaten erfordern. Aufgrund des hohen Anpassungsbedarfs sind „heavyweight"-Anwendungen für die Nutzung im Rahmen des one-to-many-Modell nur beschränkt geeignet. Gleichwohl wird gerade dieses Softwaresegment im ASP-Kontext derzeit am häufigsten diskutiert.[9]

Das breite Leistungsspektrum des ASP führt dazu, dass der ASP das als eigene Leistung zugesagte und vermarktete ASP-Leistungspaket häufig nicht selbst, sondern arbeitsteilig im Zusammenwirken mit mehreren Kooperationspartnern erbringt. Der ASP übernimmt dann die Rolle eines Generalunternehmers, der gegenüber dem ASP-Endkunden für die Erbringung der Gesamtleistung einsteht, sich aber zur Erfüllung seiner Leistungspflichten der Einschaltung von Subunternehmern bedient.

Je nach Gestaltung des ASP-Geschäftsmodells kommen die folgenden IT-Dienstleister als mögliche Beteiligte einer ASP Supply Chain in Betracht:[10]

---

[4] OVUM-report (*Ring/Hope/Leston*: Ovum Application Service Providers – Opportunities and Risks, 2000), S 43 ff.

[5] OVUM- Report, S 43 ff.

[6] Anwendungsbeispiele sind Standard Office Programme wie Lotus Notes, Star Office oder Microsoft Office.

[7] Anwendungsbeispiele sind etwa Personal- und Finanzbuchhaltungssysteme, Supply-Chain-Management, E-Business und Data-Warehouseanwendungen.

[8] Siehe *Ring/Hope/Leston*, OVUM-Report, 51.

[9] Typische Beispiele von „heavy weight"-Anwendungen sind etwa Enterprise Resource Planning Applications (ERP); vgl *Ring/Hope/Leston*, OVUM-Report, 51.

[10] Vgl *Ring/Hope/Leston*, OVUM-Report, 51.

- Independent Software Vendor (ISV): Sofern der ASP die angebotene Software-Anwendungen nicht selbst erstellt, muss er diese von einem ISV beschaffen und sich die notwendigen Nutzungsrechte einräumen lassen. Auf den ISV übertragen werden können ggf. Pflege- und Wartungsverpflichtungen sowie erforderliches Customizing.
- Network Service Provider (NSP): Im Regelfall ebenfalls nicht vom ASP, sondern von einem sog NSP betrieben werden die zur Übermittlung der Daten erforderlichen Telekommunikationsnetze. Traditionell handelt es sich bei den Netzbetreibern um Telefongesellschaften, teilweise werden Netzwerke jedoch auch von Internet Service Providern (ISP) betrieben. Die Datenübertragung erfolgt üblicherweise über das Internet oder sog virtual private networks (VPN).
- Application Infrastructure Provider (AIP): Insbesondere bei großen kapitalintensiven EDV-Anlagen (Data Centers) kann es vorkommen, dass die EDV Infrastruktur nicht vom ASP, sondern von spezialisierten Application Infrastructure Providern aufgebaut und an den ASP vermietet wird. Es ist dann die Aufgabe des AIP als Subunternehmer, diese EDV-Anlagen gebrauchstauglich zu halten.
- Back Office Provider: Gegebenenfalls an spezialisierte Back Office Unternehmen übertragen werden können weitere Teilleistungen wie Monitoring, Billing und oder „Help-Desk" Funktionen.
- Systems Integrator: Für den Fall, dass umfangreiche Systemintegration und Customizing erforderlich sind, kann der ASP diese Leistungen auf einen sog System Integrator übertragen.

Wie die Leistungskette im Einzelnen gestaltet wird, bleibt dem ASP selbst überlassen. Jede der genannten Teilleistungen kann vom ASP selbst erbracht werden, oder aber auf Subunternehmer übertragen werden, sofern gesichert ist, dass die Summe der einzelnen Vertragsleistungen zur Erfüllung des versprochenen gesamten ASP-Leistungspakets führt.

3. Rechtliche Aspekte des ASP im Endkundenverhältnis

3.1 Grundsätzliche Strukturierung der Vertragsbeziehungen

Allgemein wird dem Endkunden daran gelegen sein, möglichst mit dem ASP als Generalunternehmer zu kontrahieren. Die grundsätzliche Strukturierung der vertraglichen Beziehungen als Generalunternehmervertrag mit einem Vertragspartner, der wiederum mit den verschiedenen Beteiligten der ASP-Supply-Chain Subunternehmerverträge über die von diesen erbrachten Teilleistungen schließt, ist allerdings nur dann eine Alternative zu mehreren parallelen Verträgen, wenn der Provider bereit ist, als Generalunternehmer zu fungieren und entsprechende Subunternehmerverträge mit den anderen Partnern einzugehen.

Die Gründe, die es für den Endnutzer empfehlenswert erscheinen lassen, mit einem Generalunternehmer abzuschließen, sind vergleichbar denen bei komplexen Bauleistungen. Bei beiden liegen sich ergänzende, technisch komplizierte

Teilleistungen vor, die der Betreiber entweder gar nicht überschauen, oder zumindest in ihrem Zusammenspiel nicht wirksam kontrollieren kann.[11] Der Generalunternehmer ist demgegenüber aufgrund der größeren Sachnähe zumeist besser in der Lage, die Kompatibilität seiner Teilleistungen mit denen anderer technischer Zulieferer zu beurteilen und damit das Risiko zu minimieren. Außerdem bleibt es dem Betreiber so erspart, bei Problemen denjenigen Vertragspartner ausfindig zu machen, der diese verursacht hat. Die Generalunternehmerschaft schafft Vertrauen bei Endnutzer und erleichtert daher die Vertragsdurchführung.

Als Nachteil stehen dem allerdings auf der anderen Seite naturgemäß höhere Kosten entgegen, da der Generalunternehmer im Hinblick auf sein höheres Risiko aufgrund Übernahme von Verantwortung auch für die Subunternehmer regelmäßig eine zusätzliche Marge erwarten wird. Außerdem erlangt der als Generalunternehmer auftretende Zulieferer eine stärkere Position, da er nicht so leicht ausgetauscht werden kann, wie einer von mehreren Vertragspartnern, ohne dass der Betreiber Gefahr läuft, gleichzeitig auch die Leistungen der Subunternehmer zu verlieren, zu denen keine direkten Vertragsbeziehungen bestehen.

3.2 ASP als „komplexer Langzeitvertrag"

Da der ASP-Vertrag meist für eine längere Zeit geschlossen wird, besitzt er zusätzlich Züge eines Dauerschuldverhältnisses mit der Folge, dass zwischen den Vertragsparteien im Vergleich zu einmaligen Austauschverhältnissen gesteigerte Vertrauens- und Abhängigkeitsverhältnisse entstehen.[12] Im Hinblick auf seinen technischen Gegenstand, seinen Langzeitcharakter sowie die zur Vertragserfüllung häufig mehr oder minder intensive Kooperation mehrerer Vertragspartner weist die ASP-Vertragssituation typische Strukturmerkmale eines sog „komplexen Langzeitvertrages" auf.[13] Folge dieser Vertragstrukturen ist es, dass es sich bei ASP-Verträgen auch rechtlich um äußerst komplexe Verträge handelt, mit deren Realisierung erheblich mehr Risiken verbunden sind als mit klassischen Austauschverträgen.[14] Wie andere „komplexe Langzeitverträge" etwa im Bereich

---

[11] Vgl *Steins*, Verträge im Netz, in *Bettinger/Leistner*, Werbung und Vertrieb im Internet, S 798 Rz 38.

[12] Zur Einordnung als Dauerschuldverhältnis vgl auch *Röhrborn/Sinhart*, CR 2001, 69.

[13] Nach *Nicklisch*, NJW 1985, 2363 sind „komplexe Langzeitverträge" insbesondere dadurch gekennzeichnet, dass sie zu ihrer Realisierung regelmäßig der langfristigen Kooperation mehrerer Beteiligter (Kooperationscharakter, Langzeitcharakter) bedürfen und zum Zeitpunkt des Vertragsschlusses noch nicht alle Einzelheiten der zu erbringenden Leistungen vertraglich festgelegt werden können (Rahmencharakter); als Prototyp „komplexer Langzeitverträge" gelten allgemein Verträge im Bereich von Bau- und Anlagenprojekten oder Verträge über die Erstellung von Individualsoftware, die allesamt die Erstellungsphase von Werken betreffen; hierin liegt der wesentliche Unterschied zum ASP-Vertrag, der nicht die Erstellung eines Werkes, sondern dessen Betrieb betrifft und daher keinen „Rahmencharakter" in dem beschriebenen Sinne aufweist; dies sollte m.E. der Kategorisierung als „komplexer Langzeitvertrag" jedoch nicht entgegenstehen und insbesondere nicht davon abhalten, zu prüfen, inwieweit die dort entwickelten Vertragskonzepte und Konfliktlösungsregeln für ASP-Verträge fruchtbar gemacht werden können; vgl hierzu die Ausführungen unter 4 und 5.

[14] Grundlegend zu „komplexen Langzeitverträgen" *Nicklisch*, NJW 1985, 2363.

des Anlagebaus in der Bauindustrie oder der gemeinschaftlichen Softwareherstellung erfordern daher ASP-Verträge eine rechtliche Koordination der einzelnen Vertragsbeziehungen und ein differenziertes System der Risikoverteilung. Die weitere Folge der besonderen Vertragssituation ist eine besondere Störanfälligkeit der Verträge und die Gefahr von Konflikten zwischen den einzelnen ASP-Beteiligten.[15] Dem entspricht ein gesteigertes Bedürfnis der Beteiligten nach außervertraglichen Konfliktlösungsregeln.

3.3 Vertragstypologische Einordnung

3.3.1 ASP als Typenkombinationsvertrag

Unabhängig davon, ob die Einzelleistungen vom ASP selbst erbracht oder auf Subunternehmer übertragen werden, beinhaltet ein ASP-Angebot – wie einleitend beschrieben – immer ein ganzes „Leistungsbündel".[16] Im Synallagma mit der Vergütungspflicht des Kunden steht zunächst die Gewährung der Online-Nutzung und die Erhaltung der Software als vertragliche Primärleistungen. Darin enthalten sind die Bereitstellung der erforderlichen Netzinfrastruktur sowie entsprechender Serverkapazitäten. Ebenfalls zum vertragstypischen Kern eines ASP-Vertrages zählen die Erhaltung der Gebrauchsfähigkeit der Software sowie Maßnahmen der Datenspeicherung und Datensicherung. Darüber hinaus wird als Nebenleistung regelmäßig der Bezug von Updates und Upgrades vereinbart. Insbesondere im Bereich der genannten „middleweight" und „heavyweight" Anwendungen können Systemintegration und Customizing sowie Hotline-/Help-Desk-Services und sonstige Beratungsleistungen als weitere Nebenleistungen oder Hauptleistung hinzukommen.

Aufgrund der unterschiedlichen Leistungsversprechen scheidet eine pauschale vertragstypologische Einordnung aus. Vielmehr ist wie häufig bei der Kombination verschiedener Teilleistungen im Softwarebereich von einem Typenkombinationsvertrag auszugehen und anhand der konkret vereinbarten Vertragspflichten eine Einordnung in verschiedene Vertragstypen vorzunehmen (zB Mietvertrag, Dienstvertrag und Werkvertrag.)[17] Dies führt bei Leistungsstörungen dazu, dass nicht notwendigerweise auf das Recht der Hauptleistung abzustellen, sondern das Recht sämtlicher beteiligter Vertragstypen zu berücksichtigen ist.

---

[15] Eingehend zu den Strukturmerkmalen „komplexer Langzeitverträge" sowie möglichen vertraglichen Mechanismen der Konfliktbewältigung *Nicklisch*, Vorteile einer Dogmatik für komplexe Langzeitverträge, 17 f; *Nicklisch*, NJW 1985, 2363; zur Bedeutung des Konzepts der komplexen Langzeitverträge im Bereich der EDV s *Schneider*, Handbuch des EDV-Rechts, D Rz 59; näher zur Problematik der Risikoabstimmung und vertraglichen Konfliktbewältigungsverfahren s unten 4.

[16] Vgl dazu bereits *Koch*, ITRB 2001, 39.

[17] So auch *Koch*, ITRB 2001, 39 (40); *Grützmacher*, ITRB 2001, 59.

3.3.2 Online-Nutzung als Miete

Als typische Leistung eines ASP steht die Gewährung der Online-Nutzung der Software im Mittelpunkt der vertraglichen Pflichten. Die Diskussion um ihre typologische Einordnung steht erst am Anfang.[18] Da der ASP im Regelfall die Nutzung einer Sache – nämlich des Servers und des Datennetzes sowie eines Immaterialgutes, der Software, schuldet, liegt eine Klassifizierung als Mietvertrag nahe.[19] Zwar überlässt der ASP dem ASP-Endkunden gerade nicht dauerhaft die Online-Nutzung, sondern stellt ihm erst dann Leitungsnetz, Rechnerkapazitäten und Software zur Verfügung, wenn der Kunde diese von seinem Rechner aus aktiviert. Die dauerhafte Nutzung einer bestimmten Sache, die an sich für das Mietrecht charakteristisch ist, ist damit nur für die Zeitspanne der Online-Sitzung, nicht aber für die gesamte Vertragsdauer gewährleistet. Allerdings unterfallen dem Mietrecht auch solche Verträge, die nicht auf die Besitzverschaffung, sondern nur auf die sporadische Nutzung einer Sache gerichtet sind, so dass auch der Zugang zu einem Server und einer dort vorgehaltenen Software vom Leitbild des Mietvertrages erfasst werden kann.[20] So hat der XII. Zivilsenat des BGH einen Rechenzentrumsvertrag, in welcher dem Kunden Rechenkapazitäten eines Rechenzentrums zur Verfügung standen, die er über eine Datenfernübertragungsleitung Datex-P nutzen konnte, als Mietvertrag qualifiziert.[21] Mit vergleichbaren Argumenten sind Accessproviderverträge, durch die der Zugang zu einem Server oder einer Schnittstelle im Internet gewährt wird, als Mietverträge qualifiziert worden.[22]

Der Einordnung als Miete steht weiterhin nicht entgegen, dass zumindest bei der Nutzung über das Internet die Software zeitgleich von mehreren Endkunden benutzt werden kann, denn die Anwendung des Mietrechts setzt nicht voraus, dass dem Mieter ein ausschließlicher Gebrauch an der Mietsache verschafft wird.[23] Auch kann offen bleiben, ob es sich bei den Ergebnissen der Softwarenutzung um Früchte iSd § 99 Abs 1 und 2 BGB handelt und deshalb pachtrechtliche Vorschriften zur Anwendung kommen, da diese für den hier maßgeblichen Bereich nur auf das Mietrecht verweisen (§ 581 Abs 2 BGB).[24]

---

[18] Ein Leitfaden mit den wichtigsten Regelungspunkten für ASP Service Level Agreements ist abrufbar unter http://www.aspkonsortium.de (Stand: Januar 2003); zur Vertragsgestaltung bei ASP siehe auch *Koch*, ITRB 2001, 39; *Röhrborn/Sinhart*, CR 2001, 69.

[19] In diesem Sinne auch *Koch*, ITRB 2001, 39 (40 f.); *Lütcke/Bähr*, K&R 2001, 84; *Röhrborn/ Sinhart*, CR 2001, 69 (71); *Sedlmeier/Kolk*, MMR 2002, 75 (78).

[20] *Spindler*, Teil IV, 248.

[21] BGH NJW-RR 1993, 178.

[22] *Kilian/Heussen/Moritz*, Computerrechtshandbuch, Kap 43, Rz 36 f; *Hoeren/Sieber/ Komarnicki*, Handbuch Multimedia-Recht, Teil 12 Rz 35; *Spindler*, oben Teil IV, S 248, der jedoch das reine Access-Providing als Dienstvertrag qualifiziert.

[23] So bereits *Koch* ITRB 2001, 39 (40).

[24] Vgl *Koch* ITRB 2001, 39 (41); *Röhrborn/Sinhart*, CR 2001, 71; *Alpert*, CR 2000, 349.

3.3.3 Einordnung der „Nebenleistungen"

Bezüglich der Einordnung der Nebenleistung zum ASP (Systemintegration, Hotline-/Help-desk-Services, Beratungsleistungen)[25] unterscheidet sich der ASP-Vertrag nicht von der normalen Software-Überlassung[26] bzw Softwarepflege.[27]

Bietet der ASP zusätzliche Leistungen wie den Zugang zum Internet und E-Mail Funktionalitäten an, so sind diese Leistungen wie bei sonstigen Internet-Service-Providern zu behandeln.[28]

3.4 Leistungspflichten

3.4.1 Leistungspflichten des ASP

Aus der Einordnung der Online-Softwareüberlassung als Miete ergibt sich der Umfang der gesetzlichen Haftung des Anbieters (ASP) für Mängel. Als Vermieter ist der ASP verpflichtet, die Software während der gesamten Vertragslaufzeit in dem vertragsgemäßen Zustand zu erhalten (§ 535 Abs 1 S 2 BGB). Diese Erhaltungspflicht umfasst, ohne dass es einer gesonderten Pflegevereinbarung bedarf, auch die Pflicht zur Erhaltung der Gebrauchstauglichkeit der Software sowie der Instandsetzung und Instandhaltung der erforderlichen Hardware.

Computersoftware selbst unterliegt grundsätzlich keinerlei Abnutzung, so dass insoweit keine Erhaltungspflichten entstehen können. Allerdings wird über eine Verpflichtung des Anbieters diskutiert, den Datenträger, auf dem die Software gespeichert wird, im Falle des Verschleißes zu erneuern.[29] Im ASP-Modell wird dagegen nicht die Software „übergeben", sondern deren Nutzung ohne Aushändigung eines Datenträgers ermöglicht. Das Problem des Verschleißes eines Datenträgers stellt sich hier nicht.

Die mietrechtliche Instandhaltungspflicht des Softwareanbieters kann somit nur dann eingreifen, wenn die Software während der Vertragslaufzeit veraltet und sie aus diesem Grund nicht mehr „gebrauchstauglich" ist. Ein „Veralten" der Software kommt grundsätzlich aufgrund von Weiterentwicklungen einerseits im Bereich der Hardware und andererseits im Bereich der (Umgebungs-) Software in Frage. Für den Bereich der Hardware-Weiterentwicklungen ist als ASP-typische Besonderheit im Vergleich zur üblichen Software-Miete zu beachten, dass der ASP auch die zum Betrieb der Software erforderliche Hardware vermietet. Auch diese muss er im gebrauchstauglichen Zustand erhalten. Ein Veralten der Software aufgrund von Weiterentwicklungen im Hardwarebereich kann beim ASP-Modell daher nicht eintreten.

Diskutiert wird, ob bei Fehlen einer ausdrücklichen Regelung im Vertrag die Leistungspflicht des ASP auch die Zur-Verfügung-Stellung von am Markt er-

---

[25] Siehe hierzu oben Ziffer 3.3.1.
[26] Siehe hierzu *Schneider*, Handbuch des EDV-Rechts, 3. Aufl.
[27] Zur Softwarepflege siehe *Bartsch*, NJW 2002, 1526 ff.
[28] Siehe hierzu *Spindler* Vertragsrecht der Internet-Provider, Kap. IV.
[29] *Marly*, Softwareüberlassungsverträge, 3. Aufl 2000, Rz 627.

hältlichen Updates[30] umfasst.[31] Solange allerdings nichts Anderes geregelt ist, ist der ASP nur verpflichtet, die Software auf dem technischen Stand zu halten, der zum Zeitpunkt des Vertragsschlusses galt.[32] Programme, die zwischenzeitlich veraltet und technisch überholt sind, aber noch funktionieren, sind daher nicht mangelhaft.[33] Auf Updates, die eine Anpassung an technische Fortentwicklungen darstellen, hat der Kunde daher ohne ausdrückliche Regelung keinen Anspruch.

Anders stellt sich die Sachlage allerdings dann dar, wenn das Update zur Beseitigung eines Programmfehlers eingeführt wurde. In diesem Fall steht dem Kunden ein gesetzlicher Anspruch auf Überlassung des Updates aus § 535 Abs 1 S 2 BGB zu.

In diesem Kontext ist auf eine weitere Besonderheit des ASP-Modells hinzuweisen. Jedenfalls im one-to-many-Modell realisiert der ASP Kostenvorteile im Bereich der Software-Pflege dadurch, dass möglichst viele Anwender mit der gleichen Programmversion arbeiten. Denn der ASP hat in diesem Fall weniger Aufwand für die Bereithaltung entsprechend geschulten Personals. Er kann daher ein eigenes wirtschaftliches Interesse haben, den Kunden zu verpflichten, mit neueren Versionen der Software zu arbeiten. Umgekehrt kann der Kunde ein größeres Interesse daran haben, den durch neue Programmversionen entstehenden Schulungsaufwand seiner Mitarbeiter zu vermeiden, als in den Genuss zusätzlicher Programmfunktionalitäten zu gelangen. Es empfiehlt sich daher sowohl für den ASP als auch den Kunden, die Behandlung von Updates oder Upgrades[34] ausdrücklich zu regeln.

3.4.2 Leistungspflichten des Kunden

Die Hauptleistungspflicht des Kunden liegt in der Zahlung des vereinbarten Mietzinses (§ 535 Abs 2 BGB). Ist die Miete nach Zeitabschnitten bemessen, so ist sie nach Ablauf der einzelnen Zeitabschnitte zu entrichten (§ 579 Abs 1 S 2 BGB). Es bestehen keine ASP-typischen Besonderheiten.

Zunächst darf der Mieter den vertragsgemäßen Gebrauch nicht überschreiten. Der Kunde darf deshalb beispielsweise die Software nur auf der vertraglich vereinbarten Anzahl von Rechnerarbeitsplätzen zur Verfügung stellen.[35] Nach § 540 Abs 1 BGB ist es dem Mieter ebenfalls untersagt, den Gebrauch der Miet-

---

[30] Es empfiehlt sich dringend, den Begriff „Update" im Vertragstext zu definieren, da zum Teil nicht zwischen Updates einerseits und neuen Programmversionen oder „Upgrades" andererseits unterschieden wird. Während üblicherweise „Updates" Anpassungen zur Erhaltung der zugesagten Programmfunktionalitäten auch in einem geänderten technischen Umfeld sind, bezeichnet man Software mit zusätzlichen Funktionalitäten als „Upgrades" oder „neue Versionen".

[31] *Redeker/Karger,* Handbuch der IT-Verträge, Kap 1.9, Rz 46 ff.

[32] *Malzer,* Der Softwarevertrag, S 237, 245; *Redeker/Karger,* Handbuch der IT-Verträge, Kap 1.9, Rz 48.

[33] OLG Karlsruhe, NJW-RR 1994, 953; OLG Stuttgart, NJW 1994, 952.

[34] S hierzu auch den Klauselvorschlag unten.

[35] *Marly,* Softwareüberlassungsverträge, Rz 630.

sache einem Dritten ohne Erlaubnis des Vermieters zu überlassen. Auslegungsbedürftig ist, was unter einem Gebrauch Dritter zu verstehen ist. Enthält der
ASP-Vertrag keine näheren Angaben, so sind sämtliche Mitarbeiter einer Firma,
die die Software im ASP-Modell nutzt, nicht als Dritte im Sinne von § 540 BGB
anzusehen. Dies berührt selbstverständlich nicht die Pflicht des Kunden, eine
vereinbarte Höchstgrenze der Zahl der Mitarbeiter, die zur gleichzeitigen Nutzung der Software berechtigt sind, einzuhalten.

Den Kunden treffen weiterhin Obhut- und Sorgfaltspflichten. Auch ohne ausdrückliche Regelung ist im Rahmen des Zumutbaren dafür zu sorgen, dass Dritte
nicht unberechtigt auf die Mietsache zugreifen dürfen. Im Rahmen des ASP-Modells bei der Nutzung durch Unternehmen beschränkt sich dies auf die Pflicht des
Unternehmens, die Zugangs-Codes vor unberechtigtem Zugriff zu schützen.[36]

Die Einhaltung dieser Verpflichtungen wird vom Gesetzgeber für derart
wichtig angesehen, dass er ihre Verletzung als wichtigen Grund zur außerordentlichen Kündigung im Sinne von § 543 Abs 2 Nr 2 BGB eingeordnet hat.

3.4.3 Beendigung des ASP-Vertrages

Die Laufzeit und die Beendigung des ASP-Vertrages richtet sich nach den vertraglichen Bestimmungen. Liegen keine Regelungen vor, so ist § 580a Abs 3
BGB analog anzuwenden. Dementsprechend richten sich die Kündigungsfristen
nach den vereinbarten zeitlichen Abständen der Mietzahlung. Sind diese nach
Tagen bemessen, so kann der ASP-Vertrag an jedem Tag zum Ablauf des folgenden Tages gekündigt werden (§ 580a Abs 3 Nr 1 BGB). Ist die Mietzahlung
nach längen Zeitabschnitten bemessen, so ist spätestens am dritten Tag vor dem
Tag, mit dessen Ablauf das Mietverhältnis enden soll, zu kündigen.

Wurde eine bestimmte Mietzeit vereinbart, führt die Fortsetzung des Gebrauchs der Mietsache gemäß § 545 BGB zu einer Verlängerung des Mietverhältnisses auf unbestimmte Zeit, sofern nicht eine Vertragspartei ihren entgegenstehenden Willen innerhalb von zwei Wochen dem anderen Teil erklärt. Es
ist daher eine vertragliche Klausel empfehlenswert, die die Verlängerung der
Mietzeit um einen bestimmten Zeitraum regelt, wenn der Mieter den Gebrauch
der Mietsache nach Beendigung der ursprünglichen Mietzeit fortsetzt.[37]

Nach § 546 Abs 1 BGB ist der Mieter verpflichtet, die Mietsache nach Beendigung des Mietverhältnisses zurückzugeben. Im ASP-Modell wird die Mietsache, die Software, dem Kunden jedoch nicht übergeben, sondern auf den Rechner
der Kunden wird regelmäßig nur die Bildschirmoberfläche geladen.[38] An einer
Rückgabe dieser Bildschirmoberfläche ist der ASP regelmäßig nicht interessiert. In seinem Interesse liegt es vielmehr, dass der Kunde nach Vertragsbeendigung die vertraglichen Leistungen nicht mehr nutzen kann. Dies ist durch eine

---

[36] Zur Regelung der diesbezüglichen Obhutpflichten in AGB siehe *Marly*, Softwareüberlassungsverträge, Rz 633.
[37] Zur Bedeutung von AGB bei der Gestaltung dieser Klausel s unten.
[38] Siehe oben FN 1.

Verpflichtung des Kunden zur Löschung der auf der Grundlage des Vertrages zur Verfügung gestellten Daten zu erreichen. Da sich die Verpflichtung zur Löschung nicht unmittelbar aus dem Gesetz ergibt, ist die Aufnahme einer vertraglichen Regelung empfehlenswert. Diese Regelung sollte sich auch auf die Löschung der dem Kunden zur Verfügung gestellten Zugangs-Codes erstrecken.

3.5 Haftung für Mängel der Software

3.5.1 Mietrechtlicher Mangelbegriff

Der mietrechtliche Mangelbegriff umfasst den Fehler sowie das Fehlen einer zugesicherten Eigenschaft.

Ein Fehler im Sinne von § 536 Abs 1 BGB liegt vor, wenn der tatsächliche Zustand der Mietsache von dem vertraglich geschuldeten abweicht und dadurch die Tauglichkeit der Mietsache für den vertragsgemäßen Gebrauch aufgehoben oder wesentlich gemindert wird. Insbesondere bei Softwareüberlassungsverträgen bereitet die Feststellung des vertraglich vorausgesetzten Gebrauchs Schwierigkeiten. Es reicht nicht aus, dass der Käufer eine einseitige „Erwartung" an die Software hatte. Vielmehr muss eine Willenseinigung beider Vertragspartner dahingehend stattgefunden haben, dass die Software zu einem bestimmten Zweck geeignet oder bestimmte Eigenschaften besitzen müsse. Diese Einigung kann jedoch auch stillschweigend zum Bestandteil des Vertrages gemacht werden.[39] Wurde ein Pflichtenheft vereinbart, so ergibt sich der Funktionsumfang aus den dort getroffenen Bestimmungen. Zur Ermittlung des Parteiwillens können allerdings auch andere Unterlagen wie etwa der Prospekt des Anbieters oder Werbeaussagen herangezogen werden. Da eine Software nur dann fehlerfrei ist, wenn sie sich zum vertragsgemäßen Gebrauch eignet, liegt ein Fehler selbst dann vor, wenn die Software technisch einwandfrei arbeitet, jedoch einem der vereinbarten Vertragszwecke nicht genügt.

Der mietrechtliche Mängelbegriff stellt im Gegensatz zu dem kauf- bzw. werkvertraglichen (§ 434 Abs 1 Nr 2 BGB bzw § 633 Abs 2 Nr 2 BGB) nicht auf die Eignung der Mietsache zur „gewöhnlichen Verwendung" ab.[40] In der Praxis ergibt sich hieraus aber kein Unterschied zum kaufrechtlichen oder werkvertragsrechtlichen Fehlerbegriff.[41] Bei Fehlen oder Wegfall einer zugesicherten Eigenschaft haftet der ASP-Anbieter nach § 536 Abs 2 BGB im Gegensatz zum sonstigen Mangel auch dann, wenn lediglich eine unwesentliche Minderung der Gebrauchstauglichkeit vorliegt. Zur Abgrenzung von Eigenschaftszusicherungen gegenüber bloßen Produktbeschreibungen und Werbeaussagen gelten die allgemeinen Grundsätze. Zugesichert ist, wenn der Vermieter durch eine ausdrückliche oder stillschweigende Erklärung, die Vertragsinhalt geworden ist, dem

---

[39] *Marly*, Softwareüberlassungsverträge, Rz 707; BGH NJW-RR 1995, 364.
[40] Kritisch hierzu *Marly*, Softwareüberlassungsverträge Rz 703.
[41] *Kilian/Heussen/Moritz*, Computerrechtshandbuch Teil 42 Rz 128; *Schneider*, Handbuch des EDV-Rechts, Teil I, Rz 416.

Käufer zu erkennen gibt, dass er für den Bestand der betreffenden Eigenschaft und aller Folgen ihres Fehlens einstehen will.[42] Die auch im Softwarebereich mittlerweile aufgekommene Qualitätssicherungsvereinbarung enthält in der Regel keine Eigenschaftszusicherung.[43]

Hinsichtlich einzelner Softwarefehler liegt umfangreiche Rechtssprechung und Literatur vor, auf die verwiesen wird.[44]

3.5.2 Rechte des Kunden

Der Begriff der „Haftung für Mängel" entspricht dem vor der Schuldrechtsreform verwendeten Begriff der „Gewährleistung". Liegt ein Mangel vor, so hat der ASP-Kunde gegen den ASP folgende gesetzliche Ansprüche bzw. Einwendungen:

- Erfüllungsanspruch auf Mängelbeseitigung (§ 535 Abs 1 Satz 2 BGB).
- Befreiung bzw. Minderung des Mietzinses, fall der vertragsgemäße Gebrauch der Software aufgehoben bzw. gemindert ist.
- Schadensersatzanspruch (§ 536a Abs 1 BGB).
- Verschuldensunabhängig, wenn der Mangel schon bei Vertragsschluss vorlag.
- Verschuldensabhängig, wenn der Mangel später entstand.
- Bei Verzug mit der Mängelbeseitigung.
- Aufwendungsersatz bei Verzug mit der Mängelbeseitigung oder Notwendigkeit der umgehenden Beseitigung (§ 536a Abs 2 BGB).

Die genannten Rechte kommen nebeneinander zur Anwendung.

Die Verpflichtung des Vermieters, die Mietsache in einem zum vertragsgemäßen Gebrauch geeigneten Zustand zu erhalten, ist als vertragliche Hauptleistungspflicht ausgestaltet (§ 535 Abs 1 S 2 BGB). Dies bedeutet insbesondere, dass es bei Mietvertrag keine Gewährleistungsfrist gibt.[45]

Die Mängelbeseitigung erfolgt grundsätzlich durch Nachbesserung. Bei Standardsoftware wird jedoch üblicherweise nicht individuell nachgebessert, sondern sogenannte Softwareupdates[46] eingespielt. Diese Updates enthalten zumeist neben der Beseitigung des konkreten Mangels der Software auch noch zusätzliche Eigenschaften. Teilweise erfolgt die Fehlerbeseitigung auch erst in einer gänzlich neuen Programmversion, die einen anderen Funktionsumfang haben kann als die ursprünglich vereinbarte Software.

Nach der Rechtsprechung ist die Zustimmung des Mieters zum Austausch der Mietsache erforderlich. Der ASP muss deshalb eine vertragliche Regelung aufnehmen, die ihn zum Einspielen von Updates oder Upgrades zur Mangelbe-

---

[42] Zu Einzelheiten siehe *Palandt/Putzo*, § 459 Rz 15–18 mwN.

[43] *Palandt/Putzo*, § 459 Rz 15, für weitere Einzelheiten siehe *Marly* Softwareüberlassungsverträge Rz 18 ff.

[44] *Marly*, Softwareüberlassungsverträge, Rz 733 ff; *Schneider*, Handbuch des EDV-Rechts, Teil D, Rz 807 ff.

[45] Im Rahmen von AGB ist auch die vertragliche Vereinbarung derartiger Gewährleistungsfristen nicht möglich.

[46] Zum Begriff s FN 30.

seitigung berechtigt. Eine formularvertragliche Klausel, die ein Aufspielen der neuen Software ohne Zustimmung des Mieters erlaubt, ist allerdings an § 307 BGB zu messen.[47]

3.5.3 Verhältnis zum allgemeinen Leistungsstörungsrecht

Nach § 535 Abs 1 S 2 BGB hat der Vermieter die Mietsache während der Mietdauer in vertragsgemäßem Zustand zu halten. Bei dieser Verpflichtung handelt es sich materiell um eine Nichterfüllungsregelung. Deshalb tritt bei einem Mangel der Sache eine Kollision zu den allgemeinen Bestimmungen über Leistungsstörungen auf, deren Abgrenzung im einzelnen strittig ist.[48]

Im Mietrecht greifen grundsätzlich die Spezialregelungen der §§ 536, 536a BGB ab dem Zeitpunkt der Überlassung der Mietsache.[49] Diesem Zeitpunkt entspricht beim ASP-Vertrag die Ermöglichung des tatsächlichen Zugangs des Kunden zur Software des ASP-Anbieters. Davor greift grundsätzlich das Recht der allgemeinen Leistungsstörungen.[50]

Vor der Schuldrechtsreform wurden in einzelnen Bereichen die damit verbundenen Rechtsfolgen als für das Mietrecht nicht passend angesehen. Dies traf insbesondere auf die von § 306 BGB aF angeordnete Nichtigkeit von Verträgen zu, die auf eine von Anfang an objektiv unmögliche Leistung gerichtet waren. Nach neuem Schuldrecht ist die anfängliche objektive Unmöglichkeit jedoch kein Nichtigkeitsgrund mehr (§ 311a Abs 1 BGB). Vielmehr richtet sich die Haftung des Vermieters nunmehr nach § 311a Abs 2 BGB. Der Kunde hat danach wahlweise den Anspruch auf Schadensersatz statt des Erfüllungsanspruchs oder Aufwendungsersatz, wenn der ASP-Anbieter das Leistungshindernis kannte oder fahrlässig nicht kannte. Aufgrund dieser Abmilderung der Rechtsfolgen der anfänglichen objektiven Unmöglichkeit nach der neuen Rechtslage ist ein dringendes Bedürfnis, die §§ 535, 536a BGB schon vor dem Zeitpunkt der Überlassung der Mietsache anzuwenden, nicht mehr zu erkennen.

Die gleichen Grundsätze gelten dann, wenn es nur dem ASP-Anbieter unmöglich ist, die versprochene Leistung zu erbringen (anfängliche subjektive Unmöglichkeit = Unvermögen), sofern dieses Unvermögen auf einem tatsächlichen Grund beruht. Der bislang bestehende Streit, ob dies auch bei Vorliegen eines rechtlichen Grundes (Rechtsmangel) gilt oder ob hier die §§ 536 Abs 3 iVm § 536a BGB auch schon vor Überlassung der Mietsache gelten, ist nun wegen der durch die Schuldrechtsreform erfolgten Einführung des § 311a BGB ohne praktische Relevanz.[51]

Für Schadensersatzansprüche des Mieters, die auf einem Mangel der Mietsache beruhen, ist § 536a BGB eine Spezialvorschrift, die die entsprechenden

---

[47] So auch *Redeker/Karger,* Handbuch der IT-Verträge, Kap 1.9, Rz 201.

[48] Zusammenfassend *Redeker/Karger,* Handbuch der IT-Verträge, Kap 1.9, Rz 198 ff und 266 ff.

[49] *Palandt/Weidenkaff,* Ergänzungsband zu Palandt, BGB 61. Auflage 2002, § 536 Rz 2.

[50] Dieser Punkt wird übersehen von *Goldmann/Redecke,* MMR 2002, 3; s *Witzel,* ITRB 2002, 186, die Änderungen beim Schadensersatzanspruch thematisiert.

[51] *Palandt/Weidenkaff,* BGB, 62. Auflage 2003, § 536 Rz 6, 8.

Regelungen des allgemeinen Leistungsstörungsrechts wegen Nicht-, Schlechter-
füllung oder Verzug (§ 280 BGB) ausschließt.

Gleiches gilt für vorvertragliche Pflichtverletzungen. Diese sind zwar mittlerweile in § 311 Abs 2 iVm § 280 Abs 1 BGB ausdrücklich geregelt. Inhaltlich
erfolgte hierdurch jedoch keine Änderung.[52] Es bleibt daher dabei, dass die Haftung grundsätzlich durch § 536a BGB verdrängt wird.[53] Eine Haftung für eine vorvertragliche Pflichtverletzung kommt daher nur dann zum Zuge, wenn §§ 536 ff
BGB nicht eingreifen. Dies kann beispielsweise der Fall sein, wenn die Pflichtverletzung nicht im Zusammenhang mit einem Mangel der Mietsache steht oder
wenn es nicht zur Überlassung der Mietsache kommt (bei tatsächlichen Mängeln). Zuletzt kommt ein Anspruch auf dieser Grundlage auch dann in Betracht,
wenn der Vermieter vorsätzlich gehandelt hat.[54]

Bei Störungen der Geschäftsgrundlage gelten die §§ 536 ff BGB als ausschließliche Sonderregelung, soweit sich die Störung auf Fehler oder Eigenschaften der Mietsache bezieht.[55] Im übrigen greift der neu eingeführte § 313 BGB
welcher die Voraussetzungen und Rechtsfolgen von Störungen der Geschäftsgrundlage ausdrücklich regelt.[56]

Hinsichtlich der Kündigung aus wichtigem Grund wird die ebenfalls aufgrund der Schuldrechtsreform eingeführte Sonderregelung des § 314 BGB durch
die mietrechtliche Spezialvorschrift des § 543 BGB verdrängt. Auch eine vorvertragliche Pflichtverletzung kann Grund für eine fristlose Kündigung sein.[57]

Das allgemeine Leistungsstörungsrecht bleibt dagegen anwendbar, wenn
die Störung nicht auf einem Mangel der Mietsache beruht. Bei nicht rechtzeiti-
gem Überlassen der Software (Verzug) kann der Kunde in der Regel das Vertragsverhältnis aus wichtigem Grund kündigen (§ 543 Abs 1, 2 Nr 1 BGB). Daneben[58] stehen dem Kunden auch die allgemeinen Ansprüche zu.[59] Er kann danach
gemäß § 323 BGB im Verzugsfall dem ASP-Anbieter eine angemessene Frist
zur Leistung oder Nacherfüllung bestimmen und, bei erfolglosem Verstreichen
der Frist, vom Vertrag zurücktreten oder Schadensersatz statt der Leistung gemäß § 281 BGB verlangen. Die Schuldrechtsreform hat die bislang notwendige
Fristsetzung mit Ablehnungsandrohung entfallen lassen. Hierdurch ist eine große Rechtsunsicherheit der Vertragspraxis entstanden[60], da der Schuldner nach
Ablauf der Frist nicht weiß, ob seine weiteren Leistungen noch angenommen werden. Zur Beseitigung dieser Rechtsunsicherheit ist eine ausdrückliche vertragliche Regelung nachdrücklich zu empfehlen.

---

[52] Zweifelnd *Bartsch,* CR 2001, 650.
[53] BGH NJW 1980, 777.
[54] BGHZ 136, 102; *Palandt/Weidenkaff,* § 536 Rz 6.
[55] BGH NJW-RR 1992, 267; BGH NJW 2000, 1714.
[56] *Palandt/Weidenkaff,* § 536 Rz 13.
[57] BGH NJW 2000, 1714.
[58] *Palandt/Weidenkaff,* BGB § 543 Rz 9ff.
[59] Bei Verzug mit der Mängelbeseitigung gilt allerdings § 536a BGB.
[60] Siehe zB *Bartsch,* CR 2001, 652; auch *Feil/Leitzen,* CR 2002, 482 (Ziffer 5 aE).

Abs 1, 2. Variante). Allerdings hat er sich das Verschulden all derjenigen ASP-Beteiligten zurechnen zu lassen, die mit seinem Willen in den Erfüllungsvorgang eingeschaltet wurden. Hierzu zählen einerseits die Vertragspartner der ASP, aber auch nicht dem unmittelbaren Kreis der ASP-Beteiligten zugehörende Netzwerkbetreiber, sofern diese vertraglich mit dem ASP verbunden sind. Unzulässig sind im Rahmen von Formularverträgen die Beschränkung der Haftung auf Vorsatz und grobe Fahrlässigkeit sowie die Freizeichnung für leichte Fahrlässigkeit, wenn die Pflichtverletzung eine sog „Kardinalpflicht" betroffen hat.

Auch kann die Haftung für das Fehlen einer zugesicherten Eigenschaft nicht ausgeschlossen werden. Obwohl dies im Mietvertragsrecht im Gegensatz zum Kauf-, Werk- oder Werklieferungsvertrag nicht ausdrücklich geregelt ist, geht die überwiegende Auffassung zurecht von einer gleichen Interessenlage im Mietrecht aus und verneint die Einschränkbarkeit der Haftung für Fehlen einer zugesicherten Eigenschaft.[68] Zulässig ist demgegenüber der Ausschluss der verschuldensunabhängigen Haftung gem § 536a Abs 1, 1. Variante BGB, da dieser nach allgemeiner Ansicht nicht zu den wesentlichen Gedanken der gesetzlichen Regelung im Sinne von § 307 Abs 2 BGB zählt.

4. Die Verknüpfung der Vertragsbeziehungen zwischen Provider, Endkunde und ASP-Subunternehmern

Die Analyse der ASP-Vertragssituation und seine Charakterisierung als komplexer Langzeitvertrag hat gezeigt, dass die erfolgreiche Durchführung eines ASP-Projektes häufig ein mehr oder minder intensives arbeitsteiliges Zusammenwirken mit mehreren Subunternehmern voraussetzt. Dies führt zwar nicht notwendigerweise zu einer rechtsförmig ausgestalteten Kooperation zwischen Anbieter und ASP-Subunternehmern, macht aber neben der Abstimmung der technischen Teilleistungen zumindest eine rechtliche Koordination der einzelnen Vertragsbeziehungen der ASP-Supply Chain erforderlich. Unverzichtbar ist eine Abstimmung der Vertragsverhältnisse zunächst im Hinblick auf den Leistungsgegenstand, denn nur wenn die den ASP-Subunternehmern übertragenen Teilleistungen den Anforderungen des Vertrages zwischen Provider und Endkunde entsprechen, ist gewährleistet, dass der Provider mit Hilfe der Subunternehmer seine Pflichten gegenüber dem Endkunden erfüllen kann und der Endkunde die vertraglich versprochene Leistung erhält.[69]

---

[68] *Spindler,* Vertragsrecht der Internet-Provider, Teil IV, Rz 259 mwN; *Marly,* Softwareüberlassungsverträge, Rz 1191; *Palandt/Heinrichs*, § 11 AGB Rz 73 mit weiteren Nachweisen alle jeweils noch zur Rechtslage vor der Schuldrechtsreform, die das Verbot des Haftungsausschlusses für das Fehlen von zugesicherten Eigenschaften im AGBG regelte. Der Gesetzgeber hat diese Regelung mittlerweile in das Kauf-, Werk- oder Werklieferungsrecht integriert und den Begriff der Eigenschaftszusicherung durch denjenigen der Beschaffenheitsgarantie ersetzt (§§ 444, 639, 651 BGB). Eine Änderung der bisherigen herrschenden Meinung ist hierdurch nicht zu erwarten.
[69] Die Verknüpfung der Verträge erfolgt im Regelfall in der Weise, dass der Subunternehmervertrag einen Verweis auf konkrete Regelungsteile oder Teile des Leistungsverzeichnisses des Endkundenvertrags enthält.

Aus Sicht des Providers ebenso bedeutsam ist die Harmonisierung von End-
kunden- und Subunternehmervertrag im Hinblick auf die Haftungsregeln. Da
der Application Service Provider als Generalunternehmer einerseits die Wün-
sche des Kunden zu berücksichtigen hat und diesem gegenüber die Gewährleistung und technischen Garantien für das ASP-Angebot trägt, andererseits seine
Verpflichtungen nur im Zusammenwirken mit weiteren Partnern erfüllen kann,
befindet er sich in einer Art „Mehr-Fronten-Stellung"[70] und muss darauf be-
dacht sein, durch Abstimmung der Haftungsregelungen sein Haftungsrisiko gegenüber dem Endkunden zu begrenzen.

Die Haftungsverhältnisse in der ASP Supply Chain entsprechen im Grundsatz
denjenigen anderer Leistungsbündelungsfälle und Vertragsketten, etwa bei der
Einschaltung von Subunternehmern bei Bau- und Anlagenprojekten oder bei der
arbeitsteiligen Softwareerstellung, die freilich anders als ASP nicht die Betriebs-
phase, sondern die Phase der Werkerstellung betreffen.[71] Wenn – wie teilweise bei
den oben beschriebenen „lightweight" oder „middleweight" ASP-Anwendungen –
die ASP-Partner (etwa der Network Service Provider) nicht wissen, dass sie im
Rahmen eines ASP-Projekts als Subunternehmer eingesetzt werden, so entstehen
im Fall von Leistungsstörungen Haftungsansprüche nur innerhalb der vertraglichen Beziehungen zwischen Provider und Endkunde sowie zwischen Provider und
den Subunternehmern. Kommt es innerhalb der Vertragskette Endkunde – Application Service Provider – Subunternehmer an irgendeiner Stelle zu einer Vertragsstö-
rung, kann sich jeder nur an seinen Vertragspartner halten (lineare Abwicklung in-
ter partes). Der vom Endkunden in Anspruch genommene Application Service
Provider muss sich das Verschulden seines Subunternehmers gemäß § 278 BGB
zurechnen lassen, das heißt so weit sich der Provider zur ordnungsgemäßen Vertragserfüllung weiterer Beteiligter der ASP-Supply Chain bedient, hat er dafür
auch gegenüber dem Endkunden einzustehen. Nichts anderes gilt wenn der Subunternehmer weiß, dass seine Leistungsanteile für ein ASP-Projekt benötigt werden.
Da der Provider auch in diesem Fall die Leistungen als eigene verspricht, wird seine Haftung gegenüber dem Endkunden gebündelt. Wird er vom Endkunden in Anspruch genommen, muss er beim Subunternehmer Regress nehmen und im Falle
eines Rechtsstreits mit dem Endkunden seine Regressansprüche gegen den Subunternehmer gegebenenfalls dadurch sichern, dass er ihm den Streit verkündet.[72] Dem

---

[70] Die Situation des ASP als Generalunternehmer ist insoweit vergleichbar mit der Generalunternehmerschaft bei Bau- und Anlagenprojekten, siehe dazu *Hager*, Die Verflechtung von Verträgen: Planung und Risikoverteilung bei Großprojekten, in *Weyers* (Hrsg), Die Verflechtung von Verträgen:
Planung und Risikoverteilung bei Großprojekten, 68ff; sowie *Nicklisch*, NJW 1985, 2361 (2363).

[71] Zum Verhältnis von Generalunternehmer und Subunternehmer bei der Baukooperation vgl
Rohe, Netzverträge, 364 ff; *Hager*, Die Verflechtung von Verträgen: Planung und Risikoverteilung bei Großprojekten, in *Weyers* (Hrsg), Die Verflechtung von Verträgen: Planung und Risikoverteilung bei Großprojekten, 85ff; zur arbeitsteiligen Softwareerstellung siehe OLG
Hamm, CR 1995, 20.

[72] Die Rechtslage unterscheidet sich insoweit nicht wesentlich von den Haftungsverhältnissen bei
der arbeitsteiligen Softwareerstellung durch Einschaltung von Subunternehmern, siehe OLG
Hamm CR 1995, 20, sowie den Haftungsverhältnissen zwischen General- und Subunternehmer
im Bereich des Anlagenbaus; siehe dazu sowie zu anderen Leistungsbündelungsfällen und Vertragsketten *Rohe*, Netzverträge, 365ff.

ASP-Endkunden kann unter Umständen über die Figur des Vertrages mit Schutzwirkung zugunsten Dritter ein direkter vertraglicher Zugriff auf den mangelhaft leistenden Subunternehmer eröffnet werden, sofern der Provider mit dem Subunternehmer die Aufnahme einer entsprechenden Klausel in den Untervertrag verhandelt. Zu erwägen ist ferner, das Haftungsrisiko durch Vereinbarung entsprechender Vertragsstrafen zu senken.[73]

Die durch die Haftungsbündelung für den Application Service Provider entstehende Risikoakkumulation kann in gewissem Umfang dadurch eingegrenzt werden, dass die Haftungsregeln der Verträge zwischen Provider und Subunternehmer und zwischen Provider und Endkunde angeglichen werden und sichergestellt wird, dass die Haftung des Providers nicht weiter reicht als seine Rückgriffsmöglichkeiten gegenüber den ASP-Subunternehmern.[74] Zu denken ist etwa an die Vereinbarung sogenannter „flow-up"- und „flow-down"-Klauseln wie sie von *Nicklisch* für komplexe Langzeitverträge im Bereich der Bauindustrie und im Anlagenbau vorgeschlagen wurden. Diese bestimmen, dass die Subunternehmer gegenüber dem Generalunternehmer die gleiche Verantwortlichkeit und Pflichtenlage trifft, wie den Generalunternehmer gegenüber dem Auftraggeber (flow-up) bzw dass der Subunternehmer die gleichen Rechte geltend machen kann wie dieser gegenüber dem Auftraggeber (flow-down).[75]

Zu berücksichtigen ist freilich, dass eine zu weitgehende „Weiterreichung" von Leistungsstörungsrisiken auf den Subunternehmer am AGBG scheitern kann.[76] So hat das OLG München[77] eine in AGB enthaltene Vertragsklausel beanstandet, nach welcher der Generalunternehmer die Abnahme des Subunternehmerwerkes an die Abnahme des Hauptwerkes und die Verjährung seiner Ansprüche gegen den Subunternehmer an die Verjährung der Ansprüche des Bauherrn gegen ihn geknüpft hat, da dies den Subunternehmer einem unbestimmbaren zeitlichen Risiko aussetzen würde.

Ob und in welchem Umfang es neben der beschriebenen Harmonisierung des Leistungsgegenstands und der Haftungsregeln weiter gehender vertraglicher Verknüpfungen zwischen den Einzelverträgen bedarf, wie dies etwa unter dem Stichwort des „Vertragsnetzes" für sog komplexe Langzeitverträge diskutiert wird,[78] hängt vom Vertragswillen und der spezifischen Form des Zusammenwirkens der

---

[73] *Hager*, Die Verflechtung von Verträgen: Planung und Risikoverteilung bei Großprojekten, in *Weyers* (Hrsg), Die Verflechtung von Verträgen: Planung und Risikoverteilung bei Großprojekten, 85.

[74] Vgl *Nicklisch*, Verknüpfte Verträge und verknüpfte Streitbeilegung bei Großprojekten, in *Nicklisch* (Hrsg), Netzwerke komplexer Langzeitverträge, 5, 7 (FN 13).

[75] *Nicklisch*, Verknüpfte Verträge und verknüpfte Streitbeilegung bei Großprojekten, in *Nicklisch* (Hrsg), Netzwerke komplexer Langzeitverträge, 5, 7 (FN 13).

[76] Zur Problematik bei Generalunternehmerverträgen siehe *Hager*, Die Verflechtung von Verträgen: Planung und Risikoverteilung bei Großprojekten, in *Weyers* (Hrsg), Die Verflechtung von Verträgen: Planung und Risikoverteilung bei Großprojekten, 71.

[77] OLG München BB 1984, 1386.

[78] Grundlegend zu den dogmatischen Strukturen vertraglicher Netzwerke *Rohe*, Netzverträge, Tübingen 1998 sowie *Lange*, Das Recht der Netzwerke: Moderne Formen der Zusammenarbeit in Produktion und Vertrieb, Heidelberg 1998; *Nicklisch* (Hrsg), Netzwerke komplexer Langzeitverträge und verknüpfte Streitbeilegung bei Großprojekten, München 2000.

Beteiligten innerhalb der ASP-supply Chain ab. In der überwiegenden Zahl der ASP-Projekte wird der Vertragswille bei ASP-Projekten auf separate Einzelverträge gerichtet sein und es engerer vertraglicher Verknüpfungen nicht bedürfen. In Ausnahmefällen sind freilich auch stärkere rechtliche Verbindungen denkbar bis hin zur rechtsförmig verankerten Kooperation in Gestalt eines Konsortialvertrages.[79]

5. Außergerichtliche Konfliktlösungsverfahren als Methode zur Streiterledigung in der ASP-Supply Chain

5.1 Alternative Dispute Resolution (ADR) versus staatliche Gerichtsbarkeit

Auch die professionellste Vertragsgestaltung kann Konflikte zwischen den ASP-Beteiligten nicht ausschließen. Der Anlass möglicher Streitigkeiten innerhalb der ASP-Supply Chain ist vielfältig. Im Vertragsverhältnis zwischen ASP und Endkunde kann u. a. Streit entstehen über die Einhaltung vereinbarter Service-Levels, Software-Funktionalitäten oder Fragen der Datensicherheit. Zwischen ASP und AIP oder NSP kann es zu Streit über versprochene Bandbreiten, Support oder Konnektivität, im Vertragsverhältnis ASP und ISV zu Konflikten wegen Softwaremängeln oder Support-Verpflichtungen kommen.

Aufgrund des engen Funktionszusammenhangs innerhalb der ASP-Supply Chain bleiben Störungen in einem Vertragsverhältnis im Regelfall nicht auf die Vertragsparteien begrenzt, sondern können sich auch auf die Vertragsbeziehungen anderer ASP-Beteiligter (ASP, Endkunde, ASP-Subunternehmer) auswirken und führen zu einer Haftungsbündelung beim ASP. Das erhöhte Haftungsrisiko wird für den ASP auf Grund des „one-to-many"-Geschäftsmodells weiter akkumuliert, denn ein einziges technisches Problem, das zu einer Leistungsstörung führt, kann eine Vielzahl von Gewährleistungs- oder Schadensersatzansprüchen auslösen.

Sofern keine vertraglichen Abreden außergerichtlicher Konfliktbewältigung zwischen den Parteien getroffen wurde, ist die Prozessführung vor staatlichen Gerichten die übliche Methode für die Lösung derartiger vertraglicher Streitigkeiten. Eine Reihe von Unzulänglichkeiten haben allerdings die Attraktivität der gerichtlichen Konfliktlösung vermindert und dazu geführt, dass die Vertragpraxis bei Streitigkeiten im Technologiebereich vermehrt auf „Alternative Streitbeilegungsformen" (Alternative Dispute Resolution) und schiedsgerichtliche Verfahren zurückgreift. Abgesehen von der häufig langen Dauer der Verfahren vor staatlichen Gerichten werden die Beziehungen zwischen den Streitparteien in einem staatlichen Gerichtsverfahren oft derart strapaziert, dass sie nach Abschluss des Prozesses nicht fortsetzungsfähig sind. Gerade bei langfristigen, auf Kooperation angelegten Projekten ist eine gerichtliche Konfliktaustragung daher vielfach destruktiv. Darüber hinaus fehlt gerade im Bereich der Informations- und Computertechnologie den Gerichten oftmals die erforderliche Sachkenntnis. Den Aus-

---

[79] Zu denken ist etwa an Formen des Innen- oder Außenkonsortiums, wie sie im Anlagenbau verwandt werden; vgl hierzu *Nicklisch*, NJW 1985, 2361 (2364 ff).

schlag für eine Entscheidung zugunsten einer außergerichtlichen Streitbeilegung gibt aber häufig die bessere Durchsetzbarkeit[80] sowie die Möglichkeit, den Personenkreis, der vom Verfahren Kenntnis erlangt, verlässlich zu beschränken.[81]

Um den Problemen der Prozessführung vor staatlichen Gerichten zu entkommen, sind insbesondere bei „komplexen Langzeitverträgen" kautelarjuristisch eine Reihe verschiedener Streitbeilegungsmechanismen entwickelt worden. Kennzeichnend für die Verfahren ist es, dass sie zunächst nicht konfrontativ, sondern auf Konsens ausgerichtet sind, und idR als Vorstufe eines schiedsgerichtlichen Verfahrens mehrere obligatorische Versuche einvernehmlicher Konfliktlösung vorsehen. So wird in den in der Praxis vereinbarten Konfliktlösungsmechanismen häufig bestimmt, dass aufgetretene Streitigkeiten zunächst intern innerhalb eines festgesetzten Zeitraums auf der Ebene der involvierten Sachbearbeiter gelöst werden sollen und der Konflikt anschließend, wenn eine Lösung nicht gefunden wird, auf die nächsthöhere Stufe der Unternehmenshierarchie zu verschieben ist. Erst wenn klar ist, dass die Parteien untereinander den Konflikt nicht lösen können, werden Dritte zur Vermittlung herangezogen und wird im Wege eines Schlichtungsverfahrens versucht, den Streitfall mit Hilfe eines neutralen Dritten durch einen Vergleich oder Kompromiss beizulegen. Nur wenn auch dieses Bemühen um eine einvernehmliche Einigung scheitert, erfolgt der Übergang ins kontradiktorische Verfahren durch Anrufung des zur verbindlichen Entscheidung berufenen Schiedsgerichts.

5.2 Die Vorschläge des WIPO-ASPIC Reports: Dispute Avoidance Best Practices and Resolution Guidelines for the ASP-Industry

Einen vergleichbaren Eskalationsmechanismus der Streitbeilegung hat die WIPO im Auftrag des ASP-Industry Consortium (ASPIC)[82] in ihren im Mai dieses Jahres veröffentlichten Dispute Avoidance Best Practices and Resolution Guidelines for the ASP-Industry (WIPO-ASPIC Report) für Streitigkeiten innerhalb der ASP-Leistungskette vorgeschlagen.

---

[80] Die internationale Vollstreckung von Schiedssprüchen ist durch Staatsverträge, insbesondere das United-Nations-Übereinkommen über die Anerkennung und Vollstreckung ausländischer Schiedssprüche (UNÜ) abgesichert. Die Erfahrung zeigt zudem, dass die Parteien in Schiedsverfahren idR bereit sind, ihre Verpflichtungen aus Schiedssprüchen freiwillig zu erfüllen; vgl dazu *Böckstiegel*, RIW 1979, 161 (165).

[81] Im Gegensatz zu den Verhandlungen vor den staatlichen Gerichten, die grundsätzlich öffentlich sind (§ 169 GVG), lässt sich der Personenkreis, der von einem Konfliktfall Kenntnis erhält, begrenzen, denn Alternative Streitbeilegungsverfahren und Verhandlungen vor den Schiedsgerichten sind grundsätzlich nur »parteiöffentlich«. Zu einem Zeitpunkt, in dem sich das ASP Geschäftsmodell noch weitgehend im Embryonalzustand befindet und sich auf dem IT-Markt erst durchsetzen muss, bestehen in der ASP-Industrie berechtigte Bedenken gegen öffentlich ausgetragene Rechtsstreitigkeiten; zu den Vor- und Nachteilen des Schiedsgerichtsverfahrens s *Lachmann*, Handbuch der Schiedsgerichtsbarkeit, 14 mwN.

[82] Das ASP Industry Consortium ist eine im Mai 1999 von 25 führenden Technologieunternehmen gegründete internationale Interessengruppe, deren Aufgabe es ist, das ASP-Geschäftsmodell zu fördern.

5.2.1 Multi-Step Dispute Resolution

Der WIPO-ASPIC Report sieht ein mehrstufiges Konfliktlösungsprozedere vor. Um zu vermeiden, dass durch die frühe „Verrechtlichung" des Konflikts einvernehmliche Lösungen zwischen den Parteien verhindert werden, ist vorgesehen, dass auftretende Konflikte zunächst obligatorisch ohne Drittbeteiligung auf der Ebene der projektbeteiligten Mitarbeiter (Relationship Managers) zu lösen sind. Die vorgeschlagene Musterklausel, die in die Verträge des ASP mit dem Endkunden sowie dem jeweiligen Subunternehmer aufzunehmen ist, statuiert daher eine entsprechende Verhandlungspflicht. Wenn der Streit nicht innerhalb der vertraglich festgelegten Frist beigelegt werden kann, erfolgt ein erneuter Versuch auf Managementebene (Senior Executives), dessen Prozedere im Einzelnen vorab vertraglich festgelegt wird.[83]

Gelingt auch auf dieser Ebene die Verständigung nicht, ist ein obligatorischer Mediationsversuch vorgesehen. Erst wenn auch dieser Einigungsversuch scheitert, wird die Sache zur endgültigen Entscheidung an ein Schiedsgericht vergeben.[84]

---

[83] Die WIPO-ASPIC Arbeitsgruppe schlägt folgende Musterklausel vor:

1) If a Dispute should arise, no later than [...] days following the transmission of notice in writing by one party to the other party, [identify name of person] of [first contracting party, as defined] and [identify name of person] of [second contracting party, as defined], or their respective successors in the positions they now hold (the Relationship Managers), shall meet at a mutually agreed place, or otherwise communicate, in an effort to resolve the Dispute. Any subsequent meetings or communications shall be agreed by the Relationship Managers in light of their first meeting and taking into consideration the circumstances underlying the Dispute.

2) If the Dispute has not been resolved within [...] days of their first meeting or communication to resolve the Dispute, the Relationship Managers shall refer the Dispute immediately to senior executives, who shall have the authority to settle the Dispute (the *Senior Executives*). Upon such referral, the Relationship Managers shall promptly prepare and exchange memoranda (i) stating the issues in dispute and their respective positions; (ii) summarizing the negotiations that have taken place and (iii) attaching relevant documents. The Senior Executives shall meet for negotiations as soon as practicable and, in any event, within [...] days of the first meeting between the Relationship Managers, at a mutually agreed time and place.

[84] Die Richtlinien schlagen folgende Musterklausel vor:

Mediation: If the Dispute has not been resolved within [...] days of the meeting of the Senior Executives, except if the parties agree to extend such period, they shall endeavor to settle the dispute by mediation in accordance with the WIPO Mediation Rules (the Mediation). The place of mediation shall be [...]. The language of the mediation shall be [...].;

Arbitration: 1) If, and to the extent that, the Dispute has not been settled pursuant to the Mediation within [specify number of business or calendar days, usually 60 or 90] days of the commencement of the Mediation, it shall, upon the filing of a Request for Arbitration by either party, be referred to and finally determined by arbitration in accordance with the WIPO Arbitration Rules.

2) Alternatively, if, before the expiration of the above period, either party fails to participate or to continue to participate in the Mediation, the Dispute shall, upon the filing of a Request for Arbitration by the other party, be referred to and finally determined by arbitration in accordance with the WIPO Arbitration Rules.

3) The arbitral tribunal shall consist of [three arbitrators] [a sole arbitrator]. The place of arbitration shall be [...]. The language of the arbitration shall be [...]. The dispute, controversy or claim referred to arbitration shall be decided in accordance with the law of [...].

Zur Durchführung und administrativen Betreuung der vereinbarten Schlichtungs- und Schiedsgerichtsverfahren können sich die Parteien des WIPO Arbitration and Mediation Centers bedienen, das seine bislang vornehmlich für Streitigkeiten des gewerblichen Rechtsschutzes vorgesehene Schlichtungs- und Schiedsgerichtsordnung an die spezifischen Erfordernisse von ASP-Konflikten angepasst hat. Die ASP Industry Consortium Mediation and Arbitration Rules entsprechen im Wesentlichen im internationalen Wirtschaftsverkehr etablierten Schlichtungs- und Schiedsgerichtsordnungen. Insbesondere sind die Parteien sowohl im Schlichtungs- als auch im Schiedsgerichtsverfahren frei, ihre Schlichter bzw. Schiedsrichter zu bestimmen, und sind nicht an Schlichter- und Schiedsrichterlisten gebunden. Nach Art 46 der WIPO Arbitration Rules besteht in Übereinstimmung mit der deutschen Rechtslage (§ 1041 Abs 1 ZPO nF)[85] für das Schiedsgericht die Möglichkeit, vorläufige und sichernde Maßnahmen anzuordnen. Ferner sehen die WIPO Arbitration Rules in Art 18 die Möglichkeit von Mehrparteienstreitigkeiten vor.

5.2.2 Mehrparteienproblematik

Da sich Leistungsstörungen in der ASP Supply Chain häufig auf mehrere Vertragsverhältnisse auswirken, stellt sich die Frage, wie die ASP-Beteiligten aus prozessökonomischen Gründen und zur Vermeidung widersprüchlicher Entscheidungen anstelle der Vereinbarung der üblichen Zweiparteienschieds- bzw. Schlichtungsverfahren vertragliche Vorkehrungen treffen können, um die Teilnahme Dritter an den bilateral vereinbarten Schieds- und Schlichtungsverfahren zu ermöglichen. Wird etwa der ASP vom Endkunden wegen nicht eingehaltener Service-Level-Agreements auf Schadensersatz in Anspruch genommen, so wird dieser bestrebt sein, den nach seiner Auffassung dafür verantwortlichen Subunternehmer (zB NSP oder AIP) in das Schiedsverfahren mit einzubeziehen und an den in diesem Verfahren ergangenen Schiedsspruch zu binden. Während beim gerichtlichen Verfahren mit Hilfe der einschlägigen Rechtsinstitute der Streitverkündung (§§ 72–74 ZPO) und Nebenintervention (§§ 66–71 ZPO) die Einbeziehung Dritter in ein Zweiparteienverfahren möglich ist, ist dies bei Schieds- bzw. Schlichtungsverfahren auf Grund deren vertraglicher Natur nur dann möglich, wenn sich alle Parteien der Schiedsgerichtsbarkeit eines einzigen Schiedsgerichts bzw. der Schlichtung unterwerfen. Ein mehrere Parteien umfassendes außergerichtliches Streitbeilegungsverfahren setzt daher voraus, dass diese durch denselben Vertrag und damit durch dieselbe Schieds- und Schlichtungs-Klausel miteinander verbunden sind oder die einzelnen zwischen den

---

[85] Während vor In-Kraft-Treten des neu gefassten 10. Buches der ZPO nach herrschender Meinung ausschließlich die staatlichen Gerichte zur Anordnung vorläufiger Maßnahmen befugt waren, bestimmt nunmehr § 1041 Abs 1 in Anlehnung an Art 17 UNCITRAL MG, dass auch ein Schiedsgericht vorläufige oder sichernde Maßnahmen anordnen kann; s *Lachmann*, Handbuch für die Schiedsgerichtspraxis, Rz 672 ff.

Parteien bestehenden Verträge eine die Verbindung vorsehende einheitliche Schieds- bzw. Schlichtungsklausel enthalten.

Um die Zusammenlegung bereits anhängiger sachlich konnexer Schieds- und Schlichtungsverfahren sowie die Einbeziehung des ASP-Subunternehmers in Schieds- bzw. Schlichtungsverfahren mit dem Endkunden zu ermöglichen, wird daher vorgeschlagen sowohl in den Vertrag mit dem Endkunden als auch in den Vertrag mit dem Subunternehmer entsprechende Beitritts- und Verbindungsklauseln (sog joinder bzw. consolidation clauses) aufzunehmen.[86] Durch

---

[86] Die WIPO-ASPIC Arbeitsgruppe hat folgende Mehrparteienklausel für Schlichtungs- und Schiedsverfahren vorgeschlagen:

Mediation: a) Klausel für den Vertrag ASP-Endkunde: In the event that a dispute is referred to mediation under [paragraph number of the mediation clause] and one of the parties considers that this dispute is connected to: Services or goods provided to that party under a third-party contract (Partner Contract), the other party shall not object to the participation of such third-party in any meetings relating to the mediation or to the participation of the third-party in the mediation. A dispute relating to or arising out of a Partner Contract (the Connected Dispute), which is to be or has been referred to mediation, that party may, by notice in writing, require that the Connected Dispute be referred to the mediator appointed pursuant to this clause. The other party shall not object to the consolidation of the mediations.

b) Klausel für den Vertrag ASP-Subunternehmer: In the event that: (1) A mediation has already been commenced under a separate contract for services to be provided by [the ASP] (the Services Contract), and (2) A dispute relating to or arising out of this contract is to be referred to mediation under [paragraph number of the mediation clause], and (3) [The ASP] considers that the dispute under this contract is connected to the dispute that is the subject of the mediation under the Services Contract (a Connected Dispute), [The Partner] shall not object to a request by [the ASP] that the dispute under this contract be consolidated with the dispute referred to mediation under the Services Contract.

In the event that: (1) A mediation has been commenced under the Services Contract, and [The ASP] considers that the Connected Dispute is connected to services or goods to be provided under this contract, (2) [the ASP] may, by notice in writing, request that the [the Partner] provide such information and attend such meetings in connection with the mediation of the Connected Dispute, as may be considered reasonable.

Arbitration: Klausel für den Endkundenvertrag: a) In the event that a dispute is referred to arbitration under [paragraph number of the arbitration clause], and one of the parties considers that this dispute is connected to:

(1) Services or goods provided to that party under a third-party contract (Partner Contract), the other party shall not object to the joinder of the third-party in to the arbitration.

(2) A dispute relating to or arising out of a Partner Contract (Connected Dispute), which is to be or has been referred to arbitration, that party may, by notice in writing, require that the Connected Dispute be referred to and finally settled in the arbitration pursuant to this clause. The other party shall not object to the consolidation of the arbitrations.

Klausel für den Vertrag mit dem ASP-Subunternehmer: In the event that: (1) An arbitration has already been commenced or is to be commenced under a separate contract for services to be provided by [the ASP] (the Services Contract), and (2) A dispute relating to or arising out of this contract is to be referred to arbitration under [paragraph number of the arbitration clause], and (3) [The ASP] considers that the dispute under this contract is connected to the dispute that is the subject of the arbitration under the Services Contract (a Connected Dispute), [the ASP] may, by notice in writing, require that the dispute under this contract be referred to and finally settled in the same arbitration concerning the Connected Dispute (the Connected Arbitration). [The Partner] shall not object to the consolidation of the arbitrations and shall

diese werden die Vertragsparteien verpflichtet, der Beteiligung eines Dritten an dem zwischen ihnen geführten Schieds- bzw. Schlichtungsverfahren sowie der Konsolidierung bereits anhängiger Verfahren zuzustimmen, sofern die dem Schieds- bzw. Schlichtungsverfahren zu Grunde liegende Streitigkeit mit den Leistungen des Dritten sachlich verbunden ist. Gleichermaßen ist der ASP-Subunternehmer in seinem Vertrag mit dem ASP dazu zu verpflichten, einem Schieds- bzw. Schlichtungsverfahren zwischen ASP und Endkunden beizutreten bzw. eine Konsolidierung bereits parallel anhängiger Verfahren zuzustimmen. Um sicherzustellen, dass der Beitritt des ASP-Subunternehmers die erwünschte Interventionswirkung begründet und der nach der Konsolidierung ergehende Schiedsspruch zu einer endgültigen Streiterledigung führt, ist zu empfehlen, dies ebenfalls ausdrücklich vertraglich festzulegen.[87]

Ob das vom WIPO-ASPIC Report vorgeschlagene Konfliktlösungsmodell sich in der Praxis bewähren wird, bleibt abzuwarten. Es steht zu vermuten, dass jedenfalls dann, wenn die ASP-Vertragspartner auf ein eng koordiniertes Zusammenwirken angewiesen sind und auf eine künftige Zusammenarbeit Wert legen, die auf Konsens ausgerichteten Formen der Streitbeilegung durchaus sinnvoll sind und eine reale Chance haben. Versuche, durch vertragliche Vereinbarungen sachgerechte Konfliktlösungsverfahren zustande zu bringen, bieten freilich nur dann Aussicht auf Erfolg, wenn diese bei Abschluss des oder der Hauptverträge mit abgefasst werden. Nach diesem Zeitpunkt und erst recht nach Auftreten der Streitigkeit werden taktische Gesichtspunkte sowie die Tatsache, dass idR die Durchführung eines Mehrparteienschiedsverfahrens nicht dem Interesse sämtlicher Betroffener dient, es nahezu unmöglich machen, die verschiedenen Betrof-

---

participate in the Connected Arbitration and be bound by the award rendered in the Connected Arbitration in the same manner as if the dispute under this contract had been referred to and finally settled in a separate arbitration pursuant to this clause.

In the event that: (1) An arbitration has been commenced under the Services Contract, and (2) [The ASP] considers that the Connected Dispute is connected to services or goods to be provided under this contract, [the ASP] may, by notice in writing, request that the [the Partner] shall be joined as a party in the Connected Arbitration. [The Partner] shall not refuse any such request and shall participate in the Connected Arbitration and be bound by the award rendered in the Connected Arbitration in the same manner as if a dispute had been referred to and finally settled in a separate arbitration pursuant to this clause.

In the event that: (1) An arbitration has been commenced under the Services Contract, and (2) [The ASP] considers that the Connected Dispute is connected to services or goods to be provided under this contract, [the ASP] may, by notice in writing, request that the [the Partner] shall provide such information and attend such meetings relating to the Connected Arbitration, as may be considered reasonable.

[87] Die Verkündung eines vor einem Schiedsgericht ausgefochtenen Streits analog § 72 ZPO und in der Form des § 73 ZPO ist nach deutschem Recht ohne weiteres möglich; die Streitverkündigungswirkung analog § 74 ZPO dürfte dabei auch dann ausgelöst werden, wenn sich der beitretende Dritte nicht ausdrücklich individualvertraglich für deren Eintritt ausgesprochen hat; s ausführlich zur Drittbeteiligung in Schiedsgerichtsverfahren *Massuras*, Dogmatische Strukturen der Mehrparteienschiedsgerichtsbarkeit, S 405 ff.; zur Mehrparteienschiedsgerichtsbarkeit in komplexen Langzeitverträgen s auch *Melis*, Praktische und prozedurale Probleme mit Mehrparteienschiedsgerichten bei komplexen Langzeitverträgen, in *Nicklisch*, Der komplexe Langzeitvertrag, S 569–585.

fenen an einen Tisch zu bekommen und eine Einigung zugunsten einer umfassenden außergerichtlichen Konfliktbewältigung erheblich erschweren.[88]

[88] Vgl eingehend *Massuras*, Dogmatische Strukturen der Mehrparteienschiedsgerichtsbarkeit, 260, 334 ff.

Gerald Spindler, Markus Fallenböck

VERTRAUEN IM INTERNATIONALEN E-COMMERCE: DAS HERKUNFTSLANDPRINZIP DER E-COMMERCE-RICHTLINIE ALS SCHRITT IN DIE RICHTIGE RICHTUNG?

Ein wesentliches Charakteristikum des E-Commerce ist sein Potenzial für einen grenzüberschreitenden Handel, der einfach und kostengünstig abgewickelt werden kann. Dass diese Möglichkeit zur Zeit nicht annähernd ausgeschöpft wird, ist zweifellos auch auf mangelndes Vertrauen auf Anbieter- wie Nachfragerseite zurückzuführen. Die internationale Dimension von E-Commerce über Internet bewirkt dabei insbesondere eine Unsicherheit über das anwendbare Recht. Im EU-Binnenmarkt will die E-Commerce-Richtlinie diesem Problem mit der Verankerung des Herkunftslandprinzips entgegentreten. Dieser Beitrag untersucht rechtliche Fragen des Herkunftslandprinzips und beleuchtet dessen Rolle beim Vertrauensaufbau im internationalen E-Commerce.

1. Einleitung und Hintergrund

1.1 Globalität des Internet und Recht

Rechtlicher Sicherheit kommt eine wesentliche Bedeutung in der Herstellung von Vertrauen im E-Commerce zu. Die Rolle, die Recht in diesem Zusammenhang spielt, wird wesentlich durch die besonderen Risiken des E-Commerce bestimmt.[1] Rechtliche Kontrollsysteme versuchen – in verschiedener Form – auf diese Risiken einzuwirken und diese zu minimieren, indem sie die Marktteilnehmer zu einem bestimmten Verhalten anleiten. Eines der wesentlichen Risiken resultiert gerade aus einem der großen Vorteile des Internet – nämlich aus seiner Globalität.[2] Es ist das Wesensmerkmal des E-Commerce, dass Angebote überall in der Welt in das Netz gestellt und überall abgerufen werden können. Auch der Informationsweg selbst ist nicht vorab zu bestimmen, sondern hängt von den technisch bedingten Zufällen des Routing-Verfahrens ab.

---

[1] Zu den grundlegenden Risiken im E-Commerce siehe *Spindler* in *Müller/Reichenbach* (Hrsg), Sicherheitskonzepte für das Internet (2001) 161, 162ff.
[2] Vgl auch *Spindler* in *Müller/Reichenbach* (Hrsg), Sicherheitskonzepte 164, 175ff.

Aus dieser Globalität resultiert zunächst eine grundlegende Herausforderung an das Recht. Regulierung und rechtliche Normen knüpfen an Territorien, Aufenthaltsorte oder andere Kriterien aus der physischen Welt an. Ein Heranziehen dieser Kriterien im E-Commerce erfolgt nun unter anderen Bedingungen und führt dazu, dass einzelne Staaten und deren Recht schwerer in der Lage sind, Inhalte und Angebote im Netz wirksam zu regulieren.

Betrachtet man diese Voraussetzungen, so ist es nicht verwunderlich, dass insbesondere in der Frühzeit der wirtschaftlichen Nutzung des Internet die Geltung klassischen staatlichen Rechts im sog Cyberspace intensiv in Frage gestellt wurde. In diesem Zusammenhang wurde ein transnationales Cyberlaw gefordert, da das Internet globale Regelungsmechanismen benötigen würde. Von Analogien zur *Lex Mercatoria* und zum General Maritime Law bis zur Forderung nach der Schaffung eines Einheitsrechts, einer *Lex Internet*, reichten die Vorschläge[3]. Der Cyberspace wurde auch als unabhängiger Souverän gesehen, das Internet zum eigenständigen Rechtsraum erklärt[4].

Mittlerweile ist die Phase idealistischer Konzepte jedoch vorbei, im Internet regiert der Alltag des Informationstransfers, der verstärkt für geschäftliche Tätigkeiten genutzt wird. Anbieter im E-Commerce treffen nach wie vor auf das Konzept der staatlichen Souveränität, verkörpert durch die nationalen Rechtsordnungen, deren Eigenheiten und Besonderheiten trotz aller internationaler bzw supranationaler Harmonisierungsbestrebungen weiterhin bestehen. Die Frage nach dem anwendbaren Recht bleibt auch im Internet aktuell, ja sie wird zur Schlüsselfrage: *Hoeren* hat sie mehrfach als „archimedischen Punkt"[5] rechtlicher Lösungen in der Informationsgesellschaft bezeichnet. Anbieter wie Nachfrager im E-Commerce sehen sich so weiterhin mit der Frage konfrontiert, welches (nationale) Recht auf ihre (potenziell internationalen) Internetaktivitäten Anwendung findet.

1.2 Die Frage nach dem anwendbaren Recht als Unsicherheitsfaktor

Im alltäglichen Geschäfts- und Rechtsleben birgt die Globalität des Internet somit eine weitere wesentliche Unsicherheit, die sich in einer simplen Frage zusammenfassen lässt: Nach welcher Rechtsordnung soll sich denn der Anbieter bzw Nachfrager im Internet richten? Da nicht sicher ist, nach welchen Kriterien ein Staat die Regulierungshoheit in Anspruch nimmt, ist der Anbieter von Information unter Umständen mit einer Vielzahl ihm in der Regel unbekannter Rechtsordnungen konfrontiert.[6] Umgekehrt gibt es das Risiko des Nutzers, statt der ihm

---

[3] Zu diesen Theorien vgl die sehr kritische Bestandsaufnahme von *Mankowski*, AfP 1999, 138ff.

[4] In diese Richtung grundlegend *Johnson/Post*, 48 Stanford Law Review 1367, 1370, 1378 (1996).

[5] So bereits *Hoeren*, WRP 1997, 993, 997; siehe jüngst auch *Hoeren/Große Ruse* in Lehmann (Hrsg), Electronic Business in Europa (2002) Rz 5ff.

[6] Dabei ist auch offensichtlich, dass damit die Neigung zum Forum Shopping, also der strategischen Gerichtsstandswahl durch die klagende Partei zur Maximierung der eigenen Prozesschancen, zunimmt; zu den Effekten des Forum Shopping vgl *Mankowski*, Europäisches Internationales Privat- und Prozessrecht im Lichte der ökonomischen Analyse, in *Ott/Schäfer* (Hrsg), Vereinheitlichung und Diversität des Zivilrechts in transnationalen Wirtschaftsräumen (2002) 118ff.

vertrauten Rechtsordnung seines Heimatstaates das Recht einer fremden Rechtskultur anwenden zu müssen.[7] Die Risiken, die sich daraus ergeben, lassen sich besonderes deutlich im Bereich des Strafrechts zeigen: Diese werden etwa dann schlagend, wenn Inhalte, die in einem Staat erlaubter Weise ins Netz gestellt werden können, in einem anderen aber strafrechtlich inkriminiert sind, dazu führen, dass der Urheber im Empfangsstaat unvermutet inhaftiert wird oder der Zugang zur Website für Nutzer im Empfangsland zu sperren ist.[8] Diese Risiken bestehen ebenso im Zivil- und Handelsrecht, wobei die Konsequenzen anderer Natur, jedoch wirtschaftlich wesentlich gravierender sind.

Das Risiko der Rechtsanwendung erzeugt daher Unsicherheit in den Beziehungen sowohl von Handelspartnern als auch bei der Generierung von Informationen im Internet. Diese Unsicherheit tritt zunächst im B-to-B (also zwischen Unternehmern) wie im B-to-C (zwischen Unternehmern und Verbrauchern) Bereich auf, die Auswirkungen sind jedoch unterschiedlich. Im B-to-B E-Commerce wirken sich diese Rechtsanwendungsrisiken nicht so dramatisch aus, da im Handelsverkehr eine lange Praxis internationaler Verträge besteht, in denen anwendbares Recht und Gerichtsstand autonom von den Parteien geregelt werden. Weiters ist zwischen Unternehmern die vertragliche Gestaltungsmöglichkeit wesentlich höher, da hier nicht zwingende Normen (etwa des nationalen Verbraucherschutzrechts) zu beachten sind.

1.3 Wirtschaftliche Dimension

Die wirtschaftliche Dimension des Rechtsanwendungsrisikos aus Sicht der Anbieter lässt sich besonders gut im B-to-C Bereich (auch als Online-Retailing bezeichnet) demonstrieren. Auch nach dem Ende der Interneteuphorie besteht in diesem Segment ein deutliches Wachstumspotenzial. So sollen sich die weltweiten B-to-C Umsätze im E-Commerce von USD 134 Mrd im Jahr 2002 auf USD 562 im Jahr 2006 steigern. In Westeuropa soll sich dieser Markt im selben Zeitraum von USD 30 Mrd auf USD 138 Mrd entwickeln.[9] Dennoch zeigt der Vergleich zu älteren Prognosen, dass das Wachstum hinter den Erwartungen zurückbleibt und laufend nach unten revidiert wird. Ein Grund hierfür kann in den von den Anbietern wie Nachfragern zunehmend wahrgenommenen Risiken von Internetaktivitäten gesehen werden.[10]

---

[7] Vgl *Spindler* in *Müller/Reichenbach* (Hrsg), Sicherheitskonzepte 175ff.

[8] Das erste Beispiel rekurriert auf den Fall eines Ausländers, der wegen Verbreitens der Auschwitzlüge über das Internet in Deutschland verurteilt wurde, siehe dazu Urteil des deutschen Bundesgerichtshofes (BGH) 12. 12. 2000, 1 StR 184/00, unter http://www.jurpc.de/rechtspr/20010038.htm; das zweite Beispiel bezieht sich auf den sog „Yahoo"-Fall, in dem eine US-amerikanische Auktions-Website von einem französischen Gericht dazu verurteilt wurde, den Zugang auf Sites mit der Versteigerung von Nazi-Objekten für französische Nutzer zu sperren. Eine solche Tätigkeit ist nach amerikanischem Recht erlaubt, in Frankreich jedoch strafrechtlich verboten, vgl dazu *Lurger* in *Gruber* (Hrsg), Die rechtliche Dimension des Internet (2001) 69, 99f.

[9] Zahlen bei *Forrester*, Expand Globally, Comply Locally (2001).

[10] Zu den Risiken des Internet und seinen wirtschaftlichen Auswirkungen vgl den Beitrag von *Petrovic/Fallenböck/Kittl/Wolkinger* in diesem Band.

Aus Anbietersicht ergibt sich zunächst das grundlegende Risiko, dass Internetaktivitäten – im Unterschied zu konventionellen Medien – in ihrer geografischen Verbreitung nicht wirklich steuerbar sind. Durch die – technisch bedingte – weltweite Abrufbarkeit gibt es keine „natürliche" Steuerung der Absatztätigkeit mehr. Dies kann zunächst dazu führen, dass – für den Anbieter schwer kalkulierbar und damit unerwartet – eine Absatztätigkeit in einem Empfangsland auf rechtliche Schwierigkeiten stößt. So kann etwa die Online-Werbung für Zigaretten, die im Sendestaat A und den Empfangsstaaten B, C und D erlaubt ist, im Staat E eine Markenverletzung begründen (Markenrechte sind nach wie vor stark national bestimmt).[11] Die Auswirkungen auf die Werbekampagne können erheblich sein, wenn es dem Anbieter etwa aufgetragen wird, eine Markenverletzung begründende Werbung im Staat E zu unterlassen. Da eine Beschränkung des Zugriffs nur in Staat E schwer machbar ist, muss der Anbieter seine Website entsprechend ändern und möglicherweise die Bewerbung ganz unterlassen. Die direkten wie indirekten Kosten können dabei erheblich sein.

Anbieter können darauf durch eine bewusste Zielausrichtung auf nationale Märkte reagieren. Dies bietet sich etwa für regional agierende Unternehmen an, für die eine Website nur ein zusätzlicher Verkaufskanal für einen regionalen Käuferkreis ist. Daneben zeigt sich, dass auch große internationale Anbieter verstärkt national-bezogene Sites anbieten, das heißt einen Internetauftritt entwickeln, der an einen bestimmten (nationalen) Zielmarkt angepasst ist. So hatte im Jahr 2001 amazon.com bereits eigene Websites für Frankreich, Großbritannien, Deutschland oder Japan, eBay bot 16 länderspezifische Sites an. Dabei ist nicht zu verkennen, dass diese länderspezifischen Sites nicht nur aus Marketinggründen erstellt werden. Gerade eine internationale Präsenz macht die Berücksichtigung nationalen Rechts – vor allem des Verbraucherrechts – erforderlich. Dabei zwingt gerade die nationale Ausrichtung zu noch intensiverer Beachtung nationaler Regelungen, da damit die Zielgerichtetheit der Website unzweifelhaft ist. Somit besteht zwischen wirtschaftlich bedingter „Nationalisierung" und Notwendigkeit der Beachtung lokaler Bestimmungen eine interessante Wechselbeziehung. Auch eine Absicherung über Disclaimer (also geografische Werbebeschränkungen) ist nur bedingt hilfreich, da diese von den Anbietern oft durch gegenteiliges Verhalten aufgehoben werden und eine Kontrolle der Herkunft der Nutzer nur schwer bzw mit hohem Aufwand möglich ist. So hat der Oberste Gerichtshof in Österreich in einem aktuellen Urteil die Wirksamkeit eines Disclaimers bei Zigaretten-Werbung im Internet verneint, da durch den Verkauf der Zigaretten in Österreich die Erklärung widerlegt wurde.[12]

Unternehmen, die eine solche Ausrichtung auf bestimmte Märkte nicht durchführen können oder wollen, müssen entsprechende Risiken einkalkulieren. Aus Anbietersicht ergibt eine globale Expansion die Notwendigkeit, die rechtlichen Vorschriften der Zielländer nicht außer Acht zu lassen. Als kritische Rechtsbereiche ergeben sich dabei Fragen nach der Rechtsqualität elektronischer Verträge,

---

[11] Vgl dazu die Entscheidungen des österreichischen Obersten Gerichtshofs (OGH) zum Fall „BOSS-Zigaretten", dazu die jüngste Entscheidung vom 15. 10. 2002, 4 Ob 174/02w.
[12] Oberster Gerichtshof, 15. 10. 2002, 4 Ob 174/02w.

dem Datenschutz, sowie bei Steuerrecht und Urheberecht. Dabei ist zu empfehlen, sich an bestimmten Leitrechtsordnungen zu orientieren. Auch für verschiedene Branchen ergeben sich unterschiedliche Anforderungen.[13]

In jedem Fall resultieren aus dem skizzierten Risiko Rechtsermittlungskosten (Feststellung der fremden Rechtnormen)[14], Rechtsimplementierungskosten (Anpassen des Angebotes) und Rechtsdurchsetzungskosten (Klage im Ausland sowie Vollstreckung).[15] So kostet ein internationaler Datenschutz-Audit durch ein privates Beratungsunternehmen etwa USD 100.000, die Beilegung von Streitigkeiten bei falscher Datenverwendung kann jedoch Kosten in Millionenhöhe bewirken. Eine amerikanische Anwaltskanzlei etwa bietet den Zugriff auf eine Online-Datenbank mit den rechtlichen Bestimmungen im E-Commerce aus 42 Ländern (zu Fragen des Signaturrechts, Online-Vertragsrecht, Datenschutz, und Verbraucherschutzrecht). Der Zugriff auf die Datenbank (ohne zeitmäßige Beschränkung) kostet USD 75.000.[16]

Bereits im Jahr 2000 ermittelte Forrester die Kosten von internationalem Online-Retailing. Der Aufbau einer neuen länderspezifischen E-Commerce-Präsenz (inklusive Technik, Content, Marketing, Logistik) beläuft sich demnach auf EUR 26 Mio.[17] Angesichts der oben genannten Zahlen ergibt sich bei realistischer Schätzung durchaus, dass alleine die Rechtsermittlungskosten sowie die Rechtsimplementierungskosten mehrere 100.000 EUR betragen können. Aus den insgesamt hohen Kosten schließt Forrester – und diese Entwicklung wird seitdem bestätigt – dass im Jahre 2005 traditionelle Versandhäuser 88% des europäischen Online-Retailing ausmachen werden. Nur entsprechend große Konzerne mit internationalen Niederlassungen können sich die Zielrichtung auf unterschiedliche Märkte leisten bzw das Risiko einer Anwendung unbekannten Rechts eingehen. Kleine bis mittlere Unternehmen können sich länderspezifische Internetauftritte nicht leisten oder sind überhaupt gezwungen, auch aufgrund der rechtlichen Risiken internationale Transaktionen überhaupt zu unterlassen. Zusammenfassend lässt sich deutlich zeigen, dass gerade für Klein- und Mittelunternehmen die rechtlichen Risiken des internationalen E-Commerce durchaus prohibitive Wirkung entfalten.

---

[13] Siehe *Forrester*, Expand Globally, Comply Locally (2001).

[14] Die Chance, die Rechtsermittlungskosten später auf die Gegenpartei abwälzen zu können, stehen in der Regel nicht sonderlich gut: entweder sind diese nicht ersatzfähig oder es fehlt überhaupt an genauen Regeln zur Kostentragung. Interessant ist auch der Unterschied zwischen dem amerikanischen Rechtsprinzip, keine Kostenerstattung zu kennen und der europäischen Grundregel, eine Kostenlast des Verlierers bzw eine Kostenverteilung vorzunehmen; so bei *Mankowski* in *Ott/Schäfer* (Hrsg), Vereinheitlichung 122.

[15] Zu den Nachteilen des Vorgehens – insbesondere des Prozessierens – außerhalb der eigenen Rechtsordnung siehe *Mankowski* in *Ott/Schäfer* (Hrsg), Vereinheitlichung 121ff: *Mankowski* nennt dabei vier wesentliche Nachteile: Fehlende Vertrautheit der eigenen Rechtsberater mit den Verhältnissen vor Ort; daraus resultierend das Erfordernis zusätzlicher ausländischer Rechtsberater mit entsprechenden Kosten; Sprachverschiedenheiten; Bevorzugung der am Gerichtsstand ansässigen gegnerischen Partei. All das ist natürlich mit entsprechenden Kostenrisiken verbunden.

[16] Zahlen bei *Forrester*, Expand Globally, Comply Locally (2001).

[17] *Forrester*, The Cost of Cross-Border Retail (2000).

1.4 Die Rolle von Recht bei der Schaffung von Vertrauen

Angesichts dieser Situation stellt sich die Frage, inwieweit Recht hier zur Erhöhung der Sicherheit und damit zur Stärkung des Vertrauens beitragen kann. Zunächst wäre an eine privatautonome Regelung zu denken, durch welche sich die Parteien in einer Rechtswahl auf eine bestimmte Rechtsordnung einigen. Dem sind jedoch im B-to-C Bereich aus Verbraucherschutzüberlegungen enge Grenzen gesetzt, sodass der Anbieter sich nie sicher sein kann, ob die per Rechtswahl bestimmte Rechtsordnung überhaupt zum Zuge kommt, und wenn ja, in welchem Maße.

Daneben wäre es auch möglich, Fragen des anwendbaren Rechts im E-Commerce durch internationale Harmonisierung der Anknüpfungsregeln zu lösen. Dabei kann grundsätzlich auf das Herkunftsland des Anbieters oder auf den Marktort (in der Regel auch Sitz des Kunden) abgestellt werden. Ein Beispiel für einen solchen Harmonisierungsansatz ist die EG-Richtlinie über den elektronischen Geschäftsverkehr (sog E-Commerce-Richtlinie)[18] und das darin verankerte Herkunftslandprinzip. Ausdrückliches Ziel des Herkunftslandprinzips ist es, die oben skizzierten Risiken und die damit verbundenen Kosten zu reduzieren, die sich für Anbieter im internationalen E-Commerce ergeben. Dieses an sich löbliche Ziel wird jedoch durch zwei wesentliche Probleme konterkariert: zum Einen befindet sich das Herkunftslandprinzip im Spannungsfeld zu anderen EG-weiten Harmonisierungsbestrebungen, zum Anderen ist seine Anwendung durch komplizierte Ausnahmen und Mechanismen deutlich erschwert. Somit gilt es im Folgenden das Herkunftslandprinzip näher zu beleuchten und der Frage nachzugehen, ob es tatsächlich zur Schaffung von Sicherheit und Vertrauen im E-Commerce beitragen kann.

---

[18] Richtlinie 2000/31/EG des Europäischen Parlaments und des Rates über bestimmte rechtliche Aspekte der Dienste der Informationsgesellschaft, insbesondere des elektronischen Geschäftsverkehrs, im Binnenmarkt (‚Richtlinie über den elektronischen Geschäftsverkehr‘), ABl L 178/1 vom 17. 7. 2000; zur Richtlinie und insbesondere zum Herkunftslandprinzip vgl (Auswahl aus den Jahren 2000–2002): *Lurger/Vallant*, RIW 2002, 188; *Sack*, WRP 2002, 271; *Spindler* in *Gounalakis* (Hrsg), Rechtshandbuch e-business (2002) § 9; *ders*, RabelsZ 2002, 633; *Spindler/Fallenböck*, ZfRV 2002 (im Erscheinen); *Arndt/Köhler*, EWS 2001, 102; *Fallenböck*, Internet und Internationales Privatrecht (2001) 173; *Halfmeier*, ZeuP 2001, 837; *Lurger*, VR 2001, 14; *dies* in *Gruber* (Hrsg), Die rechtliche Dimension des Internet (2001) 69; *dies* in *Basedow ua* (Hrsg), Aufbruch nach Europa: 75 Jahre Max-Planck-Institut für Privatrecht (2001) 479; *Mankowski*, ZvglRWiss 2001, 137; *Ohly*, GRURInt 2001, 899; *Sack*, WRP 2001, 1408; *Spindler*, ZHR 2001, 324; *ders*, IPRax 2001, 400; *Thünken*, IPPax 2001, 15; *Ahrens*, CR 2000, 835; *Bernreuther*, WRP 2001, 384; *Bodewig*, GRURInt 2000, 475; *Dethloff*, JZ 2000, 179; *Essl*, ÖBl 2000, 156; *Fezer/Koos*, IPRax 2000, 349; *Fritze/Holzbach*, WRP 2000, 872; *Lehmann* in *Gruber/Mader* (Hrsg), Internet und e-commerce (2000) 1; *Leupold/Bräutigam/Pfeiffer*, WRP 2000, 575; *Lindholm/Maennel*, CRi 2000, 65; *Mankowski*, CR 2000, 763; *Sack*, WRP 2000, 269; *Spindler*, MMR-Beilage 7/2000, 4; *Tettenborn*, K&R 2000, 59;

2. Das Herkunftslandprinzip der E-Commerce-Richtlinie

Die E-Commerce-Richtlinie der EG stellt einen wichtigen Schritt in Richtung Rechtssicherheit im E-Commerce dar. Neben Informationspflichten für Diensteanbieter, Regelungen betreffend kommerzielle Kommunikation und elektronische Verträge sowie Bestimmungen zur Haftungssituation der Provider enthält die Richtlinie in Art 3 das viel diskutierte Herkunftslandprinzip. Damit soll im Bereich des Binnenmarktes Anbietern im E-Commerce eine grundsätzliche Ausrichtung an der Rechtsordnung ihres Niederlassungsstaates ermöglicht und so Rechtsanwendungsrisiken verringert werden. Qualifizierung und Reichweite des Herkunftslandprinzips sind heftig umstritten, insbesondere das Verhältnis von Art 3 zum Internationalen Privatrecht (IPR). Die Diskussion auf Europaebene hat sich – wenig überraschend – in den nationalen Umsetzungsdebatten fortgesetzt.[19]

2.1 Einleitung

Das Herkunftslandprinzip in Art 3 kann sowohl aus rechtsdogmatischer als auch aus rechtspolitischer Sicht zu Recht als der zentrale Grundsatz der Richtlinie bezeichnet werden. Hinter Art 3 stehen bedeutende rechts- und ordnungspolitische Zielsetzungen, die weit über den Bereich des E-Commerce hinausgehen. Diensteanbieter, die den Vorschriften ihres Niederlassungsstaates im koordinierten Bereich entsprechen, sollen keine zusätzlichen Restriktionen im Empfangsstaat befürchten müssen. Dadurch sollen die Anbieter von Diensten der Informationsgesellschaft zu grenzüberschreitenden Aktivitäten im Binnenmarkt angeregt werden, um so das volle Potenzial des E-Commerce nützen zu können.

Mit seiner grundsätzlichen Verankerung des Herkunftslandprinzips stellt Art 3 somit das Kernstück der Richtlinie, zugleich aber ihre am heftigsten diskutierte Bestimmung dar. Schon früh wurde Art 3 als „[…] die zentrale und mutigste Regelung […]"[20] der Richtlinie bezeichnet. Welchen Stellenwert insbesondere die Kommission diesem Prinzip beimisst, kann auch daran abgelesen werden, dass trotz der intensiv und zum Teil sehr kritisch geführten Diskussion[21] der geänderte Vorschlag[22] Art 3 Abs 1 und 2 unberührt gelassen hat. Auch die Richtlinie hält eisern an diesem Prinzip fest, sie „verschärft" es sogar noch. So wurde entgegen den Richtlinienvorschlägen, in denen ausdrücklich ein Komitologie-Verfahren vorgesehen war, um die möglichen Ausnahmen von der Richtlinie noch zu erweitern, dieses in die endgültige Richtlinie nicht mehr aufge-

---

[19] Zur Umsetzung in Deutschland und Österreich vgl *Spindler/Fallenböck*, ZfRV 2002 (im Erscheinen).

[20] *Hoeren*, MMR 1999, 194.

[21] Zum Richtlinienvorschlag vgl etwa unter anderem die Beiträge von: *Bender/Sommer*, RIW 2000, 260; *Apel/Grapperhaus*, WRP 1999, 1247; *Brisch*, CR 1999, 235; *Ernst*, VuR 1999, 397; *Hoeren*, MMR 1999, 192; *Pichler*, ELR 1999, 74; *Spindler*, MMR 1999, 199; *Waldenberger*, EuZW 1999, 296.

[22] KOM (1999) 427 endg.

nommen.[23] Außerdem ist bemerkenswert, dass (bewusst?) eine Divergenz mit anderen legislativen Vorhaben in Kauf genommen wird. So droht Art 3 in Konflikt mit den Überarbeitungen der Kollisionsrechtsübereinkommen „Rom I" und „Rom II" zu geraten.[24]

Wie jedoch bei allen Grundsatzentscheidungen, so ist auch das Herkunftslandprinzip durch verschiedene Ausnahmen relativiert. Dies wird im konkreten Fall noch dadurch verdeutlicht, dass der Ausnahmenkatalog kompliziert gestaltet und in seinen Wechselwirkungen zum Teil unklar bleibt. Für eine Bewertung des Herkunftslandprinzips ist so zunächst eine Darstellung des Regelungsinhalts, des Anwendungsbereichs und der verschiedenen Ausnahmen erforderlich.

2.2 Inhalt von Artikel 3

Unter der Überschrift ‚Binnenmarkt' bestimmt Art 3 Abs 1 E-Commerce-Richtlinie, dass jeder Mitgliedstaat dafür Sorge trägt, dass die Dienste der Informationsgesellschaft, die von einem in seinem Hoheitsgebiet niedergelassenen Diensteanbieter erbracht werden, den in diesem Mitgliedstaat geltenden innerstaatlichen Vorschriften entsprechen, die in den koordinierten Bereich fallen. Art 3 Abs 2 besagt, dass die Mitgliedstaaten den freien Verkehr von Diensten der Informationsgesellschaft aus einem anderen Mitgliedstaat nicht aus Gründen einschränken dürfen, die in den koordinierten Bereich fallen. Nach Ansicht der Kommission soll Art 3 – ergänzt durch die Bestimmung des Art 4[25] – die Anwendung der Prinzipien des Binnenmarktes im Sinne des Art 14 EGV im Bereich der Dienste der Informationsgesellschaft sicherstellen. Ziel von Art 3 sei es insbesondere, dem Grundsatz der Dienstleistungsfreiheit (Art 49 EGV) zur Anwendung zu verhelfen.[26]

In Art 3 E-Commerce-Richtlinie wird das Herkunftslandprinzip für die Dienste der Informationsgesellschaft im Umfang des koordinierten Bereiches und nach Maßgabe der Ausnahmebestimmungen verwirklicht.[27] Dabei ist der Zusammenhang von Art 3 Abs 1 und Art 3 Abs 2 von besonderer Bedeutung, denn das Prinzip einer grundsätzlichen gegenseitigen Anerkennung der rechtlichen Bestimmungen des Herkunftsstaates findet nur dann Akzeptanz, wenn der betreffende Staat in wirksamer Weise dafür Sorge trägt, dass die von seinem Hoheitsgebiet aus erbrachten Dienstleistungen auch seinen innerstaatlichen Vor-

---

[23] Vgl *Spindler* in *Gounalakis* Rz 31 zu § 9; *Tettenborn*, K&R 2000, 59, 63.

[24] Siehe dazu *Lurger/Vallant*, RIW 2002, 201; *Spindler* in *Gounalakis* Rz 31 zu § 9; *Mankowski*, ZVglRWiss 2001, 153f, 176ff; *Thünken*, IPRax 2001, 22; *Dethloff*, JZ 2000, 180f; *Fezer/Koos*, IPRax 2000, 351; *Tettenborn*, K&R 2000, 60.

[25] In Art 4 ist der Grundsatz der Zulassungsfreiheit festgeschrieben. Vgl auch *Brenn*, ÖJZ 1999, 485.

[26] KOM(1998) 586, Kommentar zu Art 3.

[27] Vgl dazu: *Spindler* in *Gounalakis* Rz 31ff zu § 9; *Fallenböck*, Internet 188ff; *Dethloff*, JZ 2000, 180; *Brisch*, CR 1999, 236; *Mankowski*, GRURInt 1999, 909, 912; *Spindler*, ZUM 1999, 780; *Waldenberger*, EuZW 1999, 298.

schriften (einschließlich des anwendbaren Gemeinschaftsrechts) entsprechen. Insofern ist das in Art 3 Abs 1 festgelegte Prinzip nur eine notwendige Voraussetzung für die Verwirklichung des Herkunftslandprinzips.[28] Die Kommission scheint das Verhältnis der beiden Absätze ähnlich zu sehen, wenn sie in ihrer Begründung schreibt, dass die Umsetzung der Dienstleistungsfreiheit darauf beruht, dass festgestellt werde, welcher Mitgliedstaat dafür verantwortlich ist, die Aufsicht über die Rechtmäßigkeit von Diensten der Informationsgesellschaft auszuüben.[29] Der Sinn der Regelung kann darin gesehen werden, dass angesichts der von der Kommission mehrfach betonten Unsicherheiten in der Frage der Kontrolle eine Klarstellung dazu getroffen wird, um das gegenseitige Vertrauen zwischen den nationalen Behörden zu stärken.[30] Art 3 Abs 1 gewinnt eine zusätzliche Bedeutung aus dem Zusammenspiel mit der Definition des niedergelassenen Diensteanbieters in Art 2 lit c und den dahinterstehenden Überlegungen zur Anwendung des Niederlassungsbegriffes bei Diensten der Informationsgesellschaft, da es aufgrund der technischen Gegebenheiten nicht selbstverständlich ist, dass der Niederlassungsstaat die Kontrolle auszuüben hat. Technisch gesehen wären verschiedene Anknüpfungspunkte denkbar. Die E-Commerce-Richtlinie beruht hingegen auf dem klassischen Niederlassungsbegriff und verwirft insbesondere die Maßgeblichkeit technischer Kriterien.[31] Somit ist ausschließlich auf die „Offline-Niederlassung" und den Schwerpunkt der wirtschaftlichen Aktivitäten abzustellen (im Sinne der Rechtsprechung des EuGH zum Niederlassungsbegriff definiert durch die Räumlichkeiten des Diensteanbieters oder den Ort, an dem das Personal eingesetzt wird).[32] Dadurch wird die Verantwortlichkeit des Niederlassungsstaates klar herausgestellt, seinem Rechtssystem sollen die Dienste des Anbieters grundsätzlich unterworfen sein.[33]

2.3 Anwendungsbereich

2.3.1 Anwendungsbereich der Richtlinie: Überblick

Der Anwendungsbereich des Herkunftslandprinzips ist natürlich durch jenen der Richtlinie bestimmt. Daraus ergibt sich für den räumlichen Anwendungsbereich, dass das Herkunftslandprinzip nicht für Diensteanbieter mit Sitz in Drittstaaten gilt. Ebenso ist es nicht auf jene Aktivitäten von EU-Unternehmen anwendbar, die sich auf Märkte außerhalb der EU beziehen.[34]

---

[28] *Spindler*, ZUM 1999, 781.

[29] KOM(1998) 586, Kommentar zu Art 3.

[30] KOM(1998) 586, sub III.6.

[31] Der Standort des Servers ist damit kein Anknüpfungspunkt: so auch *Lurger/Vallant*, RIW 2002, 189; Auch ein „Uploading" ist damit nicht gemeint: aA *Arndt/Köhler*, EWS 2001, 106.

[32] Vgl Erwägungsgrund 19, der ausdrücklich auf die einschlägige Rechtsprechung des EuGH verweist. Siehe zur kollisionsrechtlichen Diskussion *Fallenböck*, Internet 178f; *Dethloff*, JZ 2000, 185; *Mankowski*, RabelsZ 1999, 203, 226ff.

[33] Vgl Erwägungsgrund 22.

[34] *Lurger/Vallant*, MMR 2002, 203.

Beim persönlichen Anwendungsbereich stellt sich die Frage, wer Diensteanbieter im Sinne der Richtlinie ist. Dabei findet diese nur für Anbieter von Diensten, die „in der Regel gegen Entgelt" erbracht werden, Anwendung,[35] wobei allerdings auch drittfinanzierte Angebote erfasst werden (etwa durch Werbebanner oder Websponsoring).[36]

In sachlicher Hinsicht gilt das Herkunftslandprinzip nicht für die von vornherein aus dem Anwendungsbereich der Richtlinie ausgeschlossenen Rechtsgebiete, insbesondere nicht für das Steuerrecht und das Datenschutzrecht (Art 1 Abs 5). Für die nähere Bestimmung des sachlichen Anwendungsbereichs ist die Definition der Dienste der Informationsgesellschaft in Art 2 lit a maßgeblich. Dabei verweist Art 2 lit a auf die in Art 1 Nummer 2 der Transparenzrichtlinie[37] enthaltene Definition, die auch der Richtlinie über den rechtlichen Schutz von zugangskontrollierten Diensten zugrunde liegt[38]. Diese Definition, die auch für die E-Commerce-Richtlinie gilt, umfasst alle Dienstleistungen, die in der Regel gegen Entgelt elektronisch im Fernabsatz und auf individuellen Abruf eines Empfängers erbracht werden.[39] Wie in der Fernabsatzrichtlinie[40] sind grundsätzlich zwei Elemente erforderlich: 1. die Erbringung des Dienstes im Fernabsatz und 2. auf Abruf des Empfängers.[41] Aufgrund von bestehenden Unklarheiten ergeben sich zusätzlich noch besondere Fragen des Anwendungsbereichs, auf die hier nicht näher eingegangen werden kann.[42]

2.3.2 Der koordinierte Bereich

Die genaue Festlegung des Anwendungsbereiches erhält Art 3 erst durch die Definition des koordinierten Bereichs in Art 2 lit h. Dadurch wird dem Her-

---

[35] Daher werden sämtliche nicht-kommerzielle Anbieter (etwa Kirchen, Museen oder Universitäten) grundsätzlich nicht von der Richtlinie erfasst: ebenso *Freytag*, CR 2000, 600, 602; *Hoeren*, MMR 1999, 192, 193.

[36] Vgl bereits die Begründung der Kommission zum geänderten Richtlinienvorschlag KOM (1999) 427 endg.; siehe auch *Satzger*, CR 2001, 109, 112; *Arndt/Köhler*, EWS 2001, 102, 103; wie hier *Hoeren*, MMR 1999, 192, 193 zum ersten Richtlinienvorschlag.

[37] Richtlinie 98/34/EG des Europäischen Parlaments und des Rates über ein Informationsverfahren auf dem Gebiet der Normen und technischen Vorschriften und der Vorschriften für die Dienste der Informationsgesellschaft, ABl L 204/37 vom 21. 7. 1998, idF der Richtlinie 98/48/EG, ABl L 217/18 vom 5. 8. 1998.

[38] Richtlinie 98/84/EG des Europäischen Parlaments und des Rates über den rechtlichen Schutz von zugangskontrollierten Diensten und von Zugangskontrolldiensten, ABl L 320/54 vom 28. 11. 1998.

[39] Vgl Erwägungsgrund 17.

[40] Richtlinie 97/7/EG des Europäischen Parlaments und des Rates über den Verbraucherschutz bei Vertragsabschlüssen im Fernabsatz, ABl L 144/19 vom 4. 6. 1997: zum Inhalt der Richtlinie und zu ihrer Anwendung auf Rechtsgeschäfte im Internet vgl statt vieler *Ende/Klein*, Grundzüge des Vertriebsrechts im Internet (2001) 111ff; *Pützhoven*, Europäischer Verbraucherschutz im Fernabsatz (2001) 44ff; *Meents*, Verbraucherschutz bei Rechtsgeschäften im Internet: Anwendung und Wirkung klassischer Instrumentarien des Verbraucherschutzrechts und der europäischen Fernabsatzrichtlinie (1998) 173ff.

[41] Siehe auch *Spindler*, RabelsZ 2002, 645.

[42] Siehe dazu *Spindler/Fallenböck*, ZfRV 2002 (im Erscheinen).

kunftslandprinzip der E-Commerce-Richtlinie auch seine besondere Brisanz verliehen. Danach umfasst der koordinierte Bereich im Sinne der Richtlinie die in den Rechtsordnungen der Mitgliedstaaten festgelegten Anforderungen für die Dienste der Informationsgesellschaft sowie für die Anbieter solcher Dienste. Der koordinierte Bereich ist dadurch sehr weit gezogen, da er nicht nur die Regelungsgebiete umfasst, in denen nach den inhaltlichen Bestimmungen der Richtlinie eine Harmonisierung stattfinden soll, sondern sämtliche Vorschriften der Mitgliedstaaten, die für den Zugang zu den Diensten der Informationsgesellschaft sowie für die Erbringung solcher Dienste relevant sind. Damit sind nicht nur sondergesetzliche Vorschriften angesprochen[43], sondern auch die allgemeinen rechtlichen Bestimmungen, sofern diese Anwendung auf Online-Dienste finden.[44]

Grundsätzlich umfasst der koordinierte Bereich nicht die Vorschriften betreffend die (physische) Ware selbst oder deren Lieferung bzw die Vorschriften über Dienste, die nicht auf elektronischem Wege angeboten werden.[45] Dies bedeutet umgekehrt, dass der sog direkte E-Commerce (etwa Software-Download oder Electronic Ticketing) vom koordinierten Bereich erfasst ist. Für den indirekten E-Commerce gilt dieser nur, soweit Online-Tätigkeiten betroffen sind.[46] Die Richtlinie versucht somit den koordinierten Bereich durch das Kriterium, ob eine Leistung nur online erbracht worden ist, abzugrenzen.[47] Durch diese Unterscheidung wird im Bereich der digitalen Produkte, die sowohl auf Datenträger als auch direkt elektronisch geliefert werden können, eine wenig zu rechtfertigende Differenzierung zwischen auf Speichermedien gelieferten und online-übertragenen Produkten festgeschrieben.[48] Zusammenfassend gilt, dass die Richtlinie allein Online-Aktivitäten erfasst, nicht aber den Offline-Bereich. Anforderungen an die Beschaffenheit der Ware etc werden vom Begriff der Dienste der Informationsgesellschaft nicht berührt. Dies muss auch für Werbemaßnahmen, die mit dem Produkt selbst verbunden sind, gelten. Eine Schwerpunktbetrachtung kann dafür nicht herangezogen werden.[49]

Das Zusammenspiel von Herkunftslandprinzip und koordiniertem Bereich zeigte sich – wenn auch nicht entscheidungsrelevant – im Fall der niederländischen Internet-Apotheke Doc Morris[50], die per Internet Werbung macht und den

---

[43] Etwa in Deutschland das Teledienstegesetz oder der Mediendienste-Staatsvertrag.

[44] Vgl *Fallenböck*, Internet 179f; *Spindler*, ZUM 1999, 781.

[45] Damit sind vor allem Sicherheitsnormen, Kennzeichnungspflichten oder die Haftung für Waren angesprochen. Diese unterfallen nicht dem koordinierten Bereich, daher auch nicht dem Herkunftslandprinzip. Der nationale Gesetzgeber kann – unabhängig von dem in Art 3 Abs 4 bzw Abs 5 vorgesehenen Schutzklauselverfahren – zwar nicht gegen die Online-Bestellung, wohl aber gegen die (nicht im Online-Wege erfolgende) Erfüllung eines Vertrages bzw die Einfuhr entsprechender Waren vorgehen: vgl *Lurger/Vallant*, RIW 2002, 189; *Spindler* in *Gounalakis* Rz 35 zu § 9.

[46] Vgl *Tettenborn*, K&R 2000, 61.

[47] Vgl Erwägungsgrund 21; siehe auch *Spindler* in *Gounalakis* Rz 34 zu § 9.

[48] So bereits *Tettenborn*, K&R 2000, 59, 61.

[49] *Spindler* in *Gounalakis* Rz 35 zu § 9; aA *Apel/Grapperhaus*, WRP 1999, 1247, 1255.

[50] OLG Frankfurt aM MMR 2001, 751 (Anm *Mankowski*); LG Frankfurt aM CR 2001, 185; sowie KG Berlin MMR 2001, 759; LG Berlin CR 2001, 268.

Versand von Arzneimitteln (auch) nach Deutschland betreibt.[51] Daraus ergibt sich jedoch eine Kollision mit deutschem Recht, das in § 43 dAMG ein Verbot des Versandhandels von Arzneimitteln kennt. Zunächst könnte es so aussehen, dass das Herkunftslandprinzip der E-Commerce-Richtlinie eine Anwendung des strengeren deutschen Rechts ausschließt, da es sich um ein verwaltungsrechtliches Verbot handelt, das unter keinen der Ausnahmetatbestände des Anhangs zu Art 3 fällt. Diese Ansicht verkennt jedoch den Anwendungsbereich der Richtlinie: Diese bezieht sich nur auf Dienste der Informationsgesellschaft[52] und regelt gerade nicht die Anforderungen an die Lieferung von Waren.[53]

Zusammenfassend lässt sich sagen, dass – trotz der oben dargestellten Einschränkungen – die horizontale Dimension des Herkunftslandprinzips bemerkenswert ist, dessen Wirkung von den öffentlich-rechtlichen Anforderungen an Diensteanbieter, über zivilrechtliche Fragen bis zu strafrechtlichen Tatbeständen reicht. Damit erlangt das Herkunftslandprinzip in Art 3 E-Commerce-Richtlinie eine Reichweite, die den meisten Richtlinien bisher fremd war.[54]

2.4 Einschränkungen des Herkunftslandprinzips in der Richtlinie

Die Richtlinie selbst kennt zwei wesentliche Einschränkungen des Herkunftslandprinzips. Dies sind zum einen die Abweichungen, die durch das in Art 3 Abs 4 – 6 verankerte Schutzklauselverfahren ermöglicht werden. Darauf wird an dieser Stelle nicht näher eingegangen.[55] Zum anderen sind dies die generellen Ausnahmen, die sich aus dem Anhang zu Art 3 ergeben.

Neben den sich aus dem Anwendungsbereich der Richtlinie ergebenden Beschränkungen bestehen auch spezifisch nur für das Herkunftslandprinzip geltende Ausnahmetatbestände. Abgesehen von Art 3 ist für diese die E-Commerce-

---

[51] Vgl dazu *Spindler* in *Gounalakis* Rz 123ff zu § 9.

[52] In Erwägungsgrund Nr 21 wurde klargestellt, dass unter Anforderungen an die Lieferung von Waren auch Humanarzneimittel zu verstehen sind. Siehe auch LG Frankfurt aM CR 2001, 187; *Ernst*, WRP 2001, 893, 898; siehe auch *Arndt/Köhler*, EWS 2001, 102, 104; das entgegengesetzt lautende Urteil des LG Berlin CR 2001, 268 befasst sich nicht mit der E-Commerce-Richtlinie.

[53] Diese Einschränkung gilt nicht hinsichtlich der Werbung für Arzneimittel. Diese stellt eine kommerzielle Kommunikation nach Art 2 lit f dar, so dass die Zulässigkeit der Werbung grundsätzlich nach dem Recht des Herkunftslandes, somit nach niederländischem Recht, zu beurteilen wäre. Dabei ist jedoch Art 1 Abs 3 der E-Commerce-Richtlinie zu berücksichtigen, der festhält, dass das durch Richtlinien erreichte Schutzniveau in den Mitgliedstaaten nicht von der E-Commerce-Richtlinie berührt werden soll. Da Art 2 der Richtlinie über die Werbung für Humanarzneimittel den Mitgliedstaaten vorschreibt, die Werbung für Arzneimittel, für deren Inverkehrbringen keine Genehmigungen nach den Gemeinschaftsvorschriften bestehen, zu untersagen, entfaltet die E-Commerce-Richtlinie hier keine Wirkung: LG Frankfurt aM CR 2001, 185, 190; *Spindler* in *Gounalakis* Rz 124 zu § 9; aA *Koenig/Müller*, WRP 2000, 1366 (1373ff); zuvor bereits *Koenig/Müller/Trafkowski*, EWS 2000, 97, 100ff; *Koenig/Engelmann*, ZUM 2001, 19ff.

[54] *Spindler*, ZUM 1999, 781.

[55] Vgl dazu *Spindler* in *Gounalakis* Rz 57ff zu § 9; siehe auch bei den nationalen Umsetzungen unter B. und C.

Richtlinie in vollem Umfang anwendbar. Darunter fallen die im Anhang in Verbindung mit Art 3 Abs 3 genannten Bereiche, wie das Urheberrecht, verwandte Schutzrechte sowie gewerbliche Schutzrechte.[56] Weitere Bereiche betreffen den Versicherungsmarkt[57], die Ausgabe elektronischen Geldes[58], die unerbetene kommerzielle Kommunikation sowie die formale Gültigkeit von auf Immobilien und verwandte Rechte bezogene Verträge. Im Zusammenhang mit dem Verhältnis zum IPR wichtiger sind diejenigen Ausnahmen im Anhang zu Art 3, welche die freie Rechtswahl sowie die vertraglichen Schuldverhältnisse in Bezug auf die Verbraucherverträge betreffen.[59]

2.5 Verhältnis zum Internationalen Privatrecht

2.5.1 Hinweise in der Richtlinie

Im Zusammenhang mit möglichen Auswirkungen auf das IPR hat *Hoeren* Art 3, genauer dessen ursprünglichen dritten Absatz, als eine der dunkelsten Stellen des Richtlinienvorschlages bezeichnet.[60] Auch nach der Neufassung des Art 3 Abs 3 sowie des Ausnahmekatalogs im Anhang sorgen die Auswirkungen der E-Commerce-Richtlinie auf das IPR für erhebliche Unsicherheiten. Dahinter steht die Frage nach dem Verhältnis von Herkunftslandprinzip und IPR; genauer die Frage, ob das Herkunftslandprinzip in Art 3 selbst kollisionsrechtlich zu qualifizieren ist.

Die durch Art 3 E-Commerce-Richtlinie verfolgte Intention ist nur schwer zu erahnen. Diese Unsicherheit resultiert gerade auch aus der sehr knappen Begründung des Richtlinienvorschlages, durch die mehr Fragen aufgeworfen als geklärt werden. So ist darin nur festgehalten, dass durch Art 3 weder das EVÜ noch das EuGVÜ ersetzt werden soll, vielmehr beide Abkommen weiter anwendbar bleiben.[61] In Art 1 Abs 4 – und damit an ‚prominenter' Stelle – heißt es, dass die Richtlinie weder zusätzliche Regeln im Bereich des IPR schafft, noch

---

[56] In Österreich wie in Deutschland gilt in diesem Bereich das Territorialitäts- bzw Schutzlandprinzip: vgl für Österreich *Schwimann*, Internationales Privatrecht[3] (2001) 147; *Mänhardt/ Posch*, Internationales Privatrecht[2] (1999) 71; für Deutschland *Heldrich* in *Palandt* BGB VII (2002) Rz 13 zu Art 40 EGBGB; Kritisch zur Ausnahme des Urheberrechts *Hoeren*, MMR 1999, 196 mit der Begründung, dass es eine weitgehende Harmonisierung des Urheberrechts in der EU gebe.

[57] Dadurch werden auch Versicherungsverträge nicht dem Herkunftslandprinzip unterworfen, siehe dazu *Mankowski*, VersR 1999, 923ff

[58] Siehe Richtlinie 2000/46/EG des Europäischen Parlaments und des Rates über die Aufnahme, Ausübung und Beaufsichtigung der Tätigkeit von E-Geld-Instituten, ABl L 275/39.

[59] Dazu Spindler/Fallenböck, ZfRV 2002 (im Erscheinen).

[60] *Hoeren*, MMR 1999, 195.

[61] KOM(1998) 586, Kommentar zu Art 3. Ein Hinweis auf das EVÜ und das EuGVÜ fehlt in der Richtlinie selbst. Im Richtlinienvorschlag hatte es im ursprünglichen Erwägungsgrund 7 noch geheißen, die Richtlinie sollte die Übereinkommen „unberührt" lassen. Im geänderten Richtlinienvorschlag war dann die Rede davon, dass die Richtlinie „nicht an die Stelle" der einschlägigen Übereinkommen treten sollte.

sich mit der Zuständigkeit der Gerichte befasst.[62] Diese Aussage findet sich in ähnlicher Form auch in Erwägungsgrund 23. Andererseits ist dort aber auch festgehalten, dass die Vorschriften des anwendbaren Rechts, die durch Regeln des IPR bestimmt sind, die Freiheit zur Erbringung von Diensten der Informationsgesellschaft im Sinne dieser Richtlinie nicht einschränken dürfen. Aus diesen zum Teil widersprüchlichen Aussagen lassen sich – wenig überraschend – verschiedene Argumente für bzw gegen eine kollisionsrechtliche Qualifizierung von Art 3 ableiten.[63]

2.5.2 Herkunftslandprinzip als kollisionsrechtliche Norm?: Argumente pro und kontra

Aus der Formulierung von Art 1 Abs 4 bzw Erwägungsgrund 23 sowie aus allgemeinen Überlegungen über das Verhältnis von primärem Gemeinschaftsrecht und nationalem IPR könnte zunächst gefolgert werden, dass eine kollisionsrechtliche Qualifizierung des Herkunftslandprinzips von vornherein auszuschließen wäre.[64] Nach dieser Ansicht würde das Herkunftslandprinzip nur korrigierend auf der Sachrechtsebene eingreifen. In einem ersten Schritt wäre mit Hilfe des Kollisionsrechts die anwendbare Rechtsordnung zu ermitteln. In einem zweiten Schritt wären die so berufenen Normen dem Test des Art 3 Abs 2 der Richtlinie zu unterwerfen.

Die Ansicht, die sich gegen eine kollisionsrechtliche Qualifizierung wendet, könnte auch durch einen Vergleich mit jenen Richtlinienbestimmungen gestützt werden, die unzweifelhaft eine kollisionsrechtliche Vorgabe enthalten. So wird in Erwägungsgrund 23 der Fernabsatzrichtlinie ausdrücklich die Gefahr angesprochen, dass dem Verbraucher der in der Richtlinie aufgestellte Schutz entzogen wird, indem das Recht eines Drittstaates als auf den Vertrag anwendbares Recht gewählt wird. Damit ist der Auftrag an die Mitgliedstaaten verbunden, Bestimmungen zu schaffen, die dies ausschließen. Es ist ganz offensichtlich, dass dieser Auftrag nur durch die Schaffung einer kollisionsrechtlichen Norm erfüllt werden kann. Dagegen könnte wiederum angeführt werden, dass der Vergleich mit eindeutig kollisionsrechtsbezogenen Bestimmungen in anderen Richtlinien, einem kollisionsrechtlichen Verständnis des Art 3 E-Commerce-Richtlinie

---

[62] Art 1 Abs 4 wurde in Ergänzung zum Richtlinienvorschlag der Kommission in den Gemeinsamen Standpunkt des Rates aufgenommen. Dadurch soll – wie es in der Begründung des Rates heißt – das Verhältnis zwischen den Bestimmungen der Richtlinie über die Herkunftslandkontrolle und den Bestimmungen des Internationalen Privatrechts, insbesondere jenen des EuGVÜ und des EVÜ, klargestellt werden: vgl ABl C 128/49 vom 8.5.2000; gerade diese Bestimmung wurde in der Literatur heftig kritisiert: *Mankowski*, ZvglRWiss 2001, 138, bezeichnet sie als „falsche Behauptung" und als „unbeachtlich"; *Lurger/Vallant*, MMR 2002, 208, als „Regelungsfehler".

[63] Zu dieser Diskussion ausführlich *Spindler* in *Gounalakis* Rz 80ff zu § 9; *Fallenböck*, Internet 194ff.

[64] So *Ahrens*, CR 2000, 837; *Fezer/Koos*, IPRax 2000, 352; *Sonnenberger*, ZVglRWiss 2001, 127f; *Sack*, WRP 2001, 1408f; *Sack*, WRP 2002, 273ff; *Halfmeier*, ZEuP 2001, 864; vermittelnd: *Ohly*, GRURInt 2001, 902f.

nicht entgegensteht. Dies wurde etwa damit begründet, dass jene Bestimmungen Drittstaatensachverhalte betreffen, Art 3 sich hingegen nur auf Binnenmarktsachverhalte bezieht.[65]

Gegen die kollisionsrechtliche Qualifizierung könnte auch eine nähere Betrachtung von Art 3 Abs 2 ins Feld geführt werden.[66] Dieser spricht ausdrücklich davon, dass der Empfangsstaat den freien Dienstleistungsverkehr im koordinierten Bereich nicht aus anderen als in der Richtlinie erwähnten Gründen einschränken darf. Diese Formulierung könnte zunächst gerade nicht als Gesamtverweisung auf das Recht des Herkunftslandes sondern nur als ein Verbot der Einschränkung verstanden werden. Ähnlich den Grundfreiheiten des EGV ist dieses Verbot sachrechtlich inspiriert, in dem Sinn, dass die nationalstaatlichen Restriktionen des Dienstleistungsverkehrs einem Verhältnismäßigkeitstest standhalten müssen. Das Sachrecht des Herkunftslands wird so zum Maßstab, an dessen Kriterien gemessen der Empfangsstaat den freien Dienstleistungsverkehr nicht einschränken darf. Dies läuft letztlich auf einen Günstigkeitsvergleich hinaus. Doch auch dieses Argument spricht nicht notwendig gegen eine kollisionsrechtliche Deutung von Art 3, da die Abhängigkeit der Verweisung von einem Günstigkeitsvergleich im IPR durchaus üblich ist, wie die Beispiele in § 13a KSchG oder Art 30 EGBGB zeigen.[67]

Gegen eine rein sachrechtliche Interpretation von Art 3 sprechen jedoch gerade die Ausnahmen im Anhang. Dazu zählen auch die Rechtswahlfreiheit sowie die vertraglichen Schuldverhältnisse in bezug auf Verbraucherverträge.[68] Geht man nämlich davon aus, dass das in Art 3 verwirklichte Herkunftslandprinzip keinen kollisionsrechtlichen Gehalt hat, so stellt sich die Frage nach Sinn und Zweck dieser Ausnahmen, da die einschlägigen Bestimmungen des EVÜ sowohl den Grundsatz der Rechtswahlfreiheit als auch eine Sonderanknüpfung für Verbraucherverträge enthalten. Wenn nun aber Art 3 das bestehende IPR unberührt lassen würde, so ist nicht ersichtlich, warum für diese beiden Bereiche eine ausdrückliche Ausnahme vom Herkunftslandprinzip erforderlich ist. Offensichtlich geht es aber gerade um eine Absicherung, die nur Sinn macht, wenn das Herkunftslandprinzip auch kollisionsrechtlich verstanden wird.[69] Alle diese Ausnahmebestimmungen und die Ausführungen der Kommission machen somit nur Sinn, wenn Art 3 eine kollisionsrechtliche Wirkung entfaltet.[70]

---

[65] *Mankowski*, GRURInt 1999, 913.

[66] Vgl *Spindler* in *Gounalakis* Rz 84 zu § 9.

[67] Vgl auch *Spindler* in *Gounalakis* Rz 84 zu § 9; *Mankowski*, ZfVglRWiss 2001, 138ff.

[68] Dazu *Mankowski*, ZVglRWiss 2001, 143; *Mankowski*, CR 2001, 632.

[69] Dies wird besonders deutlich im Zusammenhang mit Verbrauchersachverhalten, wo in Erwägungsgrund 55 ausgeführt wird, dass die Richtlinie das Recht unberührt lässt, das für die sich aus Verbraucherverträgen ergebenden vertraglichen Schuldverhältnisse gilt. Weiter heißt es dort, dass die Richtlinie nicht dazu führen kann, dass dem Verbraucher der Schutz entzogen wird, der ihm von den zwingenden Vorschriften für vertragliche Verpflichtungen nach dem Recht des Mitgliedstaates, in dem er seinen Wohnsitzstaat hat, gewährt wird: siehe *Fallenböck*, Internet 201f.

[70] Für eine kollisionsrechtliche Deutung wiederholt *Mankowski*, IPRax 2002, 257ff; *Mankowski*, ZVglRWiss 2001, 138ff; *Mankowski*, CR 2001, 632; *Mankowski*, GRURInt 1999, 912f; wohl auch *Lurger/Vallant*, RIW 2002, 198; ebenso *Härting*, CR 2001, 271, 273; *Thünken*, IPRax 2001, 20; *Bender/Sommer*, RIW 2000, 261f; *Dethloff*, JZ 2000, 181; *Brenn*, ÖJZ 1999, 482; *Maennel*, MMR 1999, 187, 188f; *Waldenberger*, EuZW 1999, 298.

Für eine solche Qualifizierung kann schließlich noch ins Feld geführt werden, dass das Herkunftslandprinzip in Art 3 der Richtlinie deutlich über das im primären Gemeinschaftsrecht enthaltene Herkunftslandprinzip hinausgeht.[71] Dies wird besonders dadurch deutlich, dass das Schutzklauselverfahren in Art 3 Abs 4 der Richtlinie und die Ausnahmen im Anhang zu Art 3 deutlich restriktiver gestaltet sind als die Rechtsprechung des EuGH zu den Grundfreiheiten und ihren Schranken. Daraus lässt sich die Notwendigkeit einer kollisionsrechtlichen Qualifizierung ableiten, durch die – sofern keine der Ausnahmen vorliegt – allein das Sachrecht des Herkunftsstaates zur Anwendung berufen wäre. Damit würde auch die Anwendung eines Günstigkeitsvergleichs mit demjenigen Recht ausscheiden, das durch das nationale Kollisionsrecht des Empfangsstaates berufen wäre.[72] Ein in der Diskussion vorgebrachtes Gegenargument[73] der Form, dass durch Änderung des Serverstandorts der Ursprung der Information leicht in einen Staat mit niedrigerem Schutzstandard verlegt werden könne, greift nicht.[74] Wie schon an anderer Stelle ausgeführt ist der Standort des Servers bzw anderer technischer Einrichtungen irrelevant. Nach Art 2 der E-Commerce-Richtlinie ist allein der Ort der Niederlassung des Diensteanbieters maßgeblich.[75]

Das entscheidende Argument beruht jedoch auf der Überlegung, dass das Herkunftslandprinzip im privatrechtlichen Bereich ohne kollisionsrechtliche Qualifizierung seine Wirkung verlieren würde.[76] Ziel der E-Commerce-Richtlinie ist die Gewährleistung des freien Verkehrs von Diensten der Informationsgesellschaft im Binnenmarkt. Dabei betrifft die inhaltliche Harmonisierung nur einen eingeschränkten Bereich. Außerhalb ist der Diensteanbieter nach wie vor mit 15 verschiedenen Rechtsordnungen konfrontiert. Diese rechtlichen Unterschiede wirken sich im E-Commerce mit seiner ‚automatisch‘ die Grenzen überschreitenden Eigenschaft um so stärker aus. Daher soll sich der im Binnenmarkt niedergelassene Diensteanbieter grundsätzlich nach den Vorschriften seines Herkunftsstaates richten können. Damit will das Herkunftslandprinzip in Art 3 zwei Arten von Kosten reduzieren, die sich aus dem Rechtsanwendungsrisiko bei grenzüberschreitenden Tätigkeiten ergeben: Dies sind zum einen die Rechtsermittlungskosten, zum anderen jene Kosten, die daraus entstehen eine Internet-Präsenz an verschiedene Rechtsordnungen im Binnenmarkt anzupassen (Implementierungskosten). Ein kollisionsrechtlich verstandenes Herkunftslandprinzip erfüllt dies nicht optimal, aber doch relativ am besten. Es mag zwar in Einzelfällen – etwa dann, wenn das Recht des Empfangsstaates günstiger ist, dennoch jenes des Herkunftslandes zur Anwendung kommt – für den Diensteanbieter nachteilig sein. In der Gesamtbetrachtung aber ermöglicht es die Ausrichtung der gesamten Web-Aktivitäten auf eine Rechtsordnung innerhalb des Binnenmarktes. Das Herkunftslandprinzip will nicht immer die beste Rechtsordnung für den Diensteanbieter

---

[71] *Spindler* in *Gounalakis* Rz 82 zu § 9; *Thünken*, IPRax 2001, 19.
[72] *Thünken*, IPRax 2001, 21.
[73] *Fezer/Koos*, IPRax 2000, 352.
[74] *Spindler* in *Gounalakis* Rz 82 zu § 9.
[75] Siehe dazu oben unter A.2.
[76] *Fallenböck*, Internet 202.

finden (dafür wäre möglicherweise ein Günstigkeitsvergleich am geeignetsten), es will „nur" die Berechenbarkeit hinsichtlich einer Rechtsordnung erreichen.

2.5.3 Abschließende Wertung

Das Problem der Qualifizierung von Art 3 resultiert – nicht wirklich gemindert durch die irreführenden Formulierungen der Richtlinie selbst – letztlich aus seiner hybriden Charakteristik, in der sich Elemente des Gemeinschaftsrechts mit solchen des klassischen Kollisionsrechts mischen.[77] Gemeinschaftsrechtlich geprägt ist die Prüfung nationalstaatlicher Normen, dem Kollisionsrecht entspringt die Technik des Verweises auf ein ausländisches Sachrecht, das für diese Prüfung den Maßstab vorgibt.[78] Letztlich kann ein solcher Verweis als kollisionsrechtliche Norm qualifiziert werden, die gerade auf dem Gedanken gegenseitiger Anerkennung und Anwendung fremden Rechts beruht.[79] In einer Gesamtschau sprechen die besseren Argumente dafür, Art 3 Abs 1 und Abs 2 als kollisionsrechtliche Normen zu werten, die jedoch durch zahlreiche gemeinschaftsrechtlich determinierte Ausnahmen eingeschränkt werden.[80]

2.5.4 Reichweite des Herkunftslandprinzips

In diesem Zusammenhang ist auch die Reichweite des Herkunftslandprinzips zu klären, wobei sich erneut Widersprüchliches ergibt. Zunächst gilt es zwei Punkte zu beachten, die dafür sprechen würden, dass bei Anwendung des Herkunftslandprinzips auch das IPR des Herkunftslandes zur Anwendung gelangen würde, so dass je nach den dort geltenden kollisionsrechtlichen Regeln der Diensteanbieter mit einer Vielzahl von möglicherweise anwendbaren Rechtsordnungen konfrontiert wäre: Art 3 Abs 1 und Abs 2 betreffen den koordinierten Bereich nach Art 2 lit h, zu dem grundsätzlich das gesamte Rechtssystem eines Mitgliedstaates als Herkunftsland gehört, somit auch das IPR.[81] Weiters beruht Art 3 Abs 1, 2 der Richtlinie auf dem Prinzip der gegenseitigen Anerkennung der Rechtsordnungen, so dass nicht einzusehen ist, warum das nationale Kollisionsrecht hiervon ausgenommen sein sollte.[82] Eine solche Interpretation würde jedoch dem Regelungsziel der Richtlinie widersprechen, nämlich das Rechtsanwendungsri-

---

[77] *Spindler*, Stellungnahme bei der Anhörung des Deutschen Bundestages zum Herkunftslandprinzip am 8. 10. 2001, BT-Drucksache 14/6098.

[78] Dies räumt auch *Ohly*, GRURInt 2001, 902f, trotz grundsätzlichem Ausgangspunkt der sachrechtlichen Anwendung ein; einseitig kollisionsrechtliche Interpretation hingegen bei *Mankowski*, IPRax 2002, 257ff.

[79] In der kollisionsrechtlichen Deutung diff *Spindler*, RabelsZ 2002, 649ff, 653.

[80] *Fallenböck*, Internet 202; diff insoweit *Spindler*, RabelsZ 2002, 649ff, 653.

[81] In Art 3 Abs 1 ist zudem von den innerstaatlichen Rechtsvorschriften die Rede, wozu auch das Kollisionsrecht zählt. So *Spindler* in *Gounalakis* Rz 87 zu § 9; *Spindler* MMR-Beilage 7/2000, 7; *Schack*, MMR 2000, 61; bezüglich des Richtlinienvorschlages *Hoeren*, MMR 1999, 195.

[82] *Spindler* in *Gounalakis* Rz 87 zu § 9.

siko der Diensteanbieter zu beschränken.[83] Nur eine ausschließliche Verweisung auf das Sachrecht – ohne das jeweilige mitgliedstaatliche Kollisionsrecht – kann verhindern, dass die Wirkung des Herkunftslandprinzips ins Leere läuft.[84] Daraus folgt, dass ein Renvoi oder eine Weiterverweisung durch das Kollisionsrecht des Herkunftslandes auszuschließen ist.

2.6 Auswirkung des Herkunftslandprinzips am Beispiel des Wettbewerbsrechts

Die deutlichsten Auswirkungen zeigt Art 3 der E-Commerce-Richtlinie im Internationalen Wettbewerbsrecht.[85] In Art 3 Abs 4 findet sich die Lauterkeit des Handelsverkehrs nicht unter den Schutzgründen, und auch aus dem Anhang ergibt sich keine diesbezügliche Einschränkung. Das Wettbewerbsrecht ist somit grundsätzlich vom Herkunftslandprinzip erfasst[86]. Daher lassen sich aus Art 3 im Sinne der oben gemachten Ausführungen Vorgaben für das Internationale Wettbewerbsrecht ableiten, wodurch insbesondere die Marktortanknüpfung[87] unter Druck kommt.[88] Konsequenterweise könnte diese bei Wettbewerbshandlungen im E-Commerce nicht mehr aufrecht erhalten werden und müsste einer Anknüpfung an den Herkunftsstaat des Diensteanbieters weichen[89]. Eine solche Wertung steht jedoch in Konflikt mit den Bestrebungen zur Regelung des Internationalen Wettbewerbsrechts im Vorentwurf einer Verordnung über das auf außervertragliche Schuldverhältnisse anzuwendende Recht („Rom II").[90] Der Vor-

---

[83] So *Mankowski*, GRURInt 1999, 913.

[84] So *Lurger/Vallant*, RIW 2002, 196f; *Mankowski*, ZVglRWiss 2001, 152f; *Ohly*, GRURInt 2001, 905; im Ergebnis gleich *Sack*, WRP 2001, 1410; zur früheren Richtlinienfassung *Apel/ Grapperhaus*, WRP 1999, 1252.

[85] Vgl *Lurger/Vallant*, RIW 2002, 190; *Spindler*, RabelsZ 2002, 693ff; *Mankowski*, ZvglRWiss 2001, 173ff; *Tettenborn*, K&R 2000, 61; *Apel/Grapperhaus*, WRP 1999, 1248.

[86] Vgl *Lurger/Vallant*, RIW 2002, 190; *Spindler*, RabelsZ 2002, 693; *Mankowski*, ZvglRWiss 2001, 173ff; *Dethloff*, JZ 2000, 180ff; *Essl*, ÖBl 2000, 156, 157; *Tettenborn*, K&R 2000, 60f; *Apel/Grapperhaus*, WRP 1999, 1248.

[87] Im Internationalen Wettbewerbsrecht gilt in fast allen Mitgliedstaaten der EU das Marktort- oder Wirkungsprinzip, das in Österreich etwa in § 48 Abs 2 IPRG verankert ist und eine Sachnormverweisung darstellt: vgl *Lurger/Vallant*, RIW 2002, 190; *Thünken*, IPRax 2001, 16; *Sack*, WRP 2000, 277; *Mankowski*, GRURInt 1999, 909.

[88] Diese Problematik kann hier nur angedeutet werden; allgemein zum Thema Herkunftslandprinzip kontra Marktortanknüpfung vgl *Drasch*, Herkunftslandprinzip 309ff, der zum Schluss kommt, dass die Marktortregel des deutschen Internationalen Wettbewerbsrechts in wesentlichen Punkten gegen die Grundfreiheiten verstößt; aA *Grandpierre*, Herkunftsprinzip188ff; zu Fragen des Internationalen Wettbewerbsrechts im Internet siehe: *Dethloff*, JZ 2000, 180ff; *Körner/Lehment* in *Hoeren/Sieber* Rz 193ff zu Teil 11.1; *Mankowski*, GRURInt 1999, 995ff; im besonderen zum Spannungsverhältnis zwischen Marktort- und Herkunftslandprinzip im E-Commerce vgl *Mankowski*, GRURInt 1999, 912ff;

[89] Dagegen *Mankowski*, GRURInt 1999, 913ff.

[90] Am 3. 5. 2002 hat die Europäische Kommission den Vorentwurf eines Vorschlags für eine Verordnung des Rates über das auf außervertragliche Schuldverhältnisse anzuwendende Recht veröffentlicht. Der Vorentwurf geht in Art 6 vom Marktortprinzip aus, wenn er bestimmt, dass das Recht jenes Staates Anwendung findet, in dem der unlautere Wettbewerb die

entwurf beruht nämlich in kollisionsrechtlicher Tradition auf der Grundlage des Marktortprinzips.[91] Art 3 steht auch im Widerspruch zu den mitgliedstaatlichen Kollisionsrechten, die auch für Internet-Sachverhalte überwiegend vom Marktortprinzip ausgehen.[92]

Eine Lösung kann sich daraus ergeben, dass bei verbraucherschützenden Elementen im Wettbewerbsrecht, nach Art 3 Abs 4 – 6 jeder Mitgliedstaat entsprechende Regelungen im Einzelfall (aber nicht die Regelung an sich) vom Herkunftslandprinzip ausnehmen lassen kann.[93] Dabei dürfen aber nicht alle wettbewerbsrechtlichen Fallgruppen mit Verbraucherschutz nach Art 3 Abs 4 gleichgesetzt werden. Vielmehr muss für jede einzelne Norm geprüft werden, ob sie vorwiegend dem Schutz von Mitbewerbern oder der Erhöhung der Markttransparenz und damit dem Verbraucherschutz dient.[94] Fällt die Steigerung der Markttransparenz zugunsten des Verbrauchers jedoch gering aus und zielt eine Bestimmung überwiegend auf den Schutz anderer Wettbewerber, so dürfte eine solche Ausnahme spätestens beim Verhältnismäßigkeitstest nach Art 3 Abs 4 scheitern.[95]

Abschließend verdient noch ein im Wettbewerbsrecht besonderer Themenkomplex Beachtung: die unerbetene kommerzielle Kommunikation. Diese wird unter anderem via elektronischer Post (E-Mail) versandt, die grundsätzlich von der E-Commerce-Richtlinie erfasst wird.[96] Die Zulässigkeit von E-Mail-Wer-

---

Wettbewerbsbeziehungen oder die kollektiven Verbraucherinteressen beeinträchtigt. Nach Art 23 Abs 2 soll die vorgeschlagene Verordnung Gemeinschaftsrechtsakte für besondere Bereiche nicht berühren, die in dem jeweils koordinierten Bereich die Erbringung von Dienstleistungen den nationalen Bestimmungen unterwerfen, die im Hoheitsgebiet des Mitgliedstaats anwendbar sind, in dem der Diensteanbieter niedergelassen ist. Da mit der E-Commerce-Richtlinie für den Geschäftsverkehr über das Internet das Herkunftslandprinzip eingeführt ist, würde die vorgeschlagene Version von „Rom II" zu einer unterschiedlichen Behandlung grenzübergreifender Konflikte im Online-Bereich und im Offline-Geschäftsverkehr führen. Der Vorentwurf findet sich unter http://europa.eu.int/comm/justice_home/unit/civil/consultation/index_de.htm (besucht am 12. 8. 2002).

[91] Auf diese Problematik kann hier nur verwiesen werden; vgl allgemein dazu: *Dethloff*, JZ 2000, 180ff; *Essl*, ÖBl 2000, 158; *Moritz*, CR 2000, 71; *Tettenborn*, K&R 2000, 60f.

[92] Vgl *Mankowski*, GRURInt 1999, 909ff; *Sack*, WRP 2000, 277ff; *Löffler*, WRP 2001, 373ff; aA für Werbung im Internet *Dethloff*, JZ 2000, 181ff, die allein auf den Herkunftsmarkt abstellen will. In Deutschland, wo das Marktortprinzip auch nach der EGBGB-Novelle weiterhin über die Ausweichklausel Art 41 EGBGB statt der Anknüpfung an den Handlungsort zur Anwendung kommt: siehe *Spindler* in *Gounalakis* Rz 117 zu § 9. Für Österreich § 48 Abs 2 IPRG, dazu *Fallenböck*, MR 2001, 407.

[93] *Spindler* in *Gounalakis* Rz 119 zu § 9.

[94] Geringe Probleme dürften dabei die von der Richtlinie in Erwägungsgrund Nr 11 genannten Fälle der irreführenden Werbung oder des Preisangabenrechts bereiten, da hier die Informationslage des Verbrauchers direkt betroffen ist. Zweifelhafter erscheint dies dagegen in Fällen der Rufausbeutung oder der sklavischen Nachahmung, wenngleich auch hier im Einzelfall eine unzulässige Beeinflussung des Verbrauchers angenommen werden kann; siehe *Spindler* in *Gounalakis* Rz 120 zu § 9; ablehnend zur Rechtfertigung nach Art 3 Abs 4 *Arndt/Köhler*, EWS 2001, 107.

[95] *Spindler* in *Gounalakis* Rz 120 zu § 9.

[96] Hierbei ist jedoch zu beachten, dass die Richtlinie keine Anwendung auf nicht-kommerzielle Aktivitäten findet, etwa unverlangt zugesandte E-Mails von religiösen Fanatikern oder Parteien. Hier bleibt es aus Sicht der Richtlinie von vornherein beim jeweiligen Kollisionsrecht, insbesondere dem Internationalen Deliktsrecht: näher dazu *Spindler* in *Hoeren/Sieber*, Rz 436ff zu Teil 29 mwN; *Mankowski* RabelsZ 1999, 206, 256ff.

tisch gewesen.[104] Auch ein Verweis darauf, dass die bestehenden kollisionsrechtlichen Regeln mit leichten Modifizierungen ausreichen, um auch die durch Internet-Angebote gestellten Probleme adäquat lösen zu können, hilft nur beschränkt weiter.[105] Insgesamt kann dies nämlich nicht darüber hinwegtäuschen, dass Internet-Angebote aufgrund ihrer tendenziellen Globalität gegenüber „realen" Angeboten einem wesentlichen höheren Rechtsanwendungsrisiko und damit höheren Informations- bzw. Transaktionskosten ausgesetzt sind,[106] zumal die Anbieter nicht damit rechnen können, dass die „vernünftigen" Kollisionsnormen für Internet-Angebote sich in allen Mitgliedstaaten gleichermaßen durchsetzen werden. Letztlich werden alle Pro- und Kontra-Argumente um das Herkunftslandprinzip der E-Commerce-Richtlinie im Rahmen der „Rom II"-Verhandlungen neue Nahrung erhalten.

---

[104] So bereits *Spindler*, RabelsZ 2002, 708f.
[105] In diese Richtung *Mankowski*, MMR Beilage 7/2000, 22ff.
[106] Vgl *Fallenböck*, Internet 128.

TEIL III: IT-SICHERHEIT UND VERTRAUEN

PART III: IT-SECURITY AND TRUST

Peter Lipp

ON TECHNICAL TRUST: AN INTRODUCTION

1. Outline

When users are using computers to perform tasks that involve sensible information, they might worry if the computer system they are using is secure enough to protect that sensible information properly. Securing information is a problem which cannot be solved without proper technological solutions, and, on the other hand, can also not be solved fully by these solutions alone – a combination of rules, procedures and technical protection is required.

In such a scenario, trust plays different roles. Users need to trust that the technology does what they expect it to do. This also implies trust in the designers and developers of such a system. Mechanisms like security evaluations and regulatory schemes may help to build trust. Trust also plays a very important role in communicating with other people or systems on the Internet. Usually, one trusts another person or some organisation more easily, if one has some kind of physical contact, like office buildings or face-to-face meetings (especially if one knows the other person from previous events). In an electronic environment, technology is required to replace those physical aspects of trust. Below we will discuss aspects on how technology helps to build trust in an electronic world.

2. Trust

What is this trust we are talking about? Let us look at some definitions that are applicable when talking about trust and technology.

In an essay on trust, Ed Gerck finds an interesting definition for trust:

"Trust is that which is essential to a communication channel but cannot be transferred from a source to a destination using that channel.

This is a formal and abstract definition of trust. It defines trust by the properties it obeys, without citing any context, without even providing an example we could denote – it does not provide a value, only behaviour. Thus, the given definition achieves the broadest possible conceptualization of trust, since it is both environment-invariant and observer-invariant (environment and observers are abstract). But, we expect it to contain the seed-thought or root-idea of trust. In other words, we expect it to contain trust's implicit truth conditions for any explicit trust application we may need, from the social scenario to automatic communication processes. This should afford an unified "gist" of trust to be perceived in all applications – which we also expect to be close to the real-world gist of trust." [Gerck]

While this definition cannot help us much when thinking about technical measures to enhance trust, it still grasps the general concept of trust nicely. We cannot transfer trust itself, we can only transfer additional information that may be useful on the other side to build up more trust. And if we cannot achieve that, we need to install measures that reduce the risks taken.

Let's look at another definition, this time taken from a standards-text:

"Generally, an entity can be said to "trust" a second entity when it (the first entity) makes the assumption that the second entity will behave exactly as the first entity expects. This trust may apply only for some specific function." [X.509]

Sometimes trust is not defined directly, but by defining trustworthy systems:

Trustworthy system: "Computer hardware, software, and procedures that: (1) are reasonably secure from intrusion and misuse; (2) provide a reasonably reliable level of availability, reliability and correct operation; (3) are reasonably suited to performing their intended functions; and (4) adhere to generally accepted security principles." [ABA]

This definition, taken from the American Bar Association's Digital Signature Guidelines, has one flaw: why a system, that is only reasonably secure or reliable, would be trustworthy, is hard to follow. But it does point out one thing – without saying it explicitly: trust has to do with security, and there is no such thing as complete security.

The only situation where no trust was required would be a situation in which complete security prevails. Thus another explanation of trust might be

"Trust fills the gap between real world security and complete security."

The better real world security is, the less trust in a system is required. It is therefore typical that improving trust often aims at improving security, and doing so lessens the need for trust. In relation to the X.509-definition, raising security reduces the chances that the second entity can behave differently than the first entity expects it to.

Unfortunately at this point the trust-issue does not disappear fully. Where formerly trust in the other entity was required, by claiming to increase security, users need to put additional trust into the software developers, hardware designers or evaluators instead. Fortunately, there is a fundamental advantage: users normally use one set of equipment to communicate with many other users over the Internet. They gain experience by using that equipment. Unless an abnormal situation occurs, they can assume that their equipment really does what has been claimed – it behaves as expected. Thus, the user learns to trust his equipment.

The same thing can happen with any communication partner, when the user communicates with him frequently. By gaining trust in the – consequently more trustworthy – system, the user will gain more trust in less frequent communication processes as well.

One goal of system designers must now apparently be to design the systems in such a way that users can gain trust in the systems more easily. So, let's have a look at what can be done to enhance trust in technological components by giving an example.

3. Trust in Technology

We have seen that it is always a requirement to have at least some trust in technology. Let's use an example to illustrate different ways of enhancing trust in technology.

The European electronic signature guidelines state requirements for procedures and technology used for creating digital signatures that should be considered equivalent to hand-written signatures. Meanwhile these guidelines have been transformed into local signature legislation in most European member states. The local legislations in the respective countries may specify specific regulations that have to be followed, as long as they are compatible with the European guidelines. These guidelines contain, for instance, a set of rules the Certification Authority (CA) must follow when issuing certificates to be used for such signatures. Such certification authorities may become accredited CAs. By employing an accredited Certification Authority to get the required certificate, users then can assume that the CAs know what they are doing (because the guidelines say that CAs need qualified employees) and expect them to be liable for any errors they make (because the guidelines say that CAs need a certain financial background). These regulations also specify requirements on the technology that is to be used for the creation and verification of signatures. Let's take a look at where trust is required – and "achieved".

3.1 Trust by Definition

Creating digital signatures implies using cryptographic algorithms – users cannot be expected to understand the technical details of the underlying principles or inner workings of these algorithms, nor the correctness of the chosen parameters, like the size of the keys to be used or the quality of the key-material provided by the implementation. In our example, the algorithms to be used and the key-sizes to be chosen are set by local regulations. End users need to trust the legislators, or the technical consultants to the legislators, that they have made the right decisions when defining these standards. This trust can be based on the experience that technical regulations often make sense. Let's ignore counter-examples of regulations that were based on a weak compromise because of some conflict of interest.

Assuming the user chooses to accept that the background technology and the parameters chosen are sound and trustworthy, he will start using that technology. If a relying party then receives a signature that apparently has been created by another person using the same mechanisms, he can now use the technology he decided to trust in to verify the authenticity of the signature. Since the signature usually is created on a document of some sort – e.g. a contract – trust in the signature allows the user to believe the document really has been signed by the claimed signer, and thus trust in the signature is extended to the content of the document itself.

We call trusting the technology "because they said so" *trust by definition.*

3.2 Trust by Experience

When a user has used a certain technology on a regular basis, he will get experienced and can more easily judge the proper functioning of that technology. He will learn and better understand what's going on, and consequently also gain trust in that technology. In the example on digital signature, this is not yet the case for most users. The concepts of public key cryptography cannot be understood easily, and while the technological principles are not new, suitable products have been on the market only for a few years – and still have not been widely deployed. As far as web browsers are concerned, technology has been used in a different way to secure data communication to web-sites by using SSL or TLS, thus mainly protecting the users' privacy, and the lock-icon, which indicates a safe connection, is easily recognised by users.

If the same user is urged to start signing electronic documents by using the same technology, he may have problems trusting this process. One reason will be that he knows handwritten signatures – and especially the potential consequences of signing documents. Since he lacks experience, he may choose not to trust that technology (even if "they said so").

One way out of this problem may be to give the user the chance to play with the technology. Learning by doing has always proven to be a great concept, and it works here, too. By using digital signature technology, e.g. with electronic mail, where software capable of signing and verifying electronic messages are widely deployed and practically used on every desktop (Outlook and Outlook Express, Netscape or Lotus Notes are the most prominent examples), the user can gain experience with the technology and thus gain trust in signing and verifying other sorts of documents as well.

"Trust by experience" is certainly one of the most important ways to increase trust in technology.

3.3 Trust by Evaluations

While users may not fully understand the technology in use, and while they may even trust legislative bodies to having done their job properly, they may still suspect that the industry might have failed to implement the algorithms and to fulfil the requirements properly. The current state of software quality makes such doubts understandable.

Luckily, even legislators do not automatically rely on the industry. Certain regulations require that a piece of equipment (software or hardware) has been thoroughly examined by a specialized group of people, who confirm that the equipment is doing what it is claiming to do. Thus, a product that has undergone such an evaluation will provide more trust to its users.

One has to keep in mind that even evaluated products are not necessarily perfect and might still contain bugs. Evaluations are always restricted by assumptions. Most often, products are evaluated against a protection profile. A protection profile is *"an implementation-independent set of security requirements for a family or category of targets of evaluation (TOEs) that meet specified consumer needs." [Common Criteria]* The evaluation that a product has undergone must fit the user's requirements for the application he has in mind.

"Trust by evaluation" can then be an important contribution for building up the trust the user has in the system.

In most cases the overall trust of the user in the system is a function of the different sources of trust. Trust by definition, trust by evaluation and trust by experience, all contribute to the overall trust. The more aspects are fulfilled – ideally a system as defined in the regulations, that has been evaluated employing the right protection profile and has been used by the user without problems for a while – the more trust the user will have in the technology.

4. Trustworthy Systems

Even the most trusted system is subject to dangers, and even an evaluated system is not automatically safe under all circumstances. The protection profile of the evaluation may assume a system where the user has full control of the system and its environment. So the user has to take precautions. The best trusted airbag is of no use when the user drives off the cliffs.

What are the precautions the user should take to keep his system trusted on his own account?

Basically, the Internet can still be compared to the Wild West. Lots of hackers and crackers run around and try to get into systems. Especially home users are still often unaware of this fact and feel safe. Unfortunately, off-the-shelf-systems are most often not maintained properly and lack the latest security-relevant patches from the manufacturer. Additionally, they are still rarely provided with a personal firewall to block off intruders. Anti-Virus-Software seems to become standard at last. But things are not as easy as they seem. As Michael Cherry puts it:

"Code Red also dispelled any false notions that protecting systems against external security threats is as simple as a one-time installation of virus software and firewall products. Rather, preventing vulnerabilities and maintaining com-

America, Europe and some highly developed economies in the Asia-Pacific region, leaving behind a large portion of the world.

3.2 Organizational and Process Requirements

Organizational and process requirements can to a large extent be derived directly from legislation. What sounds easy in theory is extremely complicated to achieve in practice, because administrative processes are not identical with business processes. Whenever an administration tried to directly introduce business process technology, such an experiment resulted in the need to change a significant portion of the governing legislation to finally make it work or did even fail completely. The basic difference between business processes and administrative processes only becomes tangible when looking at the goals of administration and business. Administration is neither a production chain, nor a sales operation, but has at its primary aim to provide information and services for citizens and decision makers. As the generation of this output has to be cost- and time-efficient, business re-engineering seemed to be a suitable solution, but the goals of public administration were initially overlooked. The intrinsic values of public administration are another big issue. The correctness, robustness, reliability, objectivity and fairness of processes are central requirements. Only if they are fulfilled, the necessary confidence of citizens can be developed. In case a business transaction goes wrong, the potential damage is primarily financial. If a transaction goes wrong in an electronic government system, the potential consequences are manifold. To keep the high level of trust enjoyed by Western democratic governments, it is therefore essential to very carefully follow a stepwise approach. There is a very encouraging history of success stories of governments starting with pure information sites and downloads of all types of application forms, which help.gv.at is a good representative of, and then moved on to real transactions in a so called controlled and friendly environment, examples of which are notary publics and property and trade registers operated by law courts. It is of course in the interest of public administration to move towards revenue-generating operations as quickly as possible, notably tax administration issues. Here it was again beneficial to enter a test phase with tax advisors before opening systems to the general public. The major obstacle today is traditional internal processes that cannot cope with the flood of requests coming in through new technologies anymore. Citizens having to wait an eternity for a response when business sites respond in a matter of milliseconds will also lose trust in the electronic government sites they are consulting. If older means of communication, such as fax or telephone lead to a quicker response, it is obviously pointless to migrate to the new technology. That explains why it is better to restructure internal processes in a way that they can cope with the new media in the first step, before offering any technology-based services for citizens. It is not always easy to resist the political pressure to too quickly "go online", but one failed experiment might spoil it for the whole public sector of a country. The old wisdom that speed kills, especially unskilled drivers, holds true once more. Administrative processes therefore have to be analyzed very carefully for their suitability to be supported by technology before trying to automate whole processes or single tasks which are elements of larger processes. Electronic government has the unique chance to learn from the errors made during the CRM and dot.com hypes and can avoid them. If the lessons often learned the hard way in business are applied to system development in electronic government, stable, robust and secure sites will be the result. For an overview of key issues see Gritzalis (1997) and Gritzalis (2002). This will lead to a high level of trust which is essential for the success of electronic government in the long run. The best parallel which can be drawn is with the financial sector: Internet banking was right from the beginning handled in a highly professional way by banks. They were concerned about one of their highest values, the trust of their customers. One of the highest values in electronic government and in public administration in general is the trust of citizens.

3.3 Technological and Infrastructural Requirements

Infrastructure is a significant cost factor, but without being at a technologically advanced level, electronic government is not practicable. Once processes have been reworked in a way that they are reliable for electronic service delivery, the underlying infrastructure has to be put right. Trust does not only mean trust in the correctness and performance of systems, but increasingly requires a high level of security of the data stored in these systems and of the communication itself. Successful attacks like those which are almost continuously reported about government sites in the US have resulted in citizens staying away from electronic means of communication and returning to more traditional methods, in an extreme case to manually filled-in paper-based and snail-mailed forms. Security must therefore be an overall design principle, security as add-on, as it is so often the case in business systems, is unacceptable for electronic government systems. That is one more reason for so many business information systems not being suitable for direct use by public administration. Security bugs reported about all types of software, mainly operating systems, browsers, network management packages, and databases do create a feeling of uneasiness amongst citizens. This skepticism has to be balanced by demonstrating a high level of professionalism both in the design and implementation and in the operation of electronic government systems. Quick and dirty implementations which only a year or two ago were commonly acceptable in dot.com environments would therefore never have been tolerable in electronic government. Sometimes it is necessary to be a comparatively slow mover to guarantee that the resulting systems are solid and are not in contradiction with any legislation governing public administration.

4. Implementing Trust in Electronic Government

The implementation of trust in electronic government is usually based on a double strategy comprising confidence-building measures through getting citizens acquainted with technology and by mirroring the traditional values of public administration onto processes and underlying hard- and software infrastructures.

4.1 Implementing Trust Based on Providing Secure Processes and a Secure Infrastructure

There are several different ways of implementing trust in electronic commerce. That electronic government sites must be robust, stable and secure is a commonly accepted requirement. On the other hand governments must also know who they are dealing with in online transactions. In today's paper-based world a document issued by a public authority, such as a passport or driver license, serves as proof of identity. In spite of the necessary legal basis already existing, neither Europe nor the US, nor any other leading economy has a universal digital authentication system in place. This lack of a government provided service has recently opened the market for industry driven initiatives, such as Microsoft Passport, immediately sparking an intensive debate whether a software company should be entitled to provide an electronic identity. Only time will show which approach will prevail, an industry- or a government-driven one. An increasing number of certificate authorities and public key infrastructures are being set up, but it is still unclear to which extent the certificates issued by these certificate authorities will be accepted for electronic government transactions and to which extent governments will issue their own citizen cards. The situation today is far from being ideal and needs a lot of improvement. It is widely expected that unless governments issue their own citizen cards, electronic government will, apart from closed communities, be limited to mere information sites and a download of forms that, in situation where a binding signature is required, cannot even be filled in electronically. Another prohibitive issue is the cost of issuing citizen cards. If this cost is dumped on citizens, a very low level of acceptance can be expected, probably so low that setting up a service infrastructure for the remaining few does not make sense anymore. Chip card technology itself has become cheap enough to implement a public key infrastructure, but the network and server technology needed to make it work is still rather expensive. It therefore will have to be decided whether such an infrastructure is viewed as essential and of national interest or whether it is classified as only in the interest of a relative minority of potential users. This will determine whether the substantial public funding needed to develop an efficient infrastructure at an acceptable cost for end users is provided or not. It cannot be denied that the discussion going on at this moment has certain similarities with discussions led in previous centuries with regard to railways, roads, electricity and telephone. Solutions will probably not be too different either.

4.2 Implementing Trust by Building Confidence

Building the necessary confidence amongst citizens to trust new technology is easier than one might think, unless unrealistic promises are made. The goals and timeline set have to be achievable. There is no use in politicians promising a full electronic society when not even some of the basic infrastructure components are in place. On the other hand, if an overall strategy with a realistic stepwise implementation plan is chosen, citizens and administrations can adopt the new technology step by step and develop the understanding necessary to trust the technology. A rushed implementation of systems will not only lead to a large segment of the population being excluded, but, due to inevitable errors in such situations, will lead to citizens becoming increasingly suspicious of electronic government systems. Questions, such as "How can I trust a system that does not even…?" best reflect this negative attitude. Once such an attitude becomes the prevailing one it is unfortunately very difficult to get rid of it again.

5. Building Trust in Electronic Government

Trust is an essential prerequisite for a working communication between citizens and administrations. As long as human counterparts are available, human factors can help to establish trust, but in electronic government in its purest form the human to human relationship is replaced by a human to machine interaction (for a discussion of trust and risk mitigation in virtual organizations see Rossen (2002), Jarvenpaa and Leidner (1998), and Grabowski and Roberts (1998)). The advantage is the objectivity of an algorithm (process) carried out by a machine; the problem is the "cold" and impersonal form of dealing with requests and applications. Humans are required to trust machines and if processes are not fully transparent it is a very natural reaction to withdraw or not even provide this trust initially. The feeling of being reduced to a number (social security number, tax file number) can all too easily develop and leads to an increasing resistance against technology. It is therefore necessary to limit the role of the "e" in e-government to a support role for citizens and administrators. A tendency to blame all sorts of problems on the technology in place, whether this is justified or not, does not help much either. The worst of all possible moves is to introduce systems which are not transparent for either citizens or administrators or even both. If citizens on the other hand experience that the use of technology results in quicker and more efficient processes and makes them more objective and more transparent, the ground is well prepared for harvesting the benefits of electronic government. A tax administration providing information and tax simulation tools on a web site reduces the amount of unnecessary and often frustrating communication between citizens and administrators. Simple calculators and plausibility checkers can help to reduce the possibility of errors, thereby freeing administrators for essential tasks, such as checking whether items claimed in tax return applications are eligible or not. There are actually a large number of such very positive examples. They have had a strong impact on developing the confidence of citizens in electronic government and continue to contribute to this development (see representative web sites, such as www.help.gv.at, www.sa.gov. au, www.dcita.gov.au/Subject_Entry_Page/0,,0_1-2_1,00.html, www.gov.uk, www. bmf.gv.at/egov/_start.htm and www.iepo.sa.gov.au/).

The technological level and the technological competence of an administration have to be developed well in advance of offering online services for citizens. In order to be trustworthy, a sector of public administration not only has to be viewed by the public as correct and objective, but also has to have a record of successful use of technology. It is only then that citizens will have confidence in the correctness, safety and security of automated processes. If the overall impression and the record are positive, the resulting high level of trust helps to make small errors forgotten quickly. If an administration does have a history of trouble with technology, every single error, no matter how small and unimportant it is, will be used to reconfirm existing skepticism. Software, however carefully it is designed and implemented, will never be completely free from errors. Having an efficient error handling and correction framework in place is therefore essential to be able to quickly respond to justified complaints.

6. Conclusion

In spite of public administration generally enjoying a high level of confidence, it is still necessary to demonstrate to citizens and partner administrations that the automation of processes does not take away any transparency and does not lead to additional (primarily privacy related) security risks. The technology necessary to establish a trustworthy, stable, safe and secure environment for electronic government is available today. It is primarily a matter of organizations and financials to get the systems right. Doing it correctly takes time, sometimes more time than politicians, especially those facing elections, are prepared to admit. Rushed solutions which – a well known factor in IT – usually suffer from errors, incompleteness and several other deficiencies, are the worst alternative, because they will definitely lead to a loss of citizen trust. Trust is based on correctly working solutions and realistic perspectives. Lacking a bit behind in terms of implementation, public administration has the obvious advantage of being able to learn from the many errors committed in electronic business. That also explains why the attitude towards electronic government is still far more positive than towards electronic business, at least in the US, Europe, and the Asia-Pacific region. One secret of the success and the high acceptance of electronic government is that public administration has always guarded the trust of citizens as one of its highest values. As several contributions to recent conferences and workshops have shown, prospects for electronic government are looking very good (Wimmer, 2002; Traunmüller, 2002).

7. References

EC Directive (2001) COMMUNICATION FROM THE COMMISSION TO THE COUNCIL AND THE EUROPEAN PARLIAMENT ON E-COMMERCE AND FINANCIAL SERVICES; Brussels, 07.02.2001, COM(2001) 66 final, page 17.

EU Directive 95/46/EC (1995) Directive 95/46/EC of the European Parliament and the Council of 24 October 1995, Official Journal of the European Communities, ISSN 0378-6978, L 281, Volume 38, 23 November 1995.

Galindo, F., Quirchmayr, G. (2000) Proceedings of the IFIP 8.5 Working Conference on Advances in Electronic Government, Seminario de Informatica y Derecho, Universidad de Zaragoza 2000, ISBN 84-699-1904-0.

Grabowski, M., Roberts, K. H. (2002) Risk Mitigation in Virtual Organizations, JCMC 3 (4) June 1998, www.ascusc.org/jcmc/vol3/issue4/grabowski.html.

Gritzalis, D. (ed.) (1997) Reliability, Quality and Safety of Software-Intensive Systems, Proceedings of ENCRES '97, Chapman & Hall 1997, ISBN 0-412-80280-5.

Gritzalis, D. (ed.) (2002) Secure Electronic Voting, Advances in Information Security vol. 7/ 2002, Kluwer Academic Press, ISBN 1-4020-7301-1.

Grönlund, A. (2000) Managing Electronic Services, A Public Sector Perspective, Springer 2000, ISBN 1-85233-281-6.

Jaburek, W. J., Wölfl, N. (1997) Cyber-Recht, Ueberreuter 1997, ISBN 3-7064-0353-6.

Jarvenpaa, S. L., Leidner, D. E. (1998) Communication and Trust in Global Virtual Teams, JCMC 3 (4) June 1998, http://www.ascusc.org/jcmc/vol3/issue4/jarvenpaa.html.

Lenk, K., Traunmüller, R. (1999) Öffentliche Verwaltung und Informationstechnik, Perspektiven einer radikalen Neugestaltung der öffentlichen Verwaltung mit Informationstechnik, vol. 20/ 1999, R. v. Decker's Verlag, Heidelberg, ISBN 3-7685-1499-4.

Reinermann, H. (ed.) (2000) Regieren und Verwalten im Informationszeitalter, Unterwegs zur virtuellen Verwaltung, Schriftenreihe Verwaltungsinformatik, vol. 22/2000, R. v. Decker's Verlag, Heidelberg, ISBN 3-7685-2199-0.

Rossen, E. (2002) Trust in Virtual Organizations, in R. Traunmüller (ed.) Proceedings of the 17th IFIP World Computer Congress – TC8 Stream on Information Systems: The e-Business Challenge, August 25–30, 2002, Montréal, Québec, Canada, Kluwer Academic Press, Boston-Dordrecht-London 2002, ISBN 1-4020-7174-4.

Schauer, B. (1999) e-Commerce in der Europäischen Union, Manz, Wien, 1999, ISBN 3-214-06983-7.

Schengen IS (2001) COMMUNICATION FROM THE COMMISSION TO THE COUNCIL AND THE EUROPEAN PARLIAMENT – Development of the Schengen Information System II; Brussels, 18. 12. 2001, COM(2001) 720 final.

Traunmüller, R., Lenk, K. (eds.) (2002) Electronic Government, Proceedings of the 1st International Conference EGOV 2002, Springer Lecture Notes in Computer Science, vol. 2456, ISBN 3-540-44121-2.

Wimmer, M. A. (ed.) (2002) Proceedings of the 3rd International Workshop on Knowledge Management in e-Government (KMGov-2002), Universitätsverlag Rudolf Trauner, Linz, ISBN 3-85487-409-X.

Edward Ball, David W. Chadwick, Andrew Basden

THE IMPLEMENTATION OF A SYSTEM FOR EVALUATING TRUST IN A PKI ENVIRONMENT

1. Introduction

In a Public Key Infrastructure (PKI), users hold public-private key pairs. A PKI user might be an application, a person (or more precisely an application acting on behalf of a person), or an electronic device, in fact any entity capable of communicating electronically. Each PKI user has an electronic name used to identify him in communications. This name might be for example the IP address of a device, the LDAP distinguished name of a person, the email address of an application, or a pseudonym of someone wishing to remain anonymous. A Certification Authority (CA) is the entity responsible for binding the public keys of the users to their electronic names. This binding is digitally signed by the CA to prove its authenticity, and the construct is called a public key certificate, or certificate for short. The international standard format for public key certificates is defined in X.509 [1]. A user may send a message digitally signed with their private key to a receiver (the relying party), and the relying party (RP) can validate the user's digital signature providing they have a copy of the user's public key or certificate. Public key certificates may be easily and securely distributed and published on the Internet, since the signature of the CA renders them unforgeable and unmodifiable without detection, providing the RP has a trusted copy of the public key of the CA. Many Web browsers and email clients come pre-configured with dozens of CA public keys. However, the RP has no way of knowing how trustworthy each of these CAs is.

The degree to which a RP can trust the binding of the public key to the electronic name of the user, and that the electronic name is the correct one for that user (i.e. by this we mean that the electronic name for end entity A is not purposefully bound to the public key of end entity B by an untrustworthy CA, thereby allowing B to impersonate A) depends upon many factors that are ultimately related to the trustworthiness of the CA. Clearly if the user and the RP are the subjects of the same CA, then the task is relatively easy, as the RP has knowledge about its own CA and its trustworthiness. But as the number of PKIs grows, and as e-commerce and inter-organisational data transfers increase, one can increasingly expect the user and the RP to be the subjects of different CAs.

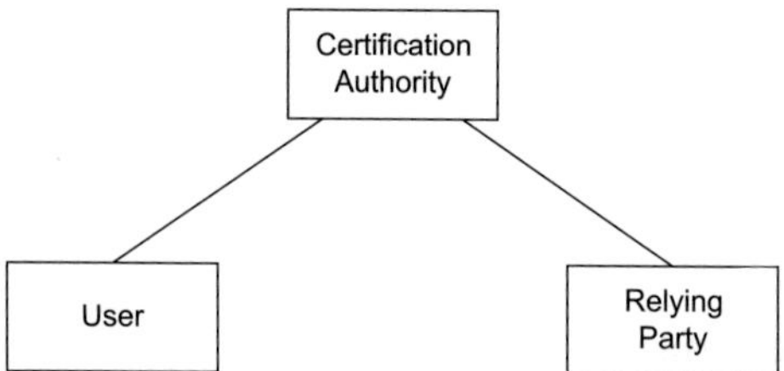

Fig. 1. The participating entities

Thus there will be a need for a RP to depend upon, or trust, a foreign CA. Just how is a RP supposed to base its trust decisions on a remote CA that might be completely unknown to it? Chokhani and Ford [2] have enumerated a long list of factors that CAs need to take into account when producing a trustworthy and secure PKI environment. These factors include the practices followed by the CA in authenticating the users; the CA's operating policy, procedures, and security controls; the user's obligations (for example, in protecting their private key from use by anyone other than themselves); and the stated undertakings and legal obligations of the CA (for example, warranties and limitations on liability). Our research has tried to quantify those factors that go towards building the trust that might be placed in a remote CA by a relying party.

Note that the PKI is only concerned with establishing the identity of users of the CA i.e. authentication. There are many other factors involving the level of trust between the user and the relying party, for example the authorisation rights, and these will depend on the nature of the relationship between them. For example in an e-commerce relationship a provider of goods will be interested not only in the correct identification of a user, but also in his credit worthiness and his track record e.g. the number of purchases that the user has previously made without refuting any of them. Such considerations are beyond the scope of the present paper but have been addressed in Manchala [3].

The system described here was produced as part of the Intelligent Computation of Trust project. In this project the trustworthiness of a CA was evaluated by an expert system, IStar [4, 19], developed at the University of Salford.

The system operates in two separate stages. The first stage, called the Static Trust Calculation stage, evaluates trust based on the information that the CA publishes about the way that it operates. This information is obtained from the CA's Certificate Policy (CP), which states *what* the certificate can be used for, and the CA's Certification Practice Statement (CPS), which describes *how* the CA operates in order to fulfil its policy, see Fig. 2.

However in this case we are relying on the CA to be truthful in its statements, and to reliably follow its own stated policies and procedures. Clearly a less than honourable CA will not be completely accurate in its statements, and therefore the Static Trust Calculation will not accurately reflect the trustworthiness of the CA. Consequently we need external independent verification about what the CA actually does in practice. The second stage, called Dynamic Trust Checking, evaluates trust based on the actual performance of the CA. This is ob-

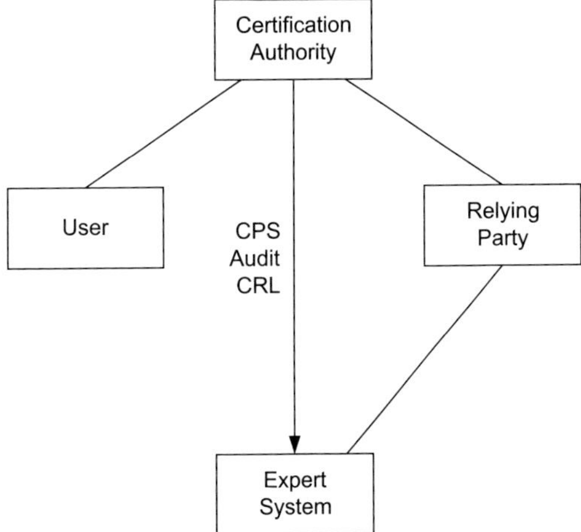

Fig. 2. Calculating trust

tained from three separate sources: what the RP already knows about the CA, what the CA's external auditor publishes about the CA's operations, and finally what the CA makes known about itself through publication of its Certification Revocation Lists (CRLs) (see Fig. 2).

2. Static Trust Calculation

2.1 By Reference to a Textual CPS

Chokani and Ford have given a framework for the contents of Certification Practice Statements and Certificate Policies in [2]. This framework is a text based method for describing the contents of a CPS and CP. CA administrators will typically use the framework to construct their own CPSs and CPs. Initially, for the Static Trust Calculation, the expert system asks the RP a number of questions, and these are answered by reference to the published CPS and/or CP of the CA. The questions have been based on Chokhani and Ford's framework. Examples of typical questions asked by the expert system and their allowed range of answers are given in Table 1.

Table 1. Example expert system questions

Question	Answer
Who generates the subject's signing key pair	User or CA
To what extent do you feel that the CPS handles the authentication of persons adequately	0, 1, (low) 2, 3, 4, 5, 6, 7, 8, (high) 9, 10
To what extent are damages covered in the CPS?	0, 1, (low) 2, 3, 4, 5, 6, 7, 8, (high) 9, 10
Are loss limitations mentioned	Yes/No

2.3.1 CPS Manager

The CPS Manager is responsible for obtaining data from XML formatted CPSs. Once a session with Istar has been started, the URI of the LDAP repository, and the DN of the CA are passed to it from Istar. The CPS manager has two ways of getting the CPS data for a CA: either it already has it stored in its local cache, or if not, it retrieves it from the CA's LDAP repository. The CPS Manager first checks its local cache. There are three possibilities:

a) The CPS for the CA is not in the cache at all,
b) It is there but its time-to-live has expired
c) It is there and still within its time-to-live period.

For a) and b) the CA data in the cache must be refreshed. We have used the JNDI toolkit [17] to provide the CPS Manager with an LDAP capability. An LDAP Search request with scope of base object, for base object equal to the DN of the CA, using a filter of attributeCertificateAttribute present, to retrieve the attributeCertificateAttribute, is sent to the LDAP repository. This retrieves the attributeCertificateAttribute, in which should be enclosed the xMLCPS attribute. One problem that we encountered here is that the attributeCertificateAttribute might be multivalued, but we have no way in LDAP of requesting that only the value holding the xMLCPS attribute be returned. Consequently, if multiple attribute values are returned, we have to parse them all looking for the value of interest. In order to solve this problem in future releases of LDAP, we have been working with the IETF PKIX and LDAPEXT groups to specify new Internet RFCs that will allow i) matching rules to be specified for public key certificates and attribute certificates [15] and ii) allow single attribute values to be returned from multiple valued attributes [16].

Once the correct attribute certificate has been retrieved, the XML CPS is extracted and stored in the cache. It is allocated a time-to-live value based on the validity period of the attribute certificate. The cache is maintained in permanent storage but a copy is held in RAM for faster access.

2.3.2 Session Database

At the instant that the expert system opens a session with the server the data in the cache is locked whilst a Session Database is prepared. The Session Database contains the replies to all the questions that can be asked by the expert system. The replies are taken from the Answer attributes of the XML CPS. The cache is temporarily locked to prevent any process writing to it in the middle of the read. Once the Session Database has been created the lock is removed and answers can be sent to Istar.

3. Dynamic Trust Checking

Independent quality assurance, or audit, is needed in order to ensure that a CA faithfully abides by the statements in its CPS. If a CA consistently does what it says it does, then it is as trustworthy as expected from the Static Trust Calculation. Conversely, if a CA fails to carry out the procedures documented in its CPS, it is less trustworthy than expected from the Static Trust Calculation. We have analysed each section of the CPS framework to determine who might perform the quality assurance/audit function of that section, and have determined seven possible QA categories. These are:

→**Assumed Compliance.** No checking needs to be done, as a failure of this factor will not make the CA less trustworthy. An example of this would be the section on Disclaimers and Exclusions. If the CA did not enforce its exclusions of liability this would not lessen one's trust in it (in fact perversely, it might increase one's trust). Actions that have to be performed by the subscriber are also categorised as assumed compliance, since it is the trustworthiness of the CA that we are calculating, and not the trustworthiness of the subscriber. Thus if a subscriber purposefully lets others use his private key, and is willing to assume the consequences of this, the trustworthiness of the CA is not effected by this.

→**Anyone.** Information is in the public domain, and therefore anyone may perform the QA function of this item. An example of this is checking the frequency of publication of the CRLs. We have built a TrustCheck server that performs this function (see later).

→**Subscriber.** A subscriber of the CA may perform the QA of this item. An example of this will be the authentication procedures used by the CA.

→**Relying Party.** The RP may perform the QA function. An example of this is that meaningful unique names are used which allow RPs to easily identify the subject from the contents of the certificate.

→**External Auditor.** The external auditor can perform the checks during one of his audit visits to the CA. Most of the CPS items fall into this category.

→**CA Vendor Audit.** The trustworthiness of the CA depends upon the software being provided by the PKI vendor e.g. the strength of the cryptography, and the randomness of the random number generator. These aspects were judged to be out of scope of the current project, although we could envisage PKI vendors publishing details about their ITSEC, Common Criteria and FIPS 140-1 certifications.

→**No-one.** It is not possible to QA this item. Fortunately we did not find any sections that fell into this category.

Note that some CPS sections may be quality assured by several of the above; it is not a mutually exclusive list.

Most of the CPS quality assurance is performed by an external auditor, who will periodically visit the CA installation and audit its paperwork, computer logs, audit trails, and such like. Most CAs will have a clause about external audit in their CPSs, but at present there is no agreed standard for the level of audit that should take place, nor for the type of audit report that should be produced, nor for where or how the report should be published. Such professionally agreed standards are evolving, e.g. WebTrust in the US [21], and the t-Scheme in the UK [22], and they may eventually be the subject of legislation, as is the case today for example with public limited companies who have to provide annual financial reports. In order to address the current shortcoming, we have made an initial attempt to suggest how auditing might evolve, by defining an electronic Audit Certificate that may be published in an LDAP directory. We have built a TrustCheck server that is capable of downloading information from the Internet, such as CRLs and Audit Certificates, and can then use this information to respond to the expert system when it asks it to perform a dynamic trust check. The expert system is able to interleave questions to the TrustCheck server and to the relying party, and more over, does so asynchronously, so as to not keep the human RP waiting.

3.1 Audit Certificate

An audit certificate is a variation of an XML CPS. It contains only those CPS items that can be checked by an external auditor. It takes the basic form of the CPS but the questions that are answered by the auditor record what the CA actually did, rather than the CPS statement that records what should be carried out. An example of a node in an audit certificate is:

<AuditLogBackup Answer= "yes"> Have the audit backup procedures been thorough? </AuditLogBackup>

An example Audit Certificate and its DTD can be download from [20].
We have defined an Audit Certificate LDAP attribute as follows:

(1.2.826.0.1.3344810.1.1.1 NAME 'auditCertificate' EQUALITY caseIgnoreMatch
SYNTAX 1.3.6.1.4.1.1466.115.121.1.15)

and an Audit DTD LDAP attribute:

(1.2.826.0.1.3344810.1.1.3 NAME 'auditDTD' EQUALITY caseIgnoreMatch
SYNTAX 1.3.6.1.4.1.1466.115.121.1.15)

Both of these attributes should be encapsulated in the same attributeCertificateAttribute and digitally signed by the auditor. They can then be held in the auditor's entry and/or the CA's entry in an LDAP directory, thereby making them widely available.

3.2 Auditor Software

Using the CPS and DTD Java software described earlier, it is possible to create Java serialised objects for Audit Certificates and their DTDs. Typically we would create the DTD, and then the CA auditor would create the audit certificate based on what he had observed from the CA's operations. The auditCertificate and auditDTD attributes are then stored in an X509 attribute certificate, the whole is displayed to the auditor and he is then invited to digitally sign it. The attributeCertificateAttribute is then written to the LDAP directory of choice.

3.3 The TrustCheck Server

The TrustCheck server is a more sophisticated version of the CPS server. Instead of downloading and caching XML CPSs when asked to do so, it downloads Audit Certificates and CRLs. In addition it continues to poll LDAP repositories, downloading CRLs every time they are published, thereby keeping a statistical record of the reliability of the CA in publishing its CRLs.

The TrustCheck server is also capable of communicating with the expert system using the Simple SOAP protocol that we have devised. This time the expert system asks a subset of the previous questions i.e. only those that can be answered from the Audit Certificate and CRL publications.

A functional breakdown of the TrustCheck server is shown in Fig. 6. It comprises a cache that holds information about CAs, a Polling Manager responsible

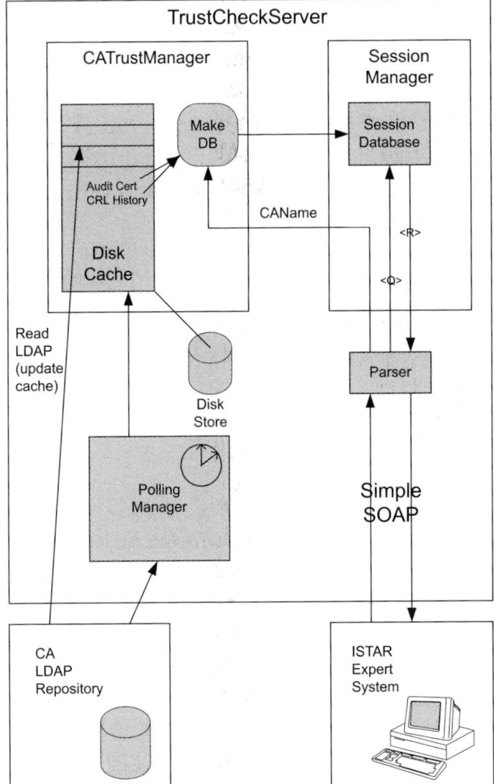

Fig. 6. The TrustCheck server

for fetching information from the CAs, a Session Manager responsible for managing the Istar question/answer sessions, and a parser for handling the Simple SOAP messages. For each CA, the cache holds its latest Audit Certificate, and information about their CRL publications. In particular, the cache holds the last n (configurable, but set by us to 50) dates of CRL publication (from the thisUpdate field of the CRL), plus the last CRL retrieved. All of these are combined into a single XML Session Database for the duration of a session between the expert system and the TrustCheck server.

3.3.1 The Polling Manager

The Polling Manager runs under the control of a timer (currently set to activate every 5 minutes). Each time that it runs it checks the cache and carries out the following actions.

For each CA entry in the cache it checks:

a   The audit expiry date and time (the notAfterTime field).
b   The CRL replacement date and time (the nextUpdate field).

If either time has expired a new attribute certificate or CRL is retrieved. If either cannot be retrieved it will try again in 5 minutes. If the retrieved item is later than the one currently in the cache, the cache is updated. If either the audit certificate has expired or the CRL has not been superseded (i.e. the updated audit certificate or CRL were not published when they should have been), this is a reason to decrease the trust in the CA. The actual decrease is calculated by the expert system. The TrustCheck server simply deletes the expired audit certificate, decreases the frequency of update for the CRLs, plus records that the CRL has not been superseded when it should have been.

In the case of CRLs, the nextUpdate field is optional in X.509. Therefore if it is absent, the Polling Manager estimates the time of publication from the interval between publication of the last two CRLs. (At start up the estimate is set to 24 hours.)

3.4 Non Compliant CAs

In the case where a CA does not have an Audit Certificate because an audit has not yet taken place, and this is confirmed by the CPS, only information regarding CRL publication frequency is available to the session, and the expert system is largely unable to improve upon its static calculation of trust In particular, the cache of the TrustCheck server will only hold the last n (configurable) dates of CRL publication (from the thisUpdate field), plus the last CRL.calculation performed from the CA's published CPS. However if the CPS says that an audit should have been performed, but no Audit Certificate can be found, the expert system will decrease its trust in the CA.

4. Future Work

Currently the expert system and CPS and TrustCheck servers work in close proximity to each other, across a trusted LAN. Thus the Simple SOAP protocol is not protected. Future enhancements would be to add digital signatures and data integrity to the Simple SOAP protocol, and to enhance the expert system so that it is capable of verifying signed messages from the servers. But then we have the tautology of trusting the CAs who issued certificates to these servers in order to compute the trust in other CAs! Clearly this raises the question of whether the expert system can trust the two servers that are providing it with answers, and indeed, if the RP can trust the expert system that is providing him with answers. Which is just another formulation of the age old question of "who guards the guards?". Ultimately the RP has to trust the reputation of who is providing the quality assurance/audit service in the form of signed attribute certificates, and if the RP can run the servers on his own PC or network then he can be his own root of trust. Future research should explore how reputation can be factored into the system.

Another avenue is to look into the possibility of using the expert system to automatically generate XML versions of CPSs and Audit Certificates. Because the expert system contains very detailed and well tested knowledge of what is important in a CPS and Audit Certificate (from the point of view of trust), once this knowledge has been instantiated by answers from a user (who could be an RP or a CA administrator or the TrustCheck server) it then contains full knowledge of the trust aspects of the CPS and Audit Certificate. Because Istar already has a facility by which knowledge can be exported as ASCII it might be possible to export the knowledge as an XML CPS or Audit Certificate. However there are a number of technical details that remain to be researched, for example, how to turn a directed graph into a hierarchical tree, and what additional knowledge is needed in a CPS in addition to simply calculating the trust in the CA.

When dynamically calculating trust, we have identified five different possible sources of quality assurance/audit information (excluding the no-one and assumed compliance sources). Currently we only use three of these sources, namely: the RP, the auditor and publicly available CRLs. There is scope for increasing this, to include information about the PKI software vendor, and information provided by the CA subject.

We have produced a first version of an Audit Certificate. However, this was produced without any input from professional auditing associations. So whilst the concept is novel, the contents will undoubtedly require further iterations from professional computer auditors. Indeed we have already learnt that in financial audits, two reports are produced: a detailed internal confidential one, and a diluted public one. If Audit Certificates were to follow the same route, the public ones may be of significantly less value for dynamically computing trust.

Finally, whilst we have developed a mechanism for computing trust in authentication, we have not yet begun to address the problems of quantifying trust in the level of authorisation needed for e-commerce applications.

5. Conclusions

We have designed a system that can be used as a sound basis for calculating the trustworthiness of CAs in performing their authentication function. We have shown how it is possible to calculate the trust index of a CA both statically and dynamically. At the heart of the system is an expert system (Istar), which is fed by the contents of Certification Practice Statements (in either textual or XML format), CRLs and newly conceived Audit Certificates. We have designed a CPS server and a TrustCheck server that communicate with the expert system via a Simple SOAP protocol. The TrustServer gathers information from Audit Certificates, and also from dynamic performance monitoring of the CA's rate of publication of its CRLs. The software has been written in Java and also provides tools that enables Audit Certificates and XML CPSs to be prepared and published.

6. Acknowledgements

This research was carried out under EPSRC grant No GR/L54295, "The Intelligent Computation of Trust". The authors would also like to thank Entrust Technologies for making available to them their PKI software and toolkits.

7. References

[1] ISO/ITU-T Rec. X.509 (2000) The Directory: Authentication Framework

[2] Chokhani, S., Ford, W. (1999) Internet X.509 Public Key Infrastructure Certificate Policy and Certification Practices Framework. RFC 2527. March 1999.

[3] Manchala (2000) E-Commerce Trust Metrics and Models IEEE INTERNET COMPUTING March–April 2000 p. 36–44.

[4] Basden, A., Brown, A. J. (1996) Istar – a tool for creative design of knowledge bases, *Expert Systems*, v. 13, n. 4, pp. 259–276, November 1996.

[5] Basden, A., Ball, E., Chadwick, D. W. (2001) Issues Raised in Modelling Trust in a Public Key Infrastructure, Expert Systems, Vol 18, No. 5, (Nov 2001), pp. 233–249.

[6] Chadwick, D. W., Basden, A. (2001) Evaluating Trust in a Public Key Certification Authority, Computers and Security, Vol. 20, No. 7, (Nov. 2001) pp. 592–611.

[7] "Extensible Markup Language (XML) 1.0 (Second Edition)", W3C Recommendation 6 October 2000. Download from http://www.w3.org/TR/2000/REC-xml-20001006.

[8] DTD http://www.w3.org/TR/2000/REC-xml-20001006.

[9] XML Schema http://www.w3.org/XML/Schema.

[10] Xeena, a visual XML editor from IBM, for editing valid XML documents derived from any valid DTD. See http://www.alphaworks.ibm.com/tech/xeena.

[11] Eastlake 3rd, D., Reagle, J., Solo, D. (2002) (Extensible Markup Language) XML-Signature Syntax and Processing. RFC 3275, March 2002.

[12] ISO/ITU-T Rec. X.690, Specification of ASN.1 encoding rules: Basic, Canonical, and Distinguished Encoding Rules, 1994.

[13] Berners-Lee, T., Masinter, L., McCahill, M. (1994) Uniform Resource Locators (URL). RFC 1738, December 1994.

[14] SOAP http://www.w3.org/TR/2000/NOTE-SOAP-20000508/

[15] Chadwick, D. W., Legg, S. (2000) Internet X.509 Public Key Infrastructure, Additional LDAP Schema for PKIs and PMIs, <draft-pkix-ldap-schema-01.txt>, September 2000.

[16] Chadwick, D. W., Mullan, S. (2002) Returning Matched Values with LDAPv3, <draft-ietf-ldapext-matchedval-06.txt>, June 2002.

[17] JNDI toolkit http://www.javasoft.com/products/jndi/index.html.

[18] Wahl, M., Coulbeck, A., Howes, T., Kille, S. (1997) Lightweight Directory Access Protocol (v3): Attribute Syntax Definitions. RFC 2252. December 1997.

[19] Basden, A. (2000) Some technical and non-technical issues in implementing a knowledge server, *Software – Practice and Experience* 30: 1127–1164.

[20] A sample XML CPS, Audit Certificate and their DTDs are available from http://sec.salford.ac.uk/ICT.

[21] WebTrust. See http://www.webtrust.org/.

[22] The UK t-Scheme. See http://www.tscheme.org/.

Matthias Enzmann, Thomas Kunz, Markus Schneider[1]

DATENSCHUTZFREUNDLICHER ONLINE-EINKAUF DURCH REDUKTION PERSONENBEZOGENER DATEN

1. Einleitung

Bedrohungen der Privatsphäre und damit verbundene Probleme im Zusammenhang mit dem elektronischen Handel werden in der Fachliteratur spätestens seit dem Erkennen der wirtschaftlichen Bedeutung des Internets intensiv diskutiert. In wissenschaftlichen Arbeiten wurden jedoch in erster Linie Lösungen für solche Fälle vorgeschlagen, in denen die Handelsware auf immaterielle Güter beschränkt ist (z. B. [2, 12]). Hier können alle Phasen eines typischen Geschäftsprozesses, bestehend aus *Suche*, *Bestellung*, *Bezahlung* und *Lieferung* elektronisch ausgeführt werden. Dadurch können technische Hilfsmittel angewendet werden, die dem Schutz der Privatsphäre des Kunden während der Kommunikation über die Netzwerke dienen, wie z. B. *Anonymitätsnetze* [10, 13].

In dieser Arbeit wird ausschließlich der elektronische Handel mit materiellen Gütern betrachtet, bei welchem sich für den Schutz von Käuferinteressen andere Datenschutzziele ergeben können. Wenn es sich um den Kauf materieller Güter, wie z. B. Bücher oder CDs handelt, können Anonymisierungstechniken ebenfalls verwendet werden. Während der Suchphase, in der sich der Käufer durch den Produktkatalog bewegt, können Anonymitätsnetze ggf. dazu verwendet werden, die Wiedererkennung des Käufers zu verhindern, und den Käufer vor einigen Bedrohungen wie z. B. Preisdiskriminierung zu schützen. Allerdings können diese Techniken leider nicht verhindern, dass die einzelnen Phasen des Geschäftsprozesses möglicherweise miteinander verknüpft werden, wodurch der Händler wesentlich mehr über einen Käufer erfahren kann, als es für die Durchführung des Geschäftsprozesses tatsächlich erforderlich ist.

In der Praxis muss der Käufer seine Identität und seine Adresse angeben, damit materielle Waren geliefert werden können. Es ist leider unrealistisch – zumindest mittelfristig – anzunehmen, dass entweder alle Käufer ihre bestellten Waren an ein Postfach liefern lassen, wodurch die Identitäten der Käufer ver-

---

[1] Diese Arbeit wurde bereits in einer früheren Version im Rahmen der Leipziger Informatiktage 2002 publiziert (K. P. Jantke, W. S. Wittig, J. Herrmann: *Von e-Learing bis e-Payment – Das Internet als sicherer Marktplatz*, Akademische Verlagsgesellschaft, Berlin, 2002).

deckt bleiben könnten oder dass eine zusätzliche dritte Partei die Pakete im Auftrag der Kunden entgegen nimmt, so dass auf diese Weise ihre Identitäten verborgen blieben. Demzufolge erfährt der Händler zumindest, wer welche Produkte kauft. Gegenwärtig erfährt der Händler jedoch weit mehr. Da der Händler die Daten, die er während des Bestellvorgangs bekommt, mit den Aktivitäten des Käufers während der Suchphase in Verbindung bringen kann, erhält er einen viel tieferen Einblick in die Interessen des Käufers, als zur Durchführung der nachfolgenden Phasen des Geschäftsprozesses notwendig ist. Diese Situation kann in der physischen Welt mit einem Einkauf in einem Kaufhaus verglichen werden, bei dem der Kunde während seines Gangs durch das Geschäft genauestens beobachtet wird, bevor er schließlich zur Kasse geht. Die Fähigkeit des Händlers, diese beiden Phasen miteinander zu verbinden, kann technisch durch die verschiedensten Verfolgungs- und Überwachungsmechanismen ermöglicht werden.

Das Ziel dieser Arbeit ist es, eine neue und sichere Lösung vorzustellen, die den Händler davon abhält, Daten aus der Suchphase mit den Daten aus der Bestellphase desselben Geschäftsprozesses in Verbindung zu bringen. In dieser Arbeit schlagen wir zur Lösung die Verwendung eines mobilen Agentensystems vor. Anstatt die Waren während der Suchphase in einen üblichen virtuellen Einkaufskorb zu legen, fügt der Kunde hier die Bestellinformationen in einen mobilen Agenten ein. Dieser Agent wird dann an eine zentrale Basisstation für mobile Agenten gesendet, welche permanent online ist. Von dieser Basisstation aus werden danach die Agenten auf ihre Reise geschickt. Nachdem ein Agent alle seine Aufgaben erfüllt hat, kehrt er zu dieser Basisstation zurück.

Die vorgeschlagene Lösung stellt einige zusätzliche Eigenschaften zur Verfügung. Der Käufer hat die Möglichkeit, eine bestimmte Verzögerung zwischen der Übertragung des Agenten zur Basisstation und dem Startzeitpunkt der Agentenreise zu definieren. Dadurch besteht die Möglichkeit, die Kardinalität der Menge potenzieller Kandidaten zu erhöhen, welche mit einem Produkt in Verbindung gebracht werden können. Auf diese Weise reduziert sich für den Händler die Wahrscheinlichkeit, die bestellten Produkte einem zuvor gespeicherten Suchprofil zuordnen zu können. Ein weiterer Vorteil unserer Lösung resultiert aus den allgemeinen Agentenfunktionalitäten. Aufgrund ihrer Fähigkeit, aktiv Entscheidungen auf Basis von Berechnungsergebnissen während ihrer Reise treffen zu können, ist es möglich, dass Bestellungen in Abhängigkeit von der Ausführung vorangegangener Bestellungen ausgeführt werden. Eine weitere positive Eigenschaft unserer Lösung besteht darin, dass ein Agent für Einkaufstouren verwendet werden kann, bei denen er innerhalb einer Rundreise bei mehreren Händlern Bestellungen abliefert. Natürlich müssen dann die einzelnen Bestellungen schon allein aus Datenschutzgründen derart geschützt werden, dass sie nur von dem gewünschten Händler gelesen werden können.

Der Rest dieses Beitrags ist wie folgt aufgebaut. In Abschnitt 2 gehen wir auf die verschiedenen Mechanismen ein, die einem Händler zur Verfügung stehen, um seine Kunden während deren Einkaufstour zu beobachten bzw. zu verfolgen. Danach motivieren wir in Abschnitt 3 die sich aus dieser Nutzerverfolgung ergebenden Bedrohungen für die Privatsphäre. Anschließend führen wir in Abschnitt 4 mobile Agenten zunächst allgemein ein, bevor wir in Abschnitt 5 die für unsere Lösung nötigen Erweiterungen vorstellen. Abschnitt 6 beschreibt den Einsatz unserer Agentenlösung für den Einkauf im Internet und die dadurch resultierenden Vorteile für den Schutz der Privatsphäre. Im Besonderen zeigen wir, wie die in Abschnitt 2 vorgestellten Verfolgungstechniken abgewehrt werden können. Abschnitt 7 stellt eine Architektur für unsere Lösung vor. Verwandte Arbeiten werden in Abschnitt 8 behandelt, bevor wir mit einer kurzen Zusammenfassung schließen.

2. Verfolgung von Benutzern

Die Fähigkeit des Händlers, die Aktivitäten der Käufer miteinander zu verknüpfen, kann auf verschiedenen technischen Möglichkeiten zur Verfolgung der HTTP-Kommunikation basieren. An dieser Stelle bedeutet Verfolgung die Wiedererkennung eines Benutzers, welcher nacheinander Anfragen an einen Server sendet. Hierbei lässt sich zwischen der Wiedererkennung von Benutzern in verschiedenen Sessions und der Wiedererkennung von Benutzern innerhalb einer Session unterscheiden.

2.1 Profile

Solange die Kunden den Händler nicht daran hindern, ihre Aktivitäten zu beobachten, kann er Profile aufzeichnen. Wir verstehen unter einem *Profil* eine Sequenz von Anfragen bezüglich Ressourcen, wie z. B. Web-Seiten, innerhalb einer Session. Diese Profile können dann möglicherweise mit einem Kunden in Verbindung gebracht werden. Die Datenbank des Händlers kann eine Reihe von Profilen prof_1, prof_2, … enthalten, die dann zu beliebigen Zeitpunkten und verschiedensten Zwecken ausgewertet werden können. Wenn der Kunde während seiner Suche Produkte p_1, …, p_v anklickt, kann dadurch ein Profil $\text{prof}_i = (p_1, …, p_v)$ erstellt werden. Im Folgenden werden einige technische Möglichkeiten für die Verfolgung von Benutzern aufgezeigt, welche zur Profilbildung verwendet werden können, um diese schließlich mit den Identitäten der Kunden zu verknüpfen. Allgemein kann eine Verfolgung von Benutzern durch die Ausnutzung besonderer Eigenschaften des zugrunde liegenden Kommunikationsprotokolls oder durch speziell angepasste Web-Inhalte erzielt werden. In beiden Fällen können bestimmte Elemente des Protokolls oder der Nachrichteninhalte verwendet werden, um sogenannte *verdeckte Kanäle* zu erzeugen.

2.2 Verfolgung auf der Basis von Protokolldaten

IP-Adressen. Das erste hier zu betrachtende technische Mittel, um die einzelnen Phasen eines Geschäftsprozesses miteinander zu verbinden, liefern IP-Adressen. Eine Möglichkeit, dieses Problem aus Sicht des Kunden zu bewältigen, besteht darin, die Verbindung zu trennen und vor dem Beginn der Bestellphase neu aufzubauen. Auf diese Weise wird die Bestellphase mit einer neuen IP-Adresse durchgeführt, die vom jeweiligen ISP immer wieder neu zugewiesen wird. Diese Lösung ist allerdings nicht sehr komfortabel. Eine andere Option für den Käufer, dieses Problem zu lösen, wäre der Gebrauch von Anonymitätsnetzen, beispielsweise basierend auf *MIXen* [9,13], um auf diese Weise die eigene IP-Adresse vor dem Händler zu verbergen. Wenn aber alle Anfragen über die gleiche Sequenz von MIXen geleitet werden, kann für den Händler die Wahrscheinlichkeit einer korrekten Verbindung der einzelnen Anfragen aus der Suchphase mit der in der Bestellphase erhaltenen Nutzeridentität sehr hoch sein. Sie können mit der IP-Adresse des letzten MIXes in der Kette in Verbindung gebracht werden. Eine andere Möglichkeit für den Käufer, seine IP-Adresse zu verbergen, könnte der Gebrauch des *Crowds*-Ansatzes sein, in dem sich die Routen von aufeinander folgenden Nachrichten mit hoher Wahrscheinlichkeit voneinander unterscheiden können [10]. Aber alle diese Maßnahmen können im Sinne des Händlers umgangen werden, wenn der Händler Cookies oder dynamisch generierte URLs verwendet, welche die Einführung von Sessions erlauben.

Cookies. Ein anderer Weg, den Käufer zu verfolgen und die einzelnen Phasen des Geschäftsprozesses miteinander in Verbindung zu bringen, bieten *Cookies* [7]. Als Gegenmaßnahme könnte der Käufer zwar Cookies zurückweisen, jedoch sind diese häufig für Shopping-Anwendungen auf Serverseite erforderlich. Auf einem etwas umständlicheren Weg könnte der Käufer zuerst durch den Produktkatalog navigieren, dann seine Cookies löschen und anschließend zu den gewünschten Produkten zurückkehren, um sie dann ohne weitere Umwege in den virtuellen Einkaufskorb zu legen. Abgesehen davon, dass diese Möglichkeit sehr unbequem ist, kann der Händler den Käufer immer noch mit der nachfolgend vorgestellten Methode verfolgen.

Dynamische URLs. Das Konzept einer Session wurde in HTTP durch die Verwendung dynamischer URLs eingeführt. Bei diesem Konzept ist ein Teil der URL, die an einen Kunden zurückgesendet wird, in dem Sinn eindeutig, dass unterschiedliche Anfragen an dieselbe Web-Ressource über eine enthaltene Referenz unterschieden werden können. Dies erlaubt es einem Web-Server, einen Kunden zu verfolgen. Eine Gegenmaßnahme hierfür wäre, den Browser nach der Suchphase zu schließen, um ihn im Anschluss neu zu starten und direkt in die Bestellphase überzugehen.

Die vorangegangenen Überlegungen zeigen, dass es lediglich wenig komfortable Lösungen für den Käufer gibt, einen Händler an einer unerwünschten Verknüpfung der Such- und Bestellphase zu hindern.

2.3 Verfolgung auf der Basis von Web-Inhalten

Eine weniger offensichtliche und subtilere Methode zur Kundenverfolgung basiert auf der Verwendung von spezifischen Web-Inhalten, welche von einem Benutzer angefordert werden und ihn verfolgbar machen. Bei der Verfolgung durch Web-Inhalte sendet der Händler seinen Kunden leicht unterschiedliche Inhalte, von denen dann wiederum spezifische Anteile in nachfolgenden Anfragen enthalten sind. Diese Informationen dienen zur Wiedererkennung des Kunden, wenn dieser Inhalte, oder Teile davon, an den Händler zurücksendet. Insbesondere ist es möglich, ein Profil, das in der *Suchphase* erzeugt wurde, mit einem speziellen Käufer aus der *Bestellphase* in Verbindung zu bringen, sofern entsprechend identifizierende Informationen in der Bestellung enthalten sind, und zwar unabhängig davon, wie sorgfältig der Käufer eine mögliche Verfolgung durch Protokolle vermieden hat.

Produktbezeichnungen. Ein Weg, die Suchphase eines Kunden a posteriori zu identifizieren, besteht darin, speziell kodierte Produktbezeichnungen (PIDs) zu verwenden. Solche Bezeichnungen können einen statischen Teil enthalten, der auf das Produkt verweist, und einen dynamischen Teil, der die Suchphase eines bestimmten Kunden identifiziert. Da Kunden gewohnt sind, numerische PIDs präsentiert zu bekommen, werden sie nicht bemerken, dass ihnen spezielle identifizierende PIDs vorgelegt werden, die zusätzliche Informationen zur Erzeugung verdeckter Kanäle enthalten.

Preise. Wenn der Händler unterschiedlichen Kunden unterschiedliche Preise anbietet, können diese Preise ebenfalls zur Verbindung einzelner Phasen des Geschäftsprozesses verwendet werden, sofern diese in der Bestellung mitgeschickt werden. In der Praxis steht dem Händler nur eine begrenzte Spanne an Preisen zur Verfügung, welche einerseits für ihn selbst akzeptabel sind und welche andererseits die Kunden für ein bestimmtes Produkt zu zahlen bereit sind. Somit ist die Menge von „sinnvollen" Preisen endlich, wodurch es notwendig sein wird, einige der Preise wiederzuverwenden, was eine Eindeutigkeit der Preise verhindert. Dennoch kann der Händler durch die Wahl unterschiedlicher Preise seine Kunden zum Zweck einer leichteren Zuordung in kleinere Gruppen aufspalten.

Produktreihenfolge. Eine weitere Methode für die Verfolgung durch Web-Inhalte besteht in dem Vergleich der Reihenfolge, in der die Produkte in der Suchphase angeklickt wurden, mit der Reihenfolge der Produkte, wie sie in einer Bestellung übermittelt werden. Dies ist möglich, da die bestellten Waren normalerweise in exakt derselben Reihenfolge in den Profilen des Händlers erscheinen – möglicherweise benachbart von anderen Produkten, die zwar betrachtet, aber nicht bestellt wurden – wie in der Bestellung des Kunden. Wie bei den Preisen auch liefert die Verwendung von Produktreihenfolgen zum Abbilden von Profilen auf Kunden nicht notwendigerweise eine eindeutige Zuordnung, da die Anzahl der Möglichkeiten für Produktreihenfolgen ebenfalls endlich ist.

3. Bedrohungen der Privatsphäre

Unter der Verletzung der Privatsphäre wird in der Regel die unautorisierte Sammlung, Preisgabe oder der Gebrauch von persönlichen Daten für andere Zwecke, als bei der Erhebung angegeben, verstanden. Gesammelte Daten können dabei für viele Zwecke missbraucht werden: Direktmarketing, Spamming, Preisdiskriminierung oder Verkauf an andere, nicht an dem Geschäftsprozess beteiligte Parteien.

In der Praxis lässt sich heutzutage ein Mangel an datenschutzfreundlichen Technologien feststellen [3]. Es kann angenommen werden, dass dieser Mangel an Technologien zum Schutz der Privatsphäre eine zusätzliche Barriere für die Verbreitung von E-Commerce-Applikationen darstellt [5, 14]. Somit besteht ein großer Bedarf, die gegenwärtige Situation durch die Einführung neuer technischer Lösungen zu verbessern, sodass Verletzungen der Privatsphäre vermieden oder zumindest reduziert werden.

In der Praxis muss ein Kunde, der materielle Güter auf elektronischem Wege kaufen möchte, üblicherweise seine Identität und seine Adresse bekannt geben, da diese Daten für die Lieferung der Güter benötigt werden. Somit erfährt ein Händler zweifelsfrei, wer was kauft. Aber wenn der Kunde über den gesamten Geschäftsprozess hinweg verfolgt werden kann, erfährt der Händler wesentlich mehr über ihn, so z. B. für welche anderen Produkte sich der Kunde interessiert. Diese Daten können die freiwillig übermittelten Daten des Kunden ergänzen und dienen somit dazu, eine wesentlich profundere Basis für Data-Mining-Zwecke oder für eine bessere Kundenkategorisierung zu erhalten.

Der in diesem Beitrag vorgestellte Ansatz zielt nicht auf den Einsatz dritter Parteien zur Entgegennahme und Weiterleitung von Postsendungen ab, welche eingeführt werden könnten, um zu verhindern, dass der Händler den Namen des Käufers erfährt. Es kann angenommen werden, dass ein solcher Ansatz wenig realistisch ist, da er beträchtliche zusätzliche Kosten verursachen würde. Darüber hinaus würde der flächendeckende Aufbau einer derartigen Infrastruktur längere Zeit benötigen. Deshalb ist es in der hier vorgestellten Arbeit – im Gegensatz zu anderen Ansätzen, welche vollständigen Schutz beanspruchen, jedoch in der Praxis nicht eingesetzt werden – beabsichtigt, dass ein Händler erfahren darf, wer was bei ihm kaufen möchte.

4. Mobile Agenten

Mobile Agenten sind autonome Programme, die durch ein Netzwerk von Stationen migrieren, um Aufgaben für ihre Auftraggeber auszuführen. Der Auftraggeber eines Agenten kann diesen anweisen, bestimmte Hosts in einem Netzwerk zu besuchen, um dort die gewünschten Aufgaben für ihn zu verrichten. Nachdem der Agent diese Anweisungen durchgeführt hat, kehrt er zu seiner Basisstation zurück und liefert dem Auftraggeber die Ergebnisse ab, welche er während seiner Reise gesammelt hat. Einer der Vorteile von mobilen Agenten besteht darin, dass die Verbindungskosten für den Auftraggeber eines Agenten deutlich reduziert werden können, da der Agent, nachdem er seinen Auftraggeber verlassen hat, selbstständig von einem Host zum nächsten migrieren kann. Somit ist es nicht notwendig, dass der Auftraggeber während dieser Zeit eine Online-Verbindung aufrecht erhält. In den vergangenen Jahren wurde viel Arbeit in das Gebiet der mobilen Agenten investiert, so dass eine Reihe von Agentensystemen zur Verfügung steht, z. B. Aglets [8], Agent TCL [4].

Im Folgenden werden wir kein spezielles System für mobile Agenten betrachten. Stattdessen werden wir mobile Agenten auf abstraktere Weise behandeln. Das bedeutet, dass ausschließlich solche Komponenten eines mobilen Agenten betrachtet werden, welche für die hier beschriebene Lösung relevant sind. In unserer Abstraktion besteht ein mobiler Agent a aus den folgenden Komponenten:

$$a = (bc, r, d, \delta). \tag{1}$$

Die Komponente bc bezeichnet den *binären Code* des auszuführenden Agenten. Desweiteren beschreibt r die *Route* des mobilen Agenten als ein $(n + 1)$-Tupel (mit $n \geq 1$) bestehend aus den Host-Adressen $ad(s_i)$, die auf der Reise des Agenten besucht werden sollen:

$$r = (ad(s_1), \ldots, ad(s_n), ad(bs)). \tag{2}$$

Diese Route wird von dem Auftraggeber des Agenten vorgegeben. Der Agent beginnt seine Reise an der Basisstation bs, zu der er letztendlich auch zurückkehrt, wenn er alle Stationen besucht hat, die in der Route enthalten sind. Da die erste Migration $bs \rightarrow s_1$ ist, wird der erste Eintrag in der Route durch $ad(s_1)$ beschrieben. Die Komponente d bezeichnet die *Daten*, die von dem Auftraggeber des Agenten vorgegeben werden. Diese Daten dienen als Eingabe für die Berechnungen bei den Hosts $s_1, \ldots, s_n$, die auf der Reise des Agenten besucht werden. Somit kann man sich die Daten als $d = (d_1, \ldots, d_n)$ vorstellen, wobei d_i die Eingabedaten für Host s_i mit $1 \leq i \leq n$ darstellen. Die Daten, die als Ergebnis der Berechnungen geliefert werden, sollen während der Rundreise in δ abgelegt werden. Dementsprechend gilt $\delta = (\delta_1, \ldots, \delta_n)$.

5. Anpassung der Agentenkomponenten

Im Folgenden werden wir die zuvor eingeführten Komponenten eines mobilen Agenten den Anforderungen unserer Lösung anpassen. Dabei liegt das Hauptaugenmerk auf dem Schutz der *Privatsphäre*. Zusätzlich konzentrieren wir uns auf die *Authentizität der Herkunft der Daten*, was auch *Datenintegrität* einschließt, und auf *Nicht-Abstreitbarkeit*.

Um dies zu erreichen, führen wir zunächst einige Ausdrücke ein. $E_{e_i}(d_i)$ bezeichnet das Chiffrat, welches man durch die Verschlüsselung der Daten d_i mit einem asymmetrischen Algorithmus E wie z. B. *RSA* [11] unter Verwendung des öffentlichen Schlüssels e_i des Hosts s_i erhält. Weiterhin bezeichne $Sig_x(y_1, \ldots, y_v)$ die digitale Signatur einer Partei x über den Daten $y_1, \ldots, y_v$. Damit können wir ein Element $\tilde{d}$ einführen, welches aus den verschlüsselten Eingabedaten für $s_1, \ldots, s_n$ und einer Signatur des Auftraggebers b besteht:

$$\tilde{d} = (E_{e_1}(d_1), \ldots, E_{e_n}(d_n), Sig_b(E_{e_1}(d_1), \ldots, E_{e_n}(d_n), bc)). \tag{3}$$

Des Weiteren wird die Route des Agenten durch ein verschachteltes Verschlüsselungskonzept geschützt, ähnlich dem, welches in [15] vorgestellt wurde. In jeder Schicht der so gebildeten *Onion*-Struktur befindet sich eine Host-Adresse und eine Signatur des Agentenauftraggebers b, die über dieser Adresse und anderen Komponenten des Agenten gebildet wurde.

$$\tilde{r} = ((ad(s_1), Sig_b(ad(s_1), bc, \tilde{d}),$$
$$E_{e_1}(ad(s_2), Sig_b(ad(s_2), bc, \tilde{d}),$$
$$E_{e_2}(ad(s_3), Sig_b(ad(s_3), bc, \tilde{d}), \tag{4}$$
$$\vdots$$
$$E_{e_{n-1}}(ad(s_n), Sig_b(ad(s_n), bc, \tilde{d})) \dots)),$$
$$ad(bs))$$

Die Daten der Route $\tilde{r}$ werden wie folgt abgearbeitet. Die Basisstation erfährt durch den ersten Eintrag von $\tilde{r}$, wohin der Agent zu verschicken ist. Bevor der Agent zu s_1 gesendet wird, löscht bs diesen Eintrag aus $\tilde{r}$. Wenn s_1 den Agenten mit dem neuen $\tilde{r}$ empfängt, entschlüsselt sie das in $\tilde{r}$ enthaltene Chiffrat und erhält die nachfolgende Adresse $ad(s_2)$, eine Signatur und ein weiteres Chiffrat. Bevor der Agent zu s_2 weitergeleitet wird, werden die Adresse und die Signatur aus $\tilde{r}$ entfernt. Diese Prozedur wird solange wiederholt, bis der Agent bei s_{n-1} ankommt. Hier ist die letzte Entschlüsselung notwendig. Die Station s_{n-1} bekommt die letzte Adresse $ad(s_n)$ und die letzte Signatur. Nachdem diese Parameter aus $\tilde{r}$ gelöscht wurden, wird der Agent zu bs gesendet, gemäß dem letzten Eintrag $ad(bs)$. Die hinter dem Schutz der Route stehende Idee ist, dass besuchte Hosts nicht erfahren, zu welchen anderen Hosts, mit Ausnahme der direkten Vorgänger und Nachfolger, der Agent migrieren wird. Wenn der Auftraggeber des Agenten ein besonderes Interesse daran haben sollte, dass besuchte Hosts keinerlei Informationen über andere Reiseziele erhalten, kann er sogenannte *Dummy-Hosts* in die Route einfügen, die den Agenten einfach weiterleiten.

Die Signaturen sind aus Gründen der Datenintegrität in $\tilde{r}$ und $\tilde{d}$ enthalten. Diese sorgen dafür, dass Modifikationen aufgedeckt werden können. Die Signaturen hängen von verschiedenen Komponenten des Agenten ab, um zu verhindern, dass Angreifer Komponenten gegen solche austauschen, die zu anderen Agenten desselben Auftraggebers b gehören.

Nachdem Host s_i die Ergebnisse δ_i berechnet hat, werden diese von s_i signiert. Hierfür sei $\tilde{\delta}_i = E_b(\delta_i, Sig_{s_i}(\delta_i, bc, \tilde{d}))$. Am Ende der Reise enthält der Agent alle Resultate der Berechnungen, $\tilde{\delta} = (\tilde{\delta}_1, \dots, \tilde{\delta}_n)$. Anfänglich sind alle $\tilde{\delta}_i$ leer. Im Folgenden nehmen wir an, dass ein Agent $\tilde{a}$ aus den gegebenen Komponenten besteht:

$$\tilde{a} = (bc, \tilde{r}, \tilde{d}, \tilde{\delta}). \tag{5}$$

6. Schutz der Privatsphäre durch Agenten

Im Folgenden zeigen wir, wie es vermieden werden kann, dass ein Händler die über einen Käufer zusammengetragenen Informationen, welche er während der Suchphase erhalten hat, mit dessen wahrer Identität verknüpfen kann, nachdem dieser seine Identität in einer Bestellung offengelegt hat.

6.1 Versenden von Bestellungen mittels Agenten

Zur Vereinfachung nehmen wir zunächst an, dass sich ein Käufer b dazu entscheidet, bei nur einem Händler s_1 einzukaufen. Während er den Katalog von s_1 durchsucht, betrachtet b verschiedene Produkte und entschließt sich letztendlich, eine Teilmenge p_1, …, p_k dieser Produkte zu kaufen. Während dieser Zeit kann s_1 die Aktivitäten von b verfolgen und sie in einem neuen Profil prof_i speichern. Dieses Profil gehört aus der Sicht von s_1 zu einer unbekannten Identität, d. h. s_1 ist nicht in der Lage, prof_i der Identität von b zuzuordnen. Anschließend erzeugt b die Bestellinformationen d_1, welche die Produktbezeichnungen, seinen Namen und seine Adresse enthalten. Danach generiert b die Daten $\tilde{d} = E_{e_1}(d_1, \text{Sig}_b(E_{e_1}(d_1), bc))$ und $\tilde{r} = (\text{ad}(s_1), \text{ad}(bs))$ und schließlich $\tilde{a} = (bc, \tilde{r}, \tilde{d}, \tilde{\delta})$, mit $\tilde{\delta} = \varnothing$.

In einem nächsten Schritt überträgt b den Agenten $\tilde{a}$ zu der Basisstation bs und weist diese an, $\tilde{a}$ abzuschicken. Die Basisstation wird von einem speziellen Anbieter betrieben. Der Betreiber spielt dabei nicht die Rolle eines „üblichen" vertrauenswürdigen Dritten, dem sich b vollständig offenbaren müsste. Genau genommen ist das geforderte Vertrauen des Käufers in den Betreiber eher gering. Da der Betreiber in unserer Lösung keinerlei Informationen über die Suchphase bekommt, kann er diese Informationen weder für eigene Zwecke verwerten, noch kann er sie an andere weitergeben. Von dem Betreiber wird lediglich erwartet, dass er die IP-Adresse des Käufers nicht an den Händler weitergibt, dass er keine Agenten löscht, nachdem er diese empfangen hat und dass er die Agenten nicht früher absendet, als dies den Regeln entspricht. Der letzte Aspekt wird später noch näher erläutert.

Zuerst migriert $\tilde{a}$ zu s_1, um dort seine Daten d_1 abzuliefern. Da d_1 asymmetrisch verschlüsselt ist, kann das enthaltene Chiffrat nur von s_1 geöffnet werden. Insbesondere erfährt bs nicht, welche Produkte b bestellt hat. Weiterhin kann s_1 durch Verifikation der Signatur prüfen, ob die Bestellungen zweifelsfrei von b erzeugt wurden oder ob sie nachträglich modifiziert wurden. Wenn die Daten, die in dem Agenten enthalten sind, nicht verfälscht wurden, erzeugt s_1 die Ausgaben δ_1 und $\tilde{\delta}_1 = E_b(\delta_1, \text{Sig}_{s_1}(\delta_1, bc, \tilde{d}))$ und übergibt sie an den Agenten. Das Ergebnis einer solchen Berechnung könnte beispielsweise eine Bestätigung von s_1 sein, dass er die Bestellung erhalten hat und die Auslieferung unverzüglich veranlassen wird. Zum Schutz der Integrität sollten alle Daten von dem Händler signiert werden. Im Anschluss wird der Agent entsprechend dem letzten Routeneintrag $\text{ad}(bs)$ an bs weitergeleitet. Dort wartet $\tilde{a}$ auf b, bis dieser das nächste Mal eine Verbindung zu bs aufnimmt.

6.2 Maßnahmen gegen die Verfolgung von Kunden

In diesem Abschnitt zeigen wir, wie den verschiedenen Verfolgungsmethoden aus Abschnitt 2 durch unseren Agentenansatz entgegen gewirkt werden kann, um den Händler davon abzuhalten, die Daten aus der Suchphase mit jenen aus der Bestellphase in Verbindung zu bringen.

6.2.1 Zur Verfolgung auf der Basis von Protokolldaten

Durch den in unserer Lösung vorgeschlagenen Einsatz von mobilen Agenten kann der Händler weder IP-Adressen, Cookies noch dynamische URLs verwenden, um Bestellungen mit Aktivitäten aus der Suchphase zu verknüpfen. Dies rührt daher, dass er die Bestellungen nicht mehr direkt vom Käufer b empfängt und mobile Agenten normalerweise diese Informationen nicht mitführen. Um tiefere Einblicke in die Interessen von b zu erhalten, kann s_1 lediglich versuchen, die Profile $prof_1$, $prof_2$, … den durch den Agenten gelieferten Bestelldaten zuzuordnen, um auf diese Weise das wahre Profil Profile(b) des Käufers b herauszubekommen. Das bedeutet jedoch, dass der Händler ein Zufallsexperiment durchführen muss. Dies gilt natürlich nur unter der Annahme, dass keine anderen Informationen vorhanden sind, die eine Verknüpfung erlauben würden. Da b die Produkte p_1, …, p_k bestellt hat, durchsucht der Händler seine Datenbank nach Profilen, die p_1, …, p_k enthalten, und welche in einem relevanten Zeitraum aufgezeichnet wurden. Denn es ist offensichtlich, dass die Bestellung nicht zu einem Profil gehört, das vor einem Jahr aufgezeichnet wurde und welches der Händler u. U. noch in seiner Datenbank gespeichert hat. Unter der Annahme, dass s_1 insgesamt $\mu \geq 1$ Profile $prof_1$, …, $prof_\mu$ findet, wobei jedes dieser Profile mindestens p_1, …, p_k enthält, besteht für s_1 lediglich eine Wahrscheinlichkeit von P(Profile(b) = $prof_i$) = $1/\mu$, das richtige Profil der wahren Identität von b zuzuordnen. Dies gilt unter der Voraussetzung, dass es keine weiteren Informationen gibt, die eine Verbindung von Profil und Bestelldaten vereinfachen. Die Wahrscheinlichkeit hängt also in diesem Fall ausschließlich von der Anzahl μ der in Frage kommenden Profile ab. Offensichtlich ist μ monoton fallend, wenn k steigt. Insbesondere kann eine höhere Anzahl an Produkten in der Bestellung die Wahrscheinlichkeit für eine korrekte Zuordnung erhöhen.

6.2.2 Zur Verfolgung auf der Basis von Web-Inhalten

Da das Verfolgen durch Inhalte per se nicht einfach feststellbar ist, haben wir Regeln eingeführt, die befolgt werden müssen, um das Verfolgen mit Hilfe von Web-Inhalten zu verhindern oder es zumindest für den Käufer erkennbar zu machen, damit dieser bereits im Vorfeld der Bestellung geeignet reagieren kann.

Produktbezeichnungen. Ein unfairer Händler könnte einen auf Agenten basierenden und die Privatsphäre schützenden Dienst, wie er hier beschrieben wird, anbieten und dennoch versuchen, die Such- und Bestellaktivitäten durch manipulierte Produkt IDs (PIDs) zu verknüpfen. In einem solchen Fall würde einem Händler eine korrekte Zuordnung mit der Wahrscheinlichkeit P(Profile(b) = $prof_i$) = 1 gelingen. Um solche Angriffe zu vermeiden, müssen die PIDs für den Käufer verifizierbar sein, sodass verdeckte Kanäle mehr oder weniger offensichtlich werden. Dies könnte beispielsweise durch eine Kodierung der PIDs in natürlicher Sprache erreicht werden. In solch einem Schema ist die Menge der potenziellen Kandidaten für PIDs eher klein. Zum Beispiel könnte die PID für eine

Musik-CD *(Interpret, Titel)* lauten, statt einer ID wie *B0000262WI*. Somit kann ein Kunde mit hoher Wahrscheinlichkeit feststellen, ob versteckte Informationen in einer PID enthalten sind.

Preise. Eine andere Möglichkeit für einen Händler, die Wahrscheinlichkeit für korrekte Zuordnungen zu erhöhen, folgt aus der variablen Preisgestaltung. Beispielsweise könnte ein unfairer Händler das gleiche Produkt zu leicht unterschiedlichen Preisen anbieten. Wenn er eine Bestellung erhält, die den Preis aus dem Angebot beinhaltet, so kann der Händler leicht alle Profile aus der potenziellen Menge an Kandidaten ausschließen, bei denen er das Produkt zu einem anderen Preis angeboten hat. Wenn der Käufer die Preise jedoch nicht in seiner Bestellung mitsendet, könnte der Händler theoretisch das bestellte Produkt zu jedem denkbaren Preis verkaufen. Um dies zu verhindern, schlagen wir vor, dass der Händler eine zeitlich begrenzte Preisgarantie für jedes Produkt gibt, das er verkauft. Das bedeutet, er verpflichtet sich, ein Produkt über eine bestimmte Zeitperiode hinweg zu einem festen Preis anzubieten. Dies könnte zum Beispiel durch das Erzeugen und Veröffentlichen eines vom Händler signierten Dokuments realisiert werden, das die Produkte, ihre jeweiligen Preise und deren Gültigkeitszeitraum enthält. Diese Garantie kann von dem Käufer heruntergeladen und als Beleg aufbewahrt werden. In diesem Fall erübrigt sich ein Mitschicken von Preisen in den Bestellungen. Preisgarantien sind natürlich nur dann sinnvoll einsetzbar, wenn sich Preise nicht zu schnell ändern. Wenn ein Händler seinen Kunden unterschiedliche Preisgarantien geben würde, um diese verfolgbar zu machen, so kann er nicht die exakten Preise kennen, zu denen er seine Produkte einem bestimmten Kunden angeboten hat. Wenn er also versucht, einen Käufer über den Preis zu identifizieren, kann der Händler den Preis nur raten, den ein Kunde gemäß seiner Garantie erwartet. Sollte der Händler einen falschen Preis zum Nachteil des Kunden raten, kann dieser seine Preisgarantie vorweisen und damit beweisen, dass der Händler versucht hat, ihn zu täuschen. Da in diesem Fall die Preisgarantie aufgedeckt ist, wäre der Händler in der Lage, dem Kunden ein Profil zuzuordnen. Unstimmigkeiten mit den Kunden sind jedoch für den Händler problematisch, denn wenn sie regelmäßig auftreten, leidet darunter der Ruf des Händlers. Würde der Händler einen falschen Preis zum Vorteil des Kunden raten, er ihm das Produkt also zu einem niedrigeren Preis als erwartet verkaufen, dann wird der Käufer dies sicherlich akzeptieren. Der Händler würde damit jedoch seinen Profit schmälern und zudem den Käufer einem falschen Profil zuordnen.

Produktreihenfolge. Um der Möglichkeit, welche sich aus der Korrelation zwischen den Klickreihenfolgen prof_i der Suchphase und den Produktreihenfolgen in der Bestellung ergeben, geeignet entgegenzuwirken, sollte der Käufer die Möglichkeit haben, die PIDs der Bestellung in einer anderen Reihenfolge zusammenzustellen. Diese Reihenfolge kann entweder zufällig erstellt werden oder es kann eine Sortierung der PIDs nach festen Regeln erfolgen, z. B. in alphabetischer Reihenfolge. Dies ist zur Beseitigung der Korrelationsmöglichkeiten des Händlers ausreichend, solange es noch andere Profile in der Datenbank von s_1 gibt, die u. a. auch die von b bestellten Produkte $p_1, \ldots, p_k$ enthalten.

6.3 Verringerung der Wahrscheinlichkeit

Im Folgenden werden wir zeigen, wie ein Käufer die Wahrscheinlichkeit für korrekte Verbindungen von Profilen und Bestellungen verringern kann. Da diese Wahrscheinlichkeit von der Anzahl μ von Kandidaten abhängt, ist es das Ziel, μ zu erhöhen. Eine Lösung wäre, eine große Anzahl von Nutzern dazu zu motivieren, den Katalog des Händlers zu besuchen. Dies ist jedoch unrealistisch. Wir schlagen deshalb vor, dass die Basisstation einen Dienst für den Käufer bereitstellt, der es erlaubt, bei der Basisstation eine zeitliche Verzögerung zwischen dem Empfang des Agenten und seiner Entsendung festzulegen. Da diese Verzögerung dem Händler unbekannt ist, weiß er nicht, ob er die Bestellung mit Profilen in Verbindung bringen soll, die in den letzten Minuten, Stunden oder sogar Tagen gespeichert wurden. Um mit hoher Wahrscheinlichkeit das korrekte Profil in der Kandidatenmenge zu haben, sollte das von dem Händler angenommene Zeitintervall geeignet groß sein. Aber dann können wir auch annehmen, dass μ größer geworden ist. Natürlich hängt dies von den jeweiligen Zugriffsstatistiken der Web-Seite des Händlers ab. Der Zeitpunkt der Entsendung des Agenten durch die Basisstation soll durch den Käufer angegeben werden, indem er die Basisstation anweist, den Agenten entweder nicht vor dem Ablauf einer Verzögerung Δt zu verschicken, oder aber nicht vor einem Zeitpunkt *MM:dd:hh:mm*. Wenn Preisgarantien verwendet werden, sollte die Verzögerung nicht den Gültigkeitszeitraum der Preisgarantie überschreiten.

6.4 Routen mit mehreren Händlern

Bislang haben wir nur solche Fälle betrachet, in denen der mobile Agent auf seiner Reise ausschließlich einen einzelnen Händler besucht, um bei diesem Bestellinformationen abzuliefern. Einkaufstouren mit mehreren Händlern können vorteilhaft sein, beispielsweise dann, wenn eine Bestellung für Händler s_i nur getätigt werden soll, wenn Produkte von einem zuvor besuchten Händler s_j verfügbar sind. Desweiteren reduziert diese Möglichkeit die Anzahl der mobilen Agenten, die durch das Netz migrieren. Bezüglich der Bestellinformationen, die von dem Agenten übermittelt werden, entstehen keine Datenschutzprobleme, da diese Information auf Grund der asymmetrischen Verschlüsselung nur von dem gewünschten Händler gelesen werden kann.

Man könnte argumentieren, dass Händler bei längeren Routen erfahren, welche anderen Hosts während der Einkaufstour besucht werden sollen, was wiederum weitere Einblicke in das Verhalten oder die Interessen des Käufers gewährt. Aber diese Bedrohung kann mit dem Schema zum Schutz der Route, welches in Gleichung (4) dargestellt wurde, abgewehrt werden. Mit dieser Lösung erfährt der Händler nur den direkten Vorgänger und Nachfolger in der Einkaufstour.

Wenn der Käufer nicht möchte, dass Händler ihre direkten Vorgänger bzw. Nachfolger erfahren, dann kann der Käufer die Route $\tilde{r}$ des Agenten jeweils mit bs als zusätzlicher Zwischenstation versehen. Dies erhöht zwar die Anzahl der

Migrationsschritte während der Reise des Agenten, es erlaubt aber dem Käufer, seine Privatsphäre zu erhöhen.

Im Fall von voneinander abhängigen Agentenberechnungen, beispielsweise wenn die Lieferung der Bestellung an s_i von den Ergebnissen bei s_j abhängt, müssen Ergebnisse von einem Händler zu einem anderen übermittelt werden. Wenn der eine dem anderen unmittelbar folgt, kann der Austausch der benötigten Ergebnisse direkt erfolgen, vorausgesetzt, dass der Käufer bereit ist, diese Stationen der Einkaufstour den entsprechenden Händlern jeweils offenzulegen. Wenn sich der Käufer jedoch dazu entschließt, die Identität eines Händlers vor anderen zu verbergen, indem er bs als Zwischenstation einführt, dann können die von anderen zu verwendenden Ergebnisse für bs verschlüsselt werden. In diesem Fall entschlüsselt bs die Ergebnisse und verschlüsselt sie sofort wieder für denjenigen Händler, der diese Ergebnisse benötigt. Durch die Anwendung solcher Konzepte kann erreicht werden, dass ein Händler nicht erfährt, was b bei anderen Händlern bestellt, solange die Händler sich nicht zusammenschließen und ihre Handelsinformationen untereinander austauschen.

7. Architektur

Im Folgenden werden wir kurz die Architektur unserer Lösung skizzieren. Abb. 1 stellt die Basiskomponenten dar, die in unserem System benötigt werden. Der Kunde benutzt einen einfachen Web-Browser und die *Customer Local Agent Station* (CLAS), die eine spezielle Komponente unserer Lösung darstellt. Der Händler verwendet einen gewöhnlichen Web-Server und eine *Vendor Agent Station* (VAS). Zusätzlich gibt es die *Mobile Agent Base Station* (MABS), die von einer dritten Partei zur Verfügung gestellt wird und die den Kunden Dienste für mobile Agenten anbietet.

Ein Kunde verwendet zwei Applikationen: Einen Browser und eine CLAS. Die CLAS-Komponente ist unabhängig von einem besonderen MABS-Betreiber. Die CLAS-Software wird von einer Partei zur Verfügung gestellt, der dahingehend vertraut wird, dass sie keine Trojanischen Pferde in die CLAS-Software einbaut. Die CLAS umfasst verschiedene Funktionalitäten: (1) Einen client-seitigen Proxy, (2) einen *Product Selector* (PS), über den Produkte in einen Agenten gelegt werden können, (3) eine *Mobile Agent Generation* (MAG) Komponente, die einer Werkbank für Agenten entspricht und (4) einen *Client* zur Kommunikation des kundenseitigen Systems mit der MABS.

Wenn der Kunde durch den Katalog des Händlers navigiert, werden alle Requests zunächst an die CLAS gesendet (Abb. 2, Nachricht 1), welche diese an das System des Händlers weiterleitet (Abb. 2, Nachricht 2). Die dazugehörige Antwort des Händlers wird von der CLAS empfangen (Abb. 2, Nachricht 3). Nachricht 3 besteht aus einem Teil, der für die CLAS bestimmt ist, und einem anderen Teil, der für den Browser bestimmt ist. Nachdem sie den für sie bestimmten Teil der Nachricht extrahiert hat, leitet sie den verbleibenden Teil der Nachricht an den Browser weiter (Abb. 2, Nachricht 4). Der Nachrichtenteil für den Browser besteht aus normalen Web-Seiteninhalten, beispielsweise zur Anzeige von Pro-

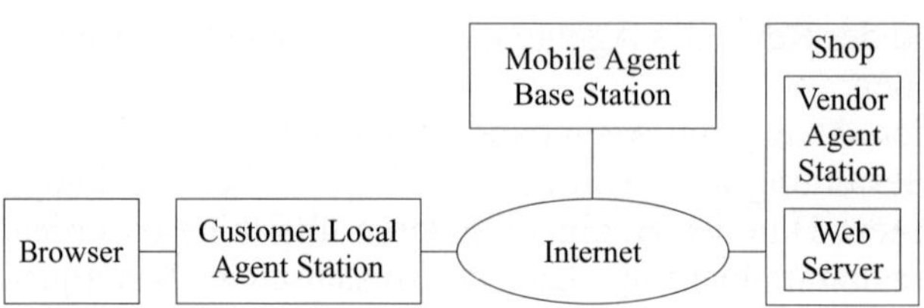

Abb. 1. Überblick über die Architektur

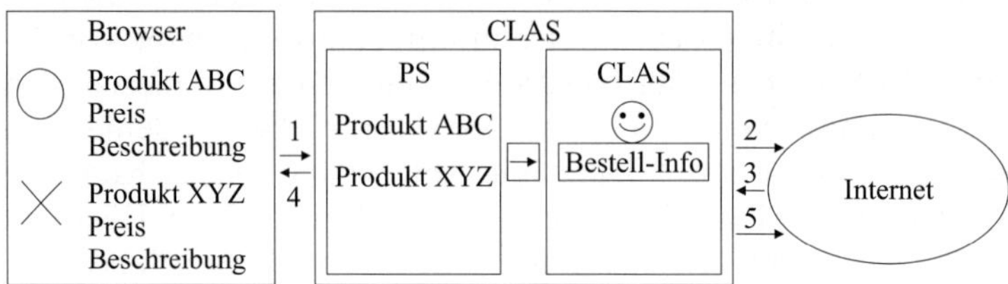

Abb. 2. Interaktion zwischen CLAS und Browser

dukten mit einigen zusätzlichen Informationen. Der Teil der Nachricht für die CLAS enthält die Produktbezeichner für dieselben Produkte, die zur gleichen Zeit im Browser dargestellt werden. Diese Bezeichner werden von der PS-Komponente dargestellt. Im Gegensatz zu normalen Szenarien legt der Kunde die Produkte, die er kaufen möchte, nun nicht durch das Anklicken eines Hyperlinks im Browser in einen virtuellen Einkaufskorb. Der Browser dient hier nur dazu, Produktinformationen darzustellen, und durch den Katalog zu wandern. Stattdessen nimmt der Kunde die Produkt ID aus dem PS und transferiert diese zur MAG. Auf dieser Agentenwerkbank stellt der Kunde einen Agenten auf die gewünschte Art und Weise zusammen. Das bedeutet, er muss zunächst den geeigneten Agenten aus der Menge der potenziellen Kandidaten auswählen. Dann erstellt er die Eingabedaten unter Beachtung potenzieller Einschränkungen für die Einkaufstour, wie bspw. „kaufe bei Händler B nur dann, wenn die Bestellung für Händler A ausgeführt werden kann". Solche Einschränkungen beeinflussen die Reihenfolge der zu besuchenden Hosts und müssen somit sorgfältig beachtet werden, wenn die Route des Agenten erstellt wird. Nachdem eine geeignete Reihenfolge der Händler gewählt wurde, ordnet die CLAS die Folge der gewählten Produkte in einer der in Abschnitt 6.2.2 beschriebenen Weisen neu an. Im Anschluss generiert die MAG die Route gemäß Gl. (4).

Nachdem die Einkaufstour erstellt wurde, transferiert der Käufer den Agenten zur MABS (Abb. 2, Nachricht 5). Dieser kann er noch zusätzliche Anweisungen geben, wie zum Beispiel die Einstellung der Startverzögerung des Agenten. Wenn der Startzeitpunkt gekommen ist, lässt die MABS den Agenten seine Reise beginnen. Wenn der Agent nach seiner Reise zur MABS zurückkehrt, wird er in einer Art kundenspezifischem Postfach gespeichert, was nur für den entsprechenden Käufer zugänglich ist. Nach dem Empfang des Agenten kann die MABS den Käufer informieren, dass der Agent zurückgekehrt ist und nun abgeholt werden kann. Dann kann der Käufer die MABS kontaktieren und den

Agenten herunterladen, um die Ergebnisse dessen Reise zu überprüfen. Aus diesem Grund umfasst die MAG auch die nötige Funktionalität zur Entschlüsselung der Daten, die von den besuchten Händlern für den Kunden verschlüsselt wurden.

Auf der Seite des Händlers benötigt die Lösung neben der üblichen Händlerinfrastruktur eine *Vendor Agent Station* (VAS). Diese VAS stellt alle benötigten Funktionalitäten zur Verfügung, die für die Interaktion mit den Kundenagenten erforderlich ist. Dazu gehören Einrichtungen zur Ausführung von Agenten und die zuvor erwähnten notwendigen Sicherheitsmechanismen. Weiterhin muss der Händler Daten bereitstellen, die zu einem Teil für die CLAS und zum anderen Teil für einen Browser bestimmt sind. Wann immer ein Kunde Produktinformationen anfordert, antwortet der Web-Server des Händlers mit entsprechenden Nachrichten, die von der CLAS verarbeitet werden können.

Durch die Verwendung der CLAS bei der Auswahl der zu bestellenden Produkte kann man sicher sein, dass kein verdeckter Kanal durch Ausnutzung von Produktreihenfolgen zu dem Händler aufgebaut wird. Verdeckte Kanäle können jedoch entstehen, wenn der Käufer ein Produkt direkt im Browser auswählt. Solch ein verdeckter Kanal würde für den Händler die Wahrscheinlichkeit für Verknüpfungen erhöhen, da sich die Menge der Kandidaten reduzieren würde. Unsere Lösung betrachtet als Menge potenzieller Profile nicht nur solche, welche von tatsächlichen Käufern verursacht wurden, sondern auch diejenigen Profile, die von Kunden stammen, welche sich lediglich die Produkte angesehen haben.

8. Verwandte Arbeiten

Andere Arbeiten auf dem Gebiet des Schutzes der Privatsphäre, die sich auch auf die Verhinderung der Auswertung von Server-Logdateien konzentrieren, können in der Literatur zum Thema Anonymität gefunden werden (s. z. B. [9, 10, 13]). Typischerweise liegt das Ziel der Anonymität im Bereich der *Sender-Anonymität*, der *Empfänger-Anonymität* und auf der *Verhinderung der Zuordnung von Sender zu Empfänger*. Der Fokus liegt dort jedoch nicht auf der Frage, wie die Verknüpfung aufeinander folgender Nachrichten zwischen einem Client und einem Web-Server vermieden werden kann. Da wir uns mit Anwendungen beschäftigen, in denen der Käufer in einer Phase der Geschäftsbeziehung seine Identität aufdeckt, verlangen wir jedoch im Unterschied zu anderen Arbeiten, dass eine Verknüpfung von Nachrichten, die in unterschiedlichen Phasen eines Geschäftsprozesses ausgetauscht werden, nicht möglich ist.

Die meisten bisherigen Arbeiten (z. B. [2, 12]) im Zusammenhang mit Online-Verkäufen und Datenschutz haben sich ausschließlich mit digitalen Gütern beschäftigt, wodurch Anonymitätsnetze alleine ausreichend sind, da keine physische Warenauslieferung stattfindet und somit keine Notwendigkeit besteht, Identitäten oder Lieferadressen zu übermitteln.

Andere Arbeiten, die sich mit dem Schutz der Privatsphäre im Zusammenhang mit dem Sammeln von Informationen über die Aktivitäten der Kunden in Geschäftsprozessen beschäftigen, finden sich bspw. in [1, 6]. Darin werden unter anderem zielgerichtetes Marketing und Kundenpersonalisierung vor dem Datenschutzhintergrund betrachtet.

9. Zusammenfassung

Wir haben eine Lösung vorgestellt, die es Kunden beim Online-Einkauf von materiellen Gütern erlaubt, den Schutz ihrer Privatsphäre zu erhöhen. Unsere Lösung basiert auf der Verwendung von mobilen Agenten, um einen Händler daran zu hindern, Informationen, die er in der *Such-* und der *Bestellphase* des Geschäftsprozesses gesammelt hat, miteinander in Verbindung zu bringen. Bei unserer Lösung muss der Händler zur korrekten Verbindung dieser Aktivitäten ein Zufallsexperiment durchführen. Die Erfolgswahrscheinlichkeit dieses Experiments hängt dabei von der Anzahl der Kunden ab, die sich die entsprechenden Produkte angesehen haben. Unsere Lösung erlaubt die Einführung einer Verzögerungszeit für Agenten, was einen im Sinne des Kunden vorteilhaften Effekt auf die Verknüpfungswahrscheinlichkeit hat. Weiterhin haben wir den Fall der Einkaufstouren betrachtet, in dem der Agent Bestellungen bei mehreren Händlern abliefert. Die vorgeschlagene Lösung kann in bereits existierende E-Commerce-Applikationen zum Verkauf materieller Güter integriert werden, um auf diese Weise den Schutz der Privatsphäre der Käufer zu verbessern.

10. Literatur

[1] R. M. Arlein, B. Jai, M. Jakobsson, F. Monrose, M. K. Reiter: Privacy-preserving global customization (extended abstract). In *Proceedings of the 2nd ACM Conference on Electronic Commerce (EC'00)*, October 2000.

[2] F. Bao, R. Deng: Privacy protection for transactions of digital goods. In *Information and Communications Security (ICICS 2001), Third International Conference, Proceedings*, number 2229 in LNCS. Springer Verlag, November 2001.

[3] R. Clarke: Internet privacy concerns confirm the case for intervention. *Communications of the ACM*, 42(2), February 1999.

[4] R. Gray, G. Cybenko, D. Kotz, D. Rus: Agent Tcl. In W. Cockayne, M. Zypa (eds.) *Itinerant Agents*. Manning Publishing, 1997.

[5] D. L. Hoffman, T. P. Novak, M. Peralta: Building consumer trust online. Communications of the ACM, 42(4), April 1999.

[6] A. Juels: Targeted advertising … and privacy too. In *Progress in Cryptology – CT-RSA 2001, The Cryptographers' Track at RSA Conference 2001 San Francisco, Proceedings*, number 2020 in LNCS. Springer-Verlag, 2001.

[7] D. Kristol, L. Montulli: HTTP State Management Mechanism. RFC 2109, February 1997.

[8] D. B. Lange, M. Oshima: *Programming and Deploying Java Mobile Agents with Aglets*. Addison-Wesley, 1998.

[9] M. G. Reed, P. F. Syverson, D. M. Goldschlag: Proxies for anonymous routing. In *Proceedings of 12th Annual Computer Security Applications Conference (ACSAC'96)*. IEEE Press, December 1996.

[10] M. K. Reiter, A. D. Rubin: Crowds: Anonymity for web transactions. *ACM Transactions on Information and System Security*, 1(1), 1998.

[11] R. L. Rivest, A. Shamir, L. M. Adleman: A method for obtaining digital signatures and public-key cryptosystems. *Communications of the ACM*, 21(2): 120–126, February 1978.

[12] S. G. Stubblebine, P. F. Syverson, D. M. Goldschlag: Unlinkable serial transactions: Protocols and applications. *ACM Transactions on Information and System Security*, 2(4), 1999.

[13] P. F. Syverson, M. G. Reed, D. M. Goldschlag: Private web browsing. *Journal of Computer Security – Special Issue on Web Security*, 5(3), 1997.

[14] H. Wang, M. K. O. Lee, C. Wang: Consumer privacy concerns about internet marketing. *Communications of the ACM*, 41(3), March 1998.

[15] D. Westhoff, M. Schneider, C. Unger, F. Kaderali: Protecting a mobile agent's route against collusions. In *Selected Areas in Cryptography, 6th Annual International Workshop (SAC'99)*, number 1758 in LNCS. Springer-Verlag, 2000.

Christian Kittl

VERTRAUEN ALS WETTBEWERBSVORTEIL IN DER NETZWERKÖKONOMIE

1. Nachhaltige Wettbewerbsvorteile

Aufgrund der Wichtigkeit für den langfristigen Erfolg von Unternehmen ist eine Vielzahl an Werken entstanden, die das Konzept der nachhaltigen Wettbewerbsvorteile und deren Quellen behandeln. Der Begriff wurde von Porter (1985) geprägt, der die grundlegenden Typen von Wettbewerbsstrategien untersuchte, die Unternehmen zur Erzielung von nachhaltigen Wettbewerbsvorteilen verfolgen können, ohne dabei jedoch eine formelle Definition zu geben. Aufbauend auf Barney (1991) entwickelte Hoffman (2000) eine entsprechende Definition: *A sustainable competitive advantage is the prolonged benefit of implementing some unique value-creating strategy not simultaneously being implemented by any current or potential competitors along with the inability to duplicate the benefits of this strategy.* Nach Hoffman kam dabei ein wesentlicher Beitrag von Coyne (1986), der postulierte, dass Kunden einen Unterschied zwischen dem Produktangebot eines Unternehmens und dem des Wettbewerbs wahrnehmen müssen, damit ersteres einen Wettbewerbsvorteil besitzen kann. Dieser Unterschied muss von einer Ressource stammen, die die Mitbewerber nicht besitzen und ein zentrales positives Kaufkriterium für den Markt darstellen. Der resultierende Wettbewerbsvorteil ist nachhaltig, wenn Mitbewerber den Unterschied entweder nicht kopieren können oder nicht kopieren wollen (vgl. Coyne, 1986). Eng damit verknüpft ist auch das Konzept der Kernkompetenzen von Prahalad und Hamel (1990).

Die oben dargestellte Sicht auf nachhaltige Wettbewerbsvorteile wird „Resource-based view" genannt und schlägt vor, dass Unternehmen über die Zeit einzigartige Kombinationen von Ressourcen und Fähigkeiten aufbauen die es ihnen erlauben, Renten auf der Basis von unterscheidenden Kompetenzen („distinctiv competencies") zu erzielen (Strandskov, 1999). Demgegenüber steht als zweites wesentliches Paradigma für die Erklärung des Erfolgs von Unternehmen die „Market-based view", die vor allem auf den Arbeiten von Porter (1980, 1985) beruht. Porter definiert in seinem Modell zwei Grundtypen von Wettbewerbsvorteilen, nämlich „Kostenvorteile" und „Differenzierung", aus denen wiederum die drei generischen Wettbewerbsstrategien umfassende Kostenführerschaft, Diversifizierung und Fokussierung abgeleitet werden. Zentrale Analyseeinheit im Market-based view ist die Branche, in der ein Unternehmen tätig ist und innerhalb der sich das Unternehmen positionieren muss.

1.1 Quellen von Wettbewerbsvorteilen

Zentrales Oberziel des Tätigwerdens von Unternehmen bildet aus ökonomischer Sicht letztendlich immer das Maximieren des Gewinns im Lebenszyklus der Unternehmung. Wird dabei zunächst die zeitliche Komponente vernachlässigt, so können unternehmerische Erfolgsfaktoren danach unterschieden werden, ob sie die zwei Ansatzpunkte zur Steigerung des Gewinns, nämlich Erlöse und Kosten, positiv beeinflussen. Aufgrund der Ergebnisorientierung dieser monetären Größen, die nur bedingt für die Beurteilung der unternehmerischen Handlungsweisen geeignet sind, werden in der wirtschaftswissenschaftlichen Literatur klassischer Weise Effektivität und Effizienz als Beurteilungskriterien herangezogen (Weiber und McLachlan, 2000). Der „Grundsatz der Effizienz" besagt dabei, dass alle eingesetzten Ressourcen in einem möglichst günstigen Input-Output-Verhältnis stehen müssen, wohingegen der „Grundsatz der Effektivität" zum Ausdruck bringt, dass nur solche unternehmerischen Aktivitäten einen Erfolgsbeitrag im Wettbewerb liefern können, die im Hinblick auf die Erfüllung von Kundenanforderungen von besonderer Bedeutung sind. Die Effizienz betrifft somit alle Facetten des Wirtschaftlichkeitsprinzips und das Zielkriterium der Effektivität bildet die Kundenorientierung (Weiber und McLachlan, 2000).

Unter dem Wettbewerbsaspekt ergeben sich damit „zwei völlig separate Welten der Vorteilsfindung" (Plinke, 2000): Ein Effektivitätsvorteil ist gegeben, wenn ein Anbieter ein aus Nachfragersicht im Vergleich zur Konkurrenz überlegenes Leistungsbündel (Kosten-Nutzen-Relation) anbieten kann, während Effizienzvorteile auf Unterschieden in den Potenzialen und Prozessen der Wettbewerber beruhen, die eine wirtschaftlichere Leistungserstellung (Input-Output-Relation) ermöglichen. Bei gleichzeitigem Effizienz- und Effektivitätsvorteil spricht man von einem absoluten Wettbewerbsvorteil (Weiber und McLachlan, 2000).

Vor diesem Hintergrund kann man die marktorientierte und die ressourcenorientierte Sicht kombinieren: In der Literatur herrscht inzwischen weitgehend Einigkeit darüber, dass sich die beiden Sichtweisen nicht gegenseitig ausschließen, sondern ergänzen. Nach der Market-based view versucht das Unternehmen Kundenbedürfnisse im Vergleich zur Konkurrenz besser zu befriedigen, um so Vorteile zu erzielen und darauf den Ressourcenaufbau zu stützen. Aus ressourcenorientierter Sicht verfügt ein Unternehmen über spezifische Ressourcen und Fähigkeiten und versucht, diese gezielt zu kombinieren, um eine Erfolgsposition zu erreichen (vgl. Corsten, 1998).

Im Hinblick auf die Entwicklung der Unternehmensstrategie ist infolgedessen „eine wechselseitige Beziehung gegeben …, die einerseits auf einen gegenseitigen Abstimmungsbedarf und andererseits auf ein synergetisches Zusammenwirken im Hinblick auf das Erfolgspotenzial hinweist" (Corsten, 1998).

Wenn den generischen Vorteilspositionen im Wettbewerb – Effizienz und Effektivität – die grundlegenden Säulen der Leistungserstellung (Potenzial, Pro-

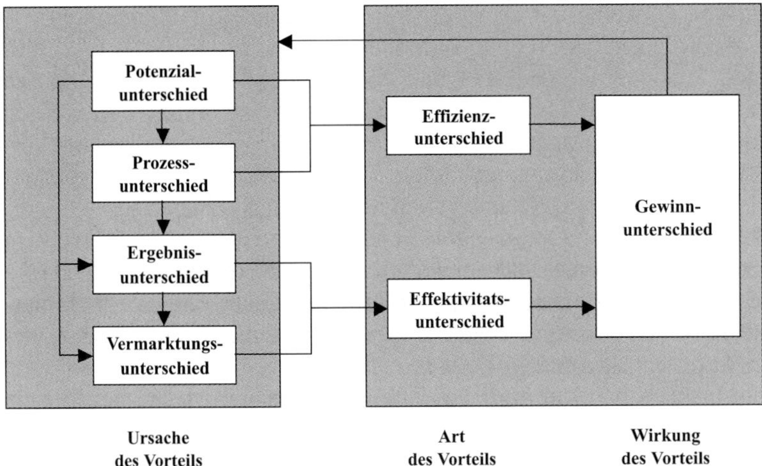

Abb. 1. Ursachen, Art und Wirkungen von Wettbewerbsvorteilen

zess, Ergebnis und Vermarktung) zugewiesen werden, ergibt sich das in Abb. 1 dargestellte Bild (Plinke, 2000).

Potenziale bezeichnen dabei die grundsätzliche Ausstattung eines Unternehmens mit zur Leistungserstellung notwendigen Produktionsfaktoren, Prozesse beschreiben die Aktivitäten der Leistungserstellung, das Ergebnis spiegelt das Resultat des Leistungserstellungsprozesses wider und die Vermarktung beeinflusst wesentlich die kundenseitige Wahrnehmung des Ergebnisses, insbesondere durch die Kommunikationspolitik des Anbieters.

Sind die Ursachen des Wettbewerbsvorteils dauerhaft, begründet etwa durch den Besitz einer einzigartigen Ressource, so handelt es sich um einen nachhaltigen Wettbewerbsvorteil. Wettbewerbsvorteile können jedoch auch temporär bestehen: Bei Innovationen antizipiert ein Unternehmen Veränderungen seines Umfeld als erstes und verwertet die auftretenden wirtschaftlichen Chancen, bis durch neu in dieses Umfeld eintretende Unternehmen der Wettbewerbsvorteil wieder verloren geht (Stähler, 2001).

2. Rolle von Vertrauen für Wettbewerbsvorteile

Vertrauen ist ein inhärent komplexes Konzept das aus dem Blickwinkel zahlreicher verschiedener Disziplinen untersucht worden ist (McEvily et al., 2002). In ihrer Arbeit über die Bedeutung von Vertrauen („The Meaning of Trust") identifizierten etwa McKnight und Chervany (1996) sechs verwandte Vertrauenstypen. In diesem Artikel wird die Definition von Mayer, Davis und Schoorman (1995) verwendet, die Vertrauen als *„willingness of a party to be vulnerable to the actions of another party based on the expectation that the other will perform a particular action important to the trustor, irrespective of the ability to monitor or control that other part"* definiert. Für die Notwendigkeit von Vertrauen sind

Abhängigkeit und Unsicherheit erforderliche Bedingungen. Abhängigkeit bedeutet dabei, dass die Interessen einer Partei nicht ohne die andere Partei erfüllt werden können. Unsicherheit bedeutet, dass die Möglichkeit der Erfahrung von negativen Konsequenzen durch das Sich-Verlassen auf eine andere Partei einen Vertrauensvorschuss („leap of faith", Lewis und Weigert, 1985) erfordert. Vertrauen ist daher die Entscheidung, sich unter den Umständen von Abhängigkeit und Unsicherheit verletzbar zu machen (McEvily et al., 2002).

In der Volkswirtschafts-, Organisations- und Strategieliteratur wird Vertrauen für viele Arten der Interaktion als extrem wichtig angesehen (McEvily et al., 2002). Verschiedene Ökonomen argumentieren, dass Vertrauen ein essentieller „Schmierstoff" ist, ohne den auch die einfachsten Formen des wirtschaftlichen Austausches nicht erfolgen könnten (Arrow, 1974).

Besonders im Kontext von digitalen Transaktionen wird Vertrauen oft als Faktor gesehen, der zwar unzufrieden machen kann, wenn er abgeht, nicht aber aktiv zur Durchführung der Transaktion motivieren kann (Petrovic et al., 2003). Wie Petrovic et al. (2003) jedoch zeigen, kann Vertrauen sehr wohl einen Mehrwert stiften und sogar eine wichtige Quelle für nachhaltige Wettbewerbsvorteile darstellen. Manche Autoren argumentieren sogar, dass die Effizienz von Nationalökonomien stark mit dem Vorhandensein einer institutionellen Vertrauensumgebung zusammenhängt. So sagt beispielsweise Fukuyama (1995), dass der ökonomische Erfolg einer Nation sowie ihre Wettbewerbsfähigkeit von einer einzelnen, durchdringenden kulturellen Eigenschaft abhängt: Dem der Gesellschaft inhärenten Grad von Vertrauen. Fukuyama glaubt, dass in einem weltweiten Kampf um ökonomische Vorherrschaft durch Vertrauen repräsentiertes soziales Kapital genauso wichtig wie physisches Kapital sein wird. Unterschiedliche Autoren kamen zu dem Ergebnis, dass Vertrauen tatsächlich ein wesentlicher Faktor für die Erklärung des Wettbewerbsvorteils von japanischen gegenüber amerikanischen Firmen darstellt (Dyer und Chu, 1997).

Der wohl bekannteste Beitrag zur Rolle von Vertrauen für Wettbewerbsvorteile kommt von Barney und Hansen (1994). Sie argumentieren aus der ressourcenorientierten Sicht, dass Vertrauen eine strategische Ressource mit dem Potential zur Quelle von nachhaltigen Wettbewerbsvorteilen darstellt. Barney und Hansen unterscheiden dabei drei Formen von Vertrauen, die unter verschiedenen Bedingungen Wettbewerbsvorteile aufbauen können. Erstens kann eine schwache Form von Vertrauen existieren, wenn Opportunismus begrenzt ist. Diese Form tritt jedoch nur in hochkompetitiven Märkten auf.

Zweitens existiert eine semi-starke Form von Vertrauen, wenn Überwachungsmechanismen opportunistisches Verhalten irrational machen. Und drittens tritt eine starke Form von Vertrauen auf, wenn gemeinsame Prinzipien und Werte existieren und Vertrauen nicht von Überwachung abhängt. Durch strategische Anwendung dieser Formen von Vertrauen etwa für online Auktionsmärkte, kann Vertrauen zur Quelle von Wettbewerbsvorteilen für jene wenigen Verkäufer werden, die in der Lage sind, die starke und semi-starke Form aufzubauen (Pavlou, 2002). Dieser Wettbewerbsvorteil ist nachhaltig, wenn es für Wettbewerber schwierig ist, den gleichen Level von Vertrauen zu erreichen. Laut Dow, Napolitano und Pusateri (1998) ist Vertrauen nicht käuflich („… something, that no amount of money or resources can buy."). Es ist als Quelle von Wettbewerbsvorteilen nur denjenigen zugänglich, die die richtige Einstellung („the right mindset") haben und damit zumindest potentiell nachhaltig.

Nachfolgend sollen Wettbewerbsvorteile durch Vertrauen systematisch analysiert werden. Wie im vorherigen Kapitel gezeigt können die Ursachen von Wettbewerbsvorteilen durch Effizienz- und Effektivitätsvorteile aus vier Quellen stammen: Potentiale, Prozesse, Ergebnisse und Vermarktung. Um die Rolle von Vertrauen für die Gewinnung von Wettbewerbsvorteilen beurteilen zu können, ist daher der Einfluss dieses Faktors auf diese vier Quellen zu untersuchen.

2.1 Einfluss von Vertrauen auf die Quellen von Wettbewerbsvorteilen

2.1.1 Vertrauen und Potenziale

Vielfach ist für Unternehmen nicht mehr der Zugang zu den physischen Produktionsfaktoren (Arbeit, Grund und Boden, Kapital) entscheidend, da durch wachsende Mobilität ihre diskriminierende Kraft im Wettbewerb abnimmt, sondern der Zugang zu sozialem Kapital (Weiber und McLachlan, 2000). An erster Stelle wird hier in der Regel das dem Unternehmen zur Verfügung stehende Wissen genannt und auf die Bedeutung des Wissensmanagements zur besseren Nutzung dieser Ressource hingewiesen. Vertrauen spielt in diesem Zusammenhang eine bedeutende Rolle, da es in vielen Fällen eine Voraussetzung darstellt, die den Erwerb von Informationen überhaupt erst ermöglicht. So kommt laut Fleisch vertrauensbildenden Maßnahmen eine besondere Bedeutung bei der Steigerung der Netzwerkfähigkeit von Menschen zu, da Vertrauen gleichzeitig tragende Säule und größte Herausforderung eines Kooperationsnetzwerkes darstellt (Fleisch, 2001). Die Teilung und damit Vermehrung des Produktionsfaktors Wissen hängt somit wesentlich vom Grad des Vertrauens in einer Unternehmenskultur ab.

2.1.2 Vertrauen und Prozesse

Wie bereits gezeigt wird Vertrauen oft als Schmierstoff bezeichnet, der ökonomische Austauschprozesse überhaupt erst ermöglicht. Vertrauen wird dabei die Eigenschaft zugeschrieben, transaktionskostensenkend zu wirken und damit größere Flexibilität zu ermöglichen. Dies führt u. a. zu überlegenen Prozessen bei der Informationsteilung und verbessert damit die Koordination und unterstützt die Beseitigung von Ineffizienzen (Dyer und Chu, 1997). Da die zur Verfügung stehenden Koordinationsmechanismen ausschlaggebend für den Grad und die Art der arbeitsteiligen Gestaltung von Prozessen ist, spielt Vertrauen auf dieser Ebene auch in der Literatur eine zentrale Rolle. Unterschiedliche Autoren (vgl. etwa Creed und Miles, 1996; Kanawattanachai und Yoo, 2002; Ridings, Gefen, Arinze, 2002) haben etwa den Einfluss von Vertrauen auf die Gestaltung der Organisationsform untersucht und seine überragende Bedeutung in der Netzwerkorganisationsform und in der eCollaboration herausgestrichen.

2.1.3 Vertrauen und Ergebnisse

Wie im eigenen Kapitel „Innovative Geschäftsmodelle im eBusiness" gezeigt wird, ist Vertrauen nicht nur Schmierstoff, der den reibungslosen Ablauf von Prozessen ermöglicht, sondern kann auch zentrale Value Proposition und damit Ergebnis einer Unternehmensaktivität darstellen. Die gestiegene Bedeutung von Vertrauen in der Netzwerkökonomie ermöglicht damit neue Geschäftsmodelle. Die Aussteller von Gütesiegeln mit Garantiefunktion oder Vertrauensintermediäre wie vLinx.com sind hierfür Beispiele.

2.1.4 Vertrauen und Vermarktung

Bei der Vermarktung spielt Vertrauen eine offensichtlich zentrale Rolle. Nach Simon (1988) kann ein Leistungsergebnis einen Wettbewerbsvorteil im Sinne eines Effektivitätsvorteils nur dann erzielen, wenn es drei grundlegende Merkmale erfüllt, nämlich die Bedeutsamkeit für den Kunden, die Dauerhaftigkeit im Sinn von Nicht-Imitierbarkeit durch Mitbewerber und die Wahrnehmbarkeit als subjektiver Vorteil. Die subjektive kundenseitige Wahrnehmung eines Leistungsergebnisses wird vor allem von den Vermarktungsaktivitäten eines Unternehmens bestimmt. Die Wahrnehmung – etwa das wahrgenommene Risiko (vgl. etwa Gefen, Rao, und Tractinsky, 2003) – ist aber wiederum entscheidend vom Vertrauen abhängig, das ein Unternehmen mit seinen Kunden aufbaut. Weiter unten wird am Konzept des Relationship Marketings die zentrale Rolle von Vertrauen in der Vermarktung gezeigt.

Zunächst wird jedoch die Entwicklung zur Netzwerkökonomie als wichtige Einflussgröße für die Bedeutung von Vertrauen für Wettbewerbsvorteile betrachtet. Laut Fleisch (2001) spielt Vertrauen in Netzwerken eine wesentlich größere Rolle als in Märkten oder Hierarchien. Dies soll anschließend näher untersucht werden.

2.2 Einfluss der Entwicklung zur Netzwerkökonomie

Sowohl in der Wissenschaft als auch in der Praxis ist zu beobachten, dass die Vernetzung eine immer zentralere Stellung bei der Entwicklung wettbewerbsfähiger Organisationsformen einnimmt. Mit dem Begriff der Netzwerkökonomie ist dabei eine neue Qualität von Vernetzung verbunden, die vielfältige Auswirkungen auf die unterschiedlichsten Bereiche der Wirtschaft mit sich bringt und daher eine Neubewertung von Einflussfaktoren, insbesondere Vertrauen, für Wettbewerbsvorteile erforderlich macht. Kelly (1998) formuliert die geänderte Bedeutung von Netzwerken wie folgt:

„Networks have existed in every economy. What's different now is that networks, enhanced and multiplied by technology, penetrate our lives so deeply that 'network' has become a central metaphor around which our thinking and our economy are organized."

Nach Fleisch (2001) liefert die Netzwerkfähigkeit einer Geschäftseinheit einen Beitrag zur Verbesserung der Wettbewerbssituation. Die Netzwerkfähigkeit steht dabei für die interne und externe Kooperationsfähigkeit, insbesondere die Fähigkeit zur schnellen und effizienten Bildung, Abwicklung und Weiterentwicklung von IT-gestützten Geschäftsbeziehungen.

Kennzeichen der Netzwerkökonomie ist eine zunehmende Abhängigkeit von Unternehmen, mit denen Aufgaben gemeinsam bewältigt werden. Nach Malone/Crowston (1994) sind Aufgaben von einander abhängig, wenn sie auf die gleichen Ressourcen zugreifen. Die Ressource Information nimmt in diesem Zusammenhang eine Sonderrolle ein, einerseits weil sie den Gesetzen der Informationsverarbeitung gehorcht und z. B. im Gegensatz zu Rohmaterial wieder verwendbar und teilbar ist, andererseits weil sie alle anderen Ressourcen zu Koordinationszwecken abbilden kann (Fleisch, 2001). In der Netzwerkökonomie sind Unternehmen wechselseitig in den unterschiedlichsten Prozessen auf dieselben Informationen, etwa gemeinsame Produktionspläne, Projektmanagement-Unterlagen oder Marktanalysen, angewiesen und damit voneinander abhängig (vgl. Fleisch, 2001).

Bereits weiter oben wurde betont, dass Abhängigkeit und Unsicherheit die zentralen Voraussetzungen für die Notwendigkeit von Vertrauen darstellen. In einer Welt mit Geschäftsbeziehungen, die stärkere Abhängigkeiten und Unsicherheit mit sich bringt, ist daher auch ein höheres Maß an Vertrauen notwendig, um Transaktionen zu tätigen. Wie in diesem Abschnitt gezeigt führt die global vernetzte Wirtschaft, getrieben durch die rapide Entwicklung der Informations- und Kommunikationstechnologien, zu genau solch einem Szenario: Ein hohes Maß an Abhängigkeit durch eine Konzentration auf Kernkompetenzen und Outsourcing anderer Aufgaben auf der einen Hand, sowie steigende Unsicherheit verursacht durch die dynamische Rekonfiguration der Netzwerke, die Individuen und Unternehmen unterschiedlicher Kulturen global verbinden, auf der anderen.

2.3 Manifestation in aktuellen Managementkonzepten

Am Beispiel von verschiedenen Managementkonzepten von Austauschbeziehungen soll die Bedeutung von Vertrauen für Wettbewerbsvorteile bekräftigt werden. Dabei werden verschiedene Ebenen beleuchtet: Die Beziehungen zwischen Unternehmen in Geschäftsnetzwerken (Business Networks), die Organisation der Kommunikationsbeziehungen zwischen Unternehmen und Konsumenten im Konzept des Relationship Marketing und die Bedeutung von Vertrauen im intraorganisationalen Bereich.

2.3.1 Geschäftsnetzwerke

Im Wettbewerb um Ressourcen und Kompetenzen stellt das Netzwerkunternehmen ein zentrales Mittel zur Gewinnung von nachhaltigen Wettbewerbsvorteilen dar (Bartlett und Ghoshal, 2002). Um als Netzwerkunternehmen in Geschäftsnetzwerken teilnehmen zu können, ist die Fähigkeit zum Aufbau und zur Pflege von Vertrauen eine wichtige Voraussetzung (Fleisch, 2001).

Auch nach Jarillo (1988) ist Vertrauen ein wichtiger Faktor um Effektivität und Effizienz in einem Netzwerk zu erreichen. Er sieht das Vorhandensein von Vertrauen als Ausdruck dafür, dass die Geschäftsbeziehung eine wertvolle ist, da der Aufbau von Vertrauen normalerweise nicht unerheblicher Ressourcen und Zeit bedarf. Eine Geschäftsbeziehung kann laut Jarillo zwar auch dann wertvoll sein, wenn kein Vertrauen vorliegt, in diesem Fall sind allerdings teure Überwachungsmechanismen zur Verhinderung von opportunistischem Verhalten notwendig, die manchmal die Netzwerkformierung sogar gänzlich unmöglich machen. Wenn jedoch die an einem Geschäftsnetzwerk beteiligten Unternehmen die Chance zur gemeinsamen Wertgenerierung erkennen, kann das Netzwerk durch die Spezialisierungsmöglichkeit der Teilnehmer dazu dienen, Wettbewerbsvorteile der individuellen Unternehmen zu forcieren.

Ein konkretes Beispiel für die Rolle von Vertrauen in Geschäftsnetzwerken liefert Gupta (2002): Wenn zwei Unternehmen kritische Daten teilen müssen, verbringen Anwälte, Controller und Manager oft Monate um die Details der Geschäftsbeziehung zu formulieren. Diese Vorgangsweise skaliert in einer Netzwerkumgebung offensichtlich nicht gut, da die für die Verhandlungen benötigte Zeit exponentiell mit der Größe der Gruppe von teilnehmenden Unternehmen wächst. Gupta argumentiert, dass ein „Trusted-Agent-Modell" hier manchmal der Schlüssel zu erhöhter Produktivität und Effizienz in solchen Situationen sein kann. Er definiert einen Vertrauensagenten (trusted agent) als Organisation, Individuum oder spezielles Computerprogramm, der als Informationsfilter agiert. Vertrauensagenten sind in der Lage, auf alle relevanten Daten einer bestimmten Gruppe von Firmen zuzugreifen, sind aber daran gebunden, diese Daten nur auf einer „need-to-know" (Notwendigkeit des Wissens)-Basis, abhängig von der Identität des Empfängers, weiterzugeben. Gupta berichtet von einem Fall aus der pharmazeutischen Industrie, wo solch ein Modell zu einer dramatischen Reduzierung von Überkapazitäten der Lager geführt hat. Zuvor hatten jede große, dezentrale Verkaufseinheit, nationale und regionale Distributoren, große Hersteller und Pharmazien ihre eigenen Lager, die für verschiedene Ketten unabhängig geführt wurden. Da Organisationen, die einander nicht vertrauen, dazu neigen, Kapazitäten aufzubauen die in ihrem jeweiligen Einflussbereich liegen, führte dies zu erheblichen Doppelbevorratungen von Medikamenten und damit zu erheblichem Verlust durch Überschreitung der Ablaufdati. Die Informationsteilung durch die Einführung eines Vertrauensagenten in Kombination mit Datamining-Technologien führte daraufhin in einem Fall zu einer Senkung des Lagerbestands um 50% (ausgehend von einem ursprünglichen Volumen von einer Milliarde US-Dollar), da sich jedes Unternehmen für eine wesentlich geringere Bevorratung entscheidet sobald das notwendige Vertrauen aufgebaut ist, ohne dabei die Wahrscheinlichkeit ein Medikament im Vorrat zu finden negativ zu beeinflussen.

Ein anderes Beispiel beschreiben Dyer und Chu (1997) in deren Untersuchung von Beziehungen zwischen Lieferantenvertrauen und Transaktionskosten in der Automobilindustrie. Sie behaupten, dass Lieferanten-Kunden-Beziehungen ökonomischen Mehrwert generieren und eine wichtige Quelle von Wettbewerbsvorteilen bilden können. In der Automobilindustrie werden Teile oft speziell für bestimmte Modelle gefertigt und daraus resultieren Investments, die spezifisch für einzelne Automarken sind. Da diese Investments nicht einfach anders eingesetzt werden können setzen sich die Lieferanten einem Risiko von opportunistischem Verhalten der Automobilhersteller (OEM, Original Equipment Manufacturer) aus und Vertrauen spielt daher eine wichtige Rolle in dieser Branche (Dyer und Chu, 1997). In ihrer Untersuchung haben die Autoren zwischen 1992 und 1994 Daten von 135 amerikanischen, 101 japanischen und 217 koreanischen Lieferanten gesammelt. Dyer und Chu haben herausgefunden, dass jene Automobilhersteller mit den Lieferanten, die am wenigsten Vertrauen zeigten, zweimal so viel Zeit in persönlichen Gesprächen zur Vertragsvorbereitung und Vertragsdurchsetzung verbrachten wie jene Hersteller, denen am meisten vertraut wurde. Darüber hinaus waren die vertrauenswürdigsten Automobilhersteller um 50% produktiver in deren persönlichen Interaktionen mit ihren Lieferanten gegenüber den Herstellern mit am wenigsten Lieferantenvertrauen. Dies schlug sich in Beschaffungs-Transaktionskosten nieder, die bei den vertrauenswürdigen Herstellern fünfmal niedriger lagen als bei jenen mit dem geringsten Lieferantenvertrauen.

2.3.2 Relationship Marketing

Charakteristikum des Käufermarktes ist, dass Verkäufer mit einer neuen Konsequenz auf die Kundenbedürfnisse eingehen müssen (Fleisch, 2001). Diese Bedürfnisse entstehen im Customer Resource Life Cycle (CRLC, vgl. Österle, 1995) und im Gegensatz zum Verkäufermarkt, wo sich der Käufer im Rahmen seines CRLC von der Produktauswahl bis zu Weiterentwicklungswünschen mit dem Management des Lieferanten auseinandersetzen musste, sind im Käufermarkt jene Lieferanten gefragt, die Kundenbeziehungen aktiv pflegen und entwickeln. Die Prozesse des Customer Relationship Management stehen dabei im Mittelpunkt, wobei nicht die „Optimierung" der unternehmensinternen Geschäftsprozesse, sondern der Geschäftsbeziehungen, der Kooperation nach innen und außen, zentrales Ziel ist.

Hakansson (1987) betont dazu: „Relationships are one of the most valuable resources that a company possesses." Webster (1992) wiederum beschreibt ein Kontinuum von Marketingbeziehungen, das von diskreten Transaktionen bis zur Netzwerkorganisation mit Just-in-time-Austauschbeziehungen reicht. Je weiter man sich auf diesem Kontinuum von der diskreten Transaktion entfernt, desto wichtiger wird Vertrauen als Schlüsselelement für Beziehungen, die langfristig bestehen sollen. Morgan und Hunt (1999) haben untersucht, inwieweit der Aufbau von Geschäftsbeziehungen eine Rolle für die Gewinnung von Ressourcen zur Erzielung von Wettbewerbsvorteilen spielt. Sie argumentieren, dass es für Außenstehende schwierig ist den Prozess des Vertrauensaufbaus einer langfristigen Beziehung zu kopieren. Geschäftsbeziehungen, die aufgebaut wurden um Zugriff auf organisatorische oder informationelle Ressourcen zu erlangen, resultieren daher gewöhnlich in nachhaltigen, ressourcenbasierten Wettbewerbsvorteilen.

provide additional security features to its web-based services, including cookie-management software and auditing tools.

3.1.1 The Anonymizer

The Anonymizer offer most of its source for download and examination however the availability of source is more an accident of birth than a purposeful strategy. The Anonymizer pricing model, however, treats privacy with respect to commerce as a civil right that can be enhanced by payment and offers differing levels of service. However, the lowest and most basic level of privacy is provided free for all users. The free services provide for the ability to read and, using basic web forms, write anonymously on-line. The Anonymizer also encrypts transmissions from the user and thus prevents the owner of a users' intranet from observing web-based interactions.

3.1.2 Zero Knowledge

Zero Knowledge is unique in that it is the only company committed to open source in principle. Compare this to the open source provided by the Anonymizer, which offered open source early on as a function of its academic origins. Open source implementation means that any difference between stated goals and actual implementation would be clear. Zero Knowledge understands privacy as a right. Thus, the solution offers the user total control over their own information and empowers the users against even network service providers. The solution functions on a pseudonym system in which the user can buy different pseudonyms, or "nyms", that have limited duration. All users get a proxy bypass service, an anonymizing proxy service, and the ability to monitor and reject third-party cookies at a site-by-site level.

Zero Knowledge is unique in that it allows for full anonymity of the customer to Zero Knowledge as well as to the merchant. Because privacy is a right, the software is available for download and subject to complete user examination. The client can buy up to five pseudonyms a year. The system is relatively easy to use, has low switching costs, and is very interoperable, which is consistent with ZNK's principles. Transactions are promised to have ACID properties; however the first version of Zero Knowledge's software does not allow shopping. Zero Knowledge has the strongest cryptographic technological potential for atomic and anonymous transactions, given the extensive published work by the chief technologist (Brands, 2000) on anonymous and pseudonymous implementations of public key infrastructure.

Zero Knowledge discontinued its anonymous re-mailer service because the cost of supporting an overlay network was too great. Zero Knowledge found rave reviews and many users for its products, but not many would pay for the "nyms". Now Zero Knowledge is repositioning itself as a risk management company. Based on the observation that privacy policies are rarely implemented by database and web designers, Zero Knowledge offers companies the ability to audit their own data collection and implement administrative policies in technical choices.

3.2 Seclusion-Enhancing Technologies

Seclusion-enhancing technologies offer the consumer a trusted third party who promises not to contact the consumer and allows the consumer to choose to discontinue contact with any other merchant. The consumer remains the decision-maker. Seclusion providers differ from autonomy providers in that there exists a trusted third party who stores some data. Fig. 2 illustrates the flow of data in a typical seclusion-providing technology. Note the control of the user data (again represented by a book) is now shared with the PET provider. The shared control denotes both contractual requirements and the ability of a user to choose to end contact and data sharing with any merchant using the PET. The consumer can select merchants to contact, or refuse contact. However, most of the consumer data are available to the seclusion provider, who keeps vital data to provide dispute resolution in the case of failed transactions.

A rough description of the transaction is as follows:

1. Customer obtains software.
2. Customer configures software and establishes an account.
3. Encrypted information tunnels through PET provider.
4. PET provider distribute data between provider & customer.
5. In case of dispute, customer provides linking data to PET.
6. Pet resolves dispute using linked data.
7. PET deletes linked data.

Thus there is a trust model where increased transactional reliability is balanced with decreased privacy. While anonymous atomic transactions (Camp, 2001) requiring identity exposure for dispute resolution is common in otherwise anonymous payment mechanisms (Chaum, 1988; Rivest and Shamir, 1996).

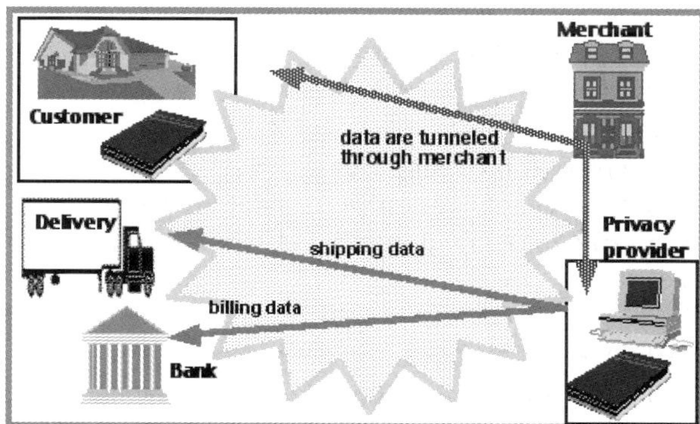

Fig. 2. Seclusion protecting services manage users data to user contracts

3.2.1 Privada Control

Privada, whose name is the Spanish word for "private," was an early entrant in the PET industry and offered its services primarily to Internet Service Providers (ISPs) and network services providers. ISPs were concerned with market share because broadband technology providers required the use of associated ISPs. Privada offered a way for ISPs to differentiate themselves and build upon the trust relationship presumably established with customers.

Privada offers users a way to interact with merchants without disclosing information except in the case of dispute resolution. Essentially Privada creates a secure virtual private network (Privada Network) with its business clients, who can then provide the client-side software to their respective clients. Privada does not charge users, and places the responsibility for integrating the payment software with the business clients, not the end user. By distributing the cost of running the virtual private network across multiple business services, Privada avoided the high costs incurred by Zero Knowledge.

Privada makes the software easy to install and use by putting the burden in the companies' hands. Their business plan, however, may result in great switching costs for the end users if the user changes ISPs. According to Privada's business plan, if the consumer prefers a higher level of privacy, then the only choice for the customer is to change ISPs. Changing ISPs requires a change in email and a change in URLs for any material published on the Web. Thus, Privada offers ISPs an opportunity to use privacy protection to enhance client retention and justify higher associated switching costs.

Privada's claim that privacy as autonomy is supported by their product is undermined by the business model. The end-user as a consumer may incur high enough costs so as to diminish autonomous behavior. Furthermore, the user's data are visible to the ISP, who is responsible for providing dispute resolution information that requires, of course, the storage of information. The ACID properties of transactions depend on each affiliated company, with the analysis of credit card ACID properties as explained in Camp, 2000. Credit card transactions are atomic, durable, and consistent but not isolated. Durable commitment may require several months of processing in the case of complaints. Credit card transactions are not private.

3.2.2 iPrivacy

iPrivacy offers a proxy for shopping and browsing. As iPrivacy has proprietary technology, some of the cases where apparently conflicting statements are made will be identified with no other comment. Only publicly available information is used in the analysis.

iPrivacy offers the possibility that the Internet should be as private as in the offline world. However, the offline world is not clearly defined. Is this an offline world where every business develops its own database, or the off-line world where automated financial processing does not exist? Is this the offline world of cash or the offline world of credit rating companies?

Since <merchant, email, identity> tuple email goes through iPrivacy, and portals usually know the traffic which passes through them, it is reasonable to assume that iPrivacy has the ability to track each purchase.

iPrivacy functions as an intermediary for the customer and the companies with which the customer interacts. As iPrivacy has proprietary technology it is not certain if iPrivacy has the ability to view all customer data; however, iPrivacy has no advertised business plans to profit from any data compilation. iPrivacy does hold the customer data for the purposes of dispute resolution; however, there must exist information linking customer to purchase in some locale.

With iPrivacy, the customer downloads software which serves as client-side software for shipping and transaction-processing companies. The iPrivacy solution is licensed for credit card and shipping companies, again with the premise that offering customers privacy is as effective as customer data analysis for marketing. For credit card and other transaction processing companies, the advantage to iPrivacy is that it removes the ability of merchants to implement replay attacks. Here the system generates encrypted data for the merchant and shipping companies, so each one knows a pre-determined minimum of personal information required for performing its activities. With a transaction-oriented approach, the system does not provide anonymity but rather seeks to decrease the merchant advantage in customer tracking information. Thus, the credit card company always has access to all customer information, including goods purchased.

In contrast to Privada, the iPrivacy customer could easily change ISPs or maintain multiple email accounts as long as the billing and credit information provided for a transaction is correct. Of course, the user cannot change PET services, and this lock-in is critical to iPrivacy's success. iPrivacy increases the switching cost to credit card providers because these clients must re-establish the iPrivacy transactional relationship. Transactions have the same ACID properties as with a credit card; atomic, durable after sixty days, consistent, not isolated.

iPrivacy offers dispute resolution services either through storage of hashed information or through conditional and therefore reversible anonymity. Regardless of the dispute resolution practices, it is certain that iPrivacy views privacy as a seclusion and further confuses privacy with security in its offerings to customers. If iPrivacy does function as a proxy, then iPrivacy has the ability to observe and store customer user habits. According to their business model, iPrivacy could hold customer browsing data to sell analyses to business clients, as opposed to providing customer control over information, as is the case with Zero Knowledge.

3.2.3 Incogno SafeZone

Incogno offers a proprietary solution, similar to those of iPrivacy and Privada. However, where Privada targeted network service providers and iPrivacy has targeted transaction processing companies (e.g. banks and credit card companies), Incogno has targeted privacy-sensitive businesses. Incogno also focuses on the risk to merchants when privacy is a right. For example, Incogno mentions the European Safe Harbor controls on its web site.

The Incogno product SafeZone allows merchants to tailor levels of privacy according to customer or offered service. For example, Amazon may want to offer higher levels of privacy to those selecting books on mental health than those purchasing gardening texts. Thus, Incogno serves as a trusted third-party that manages the relationships between the credit card company, the merchant and the shipping company. Incogno restricts the information the merchant wishes to collect from its customers and the details available to the credit card company. Since credit card companies are a major source of consumer data, this is an important element to Incogno's offering to consumers. Incogno maintains that Incogno itself can view no customer data.

Incogno is explicit about the method in which it provides pseudonyms to merchants. Incogno creates a hash of the customer name, merchant ID and transaction ID. Thus the customer can choose to identify themselves for dispute resolution, but customer data is not stored in clear text on Incogno servers.

Incogno uses per-merchant pseudonyms generated by a one-way hash of matching first name and last four digits of the credit card number. By using different credit cards, a consumer may choose to have multiple pseudonyms at a single merchant. Incogno is compatible with a large range of personalization services and marketing programs, can track consumer preferences, and, with one pseudonym per customer merchants can provide personalization. The system allows ACID transactions.

3.3 Property-Managing Solutions

Fig. 3 illustrates the flow of data characteristic of a property-based privacy-protecting technology. Note the user data (represented by the book) remains under the control of the PET provider, as is the case with the seclusion provider.

Property exchangers and seclusion providers can be distinguished from other PET providers by two features: location of data and control of data.

First, the location of data stored by the PET provider differs for seclusion-based and property exchange-based technologies. Seclusion providers store ade-

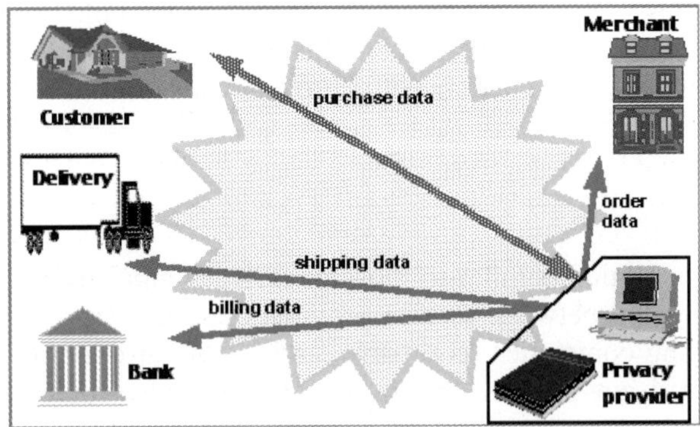

Fig. 3. The data flow in a property-providing technology

quate data for dispute resolution according to the design of the transactional protocol. Property exchange-based PET providers store detailed data.

Second is the control of data. The seclusion providers allow customers to continue to interact with a merchant based on customer decisions. Incogno allows users to create multiple pseudonyms; Privada and iPrivacy allow users to end associations with specific merchants. With property providers the consumer's control rights are surrendered in exchange for the services provided by the PET. Seclusion customers can choose to provide no data to merchants. With privacy exchanges, the data are owned by service provider and the service provider may track and resell data.

A rough description of the transaction is as follows:

1. Customer obtains software.
2. Customer configures software and establishes an account.
3. Encrypted information tunnels through PET provider.
4. PET provider distribute data between provider & customer.
5. In case of dispute, customer requests data from PET.
6. PET resolves dispute, maintains data.

With property-based PETs, the user effectively begins by granting agency rights to the privacy provider, which then makes distinct arrangement with merchants for the sharing of data. With seclusion-based PETs, the privacy provider distributes information on a transaction-by-transaction basis, and much data is passed through the privacy provider's without the provider viewing the data.

3.3.1 Microsoft Passport

The Passport service offers a single login service in exchange for consumer data. The consumer provides all data to Passport, and the Passport system audits merchants and controls user data according to merchant/Passport relationships. The concept of privacy, however, is fuzzy and as understood as a good the customer purchases from Microsoft, along with the convenience of one-stop sign-on.

The Passport privacy policy is explicit in its rejection of autonomy. Passport has ownership of all communications and transactional data for any customer or business service or communication. Although its assertion of ownership of intellectual property was modified after customer complaint, Passport retains ownership of transactional data. While Passport is explicit about the privacy policy inside the Microsoft Network, each user is supposed to read and agree with the privacy policy of each affiliated site before any transactions.

The Passport provides two services: identity protection and a wallet. Each user can store his/her credit cards for purchasing activities in the Passport wallet and access them with the single Passport login. The software behind Passport is closed. Transactions are ACID to the extent to which each one of the affiliated companies allows them; meaning that Microsoft will add its transaction-processing services to those of the banks affiliated with the MasterCard and VISA systems.

Claudia Loebbecke[1]

FOSTERING TRUST IN E-COMMERCE VIA SEALS AND INSURANCE SOLUTIONS

1. Business Environment and Literature Setting

Consumers are still apprehensive when using the Internet for private purchases, including the risk of misuse of personal data and unsolved legal issues (e.g., Jarvenpaa and Todd, 1996; Farquhar et al., 1998). Since the Internet creates shopping habits where buyers and sellers are spatially and temporally separated, the actors involved mostly remain anonymous when conducting transactions. On-line buyers as well as online retailers face the problem of appraising the integrity and respectability of the business partner. As Akerlof (1970) stated in his 'Market of Lemons', in a situation with insufficient information about the players and their products, without any system or mechanisms for promoting reputation and thus trust, eventually only the lowest quality sellers remain on the scene. Seen from another perspective, the expectation of reciprocity or retaliation in future interactions – termed 'shadow of the future' by Axelrod (1984) – creates an incentive for good behavior.

Hence, trust is seen as a factor that is becoming increasingly important for the functioning of electronic markets (e.g., Ba et al., 1999; Smith et al., 1999; Jarvenpaa et al., 2000). The factor 'trust' is probably one of the major variables influencing interpersonal behavior and determining human interaction (e.g., Golembiewski and McConkie, 1975; Koller, 1992; Zaheer et al., 1998). A situation requiring trust is by definition embodied with risk and the possibility of loss on behalf of the trust granting party (Deutsch, 1958). Management research (e.g., Lewis and Weigert, 1985; Coleman, 1990) has focused on trust primarily from the calculative and risk-oriented perspective of the agent. A rational agent only engages in risky behavior, if the expected profit is higher than the loss involved with the betrayal of confidence. Resnick et al. (2000) consider trust as a 'quality label' that has to be gained at a certain price. To them "newcomers should always be distrusted until they have somehow paid their dues, either

---

[1] An earlier version of the paper was published as Loebbecke, C. (2003) E-Commerce Trust Concepts Based on Seals and Insurance Solutions, Information Systems and e-Business Management (ISeB), 1(1), 55–72. The author would like to thank Springer Publishing for allowing the reprint.

Table 1. European suppliers of seals of approval for B2C online transactions

Seal	Company	Affiliates	Main Impact Area	Launch
VeriSign Secure Site Siegel	VeriSign Deutschland GmbH Berlin	S-Trust Deutscher Sparkassen Verlag	Based in Germany	October 2002
L@belsite	FEVAD, Fédération des Entreprises de Vente à Distance, Paris	FCD, Fédération des Entreprises du Commerce et de la Distribution, Paris	Based in France	August 1999
Österreichisches eCommerce Gütezeichen	Austrian Federal Chamber of Commerce, Vienna	Internet Service Providers Austria, Austrian Consumer Information Organization	Based in Austria	January 2001
Which? Web Trader	Which? Web Trader Scheme, Hertford	British Consumer Organization 'Which?'	Based in UK, but partnership with international consumer organizations in Belgium, NL, France, Italy, Spain, Portugal	July 1999
FIA-NET	FIA-NET Française Interpro-fessionnelle d'Assurance (FIA)	Axa Group	Based in France	1999
Gepruefter Online-Shop[a]	EuroHandels-institut e.V. (EHI), Cologne	EuroHandelsinstitut e.V. (EHI)	Based in Germany; Launch in other European countries within 2002	February 1999
DIN Tested Website	DIN CERTCO Gesellschaft für Konformi-tätsbewertung mbH, Berlin	Deutsches Institut für Normung e.V. (DIN)	Based in Germany	November 2000
Trusted Shops	Trusted Shops GmbH, Cologne	Joint venture of Gerling Spezielle Kreditversiche-rungs-AG, part of Gerling Group, and Impact Business & Technology Consulting GmbH	Based in Germany; January 2001 launch in UK, present in Austria, Benelux, France, Italy, and Switzerland	January 2000

Source: Company WebPages and telephone interviews in March 2001 and 2002
[a] 'Tested Online Shop' – translation from authors.

to country.] All seal suppliers listed in Table 1 have launched their seal concept within the last four years, probably, we surmise, as a reaction to the discussions about the lack of security in online transactions. The topics covered in the certi-

Table 2. Comparison of seal characteristics

Seal	Seal Content	Seal Validity	Monitoring/ Enforcement
VeriSign Secure Site Siegel	Server authentification 'ssl' encryption payflow payment service	No expiration date, but annual fees apply	Proof of organization procedure, Registration of trade name
L@belsite	Fulfillment of codes of practice stated in FEVAD's Charter of Quality, transparency, data protection	No expiration date, but annual fees apply	Audits, exclusion from scheme in serious cases
Österreichisches eCommerce Gütezeichen	Transparent processing of orders, adherence to Data Protection Act 2000, state-of-the-art encrypted transmission, return of payments in case of complaints	One year	Audits, random checks, contractual penalties in serious cases
Which? Web Trader	Fulfillment of codes of practice (e.g. clear and adequate information about products and services to enable informed decisions: contact details, pricing, order instructions, ways of payment, right to cancel contract, terms & conditions of contract etc); No clear security provisions or measures	Constant updating of codes of practice; Site update by online retailer	Random checks for compliance through feedback, complaints, mystery shopping, etc.; Exclusion from scheme in serious cases
FIA-NET	Audit of security system for payment; audit of the communication systems	One year	Monitoring on annual basis
Gepruefter Online-Shop	Fulfillment of 10 audit criteria like terms & conditions, data transfer, data protection, pricing, transparency of order process, confirmation of order, delivery statements, right to revocation and return of goods	One year	No audits within twelve months
DIN Tested Website	Program for auditing eCommerce applications using three international standards (e.g., DIN ISO/IEC 12119 for verifying software); Audit of identity of online retailer, contact options, terms of delivery, payment processes, data protection and data security	Three years	Random checks regarding changes of website content; Revocation of seal if certified shop fails to comply with requirements
Trusted Shops	Audit of organizational, technical and financial conditions of online shop	One year	Monitoring on annual basis; Random quarterly checks; Revocation if shop fails to comply with the requirements; Penalty fees

Source: Company websites and telephone interviews in March 2001 and 2002

Table 3. Service offerings as benefits for online buyers beyond seals of approval

Seal	Type	Insurance Solution	Additional Services
VeriSign Secure Site Siegel	Quality seal	None	None
L@belsite	Quality seal	None	None
Österreichisches eCommerce Gütezeichen	Quality seal	None	Internet Ombudsman as out-of-court arbitration body
Which? Web Trader	Quality seal	None	Free legal advice service for online buyers; Dispute resolution system
FIA-NET	Quality seal with two integrated insurance principles	Insurance against non-delivery for online buyer; Insurance against non-payment for online retailer; Online retailer bears costs for both principles	Free legal advice service for online buyers; Dispute resolution system
Geprüfter Online-Shop	Quality seal	None	Dispute resolution system
DIN Tested Website	Quality seal	None	Dispute resolution system; Alternative arbitration board planned
Trusted Shops	Quality seal with integrated money-back guarantee	Money-back guarantee up to € 2,500 per shop and transaction	Dispute resolution system

fication processes of the selected hallmarks are similar (see Table 2). Audits are completed regarding the organizational, technical and financial situation to ensure the e-competency of the online retailers. The main purpose of all of the seals is to demonstrate and assure quality and hence to increase trust on the side of potential online customers. However, the differences in monitoring routines and the validity timeframe of the seals point to clear distinctions in the quality levels of the investigated seals. Table 2 summarizes these results.

Unlike the 'Which? Web Trader' service – popular in the UK – which in the event of a dispute between consumers and retailers investigates and, if necessary, removes a retailer from its list of accredited websites, Trusted Shops mediates disputes between consumers and retailers to speed up a resolution.

However, aside from additional offers like free legal advice for online buyers, the main difference among the seals of approval lies in their eventual combination with insurance services (see Table 3). Only two of the investigated seal suppliers, FIA-NET and Trusted Shops, offer an insurance solution together with their seal. In these cases, the benefit for the online buyers increases from 'recognizing a quality symbol' to 'being insured against fraudulence'. Both FIA-NET and Trusted Shops are supported by worldwide leading insurance companies (AXA and Gerling respectively). Thus, online buyers gain trust and reduce their exposure to risk through the intermediation of an independent party with an established reputation (e.g., Tan and Konstapel, 1998).

4. Research Framework for Insurance Solutions Covering B2C Online Transactions

In this section, we develop a research framework for investigating instruments aimed at increasing trust in B2C eCommerce via insurance solutions. The overall framework is depicted in Fig. 1; further levels of detail are shown in Fig. 2 and 3.

For each individual transaction, the process of buying and selling goods consists of a variety of phases such as the information, agreement, and settlement phase (Schmid, 1998; Schmid, 1999). In the Internet world, the information phase can be seen as the activity of browsing through an online shop. In the agreement phase, online buyers demonstrate their agreement by adding products to their shopping cart and accepting the price. Transaction settlement occurs when the order is placed and the payment is performed. For an illustration of trust levels during transaction phases see Fig. 2.

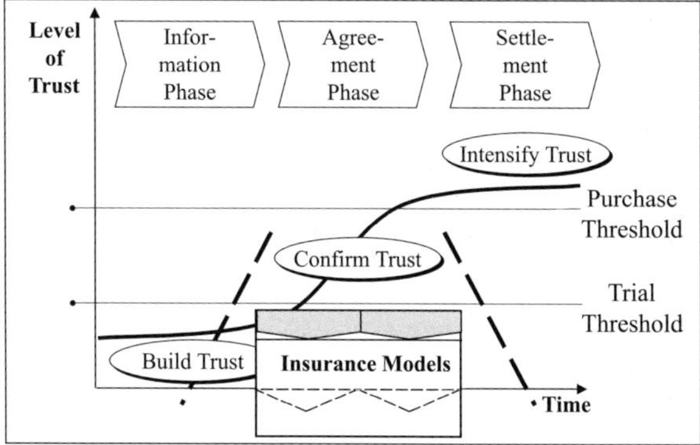

Fig. 1. Research framework for investigating trust-increasing instruments

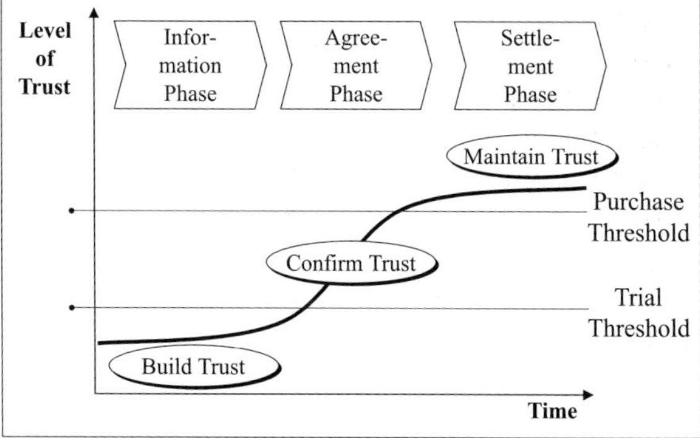

Fig. 2. Trust levels during transaction phases

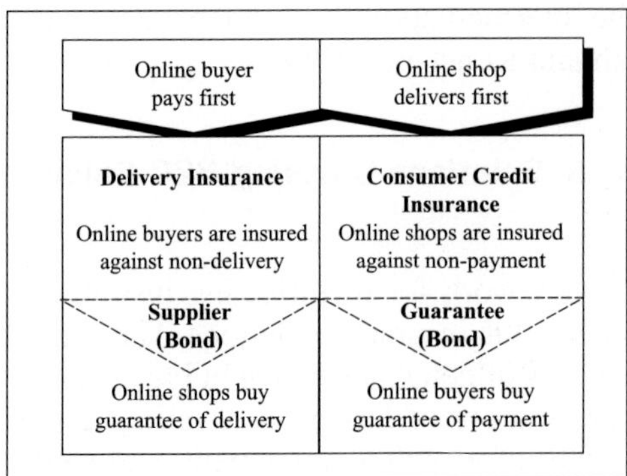

Fig. 3. Insurance models for B2C online transactions

Since online buyers and online sellers are separated by space, the likelihood increases that one party will end up empty handed (Kollock, 1999). Accordingly, this new form of market transaction is predestined to lead to the need for developing mechanisms to manage this risk. Depending on who makes the 'first move', our framework distinguishes two insurance models for online B2C transactions: (1) delivery insurance and (2) consumer credit insurance (see Fig. 3).

The delivery insurance scheme insures online buyers against non-delivery by the online shop. The Internet retailer fixes a contract with the insurance company and buys a 'guarantee of delivery' in the sense that the shop pays a premium to the insurance company to cover non-delivery towards the end-consumer. Thus, the shop is not only approved, but its customers know that a performance failure by the shop is covered by a delivery guarantee granted by the insurance company.

The consumer credit insurance covers the case of non-payment by the online buyer and insures the online shop. This insurance concept is comparable with the traditional credit insurance common in many offline B2B transactions (e.g., Meyer, 1997; Briggs and Edwards, 1988).

5. The Case of 'Trusted Shops'

Trusted Shops is an independent third party which evaluates the credibility of online shops to provide a secure environment for online shopping. The company, launched in Germany in January 2000, is backed by one of Europe's leading industrial insurers, the Gerling Insurance Group. Within Europe, the Gerling Group has 62 joint ventures, sales offices, service companies and independently operating subsidiaries (see also Loebbecke and Jelassi, 1997; Gerling, 2002). Trusted Shops can use the local offices as basis for building up local contacts Europe-wide.

The aim of Trusted Shops is to achieve transparency and security for European online consumers. The company provides B2C online retailers with a seal of quality and service as stated in Fig. 3. This 'Seal of Approval' allows online shops to offer an additional guarantee to their customers stating that transactions are not only secure, but also covered by an insurance scheme specifically designed to protect their B2C online transactions.

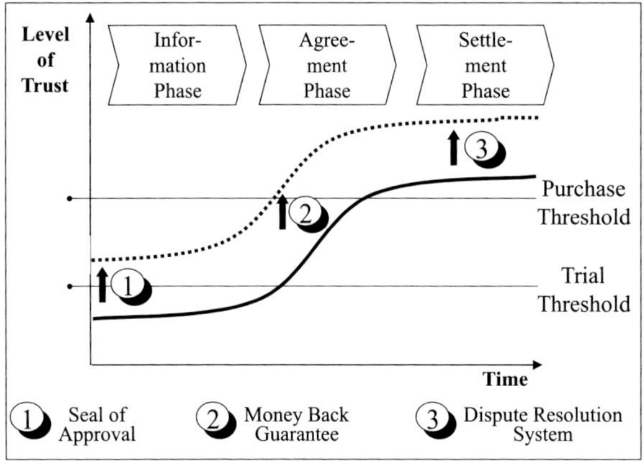

Fig. 4. Components of trusted shops' product portfolio

5.1 Product Portfolio

Trusted Shops' product portfolio of trust augmenting measures consists of three components covering each of the transaction phases outlined in Section 4 (see Fig. 4):

1. Stringent *certification process* based on clear criteria to grant the 'Seal of Approval' and to ensure transparency, privacy and reliability of the participating online retailers,
2. *'Money back guarantee'* on purchases in the event of non-delivery or failure to refund returned goods, and
3. Multi-lingual Internet *dispute resolution system* to solve problems or disputes of customers 24-hours per day.

The concept and the development is supported by the TEN-Telcom-Initiative belonging to the Directorate General, 'Enterprise and Information Society' of the European Commission.

5.1.1 Certification Process

Shops wishing to participate request the 'Information for Online Shops', and will then receive the Trusted Shops evaluation report with detailed instructions on how to fulfill the certification criteria listed in the information package. The online shops are screened according to the following overall criteria:

1. Organizational requirements, e.g. terms and conditions or data protection,
2. Technical requirements, e.g. the reliability of the information transfer between the online shop and customer or the codification of data, and
3. Financial requirements, comparable to the traditional credit check.

In more detail, the criteria to be checked step by step state that online retailers must provide full and clear details of their identity including (1) full name, legal

2. Definition of Trust

Trust has been studied across various disciplines and contexts (e.g., Golembiewski and McConkie, 1975; Kramer and Tyler, 1996; Bohnet et al., 2002). Therefore, trust has been reflected in many facets and levels (Hosmer, 1995; McKnight and Chervany, 1996; Rousseau et al., 1998).

An outcome of research done so far is that trust itself can be very difficult to observe and measure (Jarvepaar and Tractinsky, 1999). Although scholars have expressed a great deal of interest in trust, its study has remained problematic for reasons such as a) problems with the definition of trust as well as b) confusion between trust, its antecedents and its outcomes. Between disciplines there exist definitial & methodological disputes with respect to the nature of trust and thus its measurement (Camp, 2002). This work builds upon the conception of trust as stated in the Internet and business literature.

Mayer et al. (1995) define trust at the organizational level as "the willingness of a party to be vulnerable to the actions of another party based on the expectation that the other will perform a particular action important to the trustor, irrespective of the ability to monitor or control the other party" (p. 712).

On the interpersonal level, trust has often been defined as the positive anticipated behavior of another person or party. Interpersonal trust has been discussed in recent articles in order to determine conditions of interpersonal trust (Butler, 1991; Currall and Judge, 1995; Mayer et al., 1995; McAllister, 1995). Ring and Van de Ven (1994) for example refer to trust as "confidence in the good will of others" (p. 93). McAllister (1995) defines trust as "the extent to which a person is confident in, and willing to act on the basis of, the words, actions, and decisions of another" (p. 25).

Another important area linked to any discussion of trust is risk taking and the arising vulnerability and feeling of dependence among different parties (Camp, 2000; Deutsch, 1958; Mayer et al., 1995; Zand, 1972). As a result, literature provides us with examples in which trust gets defined through readiness of risk taking. Zand for example expresses trust as '… the willingness of one person to increase his or her vulnerability to the actions of another person whose behavior is not under his or her control.' (p. 232). For Camp, trust is exactly the potential for negative consequences. According to this formulation trust is a measure of risk.

The close relationship between trust and risk is also stressed in Mayer et al. (1995). In that an explanation of trust is the willingness to be vulnerable to the actions of another party. According to Jarvenpaa and Tractinsky (1999) trust in a merchant mitigates a consumer's perception of the risks involved in a purchase situation.

As a plus, the literature makes two important distinctions between trust on an interpersonal level on the one side and on an organizational level on the other side: Most research on trust has been done in the business to business setting (Hunt and Morgan, 1994; Salmond, 1994; Wilkinson and Young, 1994) as well as relational retail settings (Crosby, Evans and Cowles, 1990). However, the research done in the organizational level seems to be predominately conceptual. Hosmer (1995) defines organizational trust as 'the reliance by one group or firm upon a voluntarily accepted duty on the part of another group or firm to recognize and protect the rights and interests of all others engaged in a joint endeavor or economic exchange' (p. 393*).*

As e-commerce – and there in particular the field of B to C – touches both the personal as well as organizational area, this study will look upon trust from this intersection's angle. Therefore, trust in e-commerce will be defined as a consumer's willingness to rely on the vendor and the medium, and take action in circumstances where such action makes the consumer vulnerable to the vendor. Doney and Cannon (1998), Jarvenpaa and Tractinsky (1999), and Mayer et al. (1995) have developed this definition.

To be consistent with the domain of this proposed research – namely consumer trust in the Internet – the focus will be on individual consumer's trust in trust service providers and thus their influence on the transactions with e-commerce vendors as well as a valid e-business model behind such a program.

3. Internet and Tourism

As Bieger et al. (2002) mention, the introduction of the Web also brings a lot of changes to the traditional value chain process – especially in the tourism industry. As further reasons for changing environments he mentions a changing field of competitors due to the global exposure as well as an increasing request from the customer for 'all-inclusive service packages' bundling formerly separated services together.

The tourism industry has been strongly affected by the introduction of the Internet as a distribution as well as communication channel; complete price transparency is just one of the challenging consequences for the tourism industry. Tourists in general start to claim more and more power in the purchasing process up to the point that traditional distribution channels become either substituted by the Internet or transform to a hardly profitable industry with razor-thin margins.

As value chains are altered, business models as well as growth strategies also become victims of change as terms such as cooperation or synergy effect receive new meaning through the medium of the Internet (Weiermair, 2001).

Furthermore, especially small and medium sized tour operators are facing the consequences of the Internet; both the advantages and disadvantages of being 'a click away' from the international tourist and – at the same time – the international competition. This access to international markets turns out to be a blessing as long as the tour operator manages to transform his new audience into customers; a difficult transformation however, as tourists reveal an increasingly declining brand awareness going hand in hand with a general decreasing price elasticity as well as increased international competition.

From the customer's point of view, there are of course some threats diminishing the Internet's potential as a catalyst of the online tourism market. E-commerce in general suffers through the level of anonymity the Internet offers to all its participants, leading to decreasing accountability as well as increasing poten-

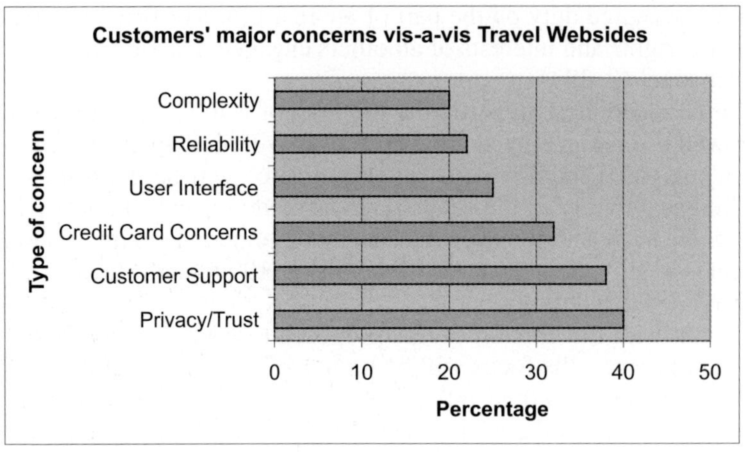

Fig. 1. Major customer's worries concerning online travel web sites

tial misuse, fraud and insecurity. As Fig. 1 shows, visitors of online travel sites most worry about issues such as privacy/trust (40%), followed by sufficient customer support (38%) and credit card fraud in third place with 32%, which can be seen as a subcategory of trust.[2]

The Areas of Concerns can thus be summarized to: 1) Uncertainty about Product Quality, 2) Uncertainty concerning the Process Capacity, 3) Credit Card fraud, 4) Concerns about Privacy Policies, 5) Uncertainty about Data Handling/ misuse, 6) eVendor's Familiarity, 7) Company Policies, 8) Web Site Design, 9) Navigation, 10) Customer Service. In order to make the eTourist's concerns more visible, Fig. 3 lists questions the end-consumer asks himself during the decision making and purchase process of a tourism product online.

However, the critical upside potential of the Internet as a facilitator and catalyst for the Tourism market makes it hard to understand the little research scholars and practitioners alike have dedicated to the areas of concern mentioned in Fig. 1. The Online Travel Market represents one of the most lucrative markets: Every second, a respective $18 500 is spent by residents and international tourists on travel and tourism in the US. As the third-largest retail sales industry in the United States, travel and tourism generated over $580 billion in total expenditures in 2001, even though the result of the last months were overcast by the events around September 11, with consequences highly affecting the tourism industry.[3] As only $20 billion of this market are realized electronically, the immense potential for the Internet in this industry in a non-tapped 94% of remaining market becomes obvious.

In order to best understand the Internet's importance for the tourism industry, one also has to take its role as information/communication channel into account. As Fig. 2 reveals, the conversion rate between web site visits into effec-

---

[2] PhoCusWright, Inc., Sherman, CT USA 2001.
[3] Source: Travel Industry Association of America 2001.

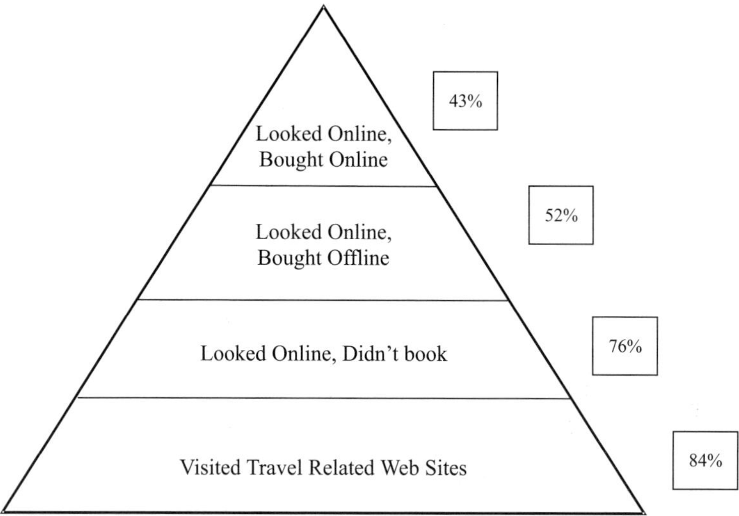

Fig. 2. Tourist activities online (Source: PhoCusWright, Inc., Sherman, CT, USA 2001)

tive online purchases does not exceed 9%; before raising accusations concerning a possible waste of resources, one also has to take the 52% of the web site visitors into account who decide to buy offline after an online consultation. This small example teaches us about the underlying importance of the Internet as an overall information source.

4. Tourism Search Behavior

Both tourism scholars as well as practitioners recognize the importance of understanding the information search behaviour of leisure tourists (Schul and Crompton, 1983; Snepenger et al., 1990). In the – through the introduction of the Internet – increasingly competitive marketplace the tourist's awareness, selection and choice of tourism products and services depends on the information available to and used by the tourist (Moutinho, 1987). Moutinho (1987) defined the information search as an expressed need to consult various sources prior to making a purchase decision. His definition identified three major factors emphasized in the tourism information search literature: a) motives, b) determinants and c) sources.

The primary motive for tourists to engage in an information search is to enhance the quality of the trip (McIntosh and Goeldner, 1990). Internal as well as other external sources are consulted in order to choose a destination and make decisions about travel mode, attractions to be visited, onsite activities or lodging facilities (Snepenger et al., 1990; Perdue, 1985).

Concerning the determinants of the search, Engel, Warshaw and Kinnear (1991) have conducted some research (also see Etzel and Wahlers, 1985). Snepenger et al. (1990) identified the following four variables affecting the tourist's information

Beliefs:	Areas of Concern:	eTourist's questions:
I. COMPETENCE:	1.Product Quality	• How does the trip really look like? • Are the information presented online updated? • Is value adding information available and easy to understand?
	2. Processing Capacity	• Will my ticket/travel documents arrive on time? • Are there any guarantees given? • What is the speed of online versus offline booking?
II. BENEVOLENCE:	3. Credit Card Fraud	• Will my Credit Card be misused? • Are there payment options other than paying with Credit Card?
	4. Privacy Information	• What happens with the information I am giving out? • Can I see any privacy statement/electronic certification?
	5. Data Handling	• Will any kind of information be given to third parties? • Is 'Big brother' watching me? • Are secured lines be used?
III. PREDICTABILITY:	6. Familiarity	• Am I familiar with the eTravel agency? • Is the brand well-known? • Did I have any recommendation from a third trusted party? Word-of-mouth? Travel Community?
	7. Company policy/legal status	• What will happen in case there is a problem? • Who is liable for what? • What about the legal status? Any indications to whom I have to address myself? • How much control/power do I have?
IV. INTEGRITY:	8. Web site design	• Does the design allow a convenient shopping experience? • Will the site be there? Or do I have to count on the site's non functioning from time to time? • Is the language used appealing to me? • Is the site designed for physically impaired people?
	9. Navigation	• Do you feel comfortable searching for things on the website? • Does the logic of the site follow your own? • Are the menu categories clearly differentiated? • Is the essential information no further than two clicks away from the home page? • Will the site easy recover if I make a mistake?
	10. Customer Service	• Can I talk to somebody in person? • What about the level of personalization and timeliness of e-mails?

Fig. 3. Tourist's areas of concerns

search: *The presence of friends or relatives at the destination, the traveling party composition, past experience and (thus) the degree of novelty associated with the destination.*

As the last factor, Moutinho lists the information sources used by the tourist. In general there are a number of information source typologies that exist: The most fundamental distinction however is the one between an internal and external information search. The internal search can be characterized as the one almost always taking place initially, when past experience is used as the basis of planning a repeat visit to a destination.

In the case of leisure/vacation travel, the external search is usually the one used, as the tourist is normally not familiar with the final destination. This type of research demands considerable effort and the consultation of numerous information sources (Raitz and Dakhil, 1989). A good classification model of these sources for example was elaborated by Engel, Blackwell and Miniard (1995) which uses the two axes of 1: *Personal/Impersonal communication* and 2: *Commercial and Non-commercial information.* Whereas Moutinho's information search model explains the reasons for as well as the information sources used by tourists, a profound understanding of the information research process itself is essential. In addition, a precise examination of possible differences/similarities between the usage of traditional information channels versus the Internet can reveal crucial elements to a better understanding of the area: So far, the destination naive tourist first used to address him/herself to the travel agency or tour operator as an information source; then, together with the agent, travel destinations as well as means of transportation were chosen, and the tourist was asked to pay the full price of the trip in advance. In addition he also gave out private information about own personal preferences, needs and other data.

The reason for the tourist's open-mindness concerning additional information can be explained by the fact that the perceived quality of the tourist product is highly linked to the level to which the trip can be customer-tailored. In other words, the more personal information about the tourist is known, the better the trip can be customized and thus the higher are the chances of complete satisfaction with the trip experience.

The answer to the question about why the tourist is willing to undertake all these transactions before ever having seen the product, lays in the intangible nature of the product as well as the high level of customer involvement in the product creation process. The only way of how to reduce the risk involved in this transaction is to raise the level of trust that the tourist holds vis-à-vis the travel agency or tour operator.

The willingness to give out personal information as well as to agree to an up-front payment can be explained through the level of trust the tourist has in the travel agent/tour operator. The tourist is willing to cooperate, as he/she knows that any complaints can be directed to the travel agency/tour operator where the trip was booked. Frequent complaints from the customers' side will lead to no further cooperation between the travel agent and the unsatisfying hotel/tourist service concerned. In this case, the law of demand and supply will guarantee a 'natural selection process' of the market.

Looking at the destination naive tourist's information search behavior on the Internet, various similarities with the process described above can be found: The only perceived difference is that the information provided online will most likely produce more options from known as well as unknown parties, and often the only dimension of differentiation is the price level. On the Internet, the tourist is also asked to pay upfront as well as to give certain private information in order to best customize the trip experience.

This time however, the tourist can not justify his proactive behavior through trust in a familiar travel agency, as he very often is in contact with either a tour operator he has no experience with, or directly with an end provider (hotels, transportation company, etc...) he/she is not familiar with. An additional risk arises through the usage of a new media, where the virtual world makes 'everything to be out there, somewhere'.

Thus, after having examined the tourist online information search behavior, the research continues with a model about the online trust creation process of tourists. As Fig. 4 shows, socio-demographic factors *(age, gender, education, income level, Internet novice versus experts, etc...)*, different Tourism Search Styles *(highly pre-defined, price oriented, geography oriented, accommodation oriented, recommendation oriented, individual traveler)*, the type of Tourism product somebody is searching for *(hotel, transportation, vacation activities, package Tours)* as well as various cross-cultural dimensions *(masculinity/femininity, individualism/collectivism, level of uncertainty and power distance)* are key when it comes to discovering how trust is perceived and created online among eTourists.[4]

The combined factors listed above hence influence the four major trust beliefs from McKnight and Chervany (2000): *Competence, Predictability, Benevolence and Integrity* which, together with the *Trusting Intentions* (willingness to dependency) and the *Institutional based trust* (situational normality and structural assistance) determine the level of online trust.

5. Trust Service Provider

Understanding the tourist information search and trust creation processes on the Internet, the question can be asked what type of trusted third party best fits the tourist's needs. In the literature, various trust service providers exist; they are normally distinguished along the various dimensions of trust they cover – such as privacy, security, consumer satisfaction, reliability and assurance of guarantees (Zhang et al., in this book) – and thus the various services offered.

Fig. 5 summarizes a differentiation among five generic models of Trust Service Provider for Online Tour Operators (*Rating System, Trust Seal/Certification, Financial/Credit Card Institution, Trust Agent, Trust Tool Provider*) along

---

[4] NB: Further differentiation can be made concerning the type of trip (such as leisure, business, education, etc.). This research focuses on leisure travel as it represents the biggest online Tourism market nowadays.

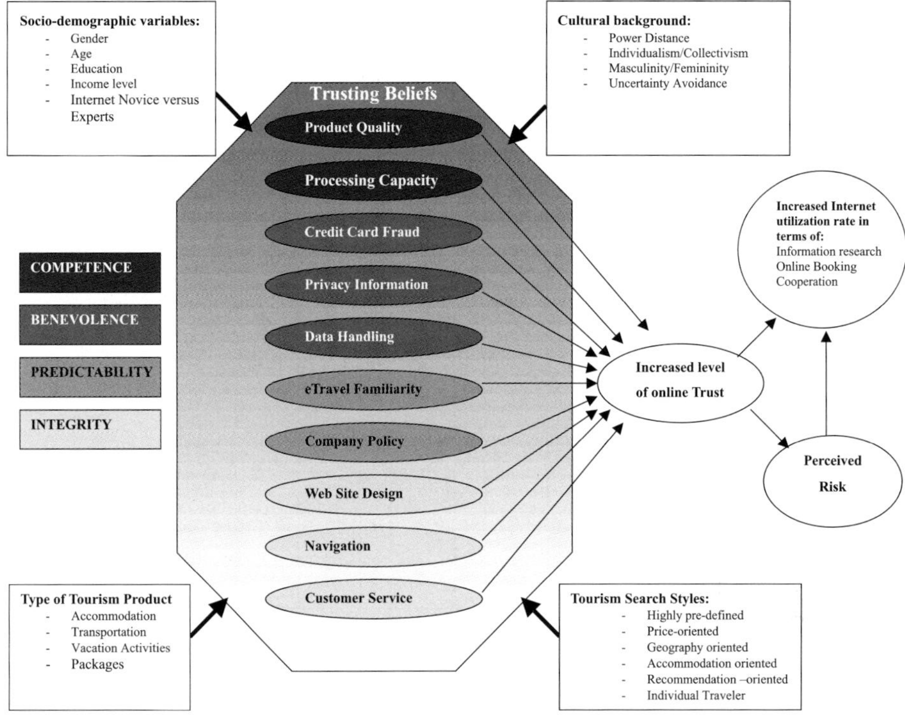

Fig. 4. Tourist's online trust creation process (preliminary findings)

the nine areas of concern (*uncertainty about: product quality, delivery, legal status, credit fraud, data misuse, privacy, unfamiliarity with e-vendor, risk of new technology, direct human interaction*). These areas of concern have been identified in a thorough literature review of existing literature and research done by scholars in the area (Beirne and Curry, 1999; Connoly, 1998; Kroebel-Riel, 1998; Maeser and Weiermair, 1998; Roehl, 1992; Zeithaml, 1998).

With regards to the four different dimensions of socio-demographic variables, cultural factors as well as Tourism Search Style and type of Tourism products influencing the Trust Creation Process mentioned in the Tourism Search Behavior, a series of hypotheses are made in order to verify the models presented in Fig. 5. With the help of the model, the importance and interdependency of each of these dimensions is investigated. Furthermore, the type of Trust Service Provider covering most areas of concern is analyzed with regards to best FIT to today's eTourist's demands Focusing on this type of Trust Service Provider. Weill's et al classification of e-business models is used to conduct a thorough investigation of possible e-business models. Focusing on the Trust Seal Provider model, various Trust service providers (Rating system, Trust seal provider, Trust Agency, Financial/Credit Card Institution, Trust Tool provider) will be analyzed for the e-business model elements such as a) major entities (TSERP, Customer, Supplier, Allies/Networking), and b) major flows (product, information, financials, revenue).

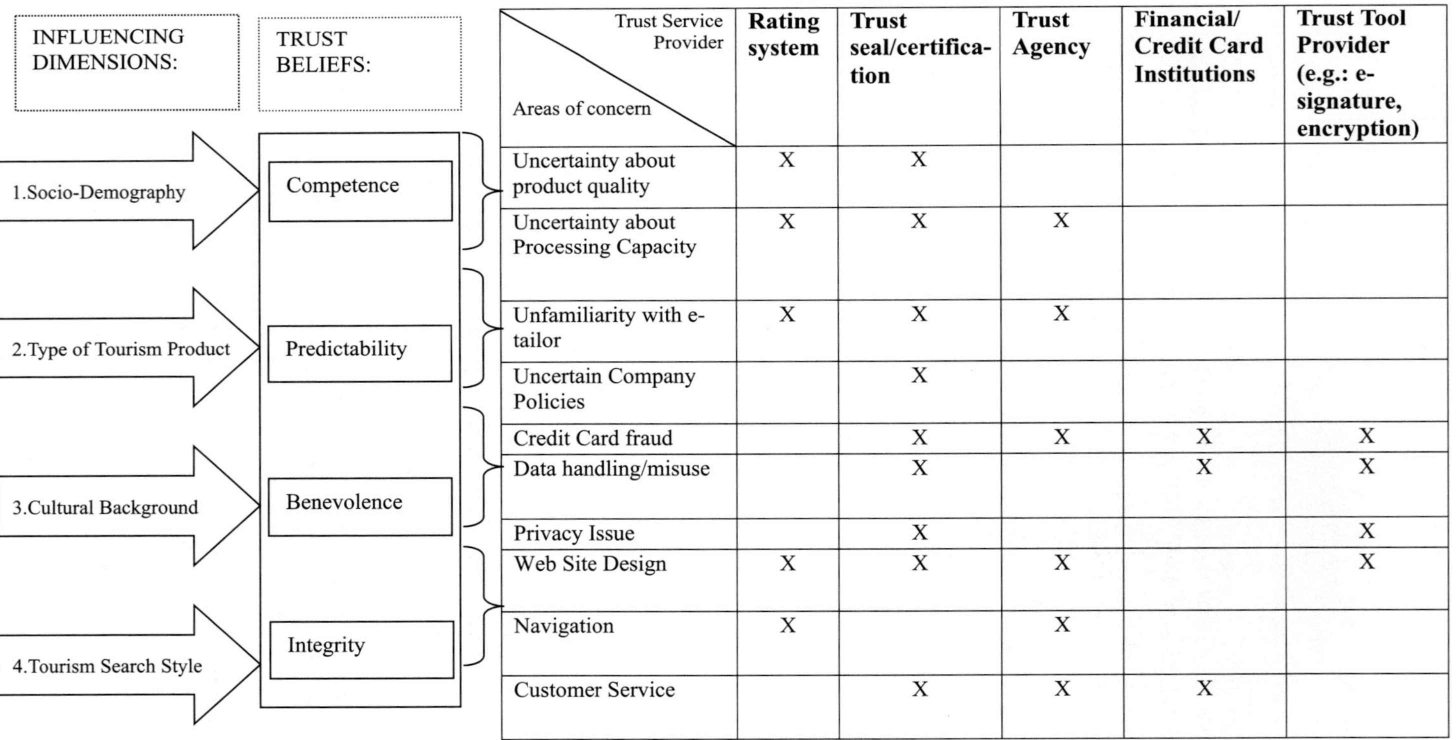

Trust Service Provider / Areas of concern	Rating system	Trust seal/certification	Trust Agency	Financial/ Credit Card Institutions	Trust Tool Provider (e.g.: e-signature, encryption)
Uncertainty about product quality	X	X			
Uncertainty about Processing Capacity	X	X	X		
Unfamiliarity with e-tailor	X	X	X		
Uncertain Company Policies		X			
Credit Card fraud		X	X	X	X
Data handling/misuse		X		X	X
Privacy Issue		X			X
Web Site Design	X	X	X		X
Navigation	X		X		
Customer Service		X	X	X	

Fig. 5. The four dimensions' influence on the areas of concern and the trust service provider

6. First Insights of the Research

The following section represents a brief summary of research results found so far. It is important to note that these results are based on the theoretical investigation done and are to be verified by the empirical study planned for the first quarter of the year 2003:

- The Trust Service Provider covering most areas of concern of tourists using the Internet is the Trust Seal Certificate. The two areas not covered are *risk of new technologies* as well as *direct human interaction*. However, looking at an importance rating of the various areas of concerns, these two areas are never mentioned as top priorities and hence do not have to be estimated as significant.
- General consumer research underlines the importance of price, brand as well as quality testing. One of the main value added factor of a Online Trust Seal Program is the provision of comparative data leading to two positive effects among the end-customer: Tour Operator's increased trustworthiness as well as an additional convenience factor for the tourist who appreciate the 'time saving' factor.
- The travel decision process embraces multiple stages of information collection. As a result, the trust creation online vis-à-vis a Tour Operator or Travel Agent has to fit into the overall communication channel strategy of the company concerned.
- Involvement rate and risk perception are two crucial elements of the online Trust Creation Process. Risk perception highly depends on the social-demographic factors of the e-tourist, the cultural background as well as the type of tourist product searched.
- The higher the level of involvement the Tour Operators Website allows, the higher the perceived trustworthiness of the Tour Operator among e-tourists who benefit from an increased control feeling and the convenience of a customized product.
- In order to avoid an information overflow and a hence decreased level of trustworthiness among e-tourists, standard products also have to be offered and should be clearly displayed on the website.
- The usage of multiple distribution as well as communication channels in tourism also implies an increased trust creation rate of a Trust Seal Program in case of omnipresence in most of these channels.
- As general guidelines for an e-business model of a Trust Seal Certificate, customers tend to trust organizations with NGO character more than privately-held companies. Thus there exists an inclination toward an appellation such as *.org* or *.net* than *.com* and no direct revenue streams between the Trust Seal Provider and the Tour Operators and Agencies.

In addition, public tourism organizations (such as Austrian Advertising) should be used as allies in order to increase the trustworthiness of the program. Besides leveraging on known brands, institutions like these one are perceived by the tourist of being capable of intervening in case of possible complaints afterwards.

Furthermore, the only existing revenue stream is the one between the public tourism organizations mentioned and the Tour Operators/Travel Agencies that pay an annual fee as fixed contribution to the Trust Seal Program. This finance model will help to keep biases at a minimal level and thus make tourists believe in ratings giving out by the Trust Seal Program.

Concerning the information flow, tourists do not mind the Travel Agent to share information given with other allies in the network, as long as – of course – no misuse take places and any marketing efforts taken are perceived by the tourist as 'well-targeted' and 'time saving'.

7. Empirical Study

One of the main challenges of this thesis is to solve the problem of measuring such a vague element as the one trust represents. Due to the high level of subjectivity of the theme itself, a purely quantitative approach would not allow for the level of insight necessary for a sufficient understanding of the topic.

As a result, the empirical research itself combines two different sources of information: One is a qualitative research using the ZMET methodology[5], as well as round tables with Internet users upon their subjective opinions about trust in the Internet. This information will help to better understand the importance for various criteria in online trust seal programs. Once having established a trust seal model, an online quantitative survey will complete the research by verifying the hypothesis made.

The research will be conducted at Harvard University, using various research facilities at Harvard Business School and MIT. The constraints of the online Trust creation by the four different dimensions will be taken into account when selecting individuals as interviewees. In order to best evaluate and examine the proposed Trust Service provider, additional interviews with experts from the tourism industry might follow.

8. Practical Implications of the Study

The results of this research will be useful to marketers as well as general management alike: First, as a lot of traditional trust enhancing factors – such as physical store location, personal interaction between buyers or in some cases even brand equity – no longer hold any truth in the dot.com world, trust-communicating vehicles such as trust seal programs can provide a crucial competitive advantage (Porter, 2001).

Second, even though the "Internet Hype" has come to an end, there is no question about the advantages the Internet and e-commerce brings for customers and companies especially in a multi-channel setting. The current generally negative opinion towards the Internet is primarily based upon the misfortunes of

[5] Further information see: http://www.hbs.edu/mml/zmet.html.

companies who did not really understand how to best implement this new medium into their business model. Unfortunately, these negative developments increases the mistrust with which customers nowadays enter e-commerce transactions and thus increase the need for programs such as those regarding trust seals in order to establish trust among customers (Buhalis, 2003).

Third, understanding which criteria are important for a trust seal program in the tourism area as well as what type of business model best meets the specific requirements will provide the base for developing a 'real life' tourism trust seal program.

9. References

Beirne, E., Curry, P. (1999) The Impact of the Internet on the Information Search Process and Tourism Decision Making, in: Buhalis, D., Schertler, W. (eds.) Information and Communication Technologies in Tourism, Vienna, pp. 88–97.

Bieger, T., et al. (2002) Zukünftige Geschäftsmodelle: Konzept und Anwendung in der Netzökonomie, Springer, 2002: pp. 13–33.

Bohnet, I., Ashraf, N., Piankov, N. (2002) Decomposing Trust, non published paper see: http://ksghome.harvard.edu/~.ibohnet.academic.ksg/Decomposing_10_16.doc, Last access: 01/15/03.

Buhalis, D. (2003) eTourism: Information Technologies for Strategic Tourism Management, FT Prentice Hall.

Butler, J. K. (1991) Toward understanding and measuring conditions of trust. Evolution of conditions of trust inventory, in: Journal of Management, 17: pp. 643–663.

Camp, L. J. (2000) Trust and Risk in Internet Commerce, MIT Press.

Connolly, D., Olson, M., Morre, R. (1998) The Internet as a Distribution Channel, Cornell Hotel and Administration Quarterly, 39, 4: pp. 43–54.

Crosby, L. A., Evans, K. R., Cowles, D. (1990) Relationship quality in service selling, in interpersonal influence perspective. In: Journal of Marketing, 54 (July): pp. 68–81.

Curral, S. C., Judge, T. (1995) Measuring trust between organizational boundary role persons, in: Organizational Behavior and Human Decision Processes, 64 (2): pp. 151–170.

Deutsch, M. (1958) Trust and suspicion. Journal of Conflict Resolution, 2: pp. 265–279.

Doney, P. M., Cannon, J. P. (1997) An examination of the nature of trust in buyer-seller relationship, in: Journal of Marketing, 61 (2): pp. 35–51.

Engel, J., Warshaw, M., Kinnear, T. (1991) Promotional Strategy (7th edition), Boston MA: Irwin.

Etzel, M., Wahlers, R. G. (1985) The use of requested promotional material by pleasure travelers, Journal of Travel Research 23(3): pp. 2–6.

Forrester Research (August 2002) Us eCommerce: The next five years.

Forrester Research (April 2002) Retail's Pan-European Future.

Golembiewski, R. T., McConkie, M. (1975) The centrality of interpersonal trust in group processes, in Cooper, G. L. (ed.), Theories of Group Processes, London: John Wiley & Sons: pp. 131–185.

Hosmer, L. T. (1995) Trust: The Connecting Link between Organizational Theory and Philosophical Ethics, in: Academy of Management Review, 20, 2: pp. 379–403.

Hunt, S. D., Morgan, R. M. (1994) Relationship marketing in the area of network competition, in: Marketing Management, 3 (1): pp.19–28.

Jarvenpaa, S. L., Tractinsky, N., Vitale, M. (2000) Consumer trust in an Internet store, in: Information Technology and Management, 1, 2000: pp. 45–71.

Kroeber-Riel, W. (1988) Kommunikation im Zeitalter der Informationsüberlastung, Marketing-ZFP, Heft 3: pp. 182–189.

Maeser, B., Weiermair, K. (1998) Travel-Decision Making: From the Vintage Point of Perceived Risk and Information Preferences: Journal of Travel and Tourism Marketing, 7, 4: pp. 107–121.

Mayer, R. C., Davis, J. H., Schoorman, F. D. (1995) An integrative model of organizational trust. Academy of Management Review, 20: pp. 709–734.

McAllister, D. (1995) Affect- and cognition-based trust as foundations for interpersonal cooperation in organizations, in: *Academy of Management Journal*, 38(1): pp. 24–59.

McKnight, D. H., Chervany, N. L. (1996) The meanings of trust. Working paper No. 96–04, University of Minnesota Carlson School of Management, Minneapolis, MN.

McKnight, D. H., Chervany, N. L. (2000) What trust means in e-commerce customer relationships: An interdisciplinary conceptual typology, working paper.

McIntosh, R., Goeldner, R. (1990) Tourism: Principles, Practices, Philosophies. New York: Wiley.

Moutinho, L. (1987) Consumer Behaviour in Tourism: European Journal of Marketing 21: pp. 5–44.

Perdue, R. (1985) Segmenting State Travel Information Inquirers by Timing of the Destination Decision and Previous Experience. Journal of Travel Research 23(2): pp. 6–11.

PhoCusWright, Inc., Sherman, CT USA (2001) http://www.nexcel.net/download/Phocusrighton-line-travel-survey.ppt, Last access: 01/23/03.

Porter, M. E. (2001) Strategy and the Internet, in: Harvard Business Review, March 2001: pp. 63–78.

Raitz, K., Dakhil, M. (1989) A Note about Information Sources for Preferred Recreational Environments, in: Journal of Travel Research, 27/4: pp. 45–49.

Ring, P. S., Van de Ven, A. H. (1994) Developmental processes of cooperative interorganizational relationships. Academy of Management Review, 19: pp. 90–118.

Roehl, W., Fesenmair, D. (1992) Risk Perception and Leisure Travel: An Exploratory Analysis, Journal of Travel Research, Vol. 30, 4: pp. 17–26.

Salmond, D. (1994) Refining the concept of trust in business-to-business relationship theory, research and practice, Research Conference Proceedings, Emory University, Atlanta.

Schaffer, S. (2001) Companies in the Internet and Their Relationship to Their Clients, Course Paper in Customer Behavior Lab, Harvard Business School.

Schul, P., Crompton, J. (1983) Search Behaviour of International Vacationers: Travel-Specific Lifestyle and Sociodemographic Variables, Journal of Travel Research 21: pp. 25–31.

Snepenger, D., Meged, K., Snelling, M., Worrall, K. (1990) Information Search Strategies by Destination Naive Tourists.

Travel Industry Association of America (2001) http://www.tia.org/Pubs/pubs.asp?Publication-ID=90, Last Access: 01/26/03.

Weiermair, K. (2001) Überlegungen zum Wachstumsverhalten der Tourismusbranche, in Jahrbuch der Schweizerischen Tourismuswirtschaft 2000/2001: pp.125–139.

Weill, P., Vitale, M., Ross, J. (2001) From Place to Space, MIT Press.

Wilkinson, I., Young, L. (1994) Business dancing: the nature and role of interfirm relationships in business strategies, in: Asia-Australia Marketing Journal, 2 (August), pp. 67–80.

Zand, D. (1972) Trust and managerial problem solving. Administrative Science Quarterly, 17: pp. 229–239.

Zeithaml, V. A. (1998) Consumer Perception of Price, Quality and Value: A Means-end Model and Synthesis of Evidence, Journal of Marketing, July 1998: pp. 2–22.

Karianne Vermaas, Lidwien van de Wijngaert

THE DISCLOSURE OF PERSONAL INFORMATION ON THE INTERNET: USER MOTIVATION, RELIABILITY AND PRICE AS EXPLAINING FACTORS

Would you be willing to provide personal information in exchange for a new pc? Yes, of course, was the reply given by a large number of Internet-users visiting Free PC.com's website. This site gives away computers to people who are willing to give information regarding their income, their buying habits and lots of other things. Over half a million people thought this was a good idea, much to the surprise of Free PC.com, that had not anticipated such an overwhelming response. Apparently many people are not that secretive when it comes to their personal information, for there was also a long cue outside Free PC's offices in Pasadena, California, ready to sign up.[1]

Although it is often claimed that society is growing increasingly impersonal and disinterested, it looks as though businesses are becoming more and more interested in the consumer and try to approach that consumer in as personal a way as possible. It is about name, address and city, telephone numbers, hobbies, the frequency of Internet visits, etc. Information regarding the consumer may be valuable from a Customer Relation Management point of view, but at the same time it is a tricky issue: in the last few years there have been a fair number of scandals related to this information (Registratiekamer, 1999). Most Internet search engines, for example, use information concerning Internet behaviour to target their advertising activities or to pass information on to third parties (Trouw, 29 May 2001).

The authors of this report have conducted research in this area. Starting point is that, under certain circumstance, people are willing to provide personal information. An experienced Internet-user, for example, may be willing to list his interests in combination with his e-mail address, provided a reliable organisation send him a newsletter that is tailored to his interests. The central question here is what personal information people are willing to provide on the Internet, and under what circumstances.

It is not only the business community and government that may benefit from the opportunities ICT has to offer in this area, but citizens/consumers as well

---

[1] http://www.i-nieuws.vuurwerk.nl/archief/449.htm, 2000.

may use them to their advantage. The most important opportunity ICT has to offer in this respect is the possibility to obtain services that are tailor-made. Basically this means that companies and government agencies can personalise their services. For example by setting up a service whereby citizens can obtain information that is tailored to a neighbourhood, a street or a person. Companies can better aim their marketing activities at individual customers (Hagel, 1999). As far as consumers are concerned, the advantages can be summarised in three words: an increase of gain, convenience and enjoyment.

1. Name, Address and Social Security Number

There are a number of ways to collect personal information. The pros and cons of collecting data automatically can thus be analysed. What we are talking about here is a way of collecting personal information whereby the user plays an active role. We can distinguish two kinds of data collection: voluntary and obligatory (Caspers, Hosman and Verkerk, 1999). When someone applies for housing benefit, they are obliged to provide information regarding their income. In the case of the New York Times (see Fig. 1), which is basically about peoples' interests, they are also asked about their income. In this case users provide the information voluntarily. This article deals with the active and voluntary disclosure of personal data.

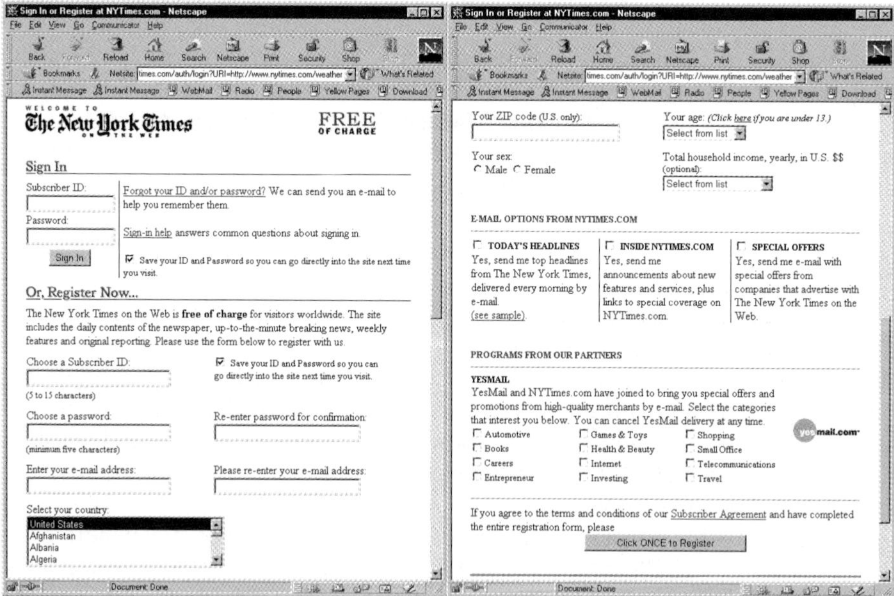

Fig. 1. A question form on the Internet (www.nyt.com)

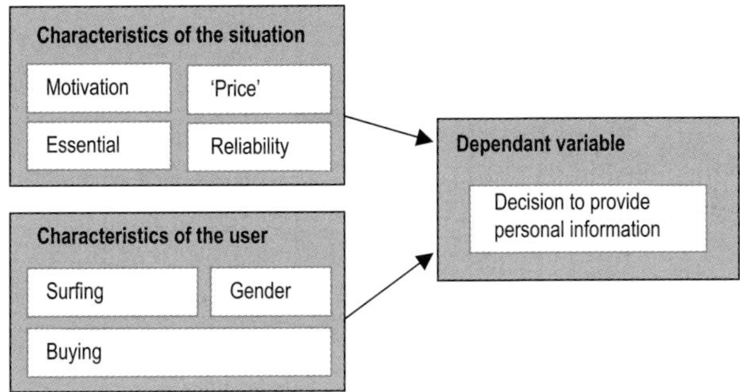

Fig. 2. The research model

2. Taking Decisions

The theoretical background of our study was the following: people take decisions to provide personal information on the basis of the relationship between the benefits they expect and the effort they have to make to obtain those benefits. Basic economic theory (Andriessen, 1968) and human motivational behaviour (Mook, 1996) serve as a starting points. As far as this study is concerned we draw on the work of Metzger and Grant (2002). They state that people weigh a reward (a newsletter, the chance to win a vacation to an exotic location, information on a certain subject) against the costs (providing more or less confidential personal information). In their decision the possibility that the information they have provided can be misused does play a role. This judgement can be influenced by the amount of experience people have on the Internet. Gender could also be a factor.

This brings us to the research model presented in Fig. 2. The model indicates that there are two distinguishable clusters of factors. These clusters are:

1. **Characteristics of the situation:**
    *   *motivation*: the reward (large or small) for providing personal information;
    *   *essentiality*: the degree (high or low) to which the information that is requested is essential to the provision of the service;
    *   *price or confidentiality*: the level of confidentiality of the information that is requested (high or low);
    *   *reliability*: the degree to with the organisation requesting the information is seen as reliable (high or low) and with it the chance of abuse;

2. **Characteristics of the individual:**
    *   *experience on the Internet:* the amount of experience with, the frequency of and the attitude towards surfing on the Internet;
    *   *experience with buying over the Internet*: the amount of experience with, the frequency of and the attitude towards buying on the Internet;
    *   *gender*: male or female.

3. Sample and Data Collection

The model has been tested by presenting a written questionnaire to a sample of students at the University of Utrecht and the Polytechnic of Utrecht. There are a number of reasons to select this sample. A relatively high proportion of students have access to the Internet and they already have experience with the decision whether or not to provide personal information on the Internet. In that sense students are forerunners for other groups in society. Furthermore, they present a relatively homogeneous population, which helps show the effects of the variables. The other reason is that it is relatively easy to present them with surveys. In all, 97 students have taken part in the research.

4. Policy Capturing

To test the model we have described above we have used the Policy Capturing method. Policy Capturing is a method of investigating in what way individuals combine information to reach decisions (Kline and Susky, 1995). Respondents are presented with fictitious cases. These cases, also referred to as vignettes, are brief descriptions of a situation that contains information describing the situation accurately (Rooks, Selten, Raub and Tazelaar, 1997). In the case of this research the variables are motivation, essentiality, price and reliability. Each of these variables can have either a high or a low value. A specific combination of variables produces the following case.

For an important University assignment you are looking for information on the economic growth in the Netherlands. De Volkskrant Online [a Dutch national newspaper] offers the following service: if you leave your e-mail address on their website, they will send you a weekly newsletter containing all the information you require for your paper. In the privacy statement of the newspaper's website you read that they guarantee the information will not be given to third parties. Will you use this service?

The values of the variables in this case are *motivation*: high; *reliability*: high; *essentiality of the information*: high and *confidentiality of the information*: low. For the other cases (24=16) other combinations of values are used. In the survey all respondents have been presented with sixteen cases: one case for each combination.

As far as the price is concerned (i.e. the perceived confidentiality) an additional step had to be taken. Not everybody considers a certain piece of personal information equally confidential. Some people have no trouble at all providing their address, whereas others consider it highly confidential. For that reason we have asked respondents (prior to the cases) to what extent they find it problematic to provide certain personal data. Fig. 3 presents the answers to this question (the place on the scale is determined by the average answer respondents gave to the question to what extent they would be predisposed to provide, for example, their telephone number on the Internet).

In addition to asking respondents to indicate what they would do in each of the cases, we have asked them about their experiences with the Internet and their gender.

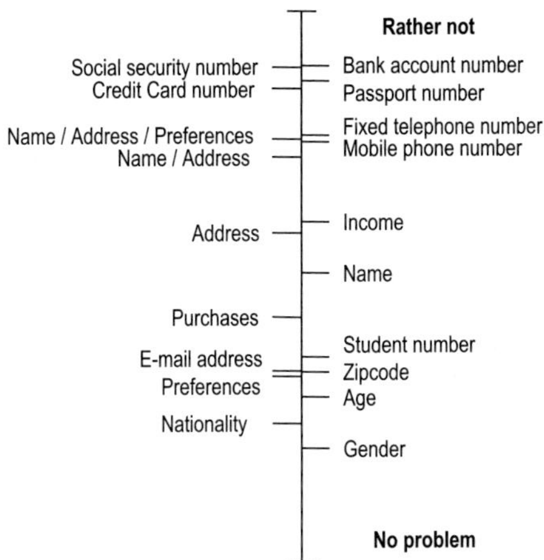

Fig. 3. Perceived confidentiality

5. Data Analysis

The data we collected have been analysed using SPSS. To begin with, frequency tables were made and a number of Chi2- and T-tests conducted (depending on the measuring level that was used). In addition, several scales were constructed using Cronbachs Alpha as a reliability test (Den Boer, Bouwman, Frissen and Houben, 1994). To test the model in its entirety a multilevel logistic regression was conducted. As a result of the binary dependant variable we have selected logistic regression rather than a regular regression analysis. A correction for possible multilevel effects was necessary because each respondent was presented with several cases. For an extensive explanation of the nature and background of multilevel logistic regression we refer to 't Hart (2002).

6. Results

The results for the factors that are characteristic for the situation can be summarised as follows (see also Fig. 4):

- *confidentiality*: as the requested data become increasingly confidential, people are less willing to provide them on the Internet (t = –11.289, df = 1167.546, p = 0.00);
- *motivation*: as the reward becomes increasingly large, respondents provide information on the Internet more often (Chi2 = 101.374, df = 1, p = 0.00). However, they provide erroneous information more often as well;
- *reliability*: the more reliable a specific site/organisation is, the more easily respondents will provide information on the Internet (Chi2 = 107.365, df = 1, p = 0.00). On an unreliable website respondents tend to provide incorrect date more often;

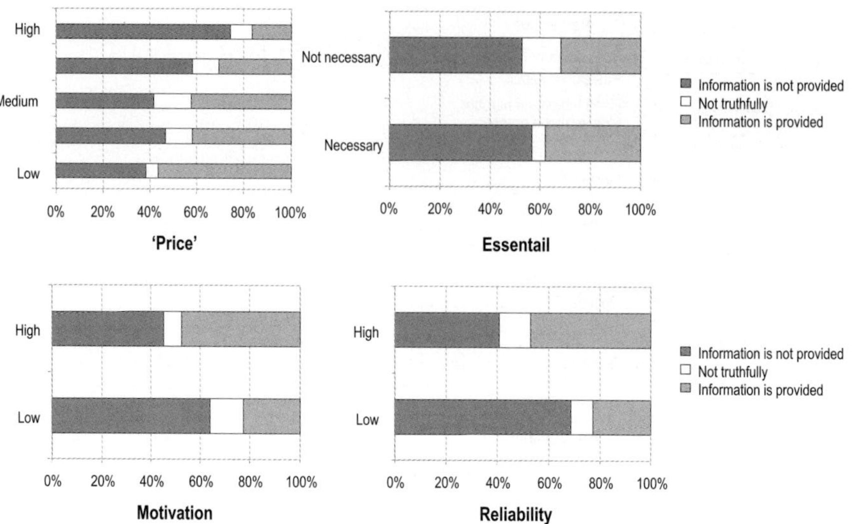

Fig. 4. Relationship characteristics situation and providing information

- *essentiality*: respondents are somewhat more willing to provide information that is essential for the service they desire (Chi2 = 6.55, df = 1, p = 0.00). Whenever non-essential information is requested respondents provide incorrect information more often.

In addition to the characteristics of the situation the model also contains characteristics of the respondent. For the variables of 'surfing' and 'buying' a scale has been made of three questions:

- To what extent do respondents have experience with surfing and buying on the Internet?
- What is the frequently with which they surf/buy on the Internet?
- How positive or negative is their attitude towards surfing/buying on the Internet?

For the surfing scale a alpha of 0.84 was found, and for the buying scale alpha of 0.86. In addition, all the inter-item correlations were higher than 0.30 (between 0.57 and 0.73). This means that the result is a homogenous scale which may be used for further calculations.

The results for the factors that are characteristic for the individual respondent can be summarised as follows (also see Fig. 5):

- *surfing*: people that surf more often, have more experience and a positive attitude, provide information on the Internet more often (t = −6.18, df = 1227.38, p = 0.00), but they also provide incorrect information more often.
- *buying*: people that buy online more often, have more experience and a positive attitude, provide information on the Internet more often (t = −6.67, df = 1000.84, p = 0.00).

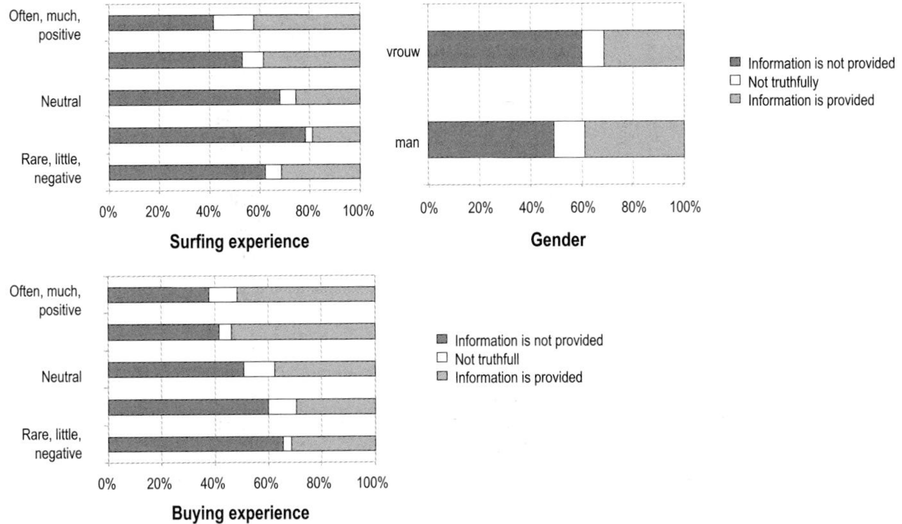

Fig. 5. Relationship individual characteristics and providing information

- *gender*: women provide personal information on the Internet less often than men do (Chi2 = 10.05, df = 1, p = 0.00). Men provide incorrect information on the Internet more often than women do.

7. Multilevel Logistic Regression

Thus far, the results have been described in terms of the relation between the decision whether or not to leave information on the Internet and a single variable such as motivation or gender. Using multilevel logistic regression we have been able to measure the effect of several variables simultaneously. Furthermore, corrections are being made for possible multilevel effects. The results of the analysis are presented in Table 1. The following conclusions can be drawn:

- Characteristics of the situation are more important than characteristics of the individual when it comes to taking the decision whether or not to provide personal information on the Internet.
- There is no significant relationship between the amount of experience with buying on the Internet and the decision whether or not to provide personal information on the Internet. The same holds true for gender: there is no difference between men and women when it comes to providing personal information on the Internet. As far as surfing experience goes, we have found a significant relationship (the more experienced people are, the more likely they are to provide personal information on the Internet). This relationship, however, contributes only to a limited extent to the amount of 'explained variance'.
- Perceived confidentiality (the greater the confidentiality (i.e. price), the less likely people are to provide information) and essentiality of the requested

Table 1. Multilevel logistic regression

	Coefficient	Standard Error	P-value	R (≈ explained variance)
Intercept	−3.83	0.28	0.00	31%
Surfing	0.28	0.13	0.03	5%
Buying	0.14	0.11	0.21	n.s.
Gender	−0.20	0.17	0.23	n.s.
Motivation	1.45	0.12	0.00	27%
Perceived confidentiality	0.45	0.05	0.00	19%
Essentiality	0.62	0.12	0.00	11%
Reliability	1.40	0.12	0.00	25%

information (the more essential, the more people tend to provide information) have a reasonably high influence on the decision whether or not to provide information.

- Reliability of the website and especially motivation to obtain the service are of great influence on the decision whether or not to provide information on the Internet. The more reliable the organisation and the more motivated the user is, the more likely it is that he or she will provide personal information.

8. A Suggestion

The general conclusion is that the gathering of 'superficial' personal information (such as gender and Internet experience) is relatively easy, but that at the same time it has limited prediction value. It is only on a mass market that such general personal data have an explanatory value. Within a specific target group it is important to collect information regarding the context within which users operate. Only by gathering data about the user's situation can one comment on behaviour. Unfortunately it is very difficult to collect such information.

What can be learned from this research is that it is important to realise what it is that one expects from users before beginning to collect personal information. Fig. 6 summarises under what circumstances people are prepared to provide personal information. The numbers indicate the relationship between the various answers that were given. What is striking is that people more often than not decide against providing personal information.

Before developing your site, make sure you consider the following issues (in this order):

1. user motivation;
2. reliability of the provider;
3. price (perceived confidentiality);
4. essentiality of the requested information;
5. Internet experience.

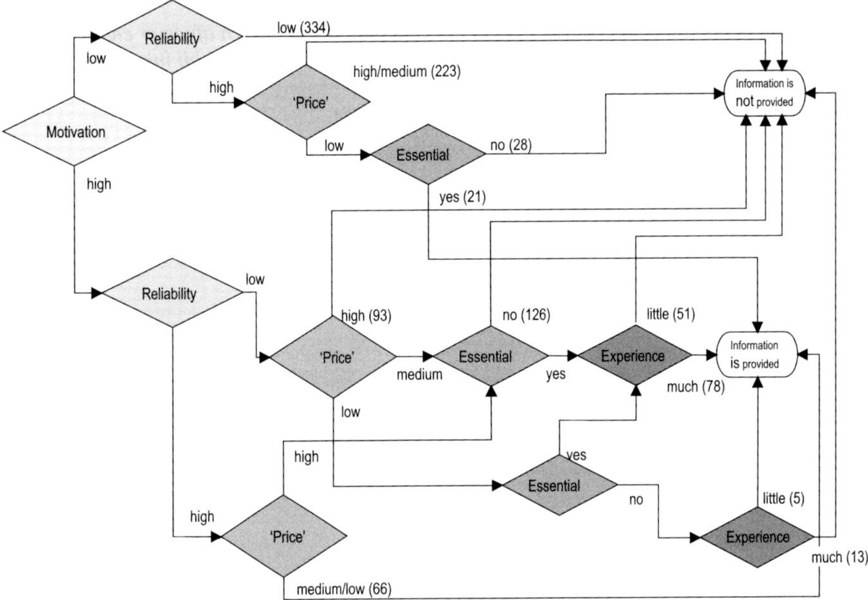

Fig. 6. Circumstances under which users will provide certain personal information on the Internet

In cases where these criteria are not met the likelihood that users will provide information, and will provide reliable information at that, falls dramatically.

9. Bibliography

Andriessen, J. E. (1968) *Economie in theorie en praktijk*. Amsterdam: Elsevier.

Artz, M. (1999) *Koning klant, Het gebruik van klantgegevens voor marketingdoeleinden*. The Hague: Sdu.

Boer, D.-J. den, Bouwman, H., Frissen, V., Houben, M. (1994) *Methodologie en statistiek voor communicatie-onderzoek*. Houten: Bohn Stafleu Van Loghum.

Borking, J. J., Artz, M., van Almelo, M. and L. (1998) Gouden bergen van gegevens, Over datawarehousing, datamining en privacy, *A&V-10*. The Hague: Registratiekamer.

Caspers, J., Hosman, G., Verkerk, S. (1999) *De Piranha Economie, E-Commerce: Strategie, Markten en Toepassingen*. Zeist: Addison-Wesley.

Hagel, J. (1999) *Reports from the personalization summit* (http://www.personalization.com, 1999).

't Hart, H. (2002) Multilevel Logistic Models, in: Little, T. D., Schnabel, K. U., Baumert, J. (eds.) *Modeling Longitudinal and Multilevel Data: Practical Issues, Applied Approaches and Specific Examples*. Mahwah (NJ): Lawrence Erlbaum.

Kline, T. J. B., Sulsky, L. M. (1995) *A Policy Capturing Approach To Individual Decision-Making: A Demonstration Using Professor's Judgements of the Acceptability of Psychology Graduate School Applicants*, http://www.cpa.ca/jbsnew/1995/october/kline4.html, University of Calgary, accessed 12 June 2002.

Metzger, M. J., Grant, R. (2002) Privacy, Trust and Disclosure: Exploring barriers to Electronic Commerce, paper presented at 51 ICA conference in Seoul, June 2002.

Mook, D. G. (1996) *Motivation, The Organization of Action*. London: Norton.

Spindler/Fallenböck, **Vertrauen im internationalen E-Commerce: Das Herkunftslandprinzip der E-Commerce-Richtlinie als Schritt in die richtige Richtung? (Trust in International E-Commerce: The Country of Origin Principle of the Directive on E-Commerce as a Step Into the Right Direction?)**

Zusammenfassung: In seiner grundsätzlichen Konzeption will das Herkunftslandprinzip in der E-Commerce-Richtlinie das Rechtsanwendungsrisiko der Anbieter reduzieren. Zu diesem Zweck soll der Diensteanbieter im E-Commerce seine Tätigkeiten im Binnenmarkt nach dem Recht seines Niederlassungsstaates ausrichten können. Das in seiner Intention wichtige Prinzip trifft jedoch auf viele Probleme. Zunächst ist sein Anwendungsbereich durch viele Ausnahmen sehr eingeschränkt und damit unübersichtlich. Dies führt zu einer Fragmentierung der Tätigkeiten von E-Commerce-Anbietern: manche der Tätigkeiten (wie Werbung) sind umfasst, andere nicht. Eine vor allem in der literarischen Diskussion relevierte Problemstellung betrifft das unklare Verhältnis des Herkunftslandprinzips zum bestehenden Kollisionsrecht. Die Umsetzungen in Deutschland und Österreich zeigen wiederum die Schwierigkeiten, die auftreten, wenn relativ abstrakte Prinzipien des Europarechts in die nationalstaatlichen Rechtsstrukturen eingebettet werden müssen. Letztlich hat das Herkunftslandprinzip auch von rechtspolitischer Seite Kritik erfahren, die insbesondere darin besteht, dass Diensteanbieter dazu verleitet werden, sich in jenem Mitgliedstaat der EU niederzulassen, der die geringsten Restriktionen aufweist. Aufgrund der Wettbewerbssituation könnte dies dazu führen, dass die Mitgliedstaaten eine Harmonisierung auf dem geringsten Niveau durchführen. Somit könnte das Law-Shopping der Anbieter zu einem „Race to the Bottom" auf Seiten der Gesetzgeber führen. Die Auswirkungen des Herkunftslandprinzips dürfen jedoch nicht überschätzt werden. Zum einen gilt es die faktisch-wirtschaftliche Situation zu betrachten: Die Diensteanbieter stehen einer Vielzahl von Rechtsordnungen gegenüber, deren genaue Auswirkungen auf Online-Aktivitäten zu erfassen und zu beurteilen sind, was angesichts der steten Entwicklung in diesem Bereich nicht einfach und daher mit erheblichen Rechtsbewertungskosten verbunden ist. Das Law-Shopping wird auch durch den zugrundeliegenden Niederlassungsbegriff eingeschränkt. Denn es erscheint fraglich, ob Diensteanbieter ihren Sitz in einen anderen Mitgliedstaat verlegen, nur um in bestimmten – eingeschränkten – Bereichen von der sie begünstigenden Rechtsordnung zu profitieren.

Abstract: The main purpose of the country of origin principle of the directive on electronic commerce is to reduce the legal risk of companies. Thus the information service provider shall be able to bring his activities in line with the codified law of his origin country. But this important principle faces many problems. First, the coverage of the country of origin principle is reduced by a lot of exceptions. This leads to a fragmentation of the actions of information service providers: some of the actions (like advertisement-activities) are covered, others are not. Heavily discussed is the unclear relation of the country of origin principle to existing collision-law. The implementations in Germany and Austria show how difficult it is to integrate abstract principles of European law into national law. The country of origin principle was criticised, because the information service providers might be tempted to settle down in a member state of the EU, the law of which provides the least restrictions. Driven by the competitive situation this might lead to a harmonisation on the lowest possible level. So the law shopping of the information service providers could lead to a race to the bottom of the legislators. However, the effects of the country of origin principle may not be overestimated. The factual-economic situation must be taken into account: The information service providers have to evaluate the consequences of online activities in a lot of different legal systems. By taking into account the constant developments in this area, this proves not to be an easy task and leads to high costs for the law-evaluation. Law shopping is limited by the underlying definition of settling. It is questionable, whether service providers change their location of settling, just to gain some benefit from the law in a chosen country.

Teil III: IT-Sicherheit und Vertrauen/Part III: IT-Security and Trust

Lipp, **On Technical Trust: An Introduction (Vertrauen in und durch Technologie: Eine Einführung)**

Zusammenfassung: In diesem Aufsatz geht es um das Verhältnis zwischen Vertrauen und Technologie. Das Verhältnis von Vertrauen und Technologie kann dabei zwei unterschiedliche Bedeutungen haben: Vertrauen in Technologie und Vertrauen durch Technologie. Analysiert werden die allgemeinen Definitionen von Vertrauen im Bereich der Technologie und das Verhältnis zwischen Computersicherheit und Vertrauen. Drei Möglichkeiten zum Aufbau – oder zur Verbesserung – von Vertrauen werden betrachtet: Vertrauen durch Definition, Vertrauen durch Evaluierung und Vertrauen durch Erfahrung. Weiters wird Vertrauen untersucht, das durch Technologie hergestellt wird. Als Beispiel dazu werden Vertrauensmodelle in der Welt der Public-Key-Infrastrukturen benutzt. Weiters werden Web of Trust und hierarchische Vertrauens-Modelle besprochen.

Abstract: In this paper the relationship between trust and technology is discussed. The author sees two different relationships: trust in technology, and trust created by technology. He looks at common definitions for trust in technological environments and the relationship between computer security and trust. Three ways of achieving – or improving trust – are identified: trust by definition, trust by evaluation and trust by experience. The author then looks into trust created by technology, using trust models in the world of public key infrastructures as an example. Furthermore, web of trust and hierarchical trust-models are discussed.

Quirchmayr, **Trust in Electronic Government (Vertrauen im Electronic Government)**

Zusammenfassung: Ziel des Beitrages ist es, einen Überblick über die Probleme im Zusammenhang mit der Schaffung von Vertrauen in eGovernment zu geben. Es werden die Beziehungen zwischen Bürgern und der Verwaltung betrachtet, und die drei Hauptfaktoren – Recht, Technik und Organisation – für die Schaffung vertrauenswürdiger eGovernment Umgebungen beleuchtet. Es werden sowohl positive Beispiele als auch problematische Ansätze gezeigt. Der Autor betrachtet im Anschluss mögliche Wege zur Schaffung von Vertrauen in eGovernment Anwendungen. Der Schluss fasst die Argumentation des Artikels zusammen und verweist auf die Errungenschaften von eGovernment in Bezug auf Vertrauen.

Abstract: The aim of this contribution is to give an overview of the problems and issues related to building trust in eGovernment. It analyzes the relationship between citizens and administrations and discusses the importance of key groups of requirements, namely legal, technological and organizational requirements, for building a trustworthy environment for eGovernment to successfully operate in. Positive examples are referred to as well as problematic approaches. The author then looks at possible ways of implementing trust and on ways of building it in electronic government applications. The conclusion tries to wrap up the argumentation of the article and to give an appreciation of the achievements of eGovernment with respect to building trust.

Ball/Chadwick/Basden, **The Implementation of a System for Evaluating Trust in a PKI Environment (Die Implementierung eines Systems zur Evaluierung von Vertrauen in einer PKI-Umgebung)**

Zusammenfassung: Dieses Papier beschreibt ein System, das den Vertrauensindex einer Zertifizierungsstelle (Certification Authority, CA) statisch und dynamisch berechnet. Die statische Berechnung basiert auf den von einer CA veröffentlichten Zertifizierungsrichtlinien (Certification Policy, CP) und den Certification Practice Statements (CPS), während die dynamische Berechnung auf den aktuellen Methoden einer CA basiert. Im System gibt es ein Expertensystem, das über die wichtigen Faktoren bei der Berechnung des Vertrauensindexes Bescheid weiß. Bei der statischen Berechnung gibt es zwei Verfahren. Beim ersten Verfahren stellt das Expertensystem eine Reihe von Fragen an den Benutzer (Vertrauenspartner einer CA), welche über die veröffentlichten CP/CPS der CA beantwortet werden können. Beim zweiten Verfahren werden die Fragen direkt an einen CPS-Server gestellt, welcher die Antworten aus einem CPS im XML-Format ausliest. Dazu muss der Administrator einer CA zuerst eine CPS im XML-Format erstellen und diese zusammen mit den Zertifikaten und den Sperrlisten (Revocation Lists) in einem LDAP-Verzeichnis abspeichern. Wir beschreiben den CPS-Server, der die CPS im XML-Format als signierte Attributzertifikate erhält, und die vom Expertensystem angeforderten Fragen über ein vereinfachtes SOAP-Protokoll (Simple SOAP) weiterleitet. Die dynamischen Berechnungen des Vertrauensindexes werden aus Informationen von fünf verschieden Quellen erstellt: ein Audit-Zertifikat von einem externen Prüfer einer CA, dynamische Performanceüberprüfung der Veröffentlichung der Sperrlisten einer CA, Informationen von den Vertrauenspartnern, Informationen von den Abonnenten und Informationen vom Hersteller der PKI-Software der CA. Bis jetzt sind die ersten beiden Fälle implementiert. Die Software wurde in Java geschrieben und bietet auch ein Tool zur Erstellung und Veröffentlichung von Audit-Zertifikaten und CPSs an.

Abstract: This paper describes a system that allows the trust index of a Certification Authority (CA) to be computed both statically and dynamically. Static calculation is based on a CA's published Certificate Policy (CP) and Certification Practice Statement (CPS), whilst dynamic calculation is based on the actual current practices of the CA. At the heart of the system is an expert system that has knowledge about the factors that are important in computing the trust in a CA. Static calculation may be performed in one of two ways. In Method 1, the expert system asks the user (the CA's relying party) a series of questions, which he can answer by consulting the published CP/CPS of the CA. In Method 2, the expert system asks the same questions to a CPS Server, which takes its answers from an XML formatted CPS. This requires the CA administrator to first produce an XML formatted CPS, which we describe, and publish this in its LDAP directory along with its public key certificates and revocation lists. We describe the CPS server, which retrieves the XML CPS's as signed attribute certificates, and feeds answers to the questions posed by the expert system using a Simple SOAP protocol that we have designed. Dynamic calculation of the trust index may be based on information gathered from up to five sources: an Audit Certificate created by the external auditors of the CA, dynamic performance monitoring of the CA's rate of publication of Certificate Revocation Lists, information gathered by the relying party, information gathered by the subscriber, and information gathered about the vendor of the CA's PKI software. We have currently implemented the first two of these. The software has been written in Java and also provides tools that enable Audit Certificates and CPSs to be prepared and published.

Enzmann/Kunz/Schneider, Datenschutzfreundlicher Online-Einkauf durch Reduktion personenbezogener Daten (Data-Protection-Friendly Online Purchase Through the Reduction of Customer-Related Data)

Zusammenfassung: Web-Technologien ermöglichen die Verletzung der Privatsphäre von Benutzern in verschiedenster Weise. Dies gilt insbesondere dann, wenn Kunden ihre Bestellungen zum Kauf materieller Güter über das Internet versenden, wobei diese Bestellungen in der Regel sowohl deren wahre Identität als auch ihre Postanschrift enthalten. Hierbei kann der Händler diese Daten mit all jenen Informationen verknüpfen, welche er zuvor während der Suchphase über den Kunden erhalten hat, d.h. während der Kunde sich den Katalog des Händlers angeschaut hat. Grundsätzlich besteht darin ein Datenschutzproblem. In dieser Arbeit präsentieren wir eine Lösung für dieses Problem, welche auf mobilen Agenten basiert. Sie soll den Händler daran hindern, die während der Suchphase gesammelten Kundeninformationen mit den in einer Bestellung enthaltenen Daten verknüpfen zu können. Das vorgeschlagene System ermöglicht es darüber hinaus, eine Verzögerung des Agenten auf der Agentenbasisstation einzustellen, mittels derer man die Kardinalität der Menge von möglichen Verknüpfungskandidaten, die mit den bestellten Produkten in Verbindung gebracht werden können, erhöhen kann. Dadurch verringert sich die Wahrscheinlichkeit für den Händler, einem Käufer das ihm zugehörige Profil zuzuordnen.

Abstract: Web technologies enable the intrusion into a user's privacy in different ways. This holds true especially in cases where the customer's order of physical goods include information about the true identity and the address of the customer. In that case the merchant is able to link the data with information that he gathered during the search-phase, i.e. when the customer studies the product catalogue. Fundamentally this is a problem of data protection. In this work we present a solution for this problem that is based on mobile agents. It should impede the merchant's ability to link information from a customer's order with data gathered during the search-phase. Furthermore, the proposed system allows the engagement of a delay at the agent base station, to increase the cardinality of possible combinations that could be associated with the gathered data. Thus the merchant's possibility for linking a buyer with his profile decreases.

Teil IV: Vertrauen und Geschäftsmodelle/Part IV: Trust and Business Models

Kittl, Vertrauen als Wettbewerbsvorteil in der Netzwerkökonomie (Trust as a Competitive Advantage in the Network Economy)

Zusammenfassung: Vertrauen wird in der Literatur bereits in vielen Bereichen der Ökonomie, Organisation oder Strategie als Faktor gesehen, der für bestimmte Austauschbeziehungen wichtig ist. Vor allem im Bereich von digitalen Transaktionen wird Vertrauen aber oft als eine Art Hygienefaktor gesehen, der, wenn er fehlt, zwar die Realisierung möglicher Vorteile aus Transaktionen verhindern kann, nicht jedoch als Motivator. Dieser Beitrag versucht, zu zeigen, dass Vertrauen einerseits eine Quelle für nachhaltige absolute Wettbewerbsvorteile – also gleichzeitige Effizienz- und Effektivitätssteigerung – darstellt, und andererseits auch neue Geschäftsmodelle ermöglicht, in denen Vertrauen die zentrale Value proposition ist. Es wird die Bedeutung von Vertrauen für die Generierung von Wettbewerbsvorteilen auf verschiedenen Ebenen – von Unternehmensnetzwerken über das Beziehungsmarketing mit einzelnen Kunden bis in den intraorganisationalen Bereich – analysiert. Abschließend wird anhand von Beispielen die Bedeutung von Vertrauen in der Praxis dargestellt und unterstrichen, dass ein Übergang zu einer immer stärker vernetzten Wirtschaft auch eine Neubewertung der Bedeutung dieses Faktors bedarf.

Abstract: In the economics, organizational, and strategy literature trust is considered very important for many kinds of interaction. Especially in the context of digital transactions trust is often viewed as a hygiene factor that can hinder realizing the potential gains of transactions if missing, but not as a motivator. This paper tries to show that trust on the one hand can be a source of sustainable absolute competitive advantage, which means improvement in efficiency and effectiveness at the same time, and on the other hand enables new business models, where trust is the central value proposition. The role of trust on different levels – from business networks over relationship marketing with one-to-one customer interaction to the intraorganizational level – is analysed. Finally various examples clarify the relevance of trust in practice and underpin that a transition to a more and more networked economy also requires a re-evaluation of this factor.

Camp/Osorio, Privacy-Enhancing Technologies for Internet Commerce (Modelle zur Verbesserung des Datenschutzes im Internet Commerce)

Zusammenfassung: Dieser Artikel untersucht Modelle zur Verbesserung des Datenschutzes basierend auf der Konsistenz von Businessplänen, Technologie, genannten Zielsetzungen und des zugrunde liegenden Konzepts von Datenschutz. Drei unterschiedliche Vertrauensmodelle resultieren aus den drei verschiedenen Konzepten von Datenschutz: Ein Recht auf persönliche Autonomie, ein Recht auf Abschottung und ein handelbares Besitzrecht. Diese Vertrauensmodelle werden im Beitrag verwendet, um den Datenschutzmarkt zu segmentieren und die datenschutzverbessernden Technologien zu klassifizieren. ‚Anonymizer' und ‚Zero Knowledge's Freedom' wurden als Modelle zur Erhöhung der Autonomie entwickelt, während Privada Control, iPrivacy und Incogno Safe-Zone zur Verbesserung der Abschottung entwickelt wurden. Microsoft's Passport liegt die Annahme zugrunde, dass persönliche Daten handelbare Besitzrechte darstellen.

Sicherheit, Datenschutz und Authentifizierung sind miteinander verwoben und werden auf dem Datenschutzmarkt manchmal miteinander verwechselt. Die Autoren argumentieren, dass die Schaffung neuer vertrauenswürdiger dritter Parteien keine effektive Strategie darstellt. Im Fall der Schaffung von vertrauenswürdigen dritten Parteien waren autonomie-basierte Produkte erfolgreicher als abschottungs-basierte Produkte, trotz des erweiterten Felds von Dienstleistungen, die von letzteren angeboten werden.

Abstract: This article examines privacy-enhancing technologies based on the consistency of the business plans, technology, stated objectives, and the concept of privacy as embedded in the technologies. Three distinct trust models result from the three distinct concepts of privacy: a right of autonomy, a right to seclusion and a right to property. These trust models are used to segment the privacy market and classify the privacy-enhancing technologies in the paper. *The Anonymizer* and *Zero Knowledge's Freedom* were built as technologies to enhance autonomy, while *Privada Control, iPrivacy,* and *Incogno SafeZone* are built to provide seclusion. *Microsoft's Passport* is built with an assumption of privacy as a tradable property right.

Security, privacy, and authentication are intertwined and sometimes confused in the privacy market. The authors argue that the creation of new trusted third party is not an effective strategy. In the case of creating a trusted third party, autonomy-based products have been more successful than seclusion-based products, despite the wider array of services offered by seclusion services.

Loebbecke, Fostering Trust in eCommerce via Seals and Insurance Solutions (Vertrauensaufbau im eCommerce durch Gütezeichen und Versicherungslösungen)

Zusammenfassung: Konsumenten haben das E-Commerce-Konzept angenommen, allerdings weniger enthusiastisch als erwartet. Wesentliche Bedenken existieren immer noch bezüglich der Verwendung des Internet für private Einkäufe. Vertrauen wird als Faktor gesehen, der sowohl für Konsumenten als auch für Content Manager zunehmend wichtig wird. Vielfältige vertrauensbezogene Unterstützungsfunktionen für Online-Transaktionen sind verfügbar, aber den meisten fehlt eine Form von Garantie oder Versicherung für die beteiligten Parteien. In diesem Kontext untersucht dieser Beitrag die Konzepte und potentiellen Beiträge von vertragsbasierten Garantien und Versicherungen in Bezug auf ,business-to-consumer' Online-Transaktionen. Nach einer Sammlung von verfügbaren Gütezeichen und Versicherungslösungen für B2C Online-Transaktionen entwirft dieser Beitrag einen Bezugsrahmen für die Erforschung von verschiedenen Versicherungsmodellen. Das Beispiel ,Trusted Shops', betrieben von einem deutschen Versicherungsunternehmen, illustriert das Konzept von Versicherungslösungen und analysiert Nutzen und Risken für alle beteiligten Parteien. Mögliche Vorteile und Grenzen der Erweiterung des Konzepts entlang der Dimensionen ,Größe' und ,Anwendungsbereich' werden aufgezeigt. Der Beitrag schließt mit einigen Vorschlägen für weitere Forschung.

Abstract: Consumers have embraced the concept of eCommerce although less enthusiastically than expected. Major concerns still exist regarding the use of the Internet for private purchasing. Trust is seen as a factor that is becoming increasingly important for both consumers and content managers alike. Various trust-related support features for online transactions are available, but most lack any form of guarantee or insurance for the parties involved. In this context, the paper seeks to explore the concepts and potential contributions of contract-based guarantees and insurance services with regard to business-to-consumer online transactions. After an inventory-taking of available seals of approval and insurance solutions for B2C online transactions, the paper drafts a research framework for investigating different insurance models. The case of 'Trusted Shops', backed by a German insurance provider, illustrates the concept of insurance solutions and analyzes benefits and risks for all parties involved. The potential advantages and limitations of extending the concept along the dimensions 'scale' and 'scope' are presented. The paper concludes by providing some suggestions for further research.

Schaffer, The Role of Trust in the Internet: An Online Trust Seal Program for Tour Operators (Die Rolle von Vertrauen im Internet: Ein Online-Gütesiegelprogramm für Reiseveranstalter)

Zusammenfassung: Es ist nicht leicht eine Branche zu finden, die durch die Einführung des Internet signifikantere Änderungen durchläuft als der Tourismus. Die offensichtliche Kompatibilität von Internet und Tourismus hat diesen Bereich zum zweitgrößten Online-Segment nach Büchern werden lassen. Durch diese Evolution sind altbekannte Tourismus-Intermediäre, wie etwa Reisebüros, verschwunden. Als Folge wird die Frage „Wem kann online vertraut werden?" zu einer zentralen im Buchungsprozess.

Dieser Artikel stellt ein Forschungsprojekt vor, welches die Rolle von Vertrauen im Internet für Reiseunternehmen untersucht. Es wird zunächst das Online-Suchverhalten von Touristen untersucht und anschließend der Prozess des Online-Vertrauensaufbaus unter Berücksichtigung von sozio-demographischen als auch kulturellen Unterschieden modelliert. Unterschiedliche für den Vertrauensaufbau sensible Bereiche, sowie darüber hinaus verschiedene Trust Service Provider und deren Fähigkeiten, diese Bereiche abzudecken, werden untersucht. Schließlich wird ein konzeptueller Bezugsrahmen eines Online-Gütesiegelprogramms für Reiseunternehmen entwickelt. Das Modell und die abgeleiteten Hypothesen werden mittels Daten, die aus qualitativen und quantitativen Untersuchungen gewonnen werden, überprüft. Für den qualitativen Teil kommen die ZMET-Methodik sowie Fokusgruppen von Endkonsumenten zum Einsatz. Die Evaluierung des quantitativen Teils wird mittels Regressions- und Faktoranalyse erfolgen.

Abstract: It is hard to find an industry sector that undergoes more significant changes due to the introduction of the Internet than Tourism. The obvious compatibility between Internet and Tourism has made this industry the biggest online segment within the past two years. This evolution has done away with the well-known tourism intermediaries, such as travel agencies. As a result, "whom to trust online" becomes a key question in the purchasing decision process.

This article presents a research project addressing the issue of trust in the Internet. The research investigates the tourist's online information search. Then, it models the process of trust creation online taking different socio-demographic as well as cross-cultural factors into account. It identifies various areas of concern related to trust creation. Furthermore, it examines various trust service providers and their abilities to address these areas of concern. Finally, it develops a conceptual framework of an online trust-seal program for tour operators. The model and deducted hypothesis will be tested using data collection from a qualitative and quantitative survey. For the qualitative part the ZMET methodology as well as focus groups among end customers will be used. The evaluation of the quantitative part will be done using a regression- and factoranalysis.

Vermaas/Wijngaert, **The Disclosure of Personal Information on the Internet: User Motivation, Reliability and Price as Explaining Factors (Die Bekanntgabe von persönlichen Informationen im Internet: User-Motivation, Zuverlässigkeit und Preis als erklärende Faktoren)**

Zusammenfassung: Unter bestimmten Bedingungen sind Menschen gerne bereit, persönliche Daten bekannt zu geben. Ein erfahrener Internetanwender könnte zum Beispiel seine Interessen in Kombination mit seiner E-Mail Adresse auflisten. Im Gegenzug erwartet er oder sie von einer zuverlässigen Organisation die Zusendung eines Newsletters, der auf die persönlichen Interessen abgestimmt ist. Die Autoren haben nun erforscht, welche persönlichen Daten Internetnutzer bereit sind, bekannt zu geben, und unter welchen Umständen sie das tun. Die Autoren verwendeten dabei ‚Policy Capturing' als Forschungsmethode: Eine Kombination von Fragebogen und Experimenten, die die Untersuchung von menschlichen Entscheidungsprozessen ermöglicht. Resultate zeigen, dass Nutzungskontext und Motivation, Zuverlässigkeit und Preis erklären, ob Menschen bereit sind persönliche Daten zu offenbaren. Der vorliegende Beitrag beschreibt die durchgeführte Forschung sowie die Ergebnisse und gibt eine Reihe von praktischen Handlungsempfehlungen.

Abstract: Under certain circumstances people are more than willing to provide personal information. An experienced Internet-user, for example, may be willing to list his interests in combination with his e-mail address. In exchange he or she wants a reliable organisation to send him a newsletter that is tailored to his interests. The authors conducted research into which personal data people are willing to provide on the Internet, and under what circumstances. The authors used Policy Capturing as a research method: a mixture of survey and experimental techniques that allow the study of human choice. Results show that user context and motivation, reliability and price explain whether or not people disclose personal information. This is a report of the research and its results, also providing a number of practical suggestions.

HERAUSGEBERBESCHREIBUNGEN/EDITOR BIOGRAPHIES
AUTORENBESCHREIBUNGEN/AUTHOR BIOGRAPHIES

Otto Petrovic

Autorenbeschreibung: Otto Petrovic ist Professor für Betriebswirtschaftslehre an der Karl-Franzens-Universität Graz. Er ist Mitinitiator der evolaris Privatstiftung und leitet diese seit ihrer Gründung. Otto Petrovic hatte Gastprofessuren an den Universitäten Tucson/U.S.A., Eindhoven/Niederlande und Hongkong/China inne. Im Jahre 1994 wurde ihm der Forschungspreis des Landes Steiermark verliehen. Er entwickelte den Strategieplan des Landes Steiermark, war Mitglied in der Taskforce eBusiness des Österreichischen Bundesministers für Wirtschaft und Arbeit und ist seit 1998 Mitglied des Media@kom-Beirates des Deutschen Bundesministers für Wirtschaft und Technologie. Seit mehr als 15 Jahren berät er Unternehmen in Österreich, Deutschland und den U.S.A. in Fragen der Unternehmensstrategie und des Informationsmanagement.

Biography: Otto Petrovic is professor of Business Administration at the Karl-Franzens University in Graz. He is one of the initiators of evolaris foundation and has been its chairman ever since its founding. Otto Petrovic was a visiting professor at the Universities of Tucson/U.S.A., Eindhoven/the Netherlands and Hong Kong/China. In 1994 he was awarded the Research Prize of the Province of Styria. He developed the strategy plan of the Province of Styria, was a member of the task force *eBusiness* of the Austrian Federal Ministry of Economics and Labour, and since 1998 he has been a member of the Media@kom advisory board of the German Federal Ministry of Economics and Technology. For more than 15 years he has worked as a consultant for businesses in Austria, Germany and the U.S.A. on issues concerning corporate strategies and information management.

Michael Ksela

Autorenbeschreibung: Michael Ksela ist Unternehmenssprecher und Director Marketing der AVL List GmbH, wo er die gesamte Marketingtransformation verantwortet und die Markenpolitik des Unternehmens gestaltet. Nach etwa zehnjähriger Tätigkeit in der Konsumgüterindustrie, davon einige Jahre als Marketingdirektor, wechselte er 1996 in die Investitionsgüterindustrie und wurde im Jahr 1999 für seine Marketingleistungen in der Konsumgüter- und Investitionsgüterindustrie von der IAA als „Marketingmann des Jahres" ausgezeichnet. Dipl.-Ing. Ksela ist Mitinitiator der evolaris Privatstiftung und seit deren Gründung Vorstandsmitglied. Zusätzlich ist er Vorstand in der Österreichischen Designstiftung und übernahm weiters die Führung der neugegründeten, eigenen AVL-eBusiness-Gesellschaft „e1-solutions" zur eBusiness-Transformation des Unternehmens.

Biography: Michael Ksela is the corporate spokesman and Director of Marketing for AVL List GmbH, where he is responsible for the overall marketing transformation and planning the corporate branding policy. After some ten years in the consumer goods industry, several as a marketing director, he moved to the investment goods industry in 1996 and in 1999 was singled out for distinction by the IAA as marketing Man of the year for his marketing achievements in the consumer goods and investment goods industries. Mr. Ksela is co-initiator of the evolaris private foundation and a member of the board since its establishment. In addition, he is Chairman of the Austrian Design Foundation and has also assumed leadership of AVL's in-house eBusiness company e1 solutions for the eBusiness transformation of the Company.

Markus Fallenböck

Autorenbeschreibung: Markus Fallenböck ist Leiter der Abteilung Trust (rechtliche und technische Sicherheitsfragen im eBusiness) bei evolaris Privatstiftung Graz, Österreich. Davor war er als Assistent am Institut für Zivilrecht der Universität Graz tätig. Er studierte Rechtswissenschaften an der Universität Graz und der Yale Law School. Markus Fallenböck beschäftigt sich in Forschung und Lehre mit den rechtlichen Fragen des eBusiness. Er ist Lehrbeauftragter an den Universitäten Graz und Wien sowie an der Fachhochschule Joanneum in Graz.

Biography: Markus Fallenböck is head of unit Trust (legal and technical issues of eBusiness security) at evolaris foundation Graz, Austria. Before joining evolaris, he was an assistant professor at the Institute of Private Law, University of Graz, Austria. He is a graduate from University of Graz Law School and Yale Law School. Markus Fallenböck conducts research and teaches in the areas of eBusiness law. He is a lecturer at the Universities of Graz and Vienna and at the FH Joanneum, Graz.

Christian Kittl

Autorenbeschreibung: Christian Kittl ist Leiter der Abteilung Geschäftsmodelle bei evolaris Privatstiftung Graz, Österreich. Davor war er als wissenschaftlicher Mitarbeiter am Institut für Organisations- und Personalentwicklung der Universität Graz sowie als Projektleiter am Institut für Innovationstransfer tätig. Christian Kittl hat Abschlüsse in Betriebswirtschaft von der Karl-Franzens-Universität Graz sowie in Telematik von der TU Graz. Er untersucht die ökonomischen Nutzungsmöglichkeiten von Internettechnologien mit einem Schwerpunkt auf dem Faktor Vertrauen und ist Lehrbeauftragter an der Universität Graz.

Biography: Christian Kittl is head of unit Business Models at evolaris foundation Graz, Austria. Before joining evolaris, he worked as a member of the scientific staff at the Institute for Organization and Human Resource Management, University of Graz, and as project manager at the Institute of Innovation Transfer. Christian Kittl holds diplomas in business administration from the Karl-Franzens-University Graz and in telematics from the TU Graz. He examines the business impact of Internet-related technology with a special emphasis on trust and is a lecturer at the University of Graz.

Einleitung/Introduction

Sonja Grabner-Kräuter

Autorenbeschreibung: Sonja Grabner-Kräuter ist Universitätsprofessorin für Marketing an der Universität Klagenfurt, Österreich. Vor ihrer Universitätskarriere hat sie mehrere Jahre in der Auslandsabteilung einer österreichischen Bank gearbeitet. Ihre Forschungsschwerpunkte sind Unternehmensethik, internationales Marketing und Electronic Commerce. Sonja Grabner-Kräuter hat Aufsätze in folgenden Zeitschriften publiziert: Journal of Business Ethics, Journal of Advertising, Schmalenbachs Zeitschrift für betriebswirtschaftliche Forschung (zfbf), Journal of Business Administration, Journal of Banking and Stock Exchange, The Market. Weiters hat sie zahlreiche internationale Konferenzbeiträge verfasst.

Biography: Sonja Grabner-Kräuter is Associate Professor of Marketing at the University of Klagenfurt, Austria. Before starting her university career she worked in the export finance department of an Austrian bank for several years. Her research focus is on business ethics, international marketing and electronic commerce. She has published articles in the Journal of Business Ethics, Journal of Advertising, Schmalenbachs Zeitschrift für betriebswirtschaftliche Forschung (zfbf), Journal of Business Administration, Journal of Banking and Stock Exchange, The Market and numerous international conference proceedings.

Ewald A. Kaluscha

Autorenbeschreibung: Ewald A. Kaluscha ist Doktorand der Betriebswirtschaftslehre an der Abteilung für Marketing und Internationales Management der Universität Klagenfurt, Österreich. Er ist auch Projektassistent am e-Business Institut der Universität Klagenfurt. In seiner Dissertation beschäftigt sich Ewald A. Kaluscha mit der Bedeutung von Verbrauchervertrauen bei der Akzeptanz von E-Commerce.

Biography: Ewald A. Kaluscha is a Ph.D. candidate for Business Administration at the University of Klagenfurt, Austria, at the Department of Marketing and International Management. He is also project assistant at the e-Business Institute at the University of Klagenfurt. His doctoral thesis focuses on the importance of consumers' trust in the adoption of e-commerce.

Teil I: Vertrauensbildende Signale/Part I: Trust Building Signals

Mary Anne Patton

Autorenbeschreibung: Mary Anne Patton arbeitet derzeit im „Information Environments Program" der Universität von Queensland. Sie betreibt ihr eigenes Consulting-Unternehmen und arbeitet mit Kunden, um deren Online-Auftritte bezüglich Strategie, Usability und Kommunikationstechniken zu optimieren und dem Ziel, Vertrauen und Glaubwürdigkeit online aufzubauen. Vor ihrer Tätigkeit an der Universität von Queensland war Mary Anne Patton als wissenschaftliche Mitarbeiterin am Cooperative Research Centre for Enterprise Distributed Systems Technology beschäftigt. Dort hat sie mit ihrer Forschungsarbeit zu „Kundenvertrauen im elektronischen Handel" und den Themen „Vertrauen und Glaubwürdigkeit online" begonnen. Ihre Interessensgebiete umfassen Humanfaktoren, Usability und den Einfluß von Technologie auf die Gesellschaft. Sie hat auch Weiterbildungskurse für Website-Usability entwickelt und führt selbst Usabiltyanalysen durch. Mary Anne Pattons Hauptqualifikationen liegen im Bereich von Psychologie und Kommunikation.

Biography: Mary Anne Patton is currently working with the University of Queensland's Information Environments Program. She also runs her own consultancy, working with clients to optimise their online presence using strategy, usability and communication techniques, with an emphasis on establishing trust and credibility online. Prior to joining the University of Queensland, Mary Anne Patton worked as a Research Scientist with the Cooperative Research Centre for Enterprise Distributed Systems Technology. There she began the work that she continues today, investigating consumer trust issues in electronic commerce and the wider issues of online trust and credibility. Mary Anne Patton has a strong interest in human factors, usability issues, and the impact of technology on society. She has developed training courses for industry professionals on web site usability and accessibility and conducts usability testing and analysis. Mary Anne Patton's qualifications are in Psychology and Communications.

Audun Jøsang

Autorenbeschreibung: Audun Jøsang ist Forschungsleiter der Security-Einheit am Distributed Systems Technology Centre (DSTC) in Brisbane, Australien. Daneben leitet er ein Projekt zum Thema „Trust Management for Open Computer Networks". Vor seiner Tätigkeit am DSTC arbeitete Audun Jøsang in der Telekommunikationsindustrie für Alcatel in Belgien und für Telenor in Norwegen. Er war außerordentlicher Professor an der Norwegian University of Science and Technology (HTNU). Audun Jøsang hat einen Hochschulabschluss in Telematik vom Norwegian Institute of Technology, einen MSc in Information Security vom Royal Holloway College der Londoner Universität sowie einen Doktortitel von der norwegischen NTNU.

Biography: Audun Jøsang is the research leader of the Security Unit at the Distributed Systems Technology Centre (DSTC) in Brisbane, Australia. He is also the leader of a project on Trust Management for Open Computer Networks. Before joining the DSTC he worked in the telecommunications industry for Alcatel in Belgium and for Telenor in Norway. He was also Associate Professor at the Norwegian University of Science and Technology (NTNU). He holds a Bachelor's degree in Telematics from the Norwegian Institute of Technology, an MSc in Information Security from Royal Holloway College University of London, and a PhD from NTNU in Norway.

Sandeep Dayal

Autorenbeschreibung: Sandeep Dayal ist Senior Engagement Manager bei McKinsey & Company und auf die Entwicklung von Internet-Marketingstrategien für Unternehmen spezialisiert. Vor seiner Tätigkeit bei McKinsey war er Direktor bei Booz Allen & Hamilton Inc. Seine Artikel sind in Strategy & Business erschienen und er wurde in Publikationen wie Management Review zitiert. Sandeep Dayal erhielt einen MBA von der Yale School of Management.

Biography: Sandeep Dayal is a senior engagement manager with McKinsey & Company, specializing in helping businesses develop Internet-based marketing strategies. Before joining McKinsey, he was a principal at Booz Allen & Hamilton Inc. His articles have appeared in *Strategy & Business* and he has been quoted in publications such as *Management Review*. He received his MBA from the Yale School of Management.

Helene Landesberg

Autorenbeschreibung: Helene Landesberg ist Engagement Manager bei McKinsey & Company in New York und auf Online-Marketing in der Konsumgüterindustrie spezialisiert. Sie war Financial Analyst der Yarmouth Group, einem Immobilien-Investmentberatungsunternehmen, wo sie sich auf Einkaufszentreninvestments spezialisiert hat. Helene Landesberg erwarb einen MBA in Marketing und Unternehmensführung an der Wharton School.

Biography: Helene Landesberg is an engagement manager in McKinsey & Company's New York office, helping clients in consumer-related industries on e-marketing issues. She worked as a financial analyst for the Yarmouth Group, a real estate investment advisory firm for which she focused on retail shopping center investments. She holds an MBA in marketing and entrepreneurial management from the Wharton School.

Michael Zeisser

Autorenbeschreibung: Michael Zeisser ist Direktor von McKinsey & Company New York und arbeitet hauptsächlich an Strategie, E-Commerce und Marketingfragen für die Medien- und Konsumgüterindustrie. Er leitet McKinseys eCommerce-Praxis mit und ist Mitbegründer von McKinseys Digital Marketing Praxis. Seine Artikel sind in McKinsey Quarterly und dem Journal of Interactive Marketing erschienen, er ist in Wirtschaftspublikationen und Sendungen wie „The Wall Street Journal" und „CNNfn." zitiert worden. Er ist im Vorstand der FAST Forward Coalition, einer Gruppe, die sich der Entwicklung und Verbreitung von digitaler Werbung widmet. Er hat auch für ein Start-up-Computerunternehmen und eine führende europäische Werbeagentur gearbeitet. Er hat einen Master of Management der J. L. Kellogg Graduate School of Management der Northwestern Universität.

Biography: Michael Zeisser is a principal in McKinsey & Company's New York office, working primarily on strategy, e-commerce, and marketing issues for media, consumer goods, and other industries. He co-leads McKinsey's E-Commerce practice and is co-founder of McKinsey's digital marketing practice. His articles have appeared in the *McKinsey Quarterly* and the *Journal of Interactive Marketing*, and he's been quoted in business publications and shows, such as *The Wall Street Journal,* and "CNNfn." He serves on the board of the FAST Forward Coalition, a group dedicated to the development and use of digital advertising. He also worked for a start-up computer company and a leading European advertising agency. He has an MM with distinction from the J.L. Kellogg Graduate School of Management at Northwestern University.

Jens Riegelsberger

Autorenbeschreibung: Jens Riegelsberger ist Doktoratsstudent für Interaction Design am University College London (UCL). Er besitzt einen Bachelor of Science in Informationsmanagement von UCL und ein Diplom in Kommunikationswissenschaften von der Universität der Künste in Berlin (UdK). Er hat bei Amazon, Apple Computer und Codiant Communications gearbeitet. Jens hat als

Co-Autor mehrere peer-reviewed Veröffentlichungen über Vertrauen im E-Commerce verfasst und wurde auf der britischen HCI Konferenz 2002 mit dem Doctoral Consortium Preis ausgezeichnet.

Biography: Jens Riegelsberger is currently pursuing a PhD in Interaction Design at University College London (UCL). He holds a B.Sc. in Information Management from UCL and a Diplom in Communication Sciences from the University of the Arts Berlin (UdK). He has worked with Amazon, Apple Computer, and Cordiant Communications. Jens has co-authored several peer-reviewed publications on trust in e-commerce and was awarded the doctoral consortium prize at the British HCI Conference 2002.

M. Angela Sasse

Autorenbeschreibung: M. Angela Sasse ist Lektorin für Interaction Design am Department of Computer Science am University College London (UCL). Die Autorin arbeitete seit 1990 auf der UCL und hat eine Reihe von Projekten über interaktive Multimedia Systeme, inklusive größerer Feldstudien, geleitet. Eines ihrer speziellen Interessen ist, wie die Medienqualität die Wahrnehmung der Nutzer über ihre Kommunikationspartner und/oder Dienstleister und dem nachfolgenden Entscheidungsprozess beeinflusst. M. Angela Sasse hat bei mehr als 80 peer-reviewed Veröffentlichungen als Co-Autorin mitgewirkt, inklusive mehrerer ACM, CHI und ACI Multimedia Publikationen.

Biography: M. Angela Sasse is a Reader in Interaction Design in the Department of Computer Science at UCL. Since joining UCL in 1990, M. Angela Sasse has led a number of research projects on interactive multimedia systems, including large-scale field trials. A particular interest is how media quality affects users' perception of their communication partners and/or service providers, and subsequent decision-making processes. M. Angela Sasse has co-authored 80+ peer-reviewed publications, including several ACM, CHI and ACM Multimedia papers.

Sabine Einwiller

Autorenbeschreibung: Sabine Einwiller ist Projektmanagerin an der Universität von St. Gallen, Schweiz, am Institut für Media und Kommunikationsmanagement (MCM). Ihr Forschungsfokus liegt auf Zusammenhängen zwischen Reputation und Vertrauen im elektronischen Handel, Unternehmenskommunikation und Branding. Sabine Einwiller studierte Psychologie an der Universität Mannheim und arbeitete vor ihrer Tätigkeit am MCM Institut als Kommunikationsmanagerin für die BASF Aktiengesellschaft. Ihre Dissertation über „Vertrauen durch Reputation", die sie auf der Universität St. Gallen schrieb, wird 2003 veröffentlicht.

Biography: Sabine Einwiller is project manager at the University of St.Gallen, Switzerland, Institute for Media and Communications Management (MCM). Her research focuses on the interrelationship between reputation and trust in electronic commerce, corporate communication and branding. The author studied Psychology at the University of Mannheim and worked as a communication manager for BASF Aktiengesellschaft before joining the MCM Institute. Her dissertation on 'Trust through reputation' from the University of St. Gallen will be published in 2003.

Margit Osterloh

Autorenbeschreibung: Margit Osterloh ist Professorin für Betriebswirtschaft und geschäftsführende Direktorin des Instituts für betriebswirtschaftliche Forschung an der Universität Zürich. Sie ist Spezialistin auf dem Gebiet der Organisationslehre und im Bereich des Innovations- und Technologiemanagements. Ihre Forschungsschwerpunkte liegen im Bereich der Rolle von Frauen in Unternehmungen, dem Einfluss neuer Technologien am Arbeitsplatz und der Geschäftsethik.

Biography: Margit Osterloh is Professor of Business Administration and Executive Director of the Institute for Research in Business Administration at the University of Zurich, Switzerland. She is a specialist on the subject of organizational science and the management of innovation and technology. Her research focuses on the role of women in organizations, the impact of new technology in the working place, and business ethics.

Sandra Rota

Autorenbeschreibung: Sandra Rota ist Doktoratsstudentin und Forschungsassistentin am Lehrstuhl für Organisation und Technologie- und Innovationsmanagement bei Margit Osterloh an der Universität Zürich. Ihr Forschungsschwerpunkt liegt bei der Bedeutung geistiger Eigentumsrechte in Forschungskooperationen. In ihrer Arbeit über das Phänomen der Open Source Software beschäftigt sie sich vor allem mit der Frage, unter welchen Bedingungen Innovation ohne geistige Eigentumsrechte möglich ist.

Biography: Sandra Rota is a doctoral student and a research assistant at the chair for organization theory and technology and innovation management with Margit Osterloh at the University of Zurich. Her research focuses on the role of intellectual property rights in R&D cooperations. In her work on the phenomenon of open source software development she focuses on the question under what conditions innovation without intellectual property rights is possible.

Bernhard Kuster

Autorenbeschreibung: Bernhard Kuster studierte Soziologie an der Universität Zürich. Seitdem ist er als Forschungsassistent von Margit Osterloh an der Universität Zürich tätig. Zurzeit arbeitet er an seiner Dissertation über die Produktion von Open Source Software. Bernhard Kuster beschäftigt sich primär mit der Frage, ob die Erfolgsgeschichte der Open Source Software auf Innovationsprozesse innerhalb von Unternehmen übertragen werden kann.

Biography: Bernhard Kuster received an M.A. in Sociology from the University of Zurich, Switzerland. He has since been working as a research assistant to Margit Osterloh at the University of Zurich. Currently, he is writing his Ph.D. dissertation on open source software production. Bernhard Kuster is primarily interested in the question whether the open source success story can be transferred to innovation within companies.

Xiaorui Hu

Autorenbeschreibung: Xiaorui Hu ist Professorin für Management Informationssysteme an der John Cook School of Business an der Saint Louis Universität. Sie promovierte in Wirtschaftswissenschaften an der Universität von Texas in Austin. Ihre Forschungsschwerpunkte sind das Design von Online-Auktionsmechanismen und Vertrauensfragen bei Intermediären.

Biography: Xiaorui Hu is an assistant professor of Management Information Systems at the John Cook School of Business, Saint Louis University. She received her Ph.D. in Economics from the University of Texas at Austin. Her research focuses on online auction mechanism design, and trust related issues and intermediaries.

Zhangxi Lin

Autorenbeschreibung: Zhangxi Lin ist zurzeit Professor für Informationssysteme am Jerry S. Rawls College of Business Administration an der Texas Tech University. Er promovierte 1999 in Informationswissenschaften an der Universität von Texas in Austin. Seine Forschungsinteressen beinhalten E-Commerce, experimentelle Ökonomie, Wissensmanagement und Tele-Lernen.

Biography: Zhangxi Lin is currently an assistant professor of Information Systems at the Jerry S. Rawls College of Business Administration at Texas Tech University. He received his Ph.D. degree in Information Systems in 1999 from the University of Texas at Austin. His research interests include e-commerce, experimental economics, knowledge management, and distance learning.

Han Zhang

Autorenbeschreibung: Han Zhang ist Professor für Informationsmanagement am DuPree College of Management am Georgia Institute of Technology. Er promovierte in Informationswissenschaften an der Universität von Texas in Austin. Seine Forschungsinteressen liegen im Bereich von Vertrauensfragen bei Intermediären und der Entwicklung elektronischer Märkte.

Biography: Han Zhang is an assistant professor of Information Technology Management at the DuPree College of Management, Georgia Institute of Technology. He received his Ph.D. in Information Systems from the University of Texas at Austin. His research focuses on online trust related issues and intermediaries, and the evolution of electronic markets.

Teil II: Rechtliche Aspekte von Vertrauen/Part II: Legal Aspects of Trust

Reinhard Posch

Autorenbeschreibung: Reinhard Posch ist seit 1984 ordentlicher Universitätsprofessor an der Technischen Universität Graz, wo er seit 1986 das Institut für Angewandte Informationsverarbeitung und Kommunikationstechnologie leitet. Er ist Leiter der Stabsstelle IKT-Strategie des Bundes und wurde von der Bundesregierung als „Chief Information Officer" weiters mit der Leitung des IKT-Board betraut. Neben vielen weiteren Funktionen ist Reinhard Posch auch Mitglied der Ö-Norm-Gruppe für Kryptographie und maschinen-lesbare Karten. Zudem ist er Mitglied bei zahlreichen weiteren Vereinigungen wie etwa der IEEE, der ACM, Vorstandsmitglied der österreichischen Computergesellschaft (OCG), Mitglied der Österreichischen Gesellschaft für Informatik, des ACONET, der österreichischen mathematischen Gesellschaft. Im IT-Sicherheitsbereich ist er Berater des IPTS Institute for Prospective Technological Studies, Joint Research Centre (European Commission) Seville. Er arbeitet in einer OECD Expertengruppe im Bereich der Kryptographie in Hinblick auf die OECD-Richtlinien für Kryptographie-Policies. Reinhard Posch war als Mitglied der österreichischen Delegation beratend bei der Entwicklung der EU-Richtlinie für elektronische Signaturen tätig und ist seit Mai 1999 wissenschaftlicher Leiter des Austrian Information Security Center (A-SIT). Reinhard Posch studierte an der Technischen Universität Graz Mathematik mit Schwerpunkt auf Datenverarbeitung. 1984 habilitierte er sich und erhielt die Lehrbefugnis als Dozent für Angewandte Informationsverarbeitung und Informationstechnologie.

Biography: Reinhard Posch has been a full Professor at the Graz University of Technology since 1984. He has been head of the Institute of Applied Information Processing and Communications Technology at Graz University of Technology since 1986. Reinhard Posch is head of the ICT-Strategy Group and was appointed 'Chief Information Officer' by the Austrian Federal Government where he also leads the ICT-Board. Besides numerous official functions Reinhard Posch is member of the Oenorm (Austrian Standards Body) group for Cryptography and machine-readable Cards. He is also member of many professional societies, such as the IEEE, ACM, member of the board of the OCG (Austrian Computer Society), the OGI (Austrian Society for Informatics), ACONET, OeMG (Austrian Mathematics Society), GME (Microelectronics Society) etc. In the field of security Reinhard Posch is also a consultant of the IPTS Institute for Prospective Technological Studies, Joint Research Centre (European Commission) Seville. He worked with the OECD group of experts on cryptography in preparing the OECD guidelines for cryptographic policies. Reinhard Posch was member of the Austrian delegation consulting on the EU-directive on electronic signatures. Since May 1999 Reinhard Posch has also served as scientific director of the Austrian Information Security Center (A-SIT). Reinhard Posch studied mathematics at Graz University of Technology with a special emphasis on data processing. In 1984 he was approved as lecturer (after submitting his 'habilitation') for 'Applied Information Processing and Information Technology'.

Thomas Menzel

Autorenbeschreibung: Thomas Menzel arbeitet seit 2003 im Bundesministerium für Wissenschaft, Bildung und Kultur, und ist der IKT-Stabsstelle des Bundes im Bundesministerium für öffentliche Leistung und Sport dienstzugeteilt. Davor arbeitete er als Vertragsassistent am Institut für Völkerrecht und danach als Universitätsassistent am Institut für Rechtsvergleichung der Universität Wien. Im Rahmen seiner Tätigkeit beschäftigte er sich intensiv mit Einflüssen der Informationstechnologie auf Zivil- und Europarecht. Neben seiner Lehrtätigkeit im Bereich der Rechtsinformatik an der Universität Wien ist er Vortragender des Lehrgangs für Informationsrecht, Gastvortragender im Rahmen des Sokrates/Erasmus-Programmes und an der Verwaltungsakademie des Bundes und Vorstandsmitglied der Österreichischen Computergesellschaft. Er ist Verfasser zahlreicher Fachbeiträge vornehmlich zu Fragestellungen des E-Commerce, E-Government und elektronischen Signaturen. Thomas Menzel studierte Rechtswissenschaften an der Universität Wien und verfasste seine Dissertation zum Thema „Rechtliche Aspekte elektronischer Signaturen".

Biography: Since 2003 Thomas Menzel has worked for the Austrian Department of Science, Education und Culture and is assigned to the IKT-staff unit of the Austrian Government. Formerly he worked as assistant professor at the Institute of International Law and at the Institute of Comparative Law at the University of Vienna. During this time he conducted research in the field of the impact of information-technology on civil and European law. He is teaching in the field of Informatics and Law at the University of Vienna and is a lecturer for the Socrates/Erasmus-Program of the Administration Academy of Austria und member of the board of the Austria Computer Society. He is author of many professional articles concerning E-Commerce, E-Government und Electronic Signatures. Thomas Menzel studied law at the University of Vienna and wrote his doctoral thesis on the topic 'Legal Aspects of Electronic Signatures'.

Torsten Bettinger

Autorenbeschreibung: Torsten Bettinger ist Partner der Patent- und Rechtsanwaltskanzlei Bettinger Schneider Schramm in München. Der Schwerpunkt seiner Arbeit liegt auf den Bereichen E-Commerce, Softwareentwicklungs- und Lizenzverträge, wettbewerbsrechtlichen Fragestellungen und dem Urheberrecht. Torsten Bettinger studierte Rechtswissenschaft und Philosophie an den Universitäten Heidelberg, Konstanz, Universidad Complutense de Madrid und London School of Economics and Political Science. Er war von 1987–1991 wissenschaftlicher Mitarbeiter von Prof. Karl-Heinz Fezer am Lehrstuhl für Bürgerliches Recht, Recht der Wirtschaftsordnung und Recht der internationalen Wirtschaftsbeziehungen in Konstanz und von 1995–1997 wissenschaftlicher Mitarbeiter am Max-Planck-Institut für ausländisches und internationales Patent-, Urheber- und Wettbewerbsrecht. Torsten Bettinger ist Schiedsrichter beim Arbitration and Mediation Center der WIPO (Weltorganisation zum Schutz geistigen Eigentums) in Genf und wer als Mitglied der WIPO-ASPIC Expert Group an der Verfassung der „WIPO-ASPIC Dispute Avoidance and Resolution Best Practices and Guidelines for the Application Service Provider Industry" beteiligt. Torsten Bettinger ist Autor zahlreicher Veröffentlichungen zu den verschiedenen Fragestellungen im Zusammenhang mit dem neuen Medium Internet, zum EDV-Recht und Urheberrecht und tritt regelmäßig als Referent zu diesem Thema auf.

Biography: Torsten Bettinger has been a lawyer since 1997. At first he worked for the patent and law firm Grünecker, Kinkeldey, Schwanhäuser & Stockmair in Munich. Since 1999 he has been a partner on the patent and law firm Bettinger Schneider Schramm in Munich. In his work he focuses on the fields of E-Commerce, software development and license agreements, as well as on issues concerning competition and copyright law. Torsten Bettinger studied law and philosophy at the Universities of Heidelberg, Constance, at the Universidad Complutense de Madrid and the London School of Economics and Political Science. From 1987–1991 he worked as an assistant to Prof. Karl-Heinz Fezer at the Institute for Civil Law, Economic Law and Law of International Economic Relations in Constance and from 1995–1997 worked as a researcher at the Max-Planck Institute for Foreign and International Patent, Copyright and Competition Law. Besides his work as a lawyer, Torsten Bettinger is a panelist for the WIPO (World Intellectual Property Organization) Arbitration and Mediation Center in Geneva and as a member of the WIPO-ASPIC expert group contributed to the drafting of the *WIPO-ASPIC Dispute Avoidance and Resolution Best Practices and Guidelines for the Application Service Provider Industry*. Torsten Bettinger is author of numerous publications on various issues concerning the new medium Internet, IT and copyright law and regularly presents papers on these topics.

Michael Scheffelt

Autorenbeschreibung: Michael Scheffelt ist seit 2000 als Rechtsanwalt tätig, zunächst in einer bundesweit tätigen Wirtschaftskanzlei, seit Ende 2002 bei der Kanzlei Böck, Oppler Hering in

München. Er studierte an den Universitäten Konstanz, Grenoble (Frankreich) und Freiburg und war von 1995 bis 1998 als wissenschaftlicher Mitarbeiter an der Universität Konstanz tätig, wo er auch zum Doktor der Rechtswissenschaften promovierte. Dieser wissenschaftlichen Tätigkeit folgte eine Beschäftigung als Wirtschaftsjurist bei der Deutschen Telekom AG mit Schwerpunkt Telekommunikationsrecht. Michael Scheffelt ist Autor zahlreicher Veröffentlichungen zu den verschiedenen Fragestellungen des Telekommunkationsrechts und des EDV-Rechts.

Biography: Starting in 2000, Michael Scheffelt worked as a lawyer for a law firm operating on a national level, and since the end of 2002 has been working for the law firm Böck, Oppler Hering in Munich. He studied at the Universities of Constance, Grenoble (France) and Freiburg, and from 1995 to 1998 he also worked as an assistant at the University of Constance, where he gained his doctorate in law. This scientific work was followed by a position as a lawyer for Deutsche Telekom AG focusing on telecommunication law. Michael Scheffelt is author of numerous publications on various issues concerning telecommunication and IT law.

Gerald Spindler

Autorenbeschreibung: Gerald Spindler ist ordentlicher Universitätsprofessor an der Georg-August-Universität Göttingen, Lehrstuhl für Bürgerliches Recht, Handels- und Wirtschaftsrecht, Rechtsvergleichung und Steuerrecht. Er studierte Rechtswissenschaften an den Universitäten Frankfurt, Genf und Lausanne sowie Wirtschaftswissenschaften an der Fernuniversität Hagen. Gerald Spindler hat sich 1996 mit der Schrift „Unternehmensorganisationspflichten – öffentlich-rechtliche und zivilrechtliche Regulierungen der Unternehmensorganisation" bei Prof. Mertens und Prof. Rehbinder habilitiert und besitzt die Venia für Bürgerliches Recht, Handels- und Wirtschaftsrecht, Arbeitsrecht, Rechtsvergleichung und Internationales Privatrecht. Er ist Autor zahlreicher Monographien und Aufsätze unter anderem im Bereich Wirtschafts-, Finanz-, und Informationsrecht sowie Mitherausgeber der Zeitschrift *MultiMedia und Recht*.

Biography: Gerald Spindler is professor of law at the Georg-August-University in Göttingen, where he holds a chair for private, commercial and business law, comparative law as well as tax law. He studied law at the Universities of Frankfurt, Geneva and Lausanne and economics at the University Hagen. Gerald Spindler was granted the venia docendi in private, commercial and business law, labor law, comparative law as well as private international law. His habilitation thesis on the 'legal duties of corporate governance' was supervised by professor Mertens and Rehbinder. He is the author of numerous books and articles mainly on business, finance and information law as well as the co-editor of the journal *MultiMedia und Recht*.

Teil III: IT-Sicherheit und Vertrauen/Part III: IT-Security and Trust

Peter Lipp

Autorenbeschreibung: Peter Lipp ist Professor am Institut für Angewandte Informationsverarbeitung und Kommunikationstechnologie der Technischen Universität Graz, Österreich. Davor war er Assistenz-Professor am Institut für Informationsverarbeitung der Technischen Universität Graz und Mitarbeiter in einer Softwarefirma. Von 2001 bis 2002 war er Leiter der Unit Trust des evolaris eBusiness Competence Center Graz. Peter Lipp studierte Technische Mathematik und promovierte im Jahre 1989 (PhD). Seine Hauptaufgabengebiete umfassen IT-Security, Public Key Infrastructures, Digitale Signaturen und Vertrauen, und Java Kryptographie. Zu diesen Themen hat er auch zahlreiche wissenschaftliche Arbeiten veröffentlicht.

Biography: Peter Lipp is assistant professor at the Institute for Applied Information Processing and Communications Technology, Graz University of Technology, Austria. Prior to that he was assistant professor at the Institute for Information Processing, Graz University of Technology, and worked for a software developing company. From 2001 to 2002 he was joint head of the unit Trust at evolaris eBusiness Competence Center Graz. Peter Lipp holds a master's degree (Dipl.-Ing.) and a PhD in Technical Mathematics from Graz University of Technology. He has published extensively in the fields of IT-security, public key infrastructures, digital signatures and trust, and Java cryptography.

Gerald Quirchmayr

Autorenbeschreibung: Gerald Quirchmayr ist zurzeit Professor am Institut für Informatik und Wirtschaftsinformatik an der Universität Wien. Er hatte einen Lehrstuhl für Computer- und Informationssysteme an der University of South Australia inne und lehrte an Universitäten in verschiedenen EU-Staaten, in der Tschechischen Republik und in Polen. Im Juli 2002 wurde er zum Adjunct Professor an der School of Computer and Information Science der University of South Australia ernannt. Sein Forschungsschwerpunkt liegt in Informationssystemen für Unternehmen und für die Verwaltung. Gerald Quirchmayr ist Doktor der Informatik und Rechtswissenschaften der Johannes Kepler Universität in Linz (Österreich).

Biography: Gerald Quirchmayr currently works as a Professor at the Institute for Computer Science and Business Informatics at the University of Vienna. He held a Chair in Computer and Information Systems at the University of South Australia and taught in different EU countries as well as in the Czech Republic and Polen. In July 2002 he was appointed Adjunct Professor at the School of Computer and Information Science of the University of South Australia. His major research focus is on information systems in business and government. Gerald Quirchmayr holds doctors degrees in computer science and law from the Johannes Kepler University in Linz (Austria).

Edward Ball

Autorenbeschreibung: Edward Ball ist Senior Research Fellow an der Universität Salford und arbeitet dort in den Bereichen Internetsicherheit und Vertrauen. Vorher war er Leiter des Zentrums für Digitale Kommunikation und hat MSc-Kurse abgehalten. Er arbeitete als Konsultant für mehr als 30 Unternehmen auf dem Gebiet der digitalen Kommunikation. Seine wissenschaftlichen Arbeiten umfassen den Einsatz von ATM-Technologie und Netzwerkmanagement.

Biography: Edward Ball is a Senior Research Fellow at the University of Salford, where he is working on Internet Security and Trust. Prior to this he was the Director of the Centre for Digital Communications, and has taught MSc courses. He has worked as a consultant for over 30 companies, specialising in Engineering and Communications. He has also carried out research in communications, starting with network interconnection and progressing to the use of ATM technology and network management.

David W. Chadwick

Autorenbeschreibung: David W. Chadwick ist Professor für IT-Sicherheit an der Universität Salford. Seine Hauptaufgaben liegen in den Bereichen LDAP, X.509 Publik Key Infrastructure, Privilege Management Infrastructure und in deren Anwendungen zur Absicherung von verteilten Prozessen und Applikationen im Internet. Er beschäftigt sich außerdem mit dem Bereich der Policy Based Authorisation, Vertrauensmanagement in der IT und Delegation Of Authority. Er wirkt mit an der Einführung von technischen Standards und ist Autor einer Vielzahl von Internetpapers und RFCs.

Biography: David W. Chadwick is Professor of Information Systems Security at the University of Salford. He specialises in LDAP, X.509 Public Key Infrastructure and Privilege Management Infrastructure related issues, and how these might be used to secure distributed processes and applications on the Internet. Particulars topics of current interest include policy based authorisation, the management of trust and the delegation of authority. He actively participates in standardisation activities, and is the author of a number of Internet Drafts and RFCs.

Andrew Basden

Autorenbeschreibung: Andrew Basden ist seit 1987 Lehrbeauftragter am Institut für Informationssysteme an der Universität Salford. Er hält dort Vorlesungen über Expertensysteme. Seine Aufgabenbereiche umfassen Datenbanken, Expertensysteme, Künstliche Intelligenz, Mensch-Maschine-Kommunikation, Multimedia, Business Information Systems und philosophische Grundlagen der IT. Er war Wegbereiter für den Einsatz von Multimedia als Lehrhilfe am Institut. Des Weiteren ist er Gastprofessor an der Universität Lule in Schweden.

Biography: Having worked as a lecturer and a Senior lecturer, Andrew Basden is now a Reader in Knowledge Systems at the Information Systems Institute, University of Salford, which he joined in 1987. His teaching and research interests cover databases, knowledge based systems, artificial intelligence, human computer interaction, multimedia, business information systems and philosophical foundations of information systems. Andrew Basden has pioneered the use of multimedia in the department's teaching. He is seconded for part of each year to teach at the University of Lule, Sweden.

Matthias Enzmann

Autorenbeschreibung: Matthias Enzmann studierte Informatik an der TU Darmstadt. Er arbeitet am Fraunhoferinstitut für Sichere Telekooperation in Darmstadt. Seine Forschungsinteressen gelten dem Datenschutz, mobilen Agenten im elektronischen Handel und Pseudonymsystemen.

Biography: Matthias Enzmann studied computer science at TU Darmstadt. He currently works at the Fraunhoferinstitut for Secure Telecooperation in Darmstadt. His research focus lies in data protection, mobile agents in E-Commerce and pseudonym-systems.

Thomas Kunz

Autorenbeschreibung: Thomas Kunz studierte an der J.W.Goethe-Universität Frankfurt Informatik. Er ist am Fraunhoferinstitut für Sichere Telekooperation in Darmstadt tätig. Seine Forschungsinteressen richten sich auf die Sicherheit in elektronischen Geschäftsprozessen, Public Key Infrastrukturen und die Definition und Durchsetzung von Sicherheitspolicies.

Biography: Thomas Kunz studied computer science at J.W. Goethe University in Frankfurt. He is now working at the Fraunhoferinstitut in Darmstadt in the field of Secure Telecooperation. His research focus lies in security in eCommerce, public key infrastructures and the definition and enforcement of security policies.

Markus Schneider

Autorenbeschreibung: Markus Schneider promovierte in Elektrotechnik mit Vertiefungsrichtung Nachrichtentechnik. Er arbeitet am Fraunhoferinstitut für Sichere Telekooperation in Darmstadt im Bereich Marktplatz Internet. Seine Forschungsinteressen umfassen die Gebiete Sicherheit und Datenschutz in elektronischen Geschäftsprozessen.

Biography: Markus Schneider earned a doctorate in electrical engineering, specialising in communications engineering. He is now working for Fraunhoferinstitut in Darmstadt in the field of Marketplace Internet. His research focus lies in security and data protection in business processes.

Teil IV: Vertrauen und Geschäftsmodelle/Part IV: Trust and Business Models

L. Jean Camp

Autorenbeschreibung: Die Forschungsarbeit von Jean Camp konzentriert sich auf menschliche Wertvorstellungen und technisches Design. Es war dieses Interesse, das Jean Camp von der Forschung im Bereich ihrer Graduierung in Elektrotechnik von North Carolina an das Department of Engineering and Public Policy an der Carnegie Mellon Universität führte, und auch als Professorin an der Harvard Kennedy School bleibt es ihr zentrales Forschungsgebiet. Im Frühjahr 2003 arbeitet sie während ihres Forschungssemesters als Gastforscherin am MIT Laboratory for Computer Science.

Biography: Jean Camp's research focuses on human values and technical design. It was this interest that led Jean Camp from graduate electrical engineering research in North Carolina to the Department of Engineering and Public Policy at Carnegie Mellon University, and it remains her core research interest as an Associate Professor at Harvard's Kennedy School. On teaching leave during spring of 2003, she is a visiting researcher at the MIT Laboratory for Computer Science.

Carlos A. Osorio

Autorenbeschreibung: Carlos Osorio erwarb einen Bakkalaureatstitel (Ingenieurwesen) und einen Ingenieurtitel von der Universität Chile und, als Fulbright Student, einen Master's Titel in Public Policy von der John F. Kennedy School of Government an der Harvard Universität. Er ist graduierter Student am Technology and Policy Programm des Massachusetts Institute of Technology sowie Forschungsassistent im MIT Programm für Internet- und Telekomkonvergenz. Darüber hinaus ist Carlos Osorio (beurlaubter) Assistenzprofessor an der School of Business an der Universidad Adolfo Ibáñez, Affiliate am National Center for Digital Government und am Berkman Center for Internet and Society an der Harvard Law School, Berater der e-Government-Gruppe der Weltbank und Mitglied von Digital Divide.org. Von 2001 bis 2002 war er Gastforscher am MIT Media Lab und Forschungsmitarbeiter am Center for International Development der Harvard Universität.

Biography: Carlos Osorio holds a B.Sc. in Engineering and an Engineer degree from the University of Chile and, as Fulbright Scholar, earned a Master in Public Policy from the John. F. Kennedy School of Government at Harvard University. He is a graduate student at the Technology and Policy Program at the Massachusetts Institute of Technology, and research associate at MIT Program in Internet and Telecoms Convergence. Additionally, Carlos Osorio is associate professor (on leave) from the School of Business at Universidad Adolfo Ibáñez, affiliated to the National Center for Digital Government and to the Berkman Center for Internet and Society at Harvard Law School, advisor to the e-Government Group of the World Bank's Development Gateway, and member of Digital Divide.org. During 2001–2002 he was visiting research scientist at MIT Media Lab, and research associate at the Center for International Development at Harvard University.

Claudia Loebbecke

Autorenbeschreibung: Professor Claudia Loebbecke ist Inhaberin des Lehrstuhls für Medienmanagement an der Universität Köln. Davor hielt sie den KRAK Lehrstuhl für Electronic Commerce an der Copenhagen Business School. Weiters arbeitete sie am MIT (Cambridge, USA), INSEAD (Fontainebleau, Frankreich), der Erasmus Universität (Rotterdam, Niederlande), bei McKinsey & Co (Deutschland), der Hong Kong University of Science and Technology (HKUST) und an der Universität von New South Wales (Sydney, Australien). Von 2001 bis 2003 wurde sie zur Repräsentantin Europas, Afrikas und des Mittleren Ostens als AIS Council Member gewählt, und war im Jahr 2003 ICIS Program-Cochair. Claudia Loebbecke hat mehr als 100 international begutachtete Publikationen im Bereich von Strategischen Informationssystemen, eBusiness, Wissensmanagement und Medienmanagement veröffentlicht.

Biography: Professor Claudia Loebbecke holds the Chair of Media Management at the University of Cologne. Previously, she held the KRAK Chair of Electronic Commerce at Copenhagen Business School. She also worked at MIT (Cambridge, USA), INSEAD (Fontainebleau, France), Erasmus University (Rotterdam, Netherlands), McKinsey & Co. (Germany), Hong Kong University of Science and Technology (HKUST), and the University of New South Wales (Sydney, Australia). From 2001 to 2003, she was elected AIS Council Member representing Europe, Africa, and the Middle East. In 2003, she served as ICIS Program-Cochair. Claudia Loebbecke has published over 100 internationally peer-reviewed papers on Strategic Information Systems, eBusiness, Knowledge Management and Media Management.

Sabine Schaffer

Autorenbeschreibung: Sabine Schaffer besitzt einen Abschluss in Betriebswirtschaft von der Universität Innsbruck und ist derzeit als Doktorandin an der Harvard Universität sowie als Forschungsassistentin am Belfer Center for Science and International Affairs tätig. Ihre Forschung konzentriert sich auf das Zusammenwirken von Technologie, Gesellschaft und Wirtschaft und ihr spezielles Interesse gilt e-Commerce und der Generierung von Werten (bspw. Vertrauen, Loyalität, Datenschutz) im Online-Geschäft.

Biography: Sabine Schaffer has graduated in economics at the University of Innsbruck, Austria, and is a pre-doctoral student at Harvard University and a research fellow at the Belfer Centre for

Science and International Affairs. Her research focuses on the interaction of technology, society and economy and her special interest lies in e-commerce and the design of values online (e.g. trust, loyalty, privacy).

Karianne Vermaas

Autorenbeschreibung: Karianne Vermaas studierte Sprachen und Kultur an der Utrecht Universität, Holland. Sie ist im Anwendungsbereich von Breitbandtechnologien an der privaten Forschungseinrichtung Dialogic in Utrecht tätig und arbeitet darüber hinaus an ihrer Dissertation an der Universität Utrecht.

Biography: Karianne Vermaas studied language and culture studies at Utrecht University in the Netherlands. She is working at the private research organisation Dialogic in Utrecht on broadband technologies in a user context. Additionally she is currently working on her dissertation at Utrecht University.

Lidwien van de Wijngaert

Autorenbeschreibung: Lidwien van de Wijngaert erwarb einen Doktorgrad am Telematica Instituut Enschede, Holland, und arbeitet als Professorin am Institut für Informations- und Computerwissenschaft der Universität Utrecht. Ihre Forschung konzentriert sich auf die Möglichkeiten und Grenzen des Einsatzes von Informationstechnologien aus der Anwenderperspektive.

Biography: Lidwien van de Wijngaert holds a doctoral degree from the Telematica Instituut Enschede, the Netherlands, and works as an assistant professor at Utrecht University at the Institute for Information and Computing Science. Her research focuses on the opportunities and limitations of information technology from a user perspective.

SpringerRecht

Markus Fallenböck

Internet und Internationales Privatrecht

Zu den internationalen Dimensionen
des Rechts im Electronic Commerce

2001. XX, 226 Seiten. 1 Abbildung.
Broschiert **EUR 34,50**, sFr 55,50
ISBN 3-211-83613-6
Evolaris, Band 1

Der Begriff des Electronic Commerce, als jede Form des Geschäftsverkehrs, der im oder über das Internet seine Dienste abwickelt, ist
mittlerweile Allgemeingut geworden.
Vielfach wird dabei aber übersehen, dass das Thema nicht nur hoch
aktuell, sondern zumindest im gleichen Ausmaß auch juristisch
anspruchsvoll ist. Über das rein Fachjuristische weit hinausgehend,
ist in diesem Bereich vielfach ein Verständnis technischer Fragen zur
Problemlösung erforderlich.
Beides verbindet der Autor in hohem Maß. Neben prägnanten Er-
läuterungen der für die Behandlung juristischer Probleme notwendigen
technischen Begriffe, bietet er dogmatisch fundierte Lösungen für in
diesem Bereich auftretende Rechtsfragen. Der Schwerpunkt liegt in
jenem Bereich, der die Grundlage jedes grenzüberschreitenden Geschäftsverkehrs darstellt: dem Internationalen Schuldvertragsrecht.
Zentraler Aspekt sind die Wechselwirkungen im Internationalen Schuldvertragsrecht und Europäischen Gemeinschaftsrecht. Zusätzlich wird
die US-amerikanische Situation beleuchtet, die gerade bei diesem
Thema interessante Parallelen, aber auch Gegensätze aufweist.

„... Ein ... jedenfalls lesenswertes Werk."

Recht und Praxis der öffentlichen Auftragsvergabe

SpringerWienNewYork

Sachsenplatz 4–6, 1201 Wien, Österreich, Fax +43.1.330 24 26, e-mail: books@springer.at, Internet: **www.springer.at**
Haberstraße 7, 69126 Heidelberg, Deutschland, Fax +49.6221.345-4229, e-mail: orders@springer.de
P.O. Box 2485, Secaucus, NJ 07096-2485, USA, Fax +1.201.348-4505, e-mail: orders@springer-ny.com
Eastern Book Service, 3–13, Hongo 3-chome, Bunkyo-ku, Tokyo 113, Japan, Fax +81.3.38 18 08 64, e-mail: orders@svt-ebs.co.jp

SpringerRecht

Dragana Damjanovic

Regulierung der Kommunikationsmärkte unter Konvergenzbedingungen

2002. XVI, 219 Seiten. 9 Abbildungen.
Broschiert **EUR 39,90,** sFr 64,–
ISBN 3-211-83787-6
Forschungen aus Staat und Recht, Band 138

Technologische und ökonomische Weiterentwicklungen auf den Kommunikationsmärkten setzen die traditionelle Medien- und Telekommunikationsordnung stark unter Reformdruck. Die Autorin zeichnet diese – allgemein unter dem Schlagwort der Konvergenz bekannten – Transformationsprozesse nach und zeigt die sich daraus ergebenden Konsequenzen für das regulatorische Umfeld dieser Branche auf.
Im Zentrum der Arbeit stehen dabei Untersuchungen zur gemeinsamen Problemlage des Telekommunikations-, Rundfunk- und IT-Sektors: die „Digitalen Gatekeeper" und „bottleneck facilities". Mit Lösungsmodellen für eine erforderliche Neuordnung des Netzzugangs sowie der Herausarbeitung dessen gemeinschafts- und verfassungsrechtlicher Vorgaben bietet das Werk Perspektiven für die Regulierung der Kommunikationsmärkte von morgen.

Besuchen Sie unsere Website: **www.springer.at**

Springer WienNewYork

Sachsenplatz 4–6, 1201 Wien, Österreich, Fax +43.1.330 24 26, e-mail: books@springer.at, Internet: **www.springer.at**
Haberstraße 7, 69126 Heidelberg, Deutschland, Fax +49.6221.345-4229, e-mail: orders@springer.de
P.O. Box 2485, Secaucus, NJ 07096-2485, USA, Fax +1.201.348-4505, e-mail: orders@springer-ny.com
Eastern Book Service, 3–13, Hongo 3-chome, Bunkyo-ku, Tokyo 113, Japan, Fax +81.3.38 18 08 64, e-mail: orders@svt-ebs.co.jp

eine evolaris-publikation. herausgeber: o. petrovic, r. posch, f. marhold

trust in the network economy
evolaris, band 2

Univ.-Prof. Dr. **Otto Petrovic**, Universität Graz. Arbeitet an ökonomischen Fragen des Internet, insbesondere Geschäftsmodellen. Gastprofessuren in Tucson/Arizona, Eindhoven und Hong Kong. Mitglied der Taskforce „eBusiness" im Rahmen von e-Austria und Mitglied des Media@kom-Beirats des deutschen Ministeriums für Wirtschaft und Technologie, Mitinitiator und Vorstandsvorsitzender von evolaris (http://www.evolaris.net).

Univ.-Prof. Dr. **Reinhard Posch**, Technische Universität Graz. Arbeitet an IT-Sicherheit und elektronischen Signaturen. Leitet das Institut für Angewandte Informationsverarbeitung und Kommunikationstechnologie. Wissenschaftlicher Gesamtleiter des Austrian Information Security Center (A-SIT). Leiter der Stabstelle IKT-Strategie des Bundes und „Chief Information Officer" der österreichischen Bundesregierung (http://www.iaik.at).

Univ.-Prof. Dr. **Franz Marhold**, Universität Graz. Arbeitet im Bereich des österreichischen und europäischen Arbeits- und Sozialrechts. Leitet das Institut für Arbeitsrecht und Sozialrecht. Studiendekan der Rechtswissenschaftlichen Fakultät und Vorsitzender des Verbandes der Universitätsprofessoren der Universität Graz. Mitglied des Stiftungsrates des Österreichischen Rundfunks (http://www.kfunigraz.ac.at/asrwww).

an evolaris publication. editors: o. petrovic, r. posch, f. marhold

trust in the network economy
evolaris, volume 2

Prof. Dr. **Otto Petrovic**, University of Graz. Works on economic questions of the Internet and in particular on business models. Visiting professorships in Tucson/Arizona, Eindhoven and Hong Kong. Member of the taskforce "eBusiness" as part of e-Austria; member of the Media@kom advisory board of the German Ministry of Economy and Technology; and co-initiator and chairman of the board of directors of evolaris (http://www.evolaris.net).

Prof. Dr. **Reinhard Posch**, Graz Technical University. Works on IT-Security and electronic signatures. Directs the Institute for Applied Information Processing and Communications Technology. Scientific director of the Secure Information Technology Center – Austria (A-SIT). Director of the headquarters IKT-Strategy of the government and "Chief Information Officer" of the Austrian national government (http://www.iaik.at).

Prof. Dr. **Franz Marhold**, University of Graz. Works in the field of Austrian and European Labor and Social Law. Directs the Institute of Labor Law and Social Law. Dean of Students of the Faculty of Law and Chairperson of the Association of University Professors at the University of Graz. Member of the foundation advisory board of the Austrian Broadcasting Corporation (ORF) (http://www.kfunigraz.ac.at/asrwww).